U0578756

中国社会科学院　学者文选

# 王宏昌集

中国社会科学院科研局组织编选

中国社会科学出版社

**图书在版编目(CIP)数据**

王宏昌集 / 中国社会科学院科研局组织编选. —北京：中国社会科学出版社，2006.11（2018.8 重印）
（中国社会科学院学者文选）
ISBN 978-7-5004-5847-0

Ⅰ.①王… Ⅱ.①中… Ⅲ.①王宏昌—文集②社会科学—文集
Ⅳ.①C53

中国版本图书馆 CIP 数据核字(2006)第 117025 号

出 版 人　赵剑英
责任编辑　易小放
责任校对　徐幼玲
责任印制　戴　宽

出　　版　中国社会科学出版社
社　　址　北京鼓楼西大街甲 158 号
邮　　编　100720
网　　址　http：//www.csspw.cn
发 行 部　010-84083685
门 市 部　010-84029450
经　　销　新华书店及其他书店

印刷装订　北京市十月印刷有限公司
版　　次　2006 年 11 月第 1 版
印　　次　2018 年 8 月第 2 次印刷

开　　本　880×1230　1/32
印　　张　13.875
字　　数　331 千字
定　　价　75.00 元

# 出版说明

一、《中国社会科学院学者文选》是根据李铁映院长的倡议和院务会议的决定，由科研局组织编选的大型学术性丛书。它的出版，旨在积累本院学者的重要学术成果，展示他们具有代表性的学术成就。

二、《文选》的作者都是中国社会科学院具有正高级专业技术职称的资深专家、学者。他们在长期的学术生涯中，对于人文社会科学的发展作出了贡献。

三、《文选》中所收学术论文，以作者在社科院工作期间的作品为主，同时也兼顾了作者在院外工作期间的代表作；对少数在建国前成名的学者，文章选收的时间范围更宽。

中国社会科学院

科研局

1999 年 11 月 14 日

# 目　录

# 前　言

王宏昌先生1923年出生于江苏镇江，1943年从厦门大学毕业后，考入南开大学经济研究所，进行了两年的研究生学习，并对经济研究产生了极大的兴趣。针对解放战争时期出现的通货膨胀，他曾撰写过《物价的趋势》（现代知识，1948 年）等论文。

由于 1957 年那场政治运动，他受到不公正的待遇，并被发配到大西北工作。在青海的工业部门，王宏昌一干就是 23 年，在他与青藏高原的广袤土地结下了深厚的情谊的同时，也对那里的贫穷、落后和恶劣生态环境感同身受，这些都构成他日后研究环境问题的重要基础。

在改革开放的大潮中，王宏昌回到了科研岗位，1979 年到青海省社科院情报研究所工作，1981 年调入中国社会科学院，时年王宏昌先生已经 58 岁。在离休之前的时间里，王先生抓紧一切时间、笔耕不辍。他翻译的诺贝尔经济学奖获得者讲演集产生了广泛的影响，他在推动国际学术交流、传播现代经济学和数量经济学上做了大量工作。从这个时期他的主要的著述中可以看出他对社会主义经济问题、马克思经济学的研究有很多独到之处。

1989年王宏昌离休后，把更多的精力投入到中国的生态环境问题的研究上。王先生认为，中国为什么贫穷？中国人民为什么老是灾难深重？不能光是从政治上找答案，中国的穷根深植于生态环境之中。这一问题是王宏昌几十年来一直思索的问题。他抱着病人求医的心情，四处搜罗生态环境方面的书籍、文献。逐年、逐地区地搜集西北地区气候变化资料，从中研究其中的变化规律。他的研究引起了国内外同行的关注。

本文集较好地反映了王先生对中国重大生态环境问题的关注之情以及他对改善中国生态环境现状的见解。他的见解受到植物学、林学、环境工程学、水利学、气象学、生态环境学等自然科学专家学者的好评。他对关于《中国森林减少和干旱化的初步研究》一文得到国际同行的认可。美国地球政策研究所布朗（Lester. R. Brown）和美国林业工作者培根先生（Tim Bacon）都曾援引过此文中的观点。王宏昌先生的文集涉猎到历史、地理、人文、社会、生态、环境，旁征博引、古今无遗，加上深邃的洞察力，文章所论，精彩纷呈。

本文集所收集的文章基本上都是王先生进入老年之后的作品。由于疾病的折磨，那时他已完全不能握笔，文集中的大部分论文是王宏昌先生在电脑上一个字一个字敲出来的。王先生那种老骥伏枥志在千里的精神，以及所付出的超越了生物学价值的非功利性劳动，尤其是他对中国生态环境问题和前景之关切之情，令人感动。最后，我们以诺贝尔经济学奖获得者克莱因和其他众多教授在祝贺王宏昌先生80岁寿辰时的一段话作为本文的结尾："多年来，他的知识和想象力，他的勇气、正直和开朗，以及他富有成效的工作，为我们大家所称颂与尊敬"。

郑玉歆

# 社会主义经济学的关键问题*

## 引　言

19世纪的物理学家、绝对温标的创始人威廉·汤姆逊有一句名言："你不用数字表达，你的知识属于一种肤浅和不能满意的性质。"这句话被铭刻在美国芝加哥大学社会科学研究大楼的正面。自然科学和技术需要度量，世所公认，早已不成问题。社会科学也需要度量，则至今仍有待于提倡马克思《资本论》中的许多统计数字、假设数字和公式。威廉·汤姆逊非常重视数学的研究，值得我们后学敬仰、学习。

## 社会主义经济学的关键问题

马克思于1868年7月11日致留·库格曼的信中说："任何一个民族，如果停止劳动，不用说一年，就是几个星期，也要灭亡，这是每一个小孩都知道的。人人都同样知道，要想得到和各

* 本文为王宏昌先生未曾发表过的手稿（1978年）。

种不同的需要量相适应的产品量，就要付出各种不同的和一定数量的社会总劳动量。这种按一定比例分配社会劳动的必要性，绝不可能被社会生产的一定形式所取消，而可能改变的只是它的表现形式，这是不言而喻的。自然规律是根本不能取消的。在不同的历史条件下能够发生变化的，只是这些规律借以实现的形式。而在社会劳动的联系体现为个人劳动产品的私人交换的社会制度下，这种劳动按比例分配所借以实现的形式，正是这些产品的交换价值。”① 马克思的这句话说明在社会主义社会需要解决劳动分配问题。生产活动不光需要活劳动，而且也需要物化劳动和自然资源。我们从广义理解马克思的话，可以认为社会主义社会需要解决资源分配问题。

恩格斯在《反杜林论》中说：“诚然，就在这种情况下，社会也必须知道，每一种消费品的生产需要多少劳动。它必须按照生产资料，其中特别是劳动力，来安排生产计划。各种消费品的效用（它们被相互衡量并和制造它们所必需的劳动量相比较）最后决定这一计划。”②

意大利经济学家 Barone 在 1908 年写的一篇论文《集体主义国家的生产部》，证明社会主义的会计价格和经济竞争中的市场价格同样有经济意义。它用联立方程组说明社会主义经济有可能合理分配资源。

从 1920 年起，维也纳经济学家 Von Mises 就论证在社会主义国家不可能合理分配资源。其理由是：生产资料公有制，则没有生产资料市场，因而没有生产资料价格；而价格是反映生产资料

① 参见《马克思恩格斯选集》第 4 卷，人民出版社 1972 年版，第 368 页。

② 《马克思恩格斯选集》第 3 卷，人民出版社 1972 年版，第 348 页。

要素的相对重要性的，没有价格，谈不到经济核算。

1928年，美国经济学家 Fred M. Taylor 当选美国经济学会会长，发表了题为《社会主义国家中指导生产的原则》的演说。他认为，在社会主义国家中，当局可以给每一个生产要素确定一个临时价格，如果价格太高，这种生产要素会发生积压；若价格太低，会供不应求。当局据此修订价格，逐步逼近正确的会计价格。

到20世纪30年代，伦敦经济学院的 Hayek 和 Robbins 一方面承认在社会主义国家合理分配资源是可能的，一方面又说在实际上办不到。他们论辩说，因为社会主义国家的中央计划局为了确定价格，需要知道一切商品在不同的价格组合下能卖出去多少。而且中央计划局在作出经济决策前，需要求解数以千计的甚至数以百万计的联立方程，人用一生的时间也解不出来。

## 价格新义

P. H. Wicksteed 在《政治经济学常识》一书中提出，价格有两种意义。通常价格就是市场上两种商品的交换比例。广义的价格则是可供选择的各种商品的条件。他说："狭义的价格是购买一件物质东西，一项服务，或一种权利的货币数额，它只是广义价格，可供我们选择的各种商品的条件。"

第二次世界大战后出现了数字计算机和线性规划，大大提高了人们的管理能力。现在举一个例子。

某炼油厂把三种原料油混合为普通汽油和高级汽油出售，原料油情况为：

表 1

| 原料油 | 辛烷值 | 蒸汽压（每平方英寸磅数） | 货源（桶/日） | 成本（元/桶） |
| --- | --- | --- | --- | --- |
| (1) 重整油 | 96 | 5 | 4200 | 3.75 |
| (2) 石脑油 | 82 | 6 | 2100 | 3.00 |
| (3) 烷基油 | 104 | 11 | 1100 | 4.00 |

汽油情况为：

表 2

| 汽油 | 辛烷值 | 蒸汽压 | 估计需求（桶/日） | 售价（元/桶） |
| --- | --- | --- | --- | --- |
| (1) 普通 | 90 | 9 | min 1500<br>max ∞ | 4.50 |
| (2) 高级 | 101 | 6 | min 0<br>Max 3000 | 500 |

令 Xij 为原料油 i 用于配成汽油 j 的数量（桶/日）。i = 1，2，3；j = 1，2。我们有以下约束条件：

资源约束：

$X_{11} + X_{12} \leqslant 4200$

$X_{21} + X_{22} \leqslant 2100$

$X_{31} + X_{32} \leqslant 1100$

产品辛烷值约束：

$96X_{11} + 82X_{21} + 104X_{31} / X_{11} + X_{21} + X_{31} \geqslant 90$

$96X_{12} + 82X_{22} + 104X_{32} / X_{12} + X_{22} + X_{32} \geqslant 101$

化简为：

$6X_{11} - 8X_{21} + 14X_{31} \geqslant 0$

$-5X_{12} - 19X_{22} + 3X_{32} \geqslant 0$

蒸汽压约束：

$5X_{11} + 6X_{21} + 11X_{31} / X_{11} + X_{21} + X_{31} \geqslant 9$

$5X_{12}+6X_{22}+11X_{32}/\ X_{12}+X_{22}+X_{32}\geqslant 6$

化简为：

$-4X_{11}-3X_{21}+2X_{31}\geqslant 0$

$-1X_{12}+0X_{22}+5X_{32}\geqslant 0$

需求约束：

$X_{11}+X_{21}+X_{31}\geqslant 1500$

$X_{12}+X_{22}+X_{32}\leqslant 3000$

求最大利润的目标函数：

$\max Z=(4.50-3.75)X_{11}+(4.50-3.00)X_{21}+(4.50-4.00)X_{31}+(5.00-3.75)X_{12}+(5.00-3.00)X_{22}+(5.00-4.00)X_{32}=0.75X_{11}+1.50X_{21}+0.50X_{31}+1.25X_{12}+2.00X_{22}+1.00X_{32}$

把所有不等式都改成≤形式，上述线性规划问题可表示为：

$\max Z=0.75X_{11}+1.50X_{21}+0.50X_{31}+1.25X_{12}+2.00X_{22}+1.00X_{32}$

$X_{11}+X_{12}\leqslant 4200$

$X_{21}+X_{22}\leqslant 2100$

$X_{31}+X_{32}\leqslant 1100$

$-6X_{11}+8X_{21}-14X_{31}\leqslant 0$

$5X_{12}+19X_{22}-3X_{32}\leqslant 0$

$4X_{11}+3X_{21}-2X_{31}\leqslant 0$

$X_{12}-0X_{22}-5X_{32}\leqslant 0$

$X_{12}+X_{22}+X_{32}\leqslant 3000$

$-X_{11}-X_{21}-X_{31}\leqslant -1500$

其中 $X_{ij}\geqslant 0$，$i=1,\ 2,\ 3$；$j=1,\ 2$

用单纯型算法求得最优解如下：

$X_{11}=0$　　$X_{12}=120$ 桶

$X_{21}=600$ 桶　$X_{22}=0$

$X_{31}=900$ 桶　$X_{32}=200$ 桶

$\max Z=1700$ 元

按最优解进行生产，每天将下 4080 桶重整油和 1500 桶石脑油。烷基油完全用光。只生产 320 桶高级汽油和 1500 桶普通汽油。生产出来的汽油的辛烷值和蒸汽压如下：

普通汽油辛烷值 $=96(0)+82(600)+104(900)/0+600+900=95.2\geqslant 90$

高级汽油辛烷值 $=96(120)+82(0)+104(200)/120+0+200$

普通汽油蒸汽压 $=5(0)+6(600)+11(900)/0+600+900=9$

高级汽油蒸汽压 $=5(120)+6(0)+11(200)/120+0+200=8.15>6$

高级汽油的辛烷值约束和普通汽油的蒸汽压约束是求最低水平达到的，因此称为紧约束。

在线性规划理论中，从原规划可以导出一个对偶规划。我们把汽油规划的对偶规划写在下面：

$\min Z'=4200U_1+2100U_2+1100U_3+0V_1+0V_2+0V_4+3000W-1500X$

$U_1-6V_1+4V_3-X\geqslant 0.75$

$U_2+8V_1+3V_3-X\geqslant 1.50$

$U_3-14V_1-2V_3-X\geqslant 0.50$

$U_1+5V_2+4V_4+W\geqslant 1.25$

$U_2+19V_2+0V_4+W\geqslant 2.00$

$U_3-3V_2-5V_4+W\geqslant 1.00$

其中对偶变量是非负的；即，

$U_i\geqslant 0\ i=12,3;\ V_j\geqslant 0\ j=1,2,3,4;\ W,\ X\geqslant 0$

原规划与对偶规划存在以下关系：

（1）原规划求最大值，对偶规划求最小值。

（2）对偶规划目标函数的系数是原规划不等式约束条件的上界。

（3）对偶规划不等式约束条件的下界是原规划目标函数中的单位利润。

（4）对偶约束各行的非零系数值是原约束各列的非零系数值。

而且，由于原规划中约束系数是无因次的，而且原规划中单位利润是以元为计算单位的，对偶约束中的对偶变量（$U_i$，$V_j$，W，X）必然也以元为计算单位。因此，对偶变量也可解释为一些价格，这些价格“计算”于原规划不等式约束的上界。

对偶目标函数是使原规划中上界的总归着价格为最小，而对偶约束要求任一产品的单位利润按照生产 1 个单位产品时它们被利用程度的比例归着到这些上界。例如，生产 1 个单位的原规划的 $X_{11}$，用掉 1 个单位的重整油（价格 $U_1$），6 个单位的普通汽油辛烷值约束（价格 $U_1$），4 个单位的普通汽油蒸汽压约束（价格 $V_3$）和满足 1 个单位普通汽油需求（价格 X）。要求每单位 $X_{11}$ 中各个投入的总价格超过销售一单位产品的利润，我们得到

$$U_1 - 6V_1 + 4V_3 - X \geqslant 0.75$$

这就是第一个对偶约束。

原规划和对偶规划之间还有一些关系：

（1）如原规划有最优解，对偶规划也有最优解。而且原规划的最大利润总额（maxZ）恰好等于对偶规划的最小归着价格总额（minZ′）。

（2）如果有一个原约束是紧的，相应的最佳对偶规划价格是正的，这个价格等于增加一单位约束的边际价值。如果一个原

约束不是紧的，最佳对偶价格是零。因此，在最佳分配价格中，稀缺资源有一个正的边际价值，而未利用资源没有边际价值。

（3）原问题解出后，对偶问题的最佳解能作为副产品得到，因此不必同时解两个问题。

上述汽油问题的最佳对偶解为：

$U_1=0$ $V_1=0$ $W=0$

$U_2=0$ $V_2=0.25$ $X=0.15$ 元

$U_3=1.75$ 元 $U_3=0.55$ 元

$V_4=0$

根据（1），$\min Z'=1700$ 元。

第一个对偶约束中最佳归着价格超过右边（0.75 元）1.30 元。第五个对偶约束中最佳总价格比右边数值（2.00 元）多 2.75 元。所有其他对偶约束是紧的，所以它们的超额归着价格是零。因此我们有第四个关系——

（4）如在最优解中，某一项原规划的活动是正的，则在相应的对偶约束中超额归着价格是零。如果在最优解中某一项原规划的活动是零，则相应的对偶约束的超额归着价格是正的。这个超额价值度量生产一个不在最优解中的产品的单位机会成本。

$U_3$ 等于 1.75 元是一桶烷基油的边际利率。也就是说，我们如果有 1101 桶烷基油，则每天利润总额增加到 $\max Z=1701.75$ 元。如果炼油厂向外单位购进一部分烷基油，每桶价格不得超过 1.75 元。$X=0.75$ 元说明如果生产普通汽油超过 1500 桶，例如生产 1501 桶，则每天的总利润将减少 0.15 元。由于重整油和石脑油未用完，它们的边际价值是零，如 300 桶高级汽油的最大需求预测值有变化，对总利润没有边际变化。我们考察零活动水平的机会成本，用重整油配制普通汽油（$X_1$），每桶将减少利润 1.30 元，用石脑油配制高级汽油每桶将减少利润 2.75 元。

# 兰格的答案

波兰经济学家奥斯卡·兰格（1904—1965 年）于 1936 年至 1937 年在美国出版的《经济研究证明论》杂志上发表了题为《论社会主义经济理论》的论文，提出以下见解：Mises 认为社会主义经济不能解决资源的合理分配问题，是因为他只知有市场价格，不知有另一种价格，作为选择条件的价格。

Hayek 和 Robbins 虽然承认在社会主义经济中合理分配资源在理论上是可能的，但怀疑在实践中能否办理。例如 Robbins 于 1934 年在《大萧条》一书中写道：

> 在纸面上我们能设想这个问题用一系列数学计算来解决……但是在实践中，这样求解是很难行得通的。它将需要在多少百万个统计数据的基础上写出多少百万个方程，这些数据又以更多百万次计算为依据。方程刚解出来，它们所依据的信息会变为过时，又需要重新计算。

兰格假设这样一个社会主义经济，实现生产资料公有制，人民有选择消费品和选择职业的自由。有消费品和劳动的市场，没有生产资料的市场。生产资料的价格是广义的价格，只是供会计用的选择指数。决定经济平衡的事情包括两部分。（1）根据既定的选择指数（如系消费品和劳务为市场价格，如系生产资料为会计价格）。参加市场的人有消费者和生产经理。（2）不论市场价格和会计价格须能平衡供需。中央计算局对生产经理们规定几条规划。第一，力求降低平均生产成本。这个规则将使每元钱的各种生产要素的边际生产率相等。不论生产企业或基建单位均遵守这条规划。第二条规则决定生产规模，边际成本必须等于产品价格。工厂经理用这个办法来决定产量。整个行业的经理

（例如国家煤炭托拉斯的董事们）用这个规划来决定全行业应该扩大或收缩。对于生产经理来说，生产要素和产品的价格是给定的，消费品和劳务的价格在市场上确定，生产资料的价格由中央计划局确定。

采用这两条规则的理由是很明显的。由于价格是选择指数，使平均成本为最小也就是使牺牲的其他可供选择的东西为最小。第二条规则是服从消费者选择的必然结果。得到满足的每元商品的重要性，与牺牲的每元其他商品的重要性相等。

假设自由选择职业，工人向支持最高工资的产业部门或职业贡献其劳务。至于公有的生产资料和自然资源，由中央计划局确定价格。这些资源只能分配到能支付这种价格的产业部门。

对每种商品来说供需数量必须相等。如果价格脱离平衡价格，则会计期终时将出现这种商品的积压或不足。这时，中央计划局需要调整价格。

## 康脱洛维奇的努力

苏联在 20 世纪 20 年代即有人用数学方法研究苏联经济问题。如 E. Slutsky 和 A. Konjus 的需求模型，G. Feldman 的增设模型，中央统计局的棋盘平衡表后发展为里昂惕夫的投入产出分析，L. Jushkov 和 V. Novojilov 先后研究投资效率。

列昂涅德·维他里奇·康脱洛维奇生于 1912 年。1930 年毕业于列宁格勒大学数学系。1934 年任教授，1935 年获得博士学位。他在 1938 年第一次接触经济问题。他兼任胶合板托拉斯的实验室顾问，碰到一个问题——如何分配原料，在某些约束条件下，使设备生产率最大。1939 年，他的小册子《生产计划和组织》在列宁格勒大学出版社出版。内容就是线性规划，实先于西方学者 Tjalling Koopmans，George Danzig 等人。他很早就认识到线性规划的广阔前景，考虑了三个发展方向：

（1）进一步发展这些问题的方法，应用于各类问题。

（2）在数学上推广这些问题，例如非线性问题，泛函空间中的问题，把这些方法应用于数学、力学及技术科学。

（3）从各种经济问题推广到一般经济体系，在一个产业部门，一个地区，整个国民经济的计划问题上加以运用。

1948—1950 年，康脱洛维奇与几何学家 V. A. Zolgalle 在列宁格勒车辆厂用线性规划计算钢板的最优利用。在 1951 年寄出一本书，把线性规划与动态规划思想结合起来，这本书到 1959 年才出版，题为《经济资源的最优利用》。这本书涉及计算、价格、租金、库存、经济核算及决策分散化等问题。

苏联有些经济学家对新方法采取保留态度。苏联科学院召开经济学和计划中的数学方法会议。会议批准了新的科学方向。1958 年，康脱洛维奇当选为科学院通讯院士。1965 年，他与 V. V. Novogilov 和 V. S. Nemchinov 共同获得列宁奖，1975 年获得诺贝尔经济学奖。他曾担任国民经济控制研究所实验室主任，给高级干部讲授控制和管理的新方法。

康脱洛维奇提倡最优化方法。把经济作为一个体系，控制它向一定的目标前进。他使大量信息得到系统化，作深刻的分析，供决策之用。有时有多个目标，每个都要考虑。应用最广的是多产品特性最优化模型。这些方法具有以下性质。

（1）普通性和灵活性。对各经济部门和各级控制都有用。

（2）简单性。所用数学主要是线性代数。

（3）有效可计算性。几十万个变量和几千个约束条件可在计算机上迅速求解。

（4）定性分析，指数。能算出归着价格，Koopmans 称为影子价格，康脱洛维奇称为分辨乘数。这是计算会计价格及其他指数的客观方法。

(5) 方法和问题的一致性。规划论在资本主义企业中虽然运用成功，但它的精神实质更接近社会主义经济问题。这些方法可用于产业部门的长期计划、农业生产的地区分配乃至整个国民经济的长期计划。苏联为此在莫斯科设立了中央经济数学研究所，在新西伯利亚设立了经济科学和工业组织研究所。

## 共产主义经济学

马克思把资本主义以后的时代分成两个阶段。第一阶段实行生产资料公有制和按劳付酬的原则，这是社会主义阶段。第二阶段是实行按需分配，这是共产主义阶段。共产主义社会没有货币、价格、工资等概念。

过渡到共产主义是逐步的，免费供应的消费品逐步增加，其余部分仍有价格，工资用来购买有价格的消费品。假设某个社会主义国家在公元2000年消费总额为1万亿元，则免费消费可达到1万1千亿元，免费消费的比例提高到55%。按此速度，到公元2050年，免费消费的比例可达到78%。

马克思在《资本论》第三卷第十章中说：如果生活资料便宜了或者货币工资提高了，工人就会购买更多的生活资料，对这些商品就会产生更大的“社会需要”。如果采取不加工资而逐步降低商品价格的政策，则工资为常数，商品需求只是价格的函数：

$D = f(p) \quad f'(p) < 0$

需求弹性定义为：

$\sigma = Pdf(p) / f(p)dp$

如果需求弹性 $\sigma = -1$，则价格降低十分之一，需求将增加十分之一。如需求弹性为零，则需求曲线是平衡于 P 轴的直线，价格降低不引起需求增加。将基本必需品的价格缓缓下降，观察其反应。弹性系数绝对值小的商品，称为需求缺乏弹性。降低价格，不会显著增加需求。这类商品可以先列入免费供应。

待生活必需品都免费供应后，工资只用来购买高级消费品。譬如说 80% 的消费品都已免费，其价格为零，如何编制最优计划？

在此情况下，高级消费品是有价格的。至于生产资料，和社会主义阶段一样，继续用规划论的方法编制计划，从对偶规划算出影子价格。这种价格仅供计算和会计之用，不需要货币和通常的交换价格。编制免费消费品计算需要三方面资料：第一，需求量，还可以根据历史情况，人口增长速度，消费经济学研究的成果来确定。第二，生产技术的改进，由技术人员提供情况。第三，生产成本，利用各种资源的影子价格来计算。生产必需品的企业由政府支付产品价格，好像政府向军工厂购买军火一样。企业用来支付生产资料的价格和发给职工购买高级消费品的工资。

在完全共产主义经济中，所有消费品都免费供应。在此情况下，不仅生产资料和消费品有影子价格，而且各类劳动有影子工资，资金也有影子价格——平均利润率。

## 计量经济学

以亚当·斯密（1723—1790 年）、李嘉图（1772—1823 年）、马尔萨斯（1766—1834 年）、穆勒（1806—1873 年）为代表的西方古典经济学家，以及以马歇尔（1842—1924 年）为代表的新古典经济学家，在使用统计观察验证他们的理论方面，做的工作不多。法国历史学派如舒摩勒（1838—1917 年）以及美国的制度学派走向另一极端，只要观察不要理论，认为事实自己会说话。

把经济理论、数学和统计学结合在一起的先驱者有 Johan Heinrich von Thünen（1783—1850 年），Augustin Cournot（1801—1877 年），A. J. Dupuit（1804—1866 年）和 Herman Heinrich Gossen（1810—1858 年）。英国数学家和经济学家 Stanley Jevons（1835—1882 年）曾设想有一天将某些经济定律数量化。20 世纪蓬勃发展的经济计量学正在把这个设想变为事实。

1930 年 12 月 29 日，经济计量学会在美国俄亥俄州克里夫兰成立，Irving Fisher 当选第一任会长。从 1933 年开始出版《计量经济学》杂志。

一些变量、方程及约束条件构成经济计量模型的核心。如果只有这么一个核心，属于单纯描述性的模型，它可以用于预测。核心之外，还可以有一个目标函数，这样可以求最优解。有些模型是静态的，只把同一瞬时的诸变量联系起来。有的是动态的，把不同时间的诸变量联系起来。模型可能是随机的或确定的。

经济计量模型可以用来验证经济理论，有时还能发现一些经济规律。例如荷兰经济学家 Jan Tinbergen 发现牛肉的价格与前一时间饲料价格之间存在负相关。因为饲料涨价迫使农民宰牛。他还发现，1900 年以前英国一般工资指数与煤炭价格有关。因为在不同行业的工资中，矿工工资波动最大。

经济计量学以西方国家的数理经济学、宏观经济学为理论依据，把国民经济看成是有机体，测量其流量、脉传、体温。规划论以线性代数为理论依据，为了达到一定的目的，规划其手段，有一种规范性质。不过，两者的理论和方法有许多重叠之处。

# 《资本论》中的表象学研究初探*

物理学研究中有表象学和基本理论的区别。由于人对自然的认识逐渐深入，昨天的基本理论，今天只能被看成是一种表象学。例如，相对于经典力学而言，量子力学解释微观现象比较圆满，是一种基本理论。然而自从量子场论诞生之后，量子力学也被看成是表象学。但是表象学并不是没有用处。牛顿虽然未能阐明引力的本质，然而有了他的理论，人类能计算星体运动轨道，预测天文现象。薛定谔方程虽然是一种表象学公式，对量子化学很有用。

马克思是一位伟大的经济学家，他不仅提出了资本主义经济的基本理论，而且作了大量的表象学研究，阐明了各种经济变量之间的函数关系。马克思这方面的成就，在西方经济学界常常被忽视或误解；而我们也没有重视，很少研究。为了引起大家注意，加强这方面的研究，谈点个人的学习体会和认识，以供参考。

---

* 原载于《青海社会科学》1982 年第 1 期。

# 马克思如何看待经济学中的表象学研究

马克思在《剩余价值理论》第二卷第十章评价亚当·斯密和大卫·李嘉图的方法论问题时指出，斯密同时有两种研究方法，一种是深入内部联系，或者说深入资产阶级体系内部的“生理学”；另一种却不过把日常生活过程中的某些现象，按照它们外表显现出来的样子加以描写。马克思认为，斯密这样做是有理由的，因为斯密的任务是二重的：一方面，他要深入研究资产阶级社会内部的“生理学”；另一方面，他要把这个社会外部显现的生活形式描绘出来，把它外部显现的联系叙述出来。用本文的术语来说，一个是基本原理的研究，另一个是表象学的研究。马克思还指出，李嘉图的贡献在于他要研究现象与基础适应到什么程度，外表运动和真实运动之间有什么矛盾。

马克思反对只是在表面的联系内兜圈子，反对现象作为现象表象的再生产，认为这是庸俗经济学①。马克思称赞斯密、李嘉图那样的政治经济学家渴望理解现象内部的联系。

定义一个社会形态（例如资本主义）的基本经济范畴（例如资本）以及阐述一个社会形态的基本经济规律（例如剩余价值规律），理论上需要高度抽象。除了生产资料所有制之外的生产关系，其他内容都要舍象掉，剩余价值的各种表现形式——利润、利息和地租等，均置不论。

高度抽象的经济范畴有时不易直接解释复杂而具体的经济现象，而要逐步引入较具体的假设，使理论具体化。例如资本家分成工业资本家、商业资本家、金融资本家、房地产资本家，等等。

① 参见《资本论》第1卷第1章注32；《剩余价值理论》第3卷，附录。

《资本论》第一卷波兰文第三版出版时，布鲁斯在一篇题为《在马克思〈资本论〉启发下的辩证法的一些问题》的论文中，讲到《资本论》是从抽象逐步具体化的经典范例。他说："《资本论》第一卷的进一步阐述，整个看来是一步一步地进展，从抽象到愈来愈具体的阶段，直到证明资本主义积累的历史趋势为止。但是整个第一卷只绘出一定水平上的资本主义的图景。因为在原则上，它是纯粹形式的资本主义生产过程的分析，资本主义生产关系的本质的分析。马克思在这里省略了资本的流通并(因而)省略了资本主义生产关系的主要内容采取的各种具体形式。《资本论》第二卷包含资本流通的分析，而只在第三卷，马克思才分析资本主义生产过程的整体，其中生产过程和流通过程，资本主义关系的内容及其具体（拜物教的）形式被纳入一个整体。而且在二、三两卷中，马克思的阐述从抽象到具体。"

《资本论》一、二、三卷，从抽象到具体，用基本原理来解释具体现象。但是也可以从另一方面看，从表象学的研究开始，逐步抽象，得出基本原理。可表示如下：

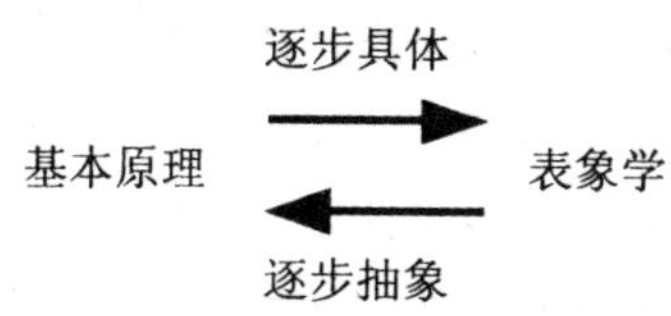


周期性的经济危机是资本主义的痼疾。我们可以简单地解释为，它是社会化的生产与资本主义私人占有之间的矛盾所致。这种解释当然是对的，但是过于抽象，失之空疏，没有把基本原理逐步具体化。马克思研究了1815—1870年的美国经济循环，特别是对1861—1865年的棉业危机，1847年的信用危机，1857年危机作了详细的记述与分析。马克思既不忽视每次危机的个别原因，又能把个别原因舍象掉而寻找其共同规律。

《资本论》第一卷中提出，工厂制度的巨大的跳跃式的扩展能力和它对世界市场的依赖，必然造成热病似的生产。生产规模突然的跳跃式的膨胀是它突然收缩的前提。第二卷提出，固定资本更新期的影响。如果某一年第二部类需要更新的设备少，而第一部类生产的设备多，就会形成生产过剩。第三卷提出，资本主义生产越发达，因而，由机器等组成的不变资本部分突然增加和持续增加的手段越多，积累越快（特别是在繁荣时期），机器和其他固定资本的相对生产过剩也就越严重；利润率的下降会延缓新的独立资本的形成。这些都是经济循环和危机的比较深刻的原因。从这里进一步再抽象，归结到资本主义的基本矛盾，就不觉得突然了。

## 马克思如何阐述各种经济变量之间的函数关系

下面，对马克思在《资本论》中阐述的关于资本主义经济中各种经济变量之间的函数关系，谈一些个人的理解。

在《资本论》第三卷第二篇第十章中，市场价值被看做是价格围绕着运动的重心，换句话说，价格是一种随机变量，而市场价值则为价格的期望值。部门平均价值与个别价值有区别。马克思说："如果需求非常强烈，以致当价格由最坏条件下生产的商品的价值来调节时也不降低，那末，这种在最坏条件下生产的商品就决定市场价值。……如果所生产的商品的量大于这种商品按中等的市场价值可以找到销路的量，那末，那种在最好条件下生产的商品就调节市场价值。"① 显然，马克思把市场价值和市

① 参见《马克思恩格斯全集》第25卷，人民出版社1974年版，第200页。

场供给量看成是互相影响的两个变量，而且供给量是市场价值的渐增函数。马克思认为，市场价值可以换成（转化为）生产价格，市场价格围绕着生产价格来变动。

决定生产价格的是边际个别价值。但是，马克思还另外提出一个论点。“假定……以致在较坏条件下生产的那部分商品，无论同中间的商品相比，还是同另一端的商品相比，都构成一个相当大的量，那末，市场价值或社会价值就由在较坏条件下生产的大量商品来调节。……假定在高于中等条件下生产的商品量，大大超过在较坏条件下生产的商品量，甚至同中等条件下生产的商品量相比也构成一个相当大的量；那末，市场价值就由在最好条件下生产的那部分商品来调节。”① 供给价格决定于众数个别价值，这个学说长期被忽视。我觉得它很可能符合实际，值得在西方国家进行经验研究。

商品的需求也不是一个固定的数。“从量的规定性来说，这种需要具有很大伸缩性和变动性。它的固定性是一种假象。如果生活资料便宜了或者货币工资提高了，工人就会购买更多的生活资料，对这些商品就会产生更大的‘社会需要’”。② 商品需求是价格和收入的函数。

奥斯卡·兰格曾证明，两大部类的社会再生产过程如果推广到 n 个部门，就是列昂惕夫的投入产出分析。投入产出表每一列的利润将按该部门占有的资本乘以社会平均利润率来确定。从长期看，这种生产价格就是市场价值。但是，如前面所述，马克思不认为离开需求可以确定生产价格。因为在计算生产价格时，要考虑那个个别价值，它与需求有密切关系。所以，马克思的经济

---

① 参见《马克思恩格斯全集》第 25 卷，人民出版社 1974 年版，第 204 页。

② 同上书，第 210 页。

模型除 2n 个生产价格方程和产品平衡方程外，还有 n 个需求函数。

需求函数包括对消费品的需求和对资本货物的需求。消费品的需求比较稳定。资本货物的需求受更新周期、总利润、利润率、利息率以及技术革新等因素影响，很不稳定。需求还包括军备支出，那就不是经济规律所能完全解释了的。本文为了简化，对需求函数未进行区分。

令 A 为实物单位表示的投入系数矩阵，A′为其转置矩阵。

K 为实物单位表示的资本—产出系数矩阵，K′为其转置矩阵。矩阵中的元素 $K_{ij}$ 为一定时期内 j 部门生产一个单位产出所需第 i 种资本货物存量。

P 为价格行向量，P′为价格列向量。

L 为劳动向量；$L_j$ 是生产一个单位 j 产品所需劳动工时数。

ω 为各部门平均工资率向量，$\hat{\omega}$ 为工资率对角矩阵。

V 为工资成本系数向量。

P 为国民经济平均资本利润率。

我们有以下生产价格方程：

$$P' = P'A' + V' + \rho P'K' \tag{1}$$

产品平衡方程：

$$X' = AX' + C' \tag{2}$$

X′为各种产品总产量列向量，C′为各种产品最终产出列向量。

第 i 种最终产品的需求方程：

$$C_i = f_i\ (P,\ V,\ \Pi) \tag{3}$$

需求为物价 P、国民经济工资总额 V 和利润总额 Π 的函数。

方程（3）决定最终需求，最终需求通过方程（2）决定总产出 X。不同的 X 对应着不同的 A，V，K。而在方程（1）中，

A、V、K是常数。我们知道，投入产出分析是一种固定系数线性方程组，与实际情况有一定距离，只能据以作一些近似的计算。从理论上说，生产价格应为总产出X的函数——$P_i = f_i(X_i, \omega_i, P_2, P_3, \cdots, P_n)$。

西方经济学者每以马克思的理论没有考虑稀少性问题为病。实际上，《资本论》第三卷第六篇“超额利润转化为地租”中，讨论了土地、瀑布、矿山、水域等自然资源的稀少性问题。资本家占用这些资源能得到弥补生产价格有余的超额利润。如果资源属地主所有，资本家不得不以地租（或准地租）的形式，把超额利润付给地主。现在由于石油资源稀少，在世界上分布又很不均匀，产生一个极大的地租或准地租问题。

在马克思的经济模型中，怎样表示地租，是一个复杂问题。资本主义企业往往把地租作为一项成本，而马克思从大处着眼，认为地租是不同企业的成本之间的差额的一部分。地租不表现在方程（1）中。对于每个企业，A、V、K是不同的。除边际企业外，其他企业的利润都大于方程（1）所示。超额利润作为地租，从利润中支付给地主。

$$\Pi = R + \varepsilon_i \rho P'_i K'_i \tag{4}$$

国民经济利润总额为地租总额与按平均利润率计算的利润总额之和。

按照《资本论》第三卷，企业主须从利润中支付利息，故利息率不能超过平均利润率。

$$r \leqslant \rho$$

式中r为利息率。利息率受货币资本的需求和供给的影响，显然，企业主对货币资本的需求与其营业额有关，与利润率和利息率的差额有关：

$$M\rho = f\left(\sum_i p_i x_i,\ \rho - r\right),$$

货币资本的供给包括货币 $M_1$ 和信用货币 $M_2$ 两部分，它们由一个国家的中央银行决定，

$$Ms = M_1 + M_2$$

而供求必须平衡，$M\rho = Ms$。

马克思在《资本论》中对资本主义经济进行的表象学研究，非常全面。本文只叙述了他的部分观察，对这部分提出的数学表达也未必完全贴合原意。其他如经济循环、经济增长等等现象，本文没有涉及。笔者希望大家对本文提出批评指正，进一步探讨马克思主义关于资本主义经济的数学模型。

# 试编我国三级决策模型刍议*

采用数学模型为协助编制计划的工具，现在已蔚为风气。而其中心则为欧洲，包括苏联、东欧及法国、英国、挪威、荷兰等。发展中国家如印度、埃及、智利等也有此种尝试。

社会主义社会国家往往用平衡表方法编制计划。以后人们认识到这个方法实际上就是一个线性方程组。求解后各个指标值能满足方程组中每一个方程，所以计划是自洽的，也就是各个指标之间不矛盾，因而是可行的。但是，可行解不止一个，这种方法不能保证得到最优解。而且，平衡表虽然实质上是方程组，如果不真用数学形式上机计算，只在表上改来改去，并不能保证编出的计划是自洽的、可行的。匈牙利有一次用传统方法编出了计划，再放在计算机上计算，证明计划是不可行的！

如果编制一个宏观经济计量模型，以一些工具变量的不同数值产生不同的内生变量值。这是一种场景分析，使人们可在几个场景、几个方案中选择一个。如果在宏观经济计量模型上加一个目标函数，成为一个规划问题，可以求出最优规划。

---

* 原载于《技术经济研究》（参考资料）1982 年第 10 期。

康托罗维奇在30年代提出了线性规划，当时为了解决如何有效利用设备等微观问题。以后，他的工作在苏联被冷落了20年。他不但不灰心，而且继续研究，以至认识到这种方法可以发扬光大，用于编制国民经济计划。在西方，获得第一次诺贝尔奖金的弗瑞希为提倡最优计划而不遗余力。除在他的本国——挪威实行外，他在1959年为印度设计的计划模型，也是规划方法。他提出的目标函数为 $f=16u+4v+w$，其中u是每年创造的新工作岗位，以百万人为计算单位；v是每年的投资率；w是每年国际收支顺差。v和w都是表示国民收入的百分率。不过，弗瑞希认为目标函数应当由国会来定。他看到一些国家的目标函数未定，而热衷于讨论某项具体工程或具体政策，往往意见分歧，不得要领。其原因是每个人暗藏的目标函数不同。其实，最高权力机关把目标函数定出来，具体计划、投资方案以及政策的选择，可以交给专家们去计算。

资本主义国家编制的计划是指示性计划（Indicative Planning)，好比指示仪表，供人参考，没有约束力。故其指标体系不必过于明细。社会主义国家的计划是行动纲领，有约束力，指标体系不得不明细。你必须告诉每个部门、企业、地区，它们的任务是什么。这样，模型的变量和等式不等式的数量非常大。大型规划问题计算有困难，而且每个企业掌握许多经济信息，不可能都报上去。中央大计算机中的信息是不全的，据此计算出的最优规划在数学形式上是最优的，实际上不是最优的。再则，计算机为每个企业、每种经济活动定出指标，大家去执行。人反而成了计算机的奴隶，马克思说的异化问题会非常严重。这种计划方法不利于各部门、各地区、各企业发挥其积极性、创造性和主动精神，不利于广大人民参加制定国民经济计划。

美国被称为线性规划之父的但泽于1960年发表分解原理。一个大规划问题可以分解为若干子规划。这样既便于计算，又能做到集中决策与分散决策相结合，能把分散的经济信息更充分地利用起来。这个方法受到康托罗维奇的赞赏。苏联和东欧有许多人研究分解原理，据说，莫斯科计算中心有半数数学家在研究它。现在苏联和东欧的最优计划学派提出的计划模型虽然细节不同，但万变不离其宗，都是采用分解原理。这件事显示数学和数量经济学有一定程度的国际性。

规划模型是决策模型。企业一级编制决策模型是管理科学及其实践的习见事物。中央各部一级编制决策模型在苏东国家颇为流行。国民经济一级编制决策模型已在匈牙利试验成功。在苏联只是最优计划学派的理想，尚未付诸实践。

我国企业尚无编制决策模型的风气，这方面工作的群众基础较差。不过在中央编制决策模型，模拟传统计划工作的实践，作为计委、各部计划司、各局计划处的计算工具，还是有可能实现的。因为它给计划部门增添计算工具，帮助传统计划程序的进行。它所需要的信息、经验和才能也是计划部门所固有的。

我国的决策模型可分为国民经济、各部、各局（即产品）三级，试分别阐述如下。

## 国民经济模型

国家计委管理中央约束条件：

分配给各部的供应任务，例如冶金部要供应多少钢材。至于这些钢材由冶金部自己生产或进口一部分，在钢材模型中计算，由冶金部决定之。冶金部还可决定出口多少钢材。所以，分配给各部的供应任务不包括出口，只包括国内供应任务。

分配给各部的物资，例如分配给机械部多少钢材。

分配供应任务和分配物资是一件事的两个方面。在中央模型中计算以下平衡关系：

作为物资分配的用于生产和生产性投资的产品量

+消费和非生产投资所用产品量=供应任务

消费和非生产性投资所用产品量来自社会计划，即提高人民物质和文化生活水平的计划。可以提几个方案，也就是几个向量。这些向量在规划过程中逐一计算、比较，起参数规划作用。计划人员不能把向量中任一分量作为一种事务性工作，随便修改。

规划是一个逐步迭代逼近过程，是一个上下级之间的博弈过程。所以，用于生产和生产性投资的产品在第一次计算时也就是第一次下达供应任务时，不要求多么准确。

中央投资。包括中央财政投资和中央银行投资。

中央外汇。例如石油部购买器材需用外汇，但石油部出口石油有外汇收入。国家计委控制其差额，例如顺差不得少于若干，或逆差不得多于若干。

劳动力。我国有用之不竭的劳动力资源，在全国范围内不构成约束条件。但在具体部门可能成为约束条件。而大学毕业生可能成为短线，故劳动力下还应加一项：其中大学毕业生数。

目标函数。采用两个目标函数：

国民收入最大化。国民收入最大化就是经济增长最快。由于用于消费和非生产性投资的产品数量已经作为约束条件列入规划，我们不担心投资太多，影响人民生活。

外汇顺差最大化。外汇顺差说明我国的偿付能力和在世界经济中的竞争能力。不过用这个目标函数时，在约束条件中应取消外汇一项。

这两个目标分别计算，也就是对同一消费向量将得到两个最优规划。一是国民收入最大的规划，另一个是外汇顺差最大的规划。

国民收入的计算与产品价格有关，可用现行价格计算国民收入，另外也可以用重点修改的价格计算国民收入。所谓重点修改是这样的，利用已编制出来的山西、湖南两省投入产出表，假设资金利润率为6%，再估计一个工资因素（这是因为除工资外，职工还享受许多福利），这样可以计算各个产业的相对生产价格水平与相对现行价格水平的差距。对差距过大的产业，个别调整其主要产品的计算价格。这样我们得到两个最优规划，按现行价格计算的国民收入最大化规划和按计算价格计算的国民收入最大化规划。

国家计委将中央约束条件分配给各部后，各部将计算出来的最优规划报告计委，其内容为：每个产业创造多少国民收入、外汇顺差，生产多少产品，需要多少中央计划产品（作投入用），进口多少产品，出口多少产品。需要多少中央投资、中央外汇（外汇逆差产业），需要多少劳动力，创造多少就业机会。各项中央约束条件的影子价格。

国家计委根据每种产品的产量、进出口量、生产基建投入用量，很容易算出可供消费和非生产性投资的产品数量。这个数量肯定大于或等于已设置的消费向量约束，可以算出那些消费品比这个消费向量大多少。

国家计委可以算出全国的国民收入、工农业生产总值、外汇顺差、中央投资总额、劳动力总量以及新增就业机会总量等等。

国家计委可以发现同一种约束条件，各部报来的影子价格不同，也就是在各部起的作用不同，经济效益不同。例如人民币一元的投资在这个部能增加国民收入10元，而那个部能增加国民收入20元。国家计委考虑减少一些效益少的投资，增加一些效益多的投资。其他约束条件也按影子价格指示的方向调整。这样，国家计委向各部发出第二次分配方案，各部进行第二次规划。如此多次逼近，人与计算机共同努力，达到一个最优规划，或者数学上不是最优，但中央和各部愿意采纳的规划。

用传统计划方法，计划方案若彻底改变，工作量极大，故很难提出若干种方案，以供选择。现在用决策模型和计算机，计算多种方案，多次计算方案，都可以办到。例如有四个消费计划，不过输入四个不同的向量而已。

## 部一级模型

部将中央约束条件分配给各种产品，还可以设置一些本部内部专有的约束条件。例如化学工业的一些重要的中间体、冶金工业内部的连续生产关系、耕地在各种农作物中的分配、主产品与副产品之间的技术比例等。由于计划产品目录并不包括全部产品，除列入目录的产品分别编制产品一级的模型外，每个部还要有一个其他产品模型，其产量以价值计算。还有一些产品不在中央各部的管辖范围之内，可以设立一个“不管部”模型，由一定的机关负责估算。

## 产品一级模型

我们用 $X_{ijt}$ 来表示活动量，i 是产品番号，t 是年度，j 是不同技术性质的活动番号。

如果是简单再生产活动，j 下标可表示大、中、小型煤矿的生产，大、中、小型氮肥生产，大型水电、中型水电、小型水电，大型火电、中型火电、小型火电之类的区别。

如果是扩大再生产活动，j 下标可以区别改建、扩建、新建，甚至可利用 j 下标区别若干工程。

如果是进口或出口活动，可用 j 下标区分国别。

除中央和部下达的约束条件外，每种产品有其自身的特殊约束条件。例如老厂生产受设备能力限制；扩建、新建受土地、水资源限制；出口销路有限。

简单再生产活动有投入系数；扩大再生产有分年度的投入系数和产出系数。

约束条件表现为以下不等式：

简单再生产活动产量 + 进口量 － 出口量 + 扩大再生产活动产量 ≥ 供应任务

简单再生产活动的物资投入 + 扩大再生产活动的物资投入 ≤ 物资分配额

简单再生产活动的劳动力 + 扩大再生产活动的劳动力 ≤ 劳动力分配额

如以国民收入最大化为目标函数，则产品模型相应的以净产值最大化为目标函数。每单位产品的净产值对大、中、小型厂不同，对老厂、改建厂、扩建厂、新建厂不同。

如以外汇顺差最大化为目标函数，则出口为外汇收入，进口为外汇支出。这是指竞争性进口而言。这种产品国内也在生产，但供应不足，需要进口一部分。由主管这种产品的生产的部作出决定。另外，为了这种产品的再生产活动和扩大再生产活动，需要进口一些国内不能生产的器材，属于非竞争性进口。例如石油部要进口特殊器材，所需外汇从石油出口外汇中扣除。

三级决策模型，模拟传统计划工作的实践。每一级模型不过是该级计划机关的计算工具，有容易推行的优点，而且所需数据是各级计划机关平时熟悉掌握的。唯一要专门努力的是消费品和非生产性投资的方案。

三级决策模型假设投资和外汇由中央决定（实际上，地方上也有权限），模型包括了全部的国民收入、消费、投资及进出口，不能再加，以免重复。只能这样理解，中央投资中实际上包括一部分地方投资。将来要求中央财政补付的投资只是模型中投资的一部分，虽然是主要部分。

# 转化问题评述*

价值转化为价格，剩余价值转化为利润和剩余价值率转化为利润率，是政治经济学的老问题。恩格斯在《资本论》第二卷和第三卷序言中把它归纳为：“相等的平均利润率怎样能够并且必须不仅不违反价值规律，而且反而要以价值规律为基础来形成。”恩格斯列举了威·勒克西斯、康拉德·施米特、彼·法尔曼曾试图解决这个问题，而没有成功。马克思是第一个系统地研究这个问题的人。马克思之后继续有人研究这个问题。本文目的在于评述马克思以后的重要研究者。这些学说是为资本主义制度辩护还是用马克思主义的基本立场、观点来批判资本主义。

## 一 马克思如何解决转化问题

马克思解决转化问题，有两个方法：历史的方法和逻辑的，也就是数学的方法。他说：“商品按照它们的价值或接近

---

* 原载于《马克思主义研究参考资料》1982年第43期，第12页。

于它们的价值进行的交换，比那种按照它们的生产价格进行的交换，所要求的发展阶段要低得多。而按照它们的生产价格进行的交换，则需要资本主义的发展达到一定的高度。”他还说：“把商品价值看作不仅在理论上，而且在历史上先于生产价格，是完全恰当的。这适用于生产资料归劳动者所有的那种状态；这种状态，无论在古代世界还是近代世界，都可以在自耕农和手工业者那里看到。”① 恩格斯在《资本论》第三卷增补中讲得更具体，他说：“马克思的价值规律，从开始出现把产品转化为商品的那种交换时起，直到公元十五世纪止这个时期内，在经济上是普遍适用的。但是，商品交换在有文字记载的历史之前就开始了。在埃及，至少可以追溯到公元前三千五百年，也许是五千年；在巴比伦，可以追溯到公元前四千年，也许是六千年；因此，价值规律已经在长达五千年至七千年的时期内起支配作用。”②

米克（R. L. Meek，著有《马克思恩格斯论马尔萨斯》、《经济学和意识形态及其他论文集》、《劳动价值论研究》）对历史方法曾有一些讨论。他认为，在古代存在不同程度的垄断，生产要素流动性低，都使均衡价格背离价值。但供给价格依靠的生产者认为他的净收入是他的劳动报酬，而在资本主义时代，供给价格依靠的生产者认为他的净收入是他的资本的利润。历史确实实现了从一种供给价格转化为另一种供给价格。

奈尔（E. J. Nell）于1973年在《经济文献杂志》上评论森岛通夫的《马克思经济学》时，设想在简单商品生产之后，农

① 《资本论》第3卷，《马克思恩格斯全集》第25卷，人民出版社1974年版，第198页。

② 同上书，第1019页。

业价格倾向固定于劳动价值水平，而在工业中倾向形成生产价格。

这些议论似乎没有离开马克思历史方法的轨道，不过提出一些补充意见。

此外，法国古德里（M. Godelies）研究新几内亚的一个原始交换经济，以食盐为货币。商品的实际交换比例与相对价值偏离约100%。经济史家似可对这个题目多作一些考察。

成为马克思以后研究者的讨论焦点的是他的另一种方法，逻辑的、数学的方法。马克思在《资本论》第三卷中首先提出一些算术例子，说明如果在各部门中剩余价值率 e 相等，而资本的有机构成不同，则根据商品价值计算的利润率π，在各部门将是不同的。

$$\pi_i=\frac{S_i}{C_i+V_i}\neq\frac{S_j}{C_j+V_j}=\pi_j$$ （i，j 都是部门的代号）

如果各部门的剩余价值率 e 相同，利润率π也相同，则生产价格 $(1+\pi)(C_i+V_i)$ 与价值 $[C_i+V_i+eV_i]$ 一般将不同。马克思假设了一张五个部门的商品价值表，然后根据表上的价值数据计算平均利润率：

$$\pi=\frac{S}{C+V} \tag{1}$$

有了平均利润率，再计算各部门生产价格：

$$p_i=(1+\pi)(C_i+V_i) \tag{2}$$

## 二　波特凯维兹的方案

《资本论》第三卷问世后，据恩格斯说："……威纳尔·桑巴特对于马克思体系的轮廓，作了大体上成功的描述。一个德国大学教授能够在马克思的著作中大体上看出马克思真正说的是什么，宣称对马克思体系的评论不应当是反驳，——'让政治野心家去这样干吧'，——而只应当是进一步的发展，这还是第一次。当然，桑巴特也在研究我们现在的题目。他研究了价值在马克思体系中具有什么意义的问题，并且得出了如下结论：价值在按资本主义方式生产出来的商品的交换关系中不会表现出来；价值在资本主义生产当事人的意识中是不存在的；它不是经验上的事实，而是思想上、逻辑上的事实；在马克思那里，价值概念按其物质规定性来说，不外是劳动的社会生产力是经济存在的基础这样一个事实的经济表现；价值规律最终支配着资本主义经济制度下的经济过程，并且对这种经济制度来说普遍具有这样的内容：商品价值是最终支配着一切经济过程的劳动生产力借以发挥决定性作用的一种特有的历史形式。——以上就是桑巴特的说法。这样理解价值规律对资本主义生产形式的意义，不能说不正确。但是，在我看来，这样理解未免太空泛了，还可以提出一个比较严密、比较确切的说法；我认为，这样理解并没有包括价值规律对于那些受这个规律支配的社会经济发展阶段的全部意义。"①

恩格斯还介绍："……有一篇关于《资本论》第三卷的精辟论文，作者是康拉德·施米特。特别要指出的是，这篇文章中论证了，马克思怎样从剩余价值中引出平均利润，从而第一次回答了到现在为止的经济学从来没有提出过的问题：这个平均利润率的水平是怎样决定的，……自从我们知道，首先由产业资本家占有的剩余价值是产生利润和地租的唯一源泉以来，这个问题就自

① 《资本论》第3卷，《马克思恩格斯全集》第2卷，人民出版社1974年版，第1011—1012页。

然而然地解决了。……关于价值规律，施米特也有他的形式主义的见解，他把价值规律叫作为说明实际交换过程而提出的科学假说；这个假说甚至在表面上完全同它相矛盾的竞争价格的现象面前，也被说成是必要的理论上的出发点，是说明这些现象所必不可少的东西。他认为，没有价值规律，就不可能有对于资本主义现实的经济活动的任何理论认识。而在一封他同意我引用的私人信件中，施米特直接宣称资本主义生产形式内的价值规律是一种虚构，即使是理论上必要的虚构。但是我认为，这种理解是完全不正确的。价值规律对于资本主义生产来说远比单纯的假说，——更不用说比虚构，即使是必要的虚构，——具有更重要得多、更确定得多的意义。”①

奥地利经济学家冯·庞·巴威克于1896年发表《马克思体系的终结》一文。他认为，马克思未能解决转化问题，使他陷在他的价值体系和他的生产价格体系之间的不可调和的矛盾中。庞·巴威克的论点是从一种主观价值论的观点否定劳动价值论。但是他的论点对转化问题的现代讨论，没有什么影响。

1907年，柏林大学教授冯·波特凯维兹（L. Von Bortkiewicz）发表的《马克思体系中的价值和价格》和《关于马克思在〈资本论〉第三卷中的基本结构的改正》两文揭开了转化问题的现代讨论的序幕。他和庞·巴威克不同，不反对劳动价值论，他说：“在设法阐明利润的起源时，马克思有幸运的灵感来设计一个有利润存在的模型，除了对产品互相交换关系有决定作用的价值规律外，不用任何规范。这样一个模型清楚地说明，利润的第一原因既不是作为交换经济的一种现象的加

① 《资本论》第3卷，《马克思恩格斯全集》第25卷，人民出版社1974年版，第1013页。

码，也不必看成是‘资本的生产性服务’的一种报酬。换句话说，由于使价值计算先于价格计算，马克思成功地——比李嘉图所做的明朗和加重得多——使理论能抵御其他利润理论以及摆脱任何共同之处。”

庞·巴威克曾反对马克思加总全部价值，他的理由是：“商品的加总因此与支付它们的价格的加总相同；或者说，全部国民产品的价格就是国民产品本身。所以在这些情况下，支付全部国民产品的总价格与体现在其中的价值或劳动的总额完全相等，这是完全对的。但是这种以不同的话说同一件事的宣言不表示增加了真正的知识……”波特凯维兹不同意这种反对意见，他说：“庞·巴威克怀疑研究总价值和总价格的合理性是错误的。价值不是一种交换关系，而是一种交换关系的指数，而人们很可以把一系列价值量加在一起。”

波特凯维兹对马克思的方法提了两点意见。在马克思的变换公式 $P_i=(1+\pi)(C_i+V_i)$ 中，商品价值已转化为价格 $P_i$。而生产商品的投入 $C_i$ 和 $V_i$ 没有转化，保留它们的价值表示形式。然而资本家购买生产资料和工人购买生存资料时，按生产价格，而不按价值支付。一个完全自洽的转化方法应当同时转化投入和产出。投入也需要变换，马克思自己知道这个问题。他在《资本论》第三卷第九章中说：“在资本主义生产中，生产资本的要素通常要在市场上购买，因此，它们的价格包含一个已经实现的利润，这样，一个产业部门的生产价格，连同其中包含的利润一起，会加入另一个产业部门的成本价格，就是说，一个产业部门的利润会加入另一个产业部门的成本价格。”他还说：“我们原先假定，一个商品的成本价格，等于该商品生产时所消费的各种商品的价值。但一个商品的生产价格，对它的买者来说，就是成本价格，并且可以作为成本价格加入另一个商品的价格形成。因为生产价格可以偏离商品的价值，所以，一个商品的包含另一个商品的这个生产价格在内的成本价格，可以高于或低于它的总价值中由加到它里面的生产资料的价值构成的部分。必须记住成本价格这个修改了的意义，因此，必须记住，如果在一个特殊生产部门把商品的成本价格看作和生产该商品时所消费的生产资料的价值相等，那就总可能有误差。”从这些话清楚地看出，马克思打算用多次迭代，逐步逼近正确的生产价格。

波特凯维兹的另一个意见是，在计算生产价格时，用一个事先根据价值模型确定的利润率是不合适的。他主张用以下的方程组同时决定投入、产出和利润率：

$$\left.\begin{aligned}(1+\pi)(C_1x+V_1y) &= (C_1+C_2+C_3)x\\(1+\pi)(C_2x+V_2y) &= (V_1+V_2+V_3)y\\(1+\pi)(C_3x+V_3y) &= (S_1+S_2+S_3)z\end{aligned}\right\}\qquad(3)$$

整个经济分成三个部门，第一部门生产一切生产资料（$C_i$），第二部门生产一切工人生存资料（$V_i$），第三部门生产一切资本家的奢侈品。x，y，z 是将价值（$C_iV_iS_i$）转化为价格形式的系数。方程组（3）右边各个价值量保持马克思简单再生产均衡关系：

$$\left.\begin{aligned}C_1+V_1+S_1 &= C_1+C_2+C_3\\C_2+V_2+S_2 &= V_1+V_2+V_3\\C_3+V_3+S_3 &= S_1+S_2+S_3\end{aligned}\right\}\qquad(4)$$

方程组（3）有三个方程，而且是齐次方程组，要求四个未知数，三个转化系数和利润率π。波特凯维兹假设以奢侈品为货币。第三部门生产的奢侈品共（$S_1+S_2+S_3$）个劳动单位。今以一个劳动单位生产的奢侈品为货币单位，则第三部门生产的奢侈品共（$S_1+S_2+S_3$）个货币单位，所以第三部门的转化系数 z 等于1。方程组（3）减少了一个未知数，所以求解 π，x，y 了。

波特凯维兹的方法可以从已知的价值量出发，同时求出利润率以及投入产出的生产价格，并遵守简单再生产平衡。他并且发现，利润率只依靠第一、第二两个部门的情况，而与生产奢侈品的第三部门无关。因为，将（4）式代入（3）式，则：

$$\left.\begin{aligned}(1+\pi)(C_1x+V_1y)&=(C_1+V_1+S_1)x\\(1+\pi)(C_2x+V_2y)&=(C_2+V_2+S_2)y\\(1+\pi)(C_3x+V_3y)&=(C_3+V_3+S_3)z\end{aligned}\right\}\quad(5)$$

然后，每个方程除以相应的（$C_i+V_i+S_i$）：

$$\left.\begin{aligned}\frac{(1+\pi)(C_1x+V_1y)}{C_1+V_1+S_1}&=x\\\frac{(1+\pi)(C_2x+V_2y)}{C_2+V_2+S_2}&=y\\\frac{(1+\pi)(C_3x+V_3y)}{C_3+V_3+S_3}&=z\end{aligned}\right\}\quad(6)$$

前两个方程均除以 y：

$$\frac{(1+\pi)\left(C_1\dfrac{x}{y}+V_1\right)}{C_1+V_1+S_1}=\frac{x}{y}$$

$$\frac{(1+\pi)\left(C_2\dfrac{x}{y}+V_2\right)}{C_2+V_2+S_2}=1$$

前两个方程中没有包含第三部门的生产情况。我们把 x/y 这个比例看成一个未知数，可以从这两个方程求出利润率π。这个发现很重要，以后演变为斯拉法的基本商品概念，一种基本商品直接或间接进入一切商品的生产。斯拉法说：“必须注意出现剩余的一个效果。以前，一切商品地位平等，它们的每一种既存在产品之中，又存在生产资料之中，其结果，每种商品直接或间接进入所有其他商品的生产，而每种商品在确定物价中起一份作用。但是现在有一类新的‘奢侈’品的余地，它们既不作为生产工具，又不作为生存物品用于其他商品的生产。这些产品在系统的确定中不起作用，它们的作用是纯粹被动性的。”

波特凯维兹的方法存在一些问题。它局限于简单再生产，并且局限于三个部门，而且只能求出利润率π和价格与价值的相对差异，x：y：z。为了确定绝对价格，可以这么办，把方程（5）写成：

$$\left.\begin{aligned}(1+\pi)(C_1x+V_1y)&=Y_1x\\(1+\pi)(C_2x+V_2y)&=Y_2y\\(1+\pi)(C_3x+V_3y)&=Y_3z\end{aligned}\right\}\qquad(7)$$

其中：

$$C_i+V_i+S_i=Y_i,\qquad i=1,2,3,\qquad(8)$$

在方程（7）的系统中，再加一个约束方程，总价格等于总价值：$Y_1x+Y_2y+Y_3z=Y_1+Y_2+Y_3$，这个条件是马克思提出的。这样，四个方程求π，x，y，z四个变量的绝对数值。但是马克思还有一个要求，总利润等于总剩余价值，就加不进去了。

## 三 斯拉法体系

西方经济学界出现了一个以斯拉法为首的新李嘉图学派，也称为英意学派。因为这一派有英国人，也有意大利人。斯拉法本人就是意大利人，长期在英国剑桥大学。此人思想深刻而惜墨如金，写作不多，而且都很短。新李嘉图学派奉李嘉图为宗师，与新古典学派对抗。斯拉法的名著《用商品生产商品》于1960年出版，是一本薄薄的小册子，我国有巫宝三译本。书的副题是“经济理论批判导言”，与马克思著作的题目一致。这并非偶然，它的批判对象是在西方经济学界执牛耳近百年的新古典学派。而新古典学派的理论，就是马克思所说的庸俗经济学。Bof Rowthorn 在 1974 年第 86 期《新左派评论》上说，庸俗经济学受到新李嘉图学派的严厉批判。

新李嘉图学派与新古典学派是对立面，但它与马克思经济学是什么关系？罗宾逊夫人说：“社会主义的读者们可能有一种印象，斯拉法的论点支持他们的政治信仰。”[①] 英共理论家毛立斯·道布则认为斯拉法的著作对马克思未处理好的一些问题，提供了解答，而且或许提出了劳动价值论的另一种更加现代的版本。[②] 究竟如何，还是看一看斯拉法体系的梗概。用向量和矩阵表达斯拉法的系统为两个方程：

$$p' = (1 + r)\, p'A + wl' \tag{9}$$

$$p'(I - A)\, x = 1 \tag{10}$$

(9) 是价格方程，其中 $p'$是价格向量，r 是平均利润率，A 是投入产出系数，w 是工资率，$l'$是劳动投入系数。(9) 式可以看成是生产价格方程，只是于计算期末支付工资，所以不再计算可变资本的利润。在方程 (10) 中，I 是单位短阵，x 是各种产品的产量向量，$(I - A)x$ 是最终产品向量。$p'(I - A)x$ 是国民收入，(10) 式规定国民收入为 1，于是在整个系统中，以一个国民收入为计算单位。所以，w 和 p 都表示为国民收入的若干分之一。

(9) 是 n 个方程，(10) 是一个方程，共计 $(n + 1)$ 个方

① 参见《新左派评论》1965 年第 31 期。

② *De Econrmist*，1970 年，pp. 347—362.

程。但是，这个系统有（n+2）个未知数，即 n 个物价，工资率 w 和利润率 r。所以，这个系统有一个自由度。已知工资率可以求出利润率和各种物价，反之，已知利润率，可以求出工资率和各种物价。设 $w=0$，则 $r=R$，R 是最大利润率。设 $r=0$，则 $w=W$，W 是最大工资率。

投入产出系数矩阵 A 有特征根，特征根可能不止一个，其中最大的特征根，称为弗罗本纽斯[①]特征根，用 $\lambda^*(A)$ 表示最大利润率：

$$R=\frac{1-\lambda^*(A)}{\lambda^*(A)} \tag{11}$$

特征根 $\lambda^*(A)$ 联系着一个特征向量 $x^*$，故方程（10）改写为：

$$p'(I-A)x^*=1 \tag{12}$$

最大利润率 R 是总产出超过生产资料消耗总量的比例，

$$f=R(Ax) \tag{13}$$

设净产值的一部分，一个分数 $w^*$ 分配为工资，则 $(1-w^*)$ 分配为利润：

$$r=(1-w^*)R \tag{14}$$

方程（9）改写为：

$$p'=(1+r)p'A+w^*l' \tag{15}$$

按照斯拉法的体系，除非利润率或工资率被外生地决定，即在决定价格的系统以外用别的方法确定，价格系统是不能确定的。如果价格不知道，资本价值也无法知道。所以，净产值在工资和利润之间的分配是不确定的。因为利润要按预付资本价值的

① 弗罗本纽斯是德国数学家，生于 1849 年。他于 1908 年在《王家普鲁士科学院学报》上发表“证正元素矩阵”，发现弗罗本纽斯定理。投入产出系数矩阵是一个正元素矩阵，故弗式定理有经济学的意义。

比例分配。这个见解与庸俗经济学大相径庭，庸俗经济学认为劳动和资本的价格被认为与其他任何商品以相同的方式确定。

数量经济学中用生产函数（线性的、指数的）反映产值或净产值与资本、劳动力及技术进步之间的函数关系。从西方国家到苏联，东欧都在使用这种技术。这两年我国的学者也做了一些这方面的工作。这从理论上是无可非议的，因为上述函数关系是客观存在的。但是庸俗经济学借此解释利润率决定于资本的边际生产率是不通的。因为要用边际生产率来解释分配，资本必须是一个单一的量，换言之，资本必须用价值来计量，而不能用实物形式。然而，根据斯拉法的理论，资本货物的价值和任何其他商品价值一样，随工资率和利润率变化，而后者本身须用资本数量来解释，所以成为一种循环论证。

新古典学派认为，利润率较低则每人使用的资本价值较高，资本—产值比较高。斯拉法学派证明利润率降低时，可能改用每人资本价值较低和资本 —产值比较低的技术。利润率继续降低，又可能选用每人资本价值较高和资本—产值比较高的技术。新古典学派还认为，利润率较低，通过采用资本更加密集的技术，平均每人消费将增高。斯拉法学派证明，利润率降低，平均每人消费可能减少；利润率如继续降低，平均每人消费又可能提高。新古典学派用边际生产率解释利润率，要求每人资本价值及每人净产值的变化是连续的。因为边际概念是微分概念，要求变量连续地微量地变化。斯拉法学派证明每人资本价值和每人净产值的变化是离散的、突然的。

斯拉法的最大利润率实际上是净产值率，它是从投入产出系数矩阵算出来的，是生产的技术条件决定的，而与价格或分配无关。这个净产值可以都归于工人，都作为工资。这时，方程（15）变成：

$$p' = p'A + wl' \tag{16}$$

这是劳动价值论。价值是如何转化为生产价格的？因为在资本主义制度下，要把净产值的一部分作为利润归于资本家，于是，方程（16）变成方程（15），价值变为生产价格。庸俗经济学认为净产值在工资与利润之间的分配比例，服从一定的“自然规律”，即边际生产率。斯拉法认为利润率，并且因而工资率，是在价格方程系统之外，“外生地”确定的。这就突出了工人阶级与资产阶级的阶级矛盾。那么，究竟如何“外生地”确定的？斯拉法没有详细说，他只谈了一个因素，货币资本家要求有利息。

罗宾逊夫人介绍斯拉法学说是“假定一个每工时普通劳动的货币工资，然后对应每一个利润率有一个用货币表示的物价水平，使销售每种产品的收入支付劳动工资加上生产它直接和间接需要的资本货物价值上的利润率。由于说明了剥削率和资本利润率之间的关系，并且照此定出物价的形式，这就弄清了‘转化’之谜”。

# 四 塞顿的多部门模型

波特凯维兹的方法只能用于三个部门。塞顿（F. Seton）于1957年在《经济研究评论》上发表《转化问题》一文，提出的模型可以用于几个部门。我们首先仍用生产资料、工资商品和奢侈品三个部门介绍他的方法。波特凯维兹的转化方程是：

$$\left.\begin{aligned}(1+\pi)(C_1x+V_1y) &= (C_1+C_2+C_3)x\\(1+\pi)(C_2x+V_2y) &= (V_1+V_2+V_3)y\\(1+\pi)(C_3x+V_3y) &= (S_1+S_2+S_3)z\end{aligned}\right\} \tag{17}$$

设 $Y_i$ 表示 i 部门的总产值，则：

$$\left.\begin{aligned}Y_1 &= C_1 + V_1 + S_1 = C_1 + C_2 + C_3\\ Y_2 &= C_2 + V_2 + S_2 = V_1 + V_2 + V_3\\ Y_3 &= C_3 + V_3 + S_3 = S_1 + S_2 + S_3\end{aligned}\right\} \tag{18}$$

故方程（17）可写成：

$$\left.\begin{aligned}(1+\pi)(C_1x + V_1y) &= Y_1x\\ (1+\pi)(C_2x + V_2y) &= Y_2y\\ (1+\pi)(C_3x + V_3y) &= Y_3z\end{aligned}\right\} \tag{19}$$

令 $a_{1i}$和 $l_i$ 分别表示生产 1 单位 i 商品所需资本货物和劳动的数量；$d_2$ 表示每工时所需工资商品生存消费量；$\lambda_i$ = 表示 i 商品的价值。于是：

$$C_i = \lambda_1 a_{1i}, \quad V_i = \lambda_2 d_2 l_i, \quad Yi = \lambda_i \tag{20}$$

$$X = p_1/\lambda_1, \quad y = p_2/\lambda_2, \quad z = p_3/\lambda_3 \tag{21}$$

其中 $p_i$ 是 i 商品的价格。代入方程（18）和（19），得到确定价格的方程：

$$\left.\begin{aligned}(1+\pi)(p_1a_{11} + p_2d_2l_1) &= p_1\\ (1+\pi)(p_1a_{12} + p_2d_2l_2) &= p_2\\ (1+\pi)(p_1a_{13} + p_2d_2l_3) &= p_3\end{aligned}\right\} \tag{22}$$

以及确定价值的方程：

$$\left.\begin{aligned}\lambda_1a_{11} + l_1 &= \lambda_1\\ \lambda_1a_{12} + l_2 &= \lambda_2\\ \lambda_1a_{13} + l_1 &= \lambda_3\end{aligned}\right\} \tag{23}$$

这些公式可以推广到几个部门的一般情况。把所有部门分成三类，I 类是生产资本货物的部门，Ⅱ类是生产工资商品的部门，Ⅲ类是生产奢侈品的部门。令 $A_{\mathrm{I}}$，$A_{\mathrm{II}}$，$A_{\mathrm{III}}$ 是这些部门的资本系数矩阵，$L_{\mathrm{I}}$，$L_{\mathrm{II}}$，$L_{\mathrm{III}}$ 是这些部门的劳动投入系数行向量。于是确定价格的方程是：

$$\left.\begin{aligned}(1+\pi)\ (p_{I}A_{I}+P_{II}D_{II}L_{I}) &= p_{I}\\(1+\pi)\ (p_{I}A_{II}+P_{II}D_{II}L_{II}) &= p_{II}\\(1+\pi)\ (p_{I}A_{III}+P_{II}D_{II}L_{III}) &= p_{III}\end{aligned}\right\}\tag{24}$$

其中，$D_{II}$是每工时生存消费列向量。方程（8）可以更加简洁地写成矩阵形式：

$$(1+\pi)\ p\ (A+DL)\ =p \tag{25}$$

同样，决定价值的方程可以写成：

$$\left.\begin{aligned}\Lambda_{I}A_{I}+L_{I} &= \Lambda_{I}\\\Lambda_{I}A_{II}+L_{II} &= \Lambda_{II}\\\Lambda_{I}A_{III}+L_{III} &= \Lambda_{III}\end{aligned}\right\}\tag{26}$$

或

$$\Lambda A+L=\Lambda \tag{27}$$

其中，$\Lambda_{I}$，$\Lambda_{II}$，$\Lambda_{III}$是价值行向量，$\Lambda=\Lambda_{I}+\Lambda_{II}+\Lambda_{III}$。

价格方程决定均衡利润率$\pi$和均衡价格向量 p. $M=A+DL$ 称为增广投入系数矩阵，M 的特征根 $\rho$ 与利润率有以下关系：

$$\rho=\frac{1}{1+\pi} \tag{28}$$

p 是与 $\rho$ 联系的特征向量。

由于 M 是能生产剩余的，我们有：

$$x>Mx$$

$$\Lambda x-\Lambda Mx>0 \tag{29}$$

又从（27）可知：

$$\Lambda Ax+Lx=\Lambda x$$

$$Lx=\Lambda x-\Lambda Ax \tag{30}$$

从 $\Lambda x-\Lambda Mx>0$

可知：　$\Lambda x-\Lambda\ (A+DL)\ x>0$

$\Lambda x-AAx-\Lambda_{II}D_{II}Lx>0$

$$Lx - \Lambda_{II}D_{II}Lx = e\Lambda_{II}D_{II}Lx > 0 \qquad (31)$$

$$\therefore \quad e>0 \quad \Lambda_{II}D_{II} < 1$$

因而得到一个基本马克思定理，即，正值均衡利润率的必要和充分条件是剥削率 e 是正值的。

塞顿的价格方程（9）是齐次的，和波特凯维兹的方法一样，不能同时达到总产值和总剩余价值都保持不变的要求。

但是有一个办法能同时达到两个要求。设奢侈品部门的资本有机构成和整个国民经济相同。用波特凯维兹的符号，我们有：

$$\sum C_i = kC_3, \ \sum V_i = kV_3 \qquad (32)$$

同时，因剥削率相同，$\sum V_i = kV_3$ 意味着 $\sum S_i = kS_3$

则：

$$\frac{\sum C_i}{\sum V_i} = \frac{kC_3}{kV_3} = \frac{C_3}{V_3}$$

其中，k 是一个比例因素。将方程（3）中第三个方程乘以 k：

$$(1+\pi)(kC_3x + kV_3y) = k\sum S_iz$$

将（32）代入：$(1+\pi)(\sum C_ix + \sum V_iy) = k\sum S_iz$ (33)

从方程（4）中第三个方程得到：

$$\sum C_i + \sum V_i + \sum S_i = k\sum S_i \qquad (34)$$

将方程（3）中三个方程相加：

$$(1+\pi)(\sum C_ix + \sum V_iy) = \sum C_ix + \sum V_iy + \sum S_iz \qquad (35)$$

从（33）和（35）可知：

$$\sum C_ix + \sum V_iy + \sum S_iz = k\sum S_iz \qquad (36)$$

（34）÷（36）得：

$$\frac{\sum C_i + \sum V_i + \sum S_i}{\sum C_ix + \sum V_iy + \sum S_iz} = \frac{\sum S_i}{\sum S_iz} \qquad (37)$$

令 z = 1，

$$\sum C_i + \sum V_i + \sum S_i = \sum C_ix + \sum V_iy + \sum S_iz \qquad (38)$$

即价值合计等于价格合计。而方程（35）变成：

$$\pi\ (\sum C_i x + \sum V_i y) = \sum S_i \tag{39}$$

这是总利润等于总剩余价值。用塞顿的符号，从方程（4）中第一个方程可知：

$$\sum C_i = C_1 + V_1 + S_1 = \lambda,\quad \sum V_i = \lambda_2,\quad \sum S_i = \lambda_3$$

所以，$\sum C_i + \sum V_i + \sum S_i = \lambda_1 + \lambda_2 + \lambda_3$

方程（38）右边等于 $p_1 + p_2 + p_3$，故方程（38）表明总价值等于总价格。说明马克思的两个不变条件可以同时满足，只是有几个前提：（1）简单再生产；（2）奢侈品部门的资本有机构成和整个国民经济一致；（3）n 个部门可以加总为三类；（4）奢侈品的转化系数是 1。塞顿自己也认为他的模型的局限性太大。

## 五　森岛通夫对马克思转化理论的理解

森岛通夫曾在日本、英国、美国任大学教授。日本大阪大学和美国宾州大学合办的《国际经济评论》，实际上是一个应用经济计量学期刊，森岛通夫曾任主编。1965 年，他当选国际经济计量学会会长。1970 年以来任伦敦经济政治学院教授。他是马克思经济理论的著名研究者。

森岛通夫认为马克思计算平均利润率用以下公式：

$$\pi = \frac{S_1 + S_2 + \cdots + S_n}{(C_1 + V_1) + \cdots + (C_n + V_n)}$$

n 个部门包括经济中所有部门，其中必有一些部门是生产奢侈品的。说明均衡利润率决定于奢侈品、生产资料、生存资料部门的资本有机构成（$C_i/V_i$）和剥削率（$S_i/V_i$）。但是波特凯维兹和塞顿已证明，均衡利润率完全不受奢侈品部门影响。

令 A 和 DL 表示物质投入系数矩阵和劳动消费品投入系数矩阵，y 表示产出数量的列向量。用 M 表示增广投入系数矩阵，A + DL。为了生产一定数量的商品 $y_0$，需用数量为 $My_0$ 的商品。$y_0$ 是一个向量，每个元素是一种产品的总产量。$My_0$ 也是一个向量，每个元素是一种产品在各部门的总消耗量。$y_0 - My_0$ 是剩余产品向量，可供资本家消费或积累之用。要注意的是每种产品的最终产品产量对总消耗量的比例是不同的。如果我们知道各种产品的价值，也就是所含的劳动量，记为向量 Λ，则剩余价值总额为 $\Lambda y_0 - \Lambda My_0$，资本总值为 $\Lambda My_0$，剩余价值总额对资本总额的平均比例为 $(\Lambda y_0 - \Lambda My_0)/\Lambda My_0$。有些商品的总生产量对总消耗量的比例高于平均比例，有些商品低于平均比例。现在若都按平均比例扩大生产，则总产量向量不是 $y_0$，而是：

$$y_1 = \frac{\Lambda y_0}{\Lambda My_0} My_0 \tag{40}$$

总产量向量变成 $y_1$ 后，总消耗量向量变成 $My_1$。这时，各种商品扩大生产的比例是否相同？如果仍然不同，可以再作调整，从 y 算出 $y_2$。以此类推，一直到从 $y_t$ 算出 $y_{t+1}$，

$$y_{t+1} = \frac{\Lambda y_t}{\Lambda My_t} My_t, \quad t = 0, 1, 2 \cdots \tag{41}$$

这样得到一个产出向量序列 $\{y_t\}$。

如果有一个排列矩阵 p，能使

$$P^{-1}AP = \begin{bmatrix} A^{11} & A^{12} \\ 0 & A^{22} \end{bmatrix}$$

则 A 称为可分解矩阵。其中 $A^{11}$ 和 $A^{22}$ 是子阵，不一定同阶，而 0 表示零子矩阵。如果 A 不能分解，则称为不可分解矩阵。可分解性有直观的经济解释，用投入产出模型来说明。令 I 为联系 $A^{11}$ 各行各列的指标集合，J 为联系 $A^{22}$ 的指标集合。如果 A

是可分解的，则没有一种用 J 的元素做指标的商品进入一种用 I 的元素做指标的商品的生产。生产 I 中的商品不依靠 J 中的商品；然而，生产 J 中的商品依靠 I 中的商品的投入。I 中的商品被斯拉法称为基本商品，J 中的商品被称为非基本商品。奢侈品是非基本商品。

设 $A \geqslant [0]$ 是不可分解的。如果 $\lambda^*(A) > |\lambda_i(A)|$，则 A 是原始矩阵。其中 $\lambda^*(A)$ 是弗罗本纽斯根，$\lambda_i(A)$ 是 $\lambda^*(A)$ 以外的任何根。如果至少存一个根 $\lambda_i(A)$，使 $\lambda^*(A) = |\lambda_i(A)|$，则 A 是非原始矩阵。

如果增广矩阵 M 是原始矩阵，则可以证明无穷序列 $\{y_t\}$ 收敛到 M 的特征向量，$\bar{y}$，它联系着 $\lambda^*(A)$。

$$\lambda^*(A)\bar{y} = M\bar{y} \tag{42}$$

同时可以证明，平均扩大生产率收敛到 $\lambda^*(A)$ 的倒数

$$\lim_{t\to\infty}\frac{\Lambda y_t}{\Lambda M y_t} = \frac{1}{\lambda^*(A)}$$

特征向量 $\bar{y}$ 的元素或为正值，或为零。有正值的元素是基本商品，零值的元素是奢侈品。令$\bar{y}_i$表示 $\bar{y}$ 的第 i 个元素，我们有一个对角线矩阵：

$$\hat{Y} = \begin{bmatrix} \hat{Y}_1 & & & 0 \\ & \hat{Y}_2 & & \\ & & \ddots & \\ 0 & & & \hat{Y}_n \end{bmatrix} \tag{43}$$

其中，

如$\bar{y}_i > 0$　　$\hat{y}_i = \bar{y}_i$

如$\bar{y}_i = 0$　　$\hat{y}_i = 1$

$\hat{y}_i$ 表示 i 商品的数量，是用常规单位计算的。现将$\hat{y}_i$ 作为一个新单位，则一个新单位各种商品的价值为：

$$\Lambda \hat{Y} = (\lambda_1 \hat{y}_1, \lambda_2 \hat{y}_2, \cdots, \lambda_n \hat{y}_n) \tag{44}$$

换成新单位后，我们有以下新系统：

$$\lambda^* (A) u = Mu \tag{45}$$

从老系统变换到新系统，特征根 $\lambda^*$ (A) 不变，但是特征向量从 $\bar{y}$ 变为 u。u 的元素，对基本商品是 1，非基本商品是 0。方程 (44) 除以 $\lambda^*$ (A) 并用 Λ 左乘，得到：

$$\frac{1}{\lambda^* (A)} = \frac{\Lambda u}{\Lambda M u} \tag{46}$$

用 C 表示不变资本向量 ΛA，V 表示可变资本向量 ΛDL，S 表示剩余价值向量，则：

$$\Lambda = C + V + S$$

从方程 (46) 得到：

$$\frac{1}{\lambda^* (A)} = \frac{\Lambda u}{\Lambda M u} = \frac{(C + V + S) u}{(C + V) u} = 1 + \frac{Su}{(C + V) u} \tag{47}$$

因而：

$$\frac{1}{\lambda^* (A)} - 1 = \bar{\pi} \tag{48}$$

是所有基本商品部门的总剩余价值除以这些部门的总资本得到的百分率$\bar{\pi}$。利用$\bar{\pi}$得到下面的迭代过程：

$$p_{t+1} = (1 + \bar{\pi}) p_t M \tag{49}$$

迭代无数次后得到：

$$\bar{p} = \bar{p} M^* = (1 + \bar{\pi}) \bar{p} M \tag{50}$$

其中，$M^* = (1 + \bar{\pi}) M$，$\bar{p} = \lim_{t \to \infty} p_t$。极限向量 $\bar{p}$ 是生产价格向量，而$\bar{\pi}$成为均衡利润率。如果 $p_0$ 的初始值很接近 $\bar{p}$，则迭代法的效率很高。马克思从 $p_0 = \Lambda$ 开始，因为他认为在简单商品

生产的社会中，价值是长期均衡价格，所以价值距离资本主义社会中的均衡价格不会太远。

用 u 后乘方程（49）：

$$p_{t+1u} = (1+\bar{\pi})\ p_t M_u \qquad (51)$$

由于$1/\lambda^*(A)=1+\bar{\pi}$，方程（51）成为：

$$\lambda^*(A)\ p_{t+1}u = p_t M_u$$

从方程（45）得：

$$u = \frac{1}{\lambda^*(A)} Mu = (1+\bar{\pi})\ Mu$$

所以，方程（51）说明 $p_{t+1}u = p_t u$。这样，

$$\Lambda u = p_1 u = p_2 u = \cdots = \bar{p}u \qquad (52)$$

$\Lambda u$ 和 $\bar{p}u$ 分别表示所有基本商品的总价值和总价格。如果加总时不包括非基本商品，则马克思要求总价值等于总价格的条件得到满足。

其次，方程（51）和（52）产生：

$$\Lambda Mu = p_t Mu \qquad (53)$$

从（52）减去（53）得到：

$$Su = \Pi_1 u = \Pi_2 u = \cdots = \overline{\Pi}\ u \qquad (54)$$

其中 $S = \Lambda - \Lambda M$ 表示总剩余价值，$\Pi t = p_t - p_t M$ 表示总利润。满足了马克思的第二个条件：总剩余价值等于总利润。

**现代转化理论是否庸俗经济学**

马克思在《资本论》第一卷第二版跋中把经济学史分成两个时期。1830 年以前在阶级斗争不发展的时期，英国古典政治经济学有科学性，它的最后的伟大的代表是李嘉图。从那时以后，阶级斗争在实践方面和理论方面采取了日益鲜明的和带有威胁性的形式，它敲响了科学的资产阶级经济学的丧钟。以后，资产阶级政治经济学分成两派。那些还要求有科学地位、不愿单纯

充当统治阶级的诡辩家和献媚者的人，力图使资本的政治经济学同这时已不容忽视的无产阶级的要求调和起来，产生了以穆勒及一些教授为代表的混合主义，或调和派。另一派则为以巴师夏为代表的庸俗经济学辩护论。不过，这是按照经济学史的大体情况划分，不是说前一时期绝对没有庸俗经济学，后一时期绝对没有科学的经济学。里查德·琼斯牧师的《国民政治经济学教程》是在1852年出版的，马克思在《剩余价值学说史》第3卷中，对这本书的见解颇多褒词。

“庸俗经济学家根本想不到，实际的日常的交换关系和价值量是不能直接等同的”①。研究转化问题这件事本身说明价格与价值不同。马克思曾从历史和数学两个角度探讨价值如何转化为价格。现代转化理论也是探讨这个问题。对于庸俗经济学来说，不存在这个问题，所以不可能去探讨它。

“庸俗经济学家宁愿用资本—利息这个公式，而不用资本—利润这个公式”②。“庸俗经济学宁愿采取土地—地租，资本—利息，劳动—工资这样一个形式，而不愿采取斯密等人用来说明价格要素（或价格分解成的各部分）的公式，在这个公式里出现的是资本—利润的关系”③。而现代转化理论始终用资本—利润这个公式。

庸俗经济学的20世纪新版是新古典学派的理论。庸俗经济学家的价格理论分为局部均衡理论和全部均衡理论，其共同特点是只谈价格不提价值。他们假设生产函数是描绘经济的纯生产方面，而利润最大化行为产生一种边际生产率的分配理论。这种理

---

① 参见《马克思恩格斯选集》第4卷，人民出版社1972年版，第369页。

② 《资本论》第3卷，《马克思恩格斯全集》第25卷，人民出版社1974年版，第924页。

③ 《剩余价值学说史》第3卷附录。

论的错误，不难用数理经济学的方法来判断。

令 Y = 用一种同质消费品计量的国民收入；

K = 用这种消费品计量的资本净值；

L = 工人人数；

π = 利润率；

W = 用这种消费品计量的实际工资率。我们有：

$$Y = K_r + L_w \tag{55}$$

方程除以 L，得到每个工人的方程：

$$y = k_r + w \tag{56}$$

求全微分：

$$dy = r \cdot dk + k \cdot dr + dw \tag{57}$$

显然，资本的边际产品 dy/dk 一般不等于利润率。我们视工资率 w 和利润率 r 为参数，给予一定数值。在此情况下，资本的边际产品才等于利润率。可见收入分配不是在系统内决定的，不是一种自然规律。利润率（或实际工资率）是系统的自变量，因而边际生产率关系式（57）不成其为确定利润率的理论。马克思的以及现代的转化理论阐明相对价格体系有一个自由度，只有把剥削率或利润率或实际工资率作为自变量才能确定下来。所以，分配理论是一个政治经济学问题，只有反映资本的所有制特点的生产关系才能解释分配的机制。

**不能用现代转化理论来反对马克思经济理论**

奥斯卡·兰格曾说：“马克思经济学能把社会的经济发展纳入一个自洽的理论，从而推导这种发展的必然性，而‘资产阶级’经济学家仅能进行历史的描述。另一方面‘资产阶级’经济学能够以一种远比马克思主义者能做到的方式掌握资本主义经济的日常生活现象。”①

资本主义经济是商品经济，马克思的劳动价值论说明资本主义商品交换和商品生产的本质。然而商品价值首先要转化为生产价格，然后要阐明市场价格围绕生产价格波动的机制。劳动价值论和转化理论是本质问题，市场价格是现象问题。从研究商品、价格开始，揭示其本质——价值，是由表及里。从价值到生产价格、到市场价格是由里及表。马克思在表和里两方面进行了大量的工作，取得了辉煌的成就，为后人开辟了研究资本主义经济的正确道路。

然而马克思并没有把工作做完，留下许多工作有待后人继续完成。正像牛顿力学虽然伟大，但是没有讨论接近光速的物体运动，没有讨论微观粒子的运动。马克思已经指出转化问题是一个迭代过程，但是没有来得及用数学形式把迭代过程写出来。两个日本人 N. Okishio 和森岛通夫完成了这个工作，特别是森岛通夫的成绩较好。因为 Okishio 只能满足马克思的一个要求——总价值等于总价格，而森岛通夫能同时满足马克思的两个要求——总价值等于总价格，总剩余价值等于总利润。马克思的转化理论和现代转化理论之间是科学的继承发展关系。

斯蒂曼（I. Steedman）近著《斯拉法以后的马克思》不是如此看待马克思。他认为，现代转化理论的任何发现，都是对马克思的批判。他把马克思的理论贬为不能自洽的，也就是不能自圆其说的理论。本文作者感到这是数典忘祖，缺乏科学上的历史观点，因而不能苟同。

转化问题是马克思提出来的，而且马克思已创造了一个正确

① O. 兰格：《马克思经济学和现代经济理论》，载《经济研究评论》1935 年第 2 期。

的转化理论。没有马克思，就没有现代转化理论。在马克思的时代，不存在现代转化理论可以依靠的现代数学和数理经济学。例如郝金斯—西蒙定理，佩隆—弗罗本纽斯定理，矩阵的可分解性理论，随机矩阵理论，都是马克思当时没有的数学工具。依靠这些工具可以证明平均利润率不受奢侈品部门资本有机构成的影响，可以既转化活劳动，又转化物化劳动。转化之后，既能达到总价格等于总价值，又能达到总利润等于总剩余价值。然而这些成绩都是在马克思理论的指引下取得的，不过是对马克思理论从数学上的进一步完善化。

斯蒂曼甚至想利用数学游戏来推翻马克思基本定理①，即，在资本主义生产方式下，资本家剥削工人是利润的唯一来源。例如有两个生产过程，生产两种产品，用 $\lambda_1$ 和 $\lambda_2$ 表示这两种产品的劳动价值。第一个生产过程用 5 单位第一种商品和 1 单位劳动，生产 6 单位第一种商品和 1 单位第二种商品，其价值方程为：

$$6\lambda_1 + \lambda_2 = 5\lambda_1 + 1 \qquad (58)$$

第二个生产过程用 10 单位第二种商品和 1 单位劳动，生产 3 单位第一种商品和 12 个单位第二种商品，其价值方程为：

$$3\lambda_1 + 12\lambda_2 = 10\lambda_2 + 1 \qquad (59)$$

（58）和（59）构成一个方程组，求解得：

$$\lambda_1 = -1, \ \lambda_2 = 2$$

第一种商品的劳动价值是负值的！再假设工人一天劳动 12 小时，为了生存，工人每天需要 6 个单位的第一种商品和 10 个单位的第二种商品。因此劳动力的价值是：

① I. 斯蒂曼：《正利润而有负剩余价值》，载《经济杂志》，1975 年，第 114—123 页。

$6\times(-1)+10\times 2=14$

每一小时劳动值 7/6 单位。

第一过程的总产值为 $6\times(-1)+1\times 2=-4$ 单位

第一过程的总资本为 $5\times(-1)+0\times 2=-5$ 单位

第二过程的总产值为 $3\times(-1)+12\times 2=21$ 单位

第二过程的总资本为 $0\times(-1)+10\times 2=20$ 单位

两个过程的剩余价值都是 -1/6，因为：

$-4=-5+(7/6)+(-1/6)$

$21=20+(7/6)+(-1/6)$

剥削率是 $(-1/6)\div(7/6)=-1/7$。

设 $p_1$ 和 $p_2$ 表示两种商品的生产价格，$\pi$ 表示均衡利润率，则生产价格方程为：

$$6p_1+p_2=(1+\pi)\left[\left(5+\frac{3}{6}\right)p_1+\frac{5}{6}p_2\right] \tag{60}$$

$$3p_1+12p_2=(1+\pi)\left[\frac{3}{6}p_1+\left(10+\frac{5}{6}\right)p_2\right] \tag{61}$$

求解得：

$\pi=14.38\%$，$p_1=0.161$，$p_2=1$

所以，斯蒂曼作出结论，正值利润率可能同时有负值剥削率。

森岛通夫指出，斯蒂曼的价值并不是马克思的商品劳动价值。因为一种商品的价值定义为生产它直接和间接消耗的人类劳动量，不可能有负值。斯蒂曼所以得到上述不正常的结果，是由于两个过程的效率不同，可以用线性规划来加以计算。设 Y 为最终产品向量，x 是活动水平向量。例如：

$$Y=\begin{pmatrix}8\\7\end{pmatrix}$$

这时有：

$$\begin{bmatrix}6 & 3\\1 & 12\end{bmatrix}\begin{pmatrix}x_1\\x_2\end{pmatrix} \geqq \begin{bmatrix}5 & 0\\0 & 10\end{bmatrix}\begin{pmatrix}x_1\\x_2\end{pmatrix} + \begin{pmatrix}8\\7\end{pmatrix} \tag{62}$$

目标函数是投入劳动最少，即：

$$1 \times x_1 + 1 \times x_2 \text{ 为最小} \tag{63}$$

（62）和（63）构成一个线性规划问题，求解结果：

$x_1 = 0$，$x_2 = 3.5$

第一过程应当停产，而在第二过程投入3.5个单位的劳动，得到10.5个单位的第一种商品和7个单位的第二种商品。多余2.5个单位第一种商品可以抛弃。

波特凯维兹、斯拉法、塞顿、森岛通夫等人都不是革命家，而是大学教授。他们出于纯粹学术上的兴趣，在马克思开辟的道路上继续探索，取得一些成果。他们的理论不但与庸俗经济学背道而驰，而且不是什么调和主义。用马克思经济理论分析资本主义经济的本质和现象是一个任重道远的事业，他们的成就还很有限，甚至可能有不少错误。从价值转化到生产价格，还要进一步说明市场价格，这个由里及表的工作非常艰巨。例如马克思很重视经济现象的随机性质，如何纳入我们的模型？本文作者同意一种说法："相对于数学，物理学，化学与生物学，经济学涉及更高级的运动形态，要建立比较满意的经济学还为时过早。"①

① 吴学谋：《泛系分析——学科交缘的一种新探索》，载《科学探索》1981年第1期。

# 如何从马克思主义的观点评价斯拉法商品生产理论*

马克思的《资本论》第一卷在1867年出版，其副题是“政治经济学批判”。相隔近一个世纪后，斯拉法的名著《用商品生产商品》于1960年出版，其副题是“经济理论批判导言”。本文想探索的问题是“经济理论批判导言”与“政治经济学批判”是何关系。

斯拉法是意大利都灵人，生于1898年，曾在意大利任教授，与意大利共产党领导人葛兰西是朋友。以后因不堪墨索里尼法西斯迫害，往英国投奔凯恩斯。从1939年起一直担任剑桥大学三一学院研究员。他长期过独身生活，并且不爱参加学术会议活动。惜墨如金，不轻易写作。写《用商品生产商品》费了30年，写成后尚不足100页。我国商务印书馆有巫宝三先生译本。他用二十几年时间搜集、考订、研究、编辑了李嘉图全集，我国也出版了译本。

马克思提出了自己的经济理论，然后用它来批判政治经济

---

* 原载于《马克思主义研究参考资料》1982年第43期。

学。而且提出自己的经济理论这件事本身就是对政治经济学的最好的批判。对斯拉法的评价，也要看他自己提出的理论是否有助于批判经济理论。

## 经济系统的物质剩余

马克思在《资本论》第一卷第十四章中说：

> 如果工人需要用他的全部时间来生产维持他自己和他的家庭所必需的生活资料，那末他就没有时间来无偿地为第三者劳动。没有一定程度的劳动生产率，工人就没有这种可供支配的时间，而没有这种剩余时间，就不可能有剩余劳动，从而不可能有资本家，而且也不可能有奴隶主，不可能有封建贵族，一句话，不可能有大私有者阶级。
>
> 因此，可以说剩余价值有一个自然基础，……①

斯拉法对这种剩余价值的自然基础的讨论颇为透彻。每种产品有一个总产量和一个最终产品产量。最终产品产量也称为净产量，是可供在工人和资本家之间分配的实物形式的收入。总产量和净产量之间的差额，是这种产品作为生产资料用于社会生产的数量。净产量对用做生产资料数量的比例，称为物质剩余率。各种产品的物质剩余率不相等。例如粮食、蔬菜、水果作为生产资料用的数量少，而直接消费多，物质剩余率很大。钢材大部分用做生产资料，物质剩余率很小。物质剩余率不仅取决于各行各业的物质消耗定额，而且取决于各行各业之间的生产规模的比例。若机器少生产一些，自行车多生产一些，钢材的物质剩余率就会

① 《资本论》第1卷，《马克思恩格斯全集》第23卷，人民出版社1972年版，第559页。

提高。通过调整各行业的相对生产规模，可以使各种产品的物质剩余率相同，我们称它为统一的物质剩余率，用 R 来表示它。R 决定于物质消耗定额矩阵的最大特征值 $\lambda m$。把各种产品的物质消耗定额系统地排列一个方形表格：

$$A = \begin{pmatrix} a_{11} & a_{12} & \cdots & a_{1n} \\ a_{21} & a_{22} & \cdots & a_{2n} \\ \vdots & \vdots & \vdots & \vdots \\ a_{n1} & a_{n2} & \cdots\cdots & a_{nn} \end{pmatrix}$$

$a_{11}$是生产第一种产品消耗第一种产品的定额，$a_{12}$是生产第二种产品消耗第一种产品的定额，以此类推。这个方形表格称为物质消耗定额矩阵，用 A 来表示它。

从数学角度说，每个矩阵都能算出特征值。n 行 × n 列的矩阵有 n 个特征值，其中数值最大的特征值用 $\lambda m$ 来表示。可以证明，统一物质剩余率与最大特征值之间存在以下关系：

$$\frac{1}{1+R} = \lambda m$$

## 基本产品和非基本产品

古典经济学家曾区别必需品和奢侈品。生产一切商品的工人依靠必需品生活。没有必需品生产不出奢侈品，但生产必需品时用不着奢侈品。

斯拉法则区别基本产品和非基本产品。一种基本商品是为了生产一切其他商品在技术上必须有的一种商品。如果一种基本商品的产量为零，则其他一切商品的产量亦将为零。例如生铁直接可制机器、工具；机器、工具又可制其他一切东西。没有生铁，任何商品生产不出来，除非回到青铜时代，采用另外一种技术。非基本商品不用于基本商品的生产，而生产非基本商品，必须用基本商品。例如生产基本商品不用牙膏，而生产牙膏要用铁、锡、铝等基本商品。用物质消耗定额矩阵来表示：

$$A=\begin{pmatrix} a_{11} & a_{12} & \cdots & a_{1k} & a_{1,k+1} & \cdots & a_{1n} \\ a_{21} & a_{22} & \cdots & a_{2k} & a_{2,k+2} & \cdots & a_{2n} \\ \vdots & \vdots & \vdots & \vdots & \vdots & \vdots & \vdots \\ a_{k1} & a_{k2} & \cdots & a_{kk} & a_{k,k+1} & \cdots & a_{kn} \\ 0 & 0 & \cdots & 0 & a_{k+1,k+1} & \cdots & a_{k+1,n} \\ \vdots & \vdots & \vdots & \vdots & \vdots & \vdots & \vdots \\ 0 & 0 & \cdots & 0 & a_{n,k+1} & \cdots & a_{n,n} \end{pmatrix}$$

1，2，…k 是基本商品，k +1，k +2，…n 是非基本商品。商品 1 用于 1，2，…k，k +1，…n 等商品的生产，其消耗定额为第一行的 $a_{11}$，$a_{12}$，…，$a_{1k}$，$a_{1,K+1}$，…，$a_{1n}$. k +1 是一种非基本商品，它不用于生产一切基本商品，所以第 k 行的左面半行的消耗定额都是零。但是非基本商品可能用于其他非基本商品的生产，其消耗定额即第 k 行的右半行 $a_{k+1,k+1}$，…，$a_{k+1,n}$。A 矩阵左上角有一个方块，其中都是基本商品之间的消耗定额，

$$\begin{pmatrix} a_{11} & a_{12} & \cdots & a_{1k} \\ a_{21} & a_{22} & \cdots & a_{2k} \\ \vdots & \vdots & \vdots & \vdots \\ a_{k1} & a_{k2} & \cdots & a_{kk} \end{pmatrix}$$

称为基本商品消耗定额子矩阵。

实际经济系统按照统一物质剩余率调整后，得出各种产品的产量之间的比例，是与原来实际产量之间的比例不同的。正由于

产品产量的比例不同，就业总人数也将不同。所以还要进一步调整，使就业总人数与实际经济系统一致。这样计算出来的系统，斯拉法称之为标准系统。这个系统的最终产品总量，称为标准净产品。各种最终产品的数量有一定的比例，按这个比例的一组商品，不论绝对数量大小，均称为标准商品。统一剩余率也可称为标准比率。在标准系统中，各种产品的总产量之间的比例与生产资料中这些商品的数量之间的比例相同，也和最终产品中这些商品的数量之间的比例相同。换句话说，国民经济总产品、生产资料总额及最终产品总额都是标准商品，只是数量大小不同。它们都是不同倍数的标准商品。古典经济学家一般认为工资是由最低限度生活资料组成的，在此情况下，生活必需品可以当做生产资料计算。这样，基本商品的范围可能要广一些，国民收入则全归于利润。这与马克思的计算方法不一致，他并不把生活必需品当做生产资料计算。斯拉法也认为工资是国民收入的一部分，不把生活必需品当做生产资料计算。这样非基本商品的范围要广一些。非基本商品包括生产过程中不使用的一切消费品，从牙膏、糖果、香烟、成衣、家用电视机一直到新建住宅。可以证明，标准系统内不包括非基本商品，标准商品和统一剩余率完全决定于基本商品物质消耗定额矩阵。

物质剩余在逻辑上先于分配问题，先有剩余，才能分配。对物质剩余的研究，实与社会制度无直接关系。斯拉法得出的结论，有一定政策含义。一个社会的发展显然与统一物质剩余率有关。物质消耗矩阵的最大特征值愈小则统一物质剩余率愈大。每一个基本商品之间的消耗定额的降低，都能提高统一物质剩余率。特别是数学原理告诉我们，矩阵的主对角线上各元素之和（$a_{11}+a_{22}+\cdots a_{KK}$）与矩阵的各个特征值之和相等。主对角线上各元素就是各产业自用量的消耗定额，例如林场自用木材，煤矿自用煤，电厂自用电。自用定额降低，能压低最大特征值，提高统一剩余率。这个道理其实很简单，电厂自己少用电，其他生产才能多用电。一切生产都少用电，人民消费及基本建设才能多用电。当然这是讲社会主义经济，在资本主义条件下，省下的电将实现为资本家的利润。

## 劳动价值论

马克思说："这些物现在只是表示，在它们的生产上耗费了人类劳动力，积累了人类劳动。这些物，作为它们共有的这个社会实体的结晶，就是价值——商品价值。"① "可见，只是社会必要劳动量，或生产使用价值的社会必要劳动时间，决定该使用价值的价值量。"② "显然，不是交换调节商品的价值量，恰好相反，是商品的价值量调节商品的交换比例。"③

斯拉法认为，若全部国民收入都用于支付工资，商品的相对价值是和商品的劳动耗费成比例的，就是说，和直接间接用于生产商品的劳动数量成比例。这和马克思是一致的。

到了第二阶段，基于商品生产的社会被资本家接管。马克思论证，每个产业的资本家得到的利润必须足以为他们用的资本总量产生平均利润率。这样，由于各个产业的资本有机构成不同，利润率虽然相同，剩余价值却不相等。结果价格偏离价值。但是价值是原始数量，价格是衍生数量。马克思自己给了一个算例，说明价值如何转化为生产价格。

---

① 《资本论》第1卷，《马克思恩格斯全集》第23卷，人民出版社1972年版，第51页。

② 同上书，第52页。

③ 同上书，第79页。

马克思提出并解决了转化问题，而且提出了作为解决转化问题的主要工具的平均利润率，对经济学作出了重大贡献。以后到了20世纪，波特凯维兹、温特尼兹、塞顿、斯拉法、森岛通夫对转化问题提出新的算法。他们研究的问题是马克思提出来的，他们使用的主要工具——平均利润率也是马克思提出来的。这是科学史上的正常情况，例如牛顿集经典力学之大成，至今仍为许多自然科学和工程技术学科的主要理论根据。但在20世纪，出现相对论和量子力学，对经典力学作了重要补充与发展。没有人因而低估牛顿的重大贡献。何况在转化问题的研究中，后人取得的成果还没有比得上相对论和量子力学那样大的创新。竟有人（如斯蒂曼：《斯拉法后的马克思》）认为有了斯拉法的理论，马克思的理论就可以摈弃了。对这种偏见，我们实难同意。

马克思曾说："一切不同生产部门的利润的总和，必然等于剩余价值的总和；社会总产品的生产价格的总和，必然等于它的价值的总和。"① 这个论断是真理，不需要用计算来证明。但是对这个论断要正确理解，它说的是社会总产品包含的劳动量，即使用价格表示，所含的劳动量还是那么多。剩余劳动表现为利润，还是那么多。我们对这个论断不能从数字上理解，因为价值以劳动时间为计算单位，价格以货币为计算单位，数值不同是正常的。

《资本论》第三卷有一个算例，说明如何通过平均利润率的作用将价值转化为价格。转化的结果，总利润等于总剩余价值，总价值等于总生产价格。然而这个算例只把产出转化为生产价格，投入仍然保持价值形态。如果投入也转化为价格，则只能保

① 《资本论》第3卷，《马克思恩格斯全集》第25卷，人民出版社1974年版，第193页。

持总价值等于总价格，或总利润等于总剩余价值。其实，马克思本人知道这个问题，他说："我们原先假定，一个商品的成本价格，等于该商品生产时所消费的各种商品的价值。但一个商品的生产价格，对它的买者来说，就是成本价格，并且可以作为成本价格加入另一个商品的价格形成。因为生产价格可以偏离商品的价值，所以，一个商品的包含另一个商品的这个生产价格在内的成本价格，可以高于或低于它的总价值中由加到它里面的生产资料的价值构成的部分。必须记住成本价格这个修改了的意义，因此，必须记住，如果在一个特殊生产部门把商品的成本价格看作和生产该商品时所消费的生产资料的价值相等，那就总可能有误差。"马克思以后没有来得及解决投入如何转化为价格的计算问题，有待后人继续努力。

《资本论》第三卷出版后不久，恩格斯逝世。恩格斯逝世后，蓬巴卫克于 1896 年发表《马克思体系的终结》，抨击马克思未能解决转化问题，陷于他的第一卷和第三卷，价值系统和生产价格系统之间的无法调和的矛盾中。于是更好地解决价值转化为价值的算法对捍卫马克思经济理论是有必要的。

斯拉法用以下联立方程组表示价格系统：

$$PA(1+\pi)+aw=P \qquad (1)$$

这个方程是用向量和矩阵符号写的，所以一个方程能表示 n 种商品的 n 个价格方程。A 是物质消耗定额，乘以价格 p，得到生产资料总价格 PA，π是利润率，a 是直接劳动消耗定额，W 是工资率，aw 是产品成本中的工资部分。方程共 n 个，但变量除 n 种物价外，还有利润率和工资率，共 n+2 个变量。若对货币单位有所规定，可增加一个方程。例如规定第 i 种商品为货币，它的价格 $p_i=1$，这就少了一个变量。最后变量比方程仍多一个。斯拉法认为利润率不是在价格系统之内决定的，而是在价格系统之外被其他因素决定的，因是对价格系统而言，利润率是给定的已知数。那么利润率是被什么因素决定的呢？斯拉法说："作为一种比率的利润率，具有独立于任何价格的意义，并且在价格决定之前很可以被'给定'。因此，它可以从生产体系以外决定，特别是可以为货币利息率水平所决定。"这与现代庸俗经济理论有很大区别，后者认为利润是在价格系统之内决定的，是被资本的边际生产率决定的，是什么"自然规律"。

在资本家剥削制度出现之前，利润率$\pi=0$，这时价格方程简化为：

$$PA+aw=P$$

这时商品按所含价值交换。

另外一个极端情况是假设工资等于零，全部国民收入归于资本家，这时的价格方程简化为：

$$PA(1+\pi)=P$$

这时利润率达到其最大值，记为$\Pi$，于是价格方程写成：

$$PA(1+\Pi)=P$$

怎么能设想工资等于零呢？这好像是一种奴隶制经济，奴隶的最低生存资料可以作为牲口饲料或机器燃料那样处理，作为生产资料列入物质消耗定额矩阵，一切剩余归于资本家。可以证明最大利润率$\Pi$等于本文前面所说的标准系统统一物质剩余率 R。

如果以每个工人的净产值作为计算单位，工资率 w 就是单位净产值中归于工资的比例，(1－w) 是单位净产值中归于利润的比例。最大利润率$\Pi$是净产值对生产资料价值之比，故有：

$$\pi=\Pi(1-w)=R(1-w) \qquad (2)$$

在 1970 年 1 月于伦敦召开的第一届社会主义经济学家会议上，意大利经济学家 D. M. 努蒂说："斯拉法和在他以前的俄国经济学家德米特里夫发现的实际工资率和利润率之间的关系提供了在确定相对份额时的阶级斗争概念的余地。”

如果标准净产品中工资的份额是 W，则利润率与标准比率 R 之比等于利润的份额对标准净产品之比，即：

$$\frac{\pi}{R}=\frac{1-W}{1}$$

这时，我们以每个工人的标准净产品为计算单位，故每人标准净产品的数值为一。

在马克思的理论中，社会平均利润率决定于生产条件代表社会平均情况的产业的剩余价值对生产资料之比。也就是说全经济的平均利润率被以下公式给出：

$$\frac{\text{该产业净产品中的劳动量}}{\text{它的生产资料中的劳动量}}$$

$$=(1-\text{该产业净产品中归工资的比例})$$

马克思的这个关系式与斯拉法的 $r=R\ (1-w)$ 关系式非常相似。

资本主义经济中一般情况是利润率和工资率都不是零，于是我们回到上述价格方程（1）。

我们也可以规定用工资率作为计算单位，即 $W=1$，于是价格方程成为：

$$PA\ (1+\pi)\ +a=p$$

也就是　$P-PA\ (1+\pi)\ =a$

$$P=\frac{a}{I-\ (1+\pi)\ A}$$

如果我们回忆初中代数中无穷递减等比级数之和的公式，就知道：

$$P=a+\ (1+\pi)\ aA+\ (1+\pi)^2\ aA^2+\cdots \qquad (3)$$

在 $\pi=0$ 的特殊情况下，

$$P=a+aA+aA^2+\cdots$$

a 是直接劳动消耗定额，aA 是生产资料所含的直接劳动，对产品来说是间接劳动。但是生产资料也是用生产资料生产的，其中又有直接劳动，这就是 $aA^2$。以此类推。愈到后面的项，数值愈小。总之，价格等于直接劳动和间接劳动的总和。我们可以说，各种商品价格与所含劳动量成正比。

但是现在利润率π不等于零，以前的劳动被加上（1+π）的权数，而且愈早的劳动加权愈大。在两种商品之间，直接劳动与间接劳动的比重不同，受到加权的影响也不同。而且两种商品的间接劳动在时间远近上的分布情况也不同，受到加权的影响也不同。所以我们再不能说各种商品价格与所含劳动量成正比了。

如果不用工资率为计算单位，则从方程（2）可知：

$$P = aw + (1+\pi)aAw + (1+\pi)^2 aA^2 w + \cdots \tag{4}$$

国民收入分配发生变化，例如利润率上升，工资率下降。工资率下降使价格下降，利润率上升使价格上升。工资率和利润率的变化对物价的影响是相反的。两种力量抵消的结果是升是降，因商品而异，要看物质消耗定额矩阵 A 的特性。

## 价值规律调节生产价格

出现资本家剥削制度以后，价值规律还有效吗？回答是肯定的。马克思说：

> 既然商品的总价值调节总剩余价值，而总剩余价值又调节平均利润从而一般利润率的水平，——这是一般的规律，也就是支配各种变动的规律，——那末，价值规律就调节生产价格。①

这一点非常重要，如果能证明生产价格受价值规律调节，是

① 《马克思恩格斯全集》第25卷，人民出版社1974年版，第201页。

对劳动价值论的有力支持，是对蓬巴卫克所说的《资本论》第一卷和第三卷有不可调和的矛盾的论点的有力驳斥。

我们把两个方程作为一个系统来考虑：

$$\left.\begin{aligned} P &= PA(1+\pi) + aw \\ \pi &= R(1-w) \end{aligned}\right\} \qquad (4)$$

这样，工资与物价都以标准净产品为单位来表示，甚至不为计算标准系统，不为知道标准商品的组成。唯一要计算的是标准比率月，那是可从物质消耗定额矩阵的最大特征值算出来的。

前面已经知道：

$$P = wa\left[I + (1+\pi)A + (1+\pi)^2A^2 + \cdots\right] \qquad (5)$$

用 Y 表示标准净产品，则：

$$PY = wa\left[I + (1+\pi)A + (1+\pi)^2A^2 + \cdots\right]Y$$

又因

$$AY = \frac{1}{1+R}Y$$

所以

$$PY = waY\left[1 + \frac{1+\pi}{1+R} + \left(\frac{1+\pi}{1+R}\right)^2 + \left(\frac{1+\pi}{1+R}\right)^3 + \cdots\right] \qquad (6)$$

可以看出价格 P 是与直接劳动消耗定额 a 成正比的。即使有了资本家剥削，价值仍然决定价格。标准净产品中的直接劳动是 aY，标准净产品中生产资料所含的直接劳动是：

$$aAY = aY\frac{1}{1+R}$$

依此类推，各层次的劳动量形成一个几何级数：

$$aY,\ aY\frac{1}{(1+R)},\ aY\frac{1}{(1+R)^2},\ \cdots\cdots$$

任何一个层次需要的劳动量（以及工资），总是等于时间上紧跟在后面的层次的劳动量（以及工资）乘以$\frac{1}{1+R}$。由于物化劳动被资本家占为资本，故在过去的劳动上要加利润。愈早的劳动，加利润的次数愈多。每一层次的利润与工资之和总是等于紧接在后面的那个层次的利润与工资之和乘以 $(1+\pi)/(1+R)$。在每一个层次的劳动与生产资料的比例固定不变，这正是标准商品的基本性质。

## 现代庸俗经济学批判

马克思是在 1883 年逝世的。而在 1871 年出版了哲逢斯的《政治经济学理论》，门格的《国民经济原理》，1874 年出版了华尔拉的《纯粹经济学原理》。新的一代庸俗经济学诞生了，其特点是以微积分为工具，进行边际分析，故称为边际学派。边际学派在美国的代表人物 J. B. 克拉克在 1891 年写道：

> 它［差别利得原理］……把生产和分配统一起来，并且说明，在自然规律之下，一个社会阶级得到的是它贡献给工业总产值的东西。完整地说，差别利得原理提供了一种经济静力学理论。

他的儿子 J. M. 克拉克在 1931 年写道：

> 分配的边际理论是在马克思之后发展起来的；它们对马克思社会主义理论的影响如此惊人，以致人们认为马克思主义的挑战起了刺激人们寻求更满意的解释的作用。它们把价值建立在效用而不建立在劳动成本的基础上并且给马克思的或其他的一切形式的剥削理论提供了一种代替品，其理论是，一切生产要素根据它们对联合产品的可以推算的贡献得到报酬，这样摧毁了马克思剩余价值理论的基础。

一个世纪以来，对边际学派未尝没有批判，但是往往只是在政治上批判，例如说它们是资产阶级的辩护词等等，缺乏经济理论上的有力批判。这种现代庸俗经济学愈演愈烈，充斥于西方经济学的著作和教科书中，俨然成为西方经济学的“正统”。

斯拉法在《用商品生产商品》的序言中说：“我现在发表的这套命题有一个特征，虽然它们没有对价值和分配的边际学说进行任何讨论，它们仍然是为了作为批判那一学说的基础而设计的。如果这个基础站得住，那么以后可以进行这种批判，或者由著者进行，或者由年轻的和对此任务有更好准备的人进行。”

果然，英国剑桥的罗宾逊夫人、卡尔多和巴锡内蒂开始对边际生产率理论进行批判，而美国剑桥的萨缪逊和梭罗则为边际学派辩护，形成两个剑桥之间的一场大辩论。但是英国剑桥的梅德则加入萨缪逊那一边。

边际生产率理论一般是这样表述的，如果一种生产要素保持不变，可以增加一个单位的另一种生产要素。这样要素的比例发生变化，产量也随而变化，可以说用了一种不同的技术。如果生产要素的相对价格变化，最有利的或者说成本最小的技术将随之变化。如果工资提高，利润率下降，生产技术将转移到多用资本、少用劳动的生产要素组合，也就是更加资本密集的技术。

资本货物多种多样，如何把它们归纳为单一的数量——资本呢？而算不出资本数量就谈不到资本与劳动的比例，也算不出资本的边际生产率。厂房或设备通常将它们的预期收益用现行利息率折算资本价值。那么，究竟是边际生产率决定利息率还是利息率决定资本价值从而决定边际生产率呢？

例如一年后有 1 元收入，10 年后有 10 元收入，这两笔收入现在看起来哪一笔大？这要看利息率大小。如果年利息率 20%，则一年后的 1 元现在值 0.83 元，10 年后的 10 元现在值 1.62 元。

如果年利息率 30%，则一年后的 1 元现在值 0.77 元，10 年后的 10 元现在值 0.73 元。当利息率提高的时候，远期收益比近期收益大的资本货物要降价。利息率降低的时候，远期收益比近期收益大的资本货物要涨价，两种资本货物之间的相对价格受利息率变动的影响。今天认为这种技术比那种技术更加资本密集，明天由于利息率变动，那种技术可能比这种技术更加资本密集。

譬如开始时采用一种比较劳动密集的技术，称它为 A，以后因工资提高，利润率下降，被另一种比较资本密集的技术 B 所代替。但是工资进一步提高，利润率进一步降低，可能 A 技术又成为成本较低的了，于是 A 又取代 B。对于现在边际学派的经济学家，这是不可思议的。他们认为先有价格，后定收入分配，殊不知收入分配一改变，价格也要变动。后者正是马克思和斯拉法的论点。

斯拉法假设一个简单的例子。设最大利润率，即最大物质剩余率为 25%，则：

$$w = 1 - \frac{r}{25\%}$$

w 是工资率，它以每单位劳动的标准净产品为计算单位。r 是利润率。设有两种产品，陈酒，其价格为 $P_a$；木柜，其价格为 $P_b$。陈酒是八年前用 20 个单位劳动酿造和窖藏的，木柜是现在花费 19 个单位劳动制作的，但在 25 年前曾花费一个单位劳动种树。

$$P_a - P_b = 20w\ (1+r)^8 - [19w + w\ (1+r)^{25}]$$

当没有资本家剥削，利润率为零时，工资率为 1，陈酒和木柜的价格都等于 20。开始有资本家剥削，r > 0 时，陈酒的相对价格逐渐提高。到利润率为 9%，工资率为 0.64 时，陈酒价格为 25.4，木柜价格为 17.68，陈酒比木柜价格高 7.72。可是在这以后，若利润率继续提高，则陈酒的相对价格反而逐渐下降。到利润率为22%，工资率为0.12时，陈酒价格为11.78，而木柜的价格为19.59，陈酒的价格比木柜低7.81。以后，若利润率继续提高，陈酒的相对价格又逐步提高。到利润率为24%，工资率为0.04时，陈酒价格为4.47，木柜价格为9.42，陈酒价格只比木柜低4.95。

斯拉法说："还原为有时期的劳动项目，对于企图在'生产时期'中找出一种资本量的独立计量尺度，可以用它来决定价格和分配份额，而不致陷入循环论，颇有关系。但是刚才讨论的这种情形，对于表明不可能把属于几项劳动量的这些'时期'总计成为一个可以被视为代表这种资本量的单一的数量，似乎是结论性的。在生产方法不变情形下，相对价格变动方向的逆转，和作为独立于分配和价格的一个可以计量的数量的任何资本概念，不能调和。"

在斯拉法的理论体系中，相对价格不决定于消费和需求，这与边际学派有很大差别。边际学派认为需求决定物价结构，物价又决定分配。斯拉法则认为分配条件决定物价，而且他说："作为一种比率的利润率，具有独立于任何价格的意义，并且在价格决定之前很可以被'给定'。因此，它可以从生产体系以外决定，……"他要打破边际学派强加于经济学的狭窄范围，而要包括社会的、制度的、历史的条件在内。

## 马克思后的斯拉法

斯蒂曼写的《斯拉法后的马克思》认为，有了斯拉法的理论就不需要马克思了。这个认识是很片面的。古典政治经济学从亚当·斯密到李嘉图有很大进展，以后马克思接受了这个传统中的科学部分，对资本主义经济进行了科学的、全面深入的分析，博大精微，前所未有。但在马克思以后的100年，出现了现代庸俗经济学，把政治经济学引入歧途。斯拉法在恢复古典政治经济学的科学传统、提供批判现代庸俗经济学的理论武器方面，确有贡献。这种理论武器如此有效，以至现代庸俗经济学的价格、分配及资本理论从根本上动摇了，甚至对“资本”这个范畴不得不重新认识。而马克思对资本的定义——资本是死劳动；资本是一种社会生产关系，它是一种历史的生产关系——则岿然独存，历久弥坚。

斯拉法是在古典政治经济学和马克思的伟大传统的背景中，对经济学中的少数问题（虽然是重要问题）有所阐明，岂能夸大为可以代替马克思的伟大体系?! 这与要用支流代替长江一样荒谬。

意大利经济学家亚历山大·龙卡里亚说：“对于那些接受马克思对资本主义的解释的人而言，不必否定斯拉法的模型。……首先，必须记住斯拉法是在马克思以后写作的，因而可以认为读者熟悉马克思对资本主义的分析。所以不必重新把它概述一遍作为他自己分析的背景。斯拉法为他自己规定的主要目标是摧毁为了作为反对马克思的一种对真实世界的解释提出来的理论的基础。”他还说：“斯拉法的分析作为对于经济系统的一个具体方面的分析有其自己的独立有效性，而马克思的分析，由于其更广义的性质，可以用来帮助我们理解斯拉法的具体分析的重要性和局限性。”“斯拉法得到的成果可以各种方式在马克思理论的进一步发展中起重要作用。”①

英国龙纳德·L．米克说：“《用商品生产商品》可以看成是

---

① 《斯拉法和物价理论》，1978年版，XIX，第26—127、143页。

对有关价值和分配的某些关键问题的古典（并且到某一点为止是马克思的）方法的一种伟大复兴。”“我想按照宽广的李嘉图——马克思——斯拉法传统或思潮说话是有用的，在这个传统里，社会剩余和利润率之间的关系问题始终是（而且仍然是）一个中心题目。”①

这些意见比较中肯，可以参考。

① 《经济学和意识形态及其他文集》，1967年版，第161、124页。

# 评《社会主义经济思想小史》*

这本书是哈台克（Gerd Hardaeh）、卡拉斯（Dieter Karrras）和费音（Ben Fne）三人合写的。德文版在1974年由科学图书公司出版；英文版在1978年由爱德华·阿诺德出版公司出版；英译者为威克汉（James wikham）。全书分为五章：（1）马克思以前对资本主义的批判和对社会主义社会的展望；（2）马克思对资产阶级经济学的批判；（3）十月革命前的资本主义理论；（4）从十月革命到今天的资本主义理论；（5）马克思主义经济理论的新近发展。现将四、五两章中的一部分内容介绍如下。

## 新马克思主义

保罗·斯威齐的《资本主义发展理论》初版于1942年，其目的是使美国读者熟悉当代欧洲马克思主义理论。马克思主义理论传统主要是在德语区域产生的，以后被法西斯主义及战后恢复

---

* 原载于中国社会科学院马克思列宁主义毛泽东思想研究所图书资料部编《马克思主义研究书讯》，1983年第1期。

工作所压制。斯威齐的著作于1959年以德文出版，恰好是马克思主义在德国开始再生的时候。这本书把马克思主义理论传统送回给德国读者。而且斯威齐发展了自己的危机和积累理论。他认为，由于垄断提高个别资本的利润而不提高全经济的利润率，超额利润是靠牺牲非垄断企业得到的。因此，垄断阻止利润率的平均化。垄断化限制积累，因为垄断企业一旦达到一个最优市场和价格情况，进一步积累和扩大生产会减少总利润。而且投资于技术革新时要考虑已投入资本的贬值问题。垄断化导致实现的困难和停滞的趋势。扩大推销机构到超过社会必要的程度，可以暂时吸收一些资本。因此，当代资本主义采取浪费资本主义的形式。斯威齐和巴兰又合写了一本《垄断资本：论美国经济和政治秩序》，于1968年出版。此书的主题是"垄断资本主义条件下剩余的发生和吸收"。巴兰的剩余概念是这样的："经济剩余是社会生产的东西和生产它的成本之间的差额。剩余的大小是生产率和财富，以及一个社会为了达到它为自己规定的目标有多少自由的一个指标。"具体说，财产收入、国家支出和浪费构成剩余的主要成分。作为垄断资本主义，今天的资本主义与马克思时代的竞争资本主义有明显的区别。第一，在垄断资本主义条件下，剩余不仅绝对数量增加而且相对于总产值也增加了；第二，在这个制度中渐增的剩余不用对整个社会合理的方式投资，而被多种形式的浪费所吸收。剩余的范畴是当代资本主义矛盾的集中表示：资本主义生产力发展的代价是生产力的愈来愈不合理的应用。

## 利润率下降趋势的规律

目前对这个规律有两派观点。新李嘉图学派，如霍奇逊(G. Hodgson)，基于经验的和理论的根据，否定这个规律，因为资本的有机构成并未上升，而且即使上升了，也没有理由说对于相反的各种趋势，利润率下降的规律一定占优势。他们认为，利润率所以实际下降，是因为工人阶级斗争使工资上升的结果。另一派，如雅菲（D. Yaffe），则认为这个规律继续有效。有机构成上升的趋势对于反作用的各种趋势占优势。

## 对当前经济衰退的解释

巴兰和斯威齐是消费不足论者，他们认为，在垄断资本主义时代，资本主义不能把它能生产的东西卖出去。而且垄断企业提高物价，增加利润，因而减少销售额。同时，银行和其他机构为了维持需求和产值而过分扩张信贷，必然产生通货膨胀。新李嘉图学派则认为，工人争取提高工资的胜利使利润率下降。通货膨胀是资本与劳动分配、斗争的产物，也是这个斗争的一项武器。

## 帝国主义理论

列宁的《帝国主义》是60年前出版的，那时资本集团与民族国家密切结合。现在情况发生变化，不仅在出口和金融方面有资本的国际化，而且通过多国公司，生产资本也国际化了。普兰札斯（N. Poulantzas）认为这个情况是阶级力量的表现，并且生产资本的国际化是当前世界经济的一个推动力量。

## 转形问题

只要产业之间资本的有机构成不同，按价值交换产品则利润率不能平均化。所以，马克思说剩余价值在资本家中的分配不按各厂生产的数量，而按各厂的资本数量。但是，马克思用价值计算资本而用价格计算产品。一张有算术运算关系的表格中有两个不同的计算单位。虽然西顿（F. Seton）在1957年《经济研究评论》上发表的《转形问题》一文已说明这个问题可以解决，新李嘉图学派仍然认为可以舍弃马克思的价值论。他们以为用不着参考价值也能求得生产价格和利润率。丕林（G. Pjlling）不同意这个看法，因为马克思的价值论有两方面：价值的实质和在交换中表现为价格。鲍莫尔（Baumol）认为，马克思用转形问题来说明剩余价值的生产和分配如何结合为一个社会过程。费因（Fine）和哈利斯（Harris）认为马克思把作为商品从生产中出现的价值加以变换，以便按平均利润率交换，从而重新分配了剩余价值。

作者在“引言”中说，社会主义经济学主要是对资本主义的批判和对资产阶级政治经济学的批判。只有在1917年以后社会主义经济学的第二个领域，即分析过渡社会的经济规律的社会主义政治经济学才真正开始。本书的内容以第一部分为限，即社会主义者的资本主义理论。本书以80页的篇幅，简明扼要地评述了将近200年中的资本主义批判，有一定的广度和深度，可谓难能可贵。

# 社会主义价格问题*

马克思在《哥达纲领批判》中说："在一个集体的、以共同占有生产资料为基础的社会里，生产者并不交换自己的产品；耗费在产品生产上的劳动，在这里也不表现为这些产品的价值……"①恩格斯在《反杜林论》中也说："各种消费品的有用效果最后决定着这一计划。那时人可以非常简单地处理这一切，而再不需要求助于有名的'价值'。"② 他们设想的社会主义经济没有市场商品交换和货币，而是一种高级自然经济。十月革命后，苏维埃俄国曾试行自然经济，称为战时共产主义。但很快发现取消商业和货币行不通，而重新采用货币、价格和商业等市场经济的范畴。于是经济学中有了社会主义商品经济和价格形成问题。

苏维埃俄国的试验并不能证明马克思和恩格斯的设想永远不能实现，只是说明没有生产力的极大发展和管理水平的极大提高，暂时不能取消商品经济。马克思没有论述社会主义商品经济

---

* 原载于《数量经济与技术经济研究》1984年第4期，第3页。

① 《马克思恩格斯选集》第3卷，人民出版社1972年版，第10页。

② 恩格斯：《反杜林论》，人民出版社1956年版，第339—340页。

中的价格形成问题，但是他对资本主义商品经济中的价格形成有详细的论述。商品经济的历史很悠久，在资本主义以前有商品经济，资本主义以后仍有商品经济。马克思对资本主义商品经济的论述，有一部分内容显然也适用于一般商品经济，因而对我们研究社会主义商品价格形成甚有教益。

## 学习马克思对资本主义商品价格形成的论述

### 市场价格

马克思讲的市场价格是一种很短时期的均衡价格。在那个价格之下，卖者卖掉他愿卖的一切商品，买者买进他愿买的一切商品。马克思逝世后，在第一次世界大战期间，有物价管制和配给制，因而有了不均衡价格。因为在规定价格之下，人们不能买进他们愿买的一切商品。

马克思在《资本论》第三卷第十章中说："如果生活资料便宜了或者货币工资提高了，工人就会购买更多的生活资料，对这些商品就会产生更大的'社会需要'。"① 这里说价格和收入影响需求。研究短期的市场价格，可以假设收入不变，于是马克思说："……需求按照和价格相反的方向变动，如果价格跌落，需求就增加，相反，价格提高，需求就减少。"② 用数学形式表示：

$$Q_D = f(P) \quad (1)$$

$$\frac{dQ_D}{dP} < 0 \quad (2)$$

$$Q_S = g(P) \quad (3)$$

---

① 马克思：《资本论》第3卷，《马克思恩格斯全集》第25卷，人民出版社1974年版，第210页。

② 同上书，第213页。

$$\frac{dQ_S}{dP} > 0 \qquad (4)$$

式中，$Q_D$ 表示需求数量；P 表示价格；$Q_S$ 表示供给数量。

"如果商品都能够按照它们的市场价值出售，供求就是一致的"①。也就是：

$$Q_D = Q_S \qquad (5)$$

市场价格与市场价值常有偏离，只有能使（5）式得到满足的市场价格，也就是均衡价格是与市场价值一致的。

如果对商品价格实行限制，或由政府规定不符合市场价值的价格，则（5）式得不到满足，或者供不应求，$Q_D > Q_S$，产生排队以及捷足先登、后来向隅的现象；或者供过于求，$Q_D < Q_S$，发生商品积压。社会将为供求不均衡付出代价，例如排队减少人们的劳动或休息时间，积压要负担流动资金利息，降低资金利用效率。

**生产价格**

马克思说："商品按照它们的价值或接近于它们的价值进行的交换，比那种按照它们的生产价格进行的交换，所要求的发展阶段要低得多。而按照它们的生产价格进行的交换，则需要资本主义的发展达到一定的高度。"② 所以在资本主义经济中，均衡的市场价格与生产价格是一致的。生产价格可以用下列向量方程来计算：

$$P = PA + LW + rPK \qquad (6)$$

其中：P 为各种商品价格行向量；A 为物质消耗系数矩阵；L为

① 马克思：《资本论》第 3 卷，《马克思恩格斯全集》第 25 卷，人民出版社 1974 年版，第 211 页。

② 同上书，第 197—198 页。

各种商品的直接劳动消耗系数行向量；W 为平均工资率；r 为平均利润率；K 为资本系数矩阵。

如果有 n 种商品，则（6）式包含 n 个方程。而要决定 n 种商品的价格 P、一个工资率 W 和一个利润率 r，未知数比方程多两个，说明可以从方程系统以外给定两个未知数。我们先给定某一种商品的价格，例如定黄金价格为一，换句话说，以黄金为货币；或者假设大米每斤 0.20 元，我们把它先定下来。这样可以用（6）式计算一切商品的绝对价格。我们还多一个未知数，也就是还有一个自由度。可以确定 W 和 r 中的一个，而用（6）式算出另一个。可见国民收入在工资和利润之间的分配比例是可变的，不像新古典学派所说，“决定于劳动和资本的边际生产率”，“决定于自然规律”。（6）式的简化式是：

$$P = LW\,[I - A]^{-1}\,[I - rK\,(I - A)^{-1}]^{-1} \tag{7}$$

W 和 r 虽可任意规定其一，但有一定范围。例如假设平均利润率为零，国民收入完全作为工资，则（7）式变成：

$$P = LW\,(I - A)^{-1} \tag{8}$$

价格向量与劳动完全消耗系数 $L\,(I - A)^{-1}$ 成正比，也就是价值价格。（8）式算出的 W 是最大工资率。如果假设 W 为零，国民收入完全归资本家，则（6）式变成：

$$P = PA + rPK \tag{9}$$

其简化式为：$P\,[I - rK\,(I - A)^{-1}] = 0$ （10）

令 $\frac{1}{r} = \lambda$

（10）式变为： $P\,[\lambda I - K\,(I - A)^{-1}] = 0$ （11）

方程（11）是一个齐次方程系统。它有非零解，即非零价格向量的一个必要条件是系数矩阵的行列式，即，$\det\,[\lambda I - K\,(I - A)^{-1}]$ 为零。求解以下特征方程，可得到 λ 的值：

$$\det\left[\lambda I-K\ (I-A)^{-1}\right]=0 \qquad (12)$$

(12) 式的根是完全资本系数矩阵 $K\ (I-A)^{-1}$ 的特征值。共有 n 个特征值，都能满足方程 (11)。由于 $K\ (I-A)^{-1}$ 是一个非负矩阵，根据佩隆—弗罗本纽斯 (Perron-Frobenius) 定理，在 n 个特征值中，只有一个特征值，即最大特征值 $\lambda_m$ 肯定能产生非负特征向量，即非负价格向量。用最大特征值 $\lambda_m$ 去计算 r，则：

$$r=\frac{1}{\lambda_m} \qquad (13)$$

这样算出来的 r 是工资率为零时的最大利润率。事实上，在资本主义经济中，工资率和利润率都不是零。如何决定国民收入在工资和利润之间的分配，要看工人阶级的斗争能力。

**生产价格本身也是变量**

市场价格围绕生产价格运动，但是生产价格本身也是变量。马克思说："市场价值，一方面，应看作是一个部门所生产的商品的平均价值，另一方面，又应看作是在这个部门的平均条件下生产的、构成该部门的产品很大数量的那种商品的个别价值。只有在特殊的组合下，那些在最坏条件下或在最好条件下生产的商品才会调节市场价值。"① 由于生产价格必须通过上述方程组来计算，所以，问题是哪一类企业的产品列入方程组。马克思把生产企业分为好、中、坏三类。如果生产这种商品的企业很多，似乎也可以分成更多的类别。于是，我们可以在生产价格与供给量之间画一条长期供给曲线，其一阶微商大于零。所谓长期系相对

① 《资本论》第 3 卷，《马克思恩格斯全集》第 25 卷，人民出版社 1974 年版，第 199 页。

于前面所说的短期供给曲线而言。长期需求曲线与长期供给曲线共同确定生产价格和长期均衡数量。马克思援引了李嘉图关于生产价格由在最坏条件下经营的企业决定的论述。[1] 所谓最坏条件，是指在长期供求情况下能得到平均利润的企业。至于不能得到平均利润的条件更坏的企业，则名落孙山外，属于自然淘汰之列。

从方程（6）可以看出，国民收入在工资和利润之间的分配，即 W 和 r，以及技术进步导致劳动和物质消耗 L 和 A 降低，以及生产一个单位产品占用的不变资本 K 的变化，均能导致生产价格变化。

**自然资源问题**

《资本论》第三卷第十篇有十一章讨论地租问题，马克思举了许多例子。一个利用瀑布作为动力的企业，处于有利地位，它的生产价格低于调节市场的生产价格，因而获得超额利润。如果这个瀑布属于地主所有，地主就可向资本家要地租，于是超额利润转化为地租。资本家支付地租后，他的个别生产价格提高，而且失去超额利润，只能得到平均利润。这是级差地租的例子。它不参加市场生产价格的形成。在分析级差地租时，从最坏的土地不支付地租这一前提出发。有些土地的产品的个别生产价格低于调节市场的生产价格，产生超额利润，转化为地租。但是最坏土地虽然会提供生产价格，由于土地属地主所有，如果不提供一个超过生产价格的余额，即地租，地主将不允许农场主去耕种。土地所有权本身已经产生地租。这称为绝对地租。绝对地租使市场

---

① 《资本论》第3卷，《马克思恩格斯全集》第25卷，人民出版社1974年版，第205页。

价格超过最坏条件土地产品的生产价格，但仍然不超过价值。因为在马克思所处的时代，农业的资本有机构成低，农产品生产价格低于价值。

马克思在《资本论》第3卷中先讨论生产价格的形成，后讨论地租。在讨论前一问题时，未涉及地租，可用方程（6）来表达。讨论地租之后，如何与方程（6）结合起来？笔者认为，资本主义企业的会计实践与经济理论有出入。从经济理论来说，地租是利润的一部分。从会计实践来说，地租算做成本的一部分。只要我们从经济理论认识到利息和地租都是剩余价值的一部分、利润的一部分，并不妨碍我们按照会计惯例来进行计算。一个资本主义企业往往自己有土地，土地对于资本家来说好像一种特殊的设备，资本家投放在土地中的资本，也可以纳入K矩阵计算。如果土地是租来的，可按今后若干年地租的贴现和来计算土地价格，纳入K矩阵。

**赋税问题**

《资本论》第三卷第四十五章中说："这里的问题在于，最坏土地支付的地租，是否像商品税加到商品价格中去一样，加到这种土地的产品的价格（按照假定，它调节着一般的市场价格）中去，也就是说，是否作为一个和产品价值无关的要素加到这种土地的产品的价格中去。"① 这里，赋税被看做价值之外的东西。但《资本论》第一卷第十五章中说："这些捐税的取消绝不会改变产业资本家直接从工人身上榨取的剩余价值量。它所改变的，只是产业资本家装进自己腰包的剩余价值的比例或要同第三者分

---

① 《资本论》第3卷，《马克思恩格斯全集》第25卷，人民出版社1974年版，第854页。

享的剩余价值的比例。"① 由于工资加利润等于全部国民收入，按照《资本论》第一卷赋税作为利润的一部分纳入方程（6）的计算为宜。

**垄断价格**

马克思生活在自由资本主义时代，但是已经有垄断现象和垄断价格。《资本论》第三卷第五十章中说："如果剩余价值平均化为平均利润的过程在不同生产部门内遇到人为的垄断或自然的垄断的障碍，特别是遇到土地所有权的垄断的障碍，以致有可能形成一个高于受垄断影响的商品的生产价格和价值的垄断价格，……某些商品的垄断价格，不过是把其他商品生产者的一部分利润，转移到具有垄断价格的商品上。"② 到了垄断资本时代，这些情况更多。而且据20世纪30年代钱伯伦和鲁宾逊夫人的研究，即使一般的小企业，也在一定的程度上具有垄断性。垄断企业的特点是有能力影响价格，它们往往不采取薄利多销的政策，而是限制生产，维持长期偏离生产价格的高价。不仅加重顾客的负担，而且不能充分满足社会需要。大家都限制生产，影响就业，而且使一部分生产资源不能用于最有效的地方。

## 社会主义经济的价格形成

马克思在《资本论》中研究的是资本主义商品经济。他发现的规律有些属资本主义所独有，有些则为商品经济的共同规

① 《资本论》第1卷，《马克思恩格斯全集》第23卷，人民出版社1972年版，第570页 。

② 《资本论》第3卷，《马克思恩格斯全集》第25卷，人民出版社1974年版，第973页。

律，因而对我们有很大启发。

资本主义的很多经济范畴为社会主义商品经济所沿用，但往往具有不同的内涵和本质。例如“市场”一词可以这样来理解：社会主义经济是一个多层次的结构，用垂直关系把各个层次联系起来。此外，社会主义经济中也有许多不相隶属的横向关系，这些横向关系的总和，称为社会主义市场。劳动人民与商店之间，社会主义企业之间，都有这种横向经济关系。对于有指令性计划的产品，横向经济关系有执行计划的功能。例如农民将粮食卖给粮库，是在执行国家的粮食收购计划。横向经济关系有助于执行指导性计划，例如国家公布银行贷款利息率，这是一个有指导性的重要参数。企业能得到大于利息率的经济效益，就会向银行贷款，否则不去贷款。即使是由价值规律自发调节的商品，参加市场的劳动人民和社会主义企业也必须遵守政策、法令，而且在国家有关部门的指导下进行活动。必要时国家将进行一定的行政干预。这与那种大鱼吃小鱼的资本主义市场很不相同。其他如利润、利息、地租等范畴，也都有不同的内涵。

**社会主义经济中的生产价格**

在自由资本主义下，生产价格是长期均衡价格。用来生产各种商品的资本，包括被资本化了的土地等自然资源在内，得到同样的利润。如果利润不相等，则通过竞争，获利少的资本将流向获利多的商品。这样的流动，对整个资本家阶级有利。但垄断资本主义破坏了这种机制，至少大大限制了它，以致资本和自然资源的分配很不合理，阻碍生产发展。

利润平均化和生产价格的形成是客观的资本主义经济规律，只是别的规律即垄断资本的行为规律抵消了它的作用。我们要问，在社会主义经济中有无形成长期均衡价格的客观规律？这种长期均衡价格是什么性质的价格？我们说，这种客观规律和客观的长期均衡价格是存在的。社会主义国家重视提高经济效益，必然把有限的人力和物力，即一切资源，投放到经济效益最大的地方。社会主义生产是有剩余的生产，也就是弥补物化劳动和活劳动消耗后还有剩余，也就是利润。利润这个范畴在社会主义制度下表示等待社会分配的、劳动过程产生的剩余。如果人力和物力在各种产品的生产中所得到的剩余不同，则国家通过计划、调度，将向剩余多的产品投放更多的人力、物力，而减少向剩余少的产品投放的人力、物力。这样做是为了增加社会的总剩余。但是，商品需求曲线是渐降的，较多的数量对应着较低的价格，马克思发现的这个商品经济的共同规律，在社会主义商品经济中继续成立。对某种商品投放更多人力、物力后，该商品的价格下降。用计划、调度的方法使人力、物力在各种商品的生产中得到的剩余平均化。当无法通过计划、调度的方法增加社会总剩余时，社会总剩余便达到最大值。

以上所说，是不是意味着物化劳动也能产生剩余？不是的，只有活劳动才能产生剩余。但是，离开物化劳动无法进行生产活动。社会主义社会的计划、调度工作必须对人力、物力通盘安排，要求人力、物力的安排都能得到最大经济效益。所以，社会主义的长期均衡价格的形成必须同时考虑资金利润率和工资利润率。事实上，社会主义企业的职工不仅有工资，而且有从利润中分到的奖金、福利；还有从社会主义国家、工会得到的种种物质利益。可能在企业的会计实践中，把某些福利费用作为成本，不作为利润分配。但从政治经济学的角度分析，这些费用终究是利润分配性质。我们把社会主义的长期均衡价格写成：

$$P = PA + LW(1 + \beta) + rPK \tag{14}$$

$\beta$ 称为工资因数。如果把工资成本 LW 写成 V，则（14）式变成：

$$P = PA + V(1+\beta) + rPK \tag{15}$$

其简化式为：

$$P = (1+\beta)V(I-A)^{-1}[I - rK(I-A)^{-1}]^{-1} \tag{16}$$

这种形式的价格，通常称为两渠道价格，因为利润通过资金利润率 r 和工资因数 β 分配到各种产品。β 和 r 是两个政策参数。如果 β=0，则（16）式为生产价格；如果 r=0，则（16）式为价值价格。

（16）式有 n 个方程，用来决定 n 种价格和 β、r 两个参数，多了两个变量，也就是有两个自由度。我们用其中一个自由度确定绝对物价水平。例如我们希望某些生活必需品的物价水平长期稳定，但各种必需品之间的相对价格可以变动。设我们希望 100 元总能买到 100 斤粮食加 20 斤肉、200 个蛋、10 尺布、100 斤煤、一张汽车月票、订一份《人民日报》、付 10 度电费、买一双皮鞋。则增加一个方程如下：

100×粮价+20×肉价+200×蛋价+10×布价+100×煤价+1×汽车月票价+1×《人民日报》订价+100×电价+1×1双皮鞋价=100

这样有 n+1 个方程，而有 n+2 个变量，还多一个自由度。我们可以在 β 和 r 之间任意确定其一，而算出另一个参数以及 n 种物价。

J. 冯·诺伊曼于 1937 年在维也纳出版的《数学讨论会文集》第八卷中发表《一种经济均衡系统和布劳欧固定点命题的推广》一文（其英译本发表在 1945 年的《经济研究评论》，题为《全部均衡模型》），得出最大利润率等于最大增长率的结论。譬如一个国家的增长率是 7%，则利润率也是 7%。此外，银行长期贷款利息率也可以作为参考。至于工资因数，各国都可以找出经验数据。利润率和工资因数互相依赖，此消彼长，是重要的政策参数。从计算经验工资因数中可以发现各地区、各部门、各企业之间有很大差别，其中有些可能是不合理的。通过试算，可以确定比较恰当的工资因数和资金利润率。一般来说，工资因数应接近现有水平。因为我们从方程（16）可以看出，物价水平将随工资因数的升降而成正比例升降。

一个国家往往有上千万种商品，都照上述方法计算生产价格是有困难的。一则这么多准确可靠的成本数据不易获得，二则计算工作量太大，甚至用电子计算机也进行不了。补救的办法是用价值型的即以货币计算的 A 矩阵和 K 矩阵，分为 100 个左右的部门，P 向量表示各部门生产价格对现行价格水平的指数，有了各部门物价指数后，首先可以修正资金矩阵 K。这时有了各部门物价指数，新的资金矩阵，工资因数 $\beta$ 和资金利润率 r，可以将产品细分为几千个小类，计算各小类商品的物价指数，最后再产生每种具体商品的生产价格。

### 批发价格和零售价格

以上讨论的长期均衡价格指的是生产者价格，即农产品收购价和工业品出厂价。这些价格中包括生产的物质消耗成本、工资成本以及利润。利润中又包括税金和自然资源的租金。有些产品从生产者直接卖给最终的用户或居民，不通过中间环节，则只要有生产者价格就够了。有些商品要通过商业或物资供应部门，于是除生产者价格外，还有批发价格。还有些商品，需要通过零售商业，才能卖给居民，于是还有零售价格。设 P、P′、P″分别代表生产者价格向量、批发价格向量和零售价格向量。并且为了便于说明问题，假设生产者价格和批发价格之间有适用于一切商品的统一附加率 m，批发价格与零售价格之间则有统一附加率 m′，于是有以下关系：

$$P(1+m)=P' \tag{17}$$

$$P'(1+m')=P'' \tag{18}$$

设社会商品共 n 种，其中经过批发商业者 n′种，经过零售商业者 n″种。(16) 式有 n 个方程，(17) 式有 n′个方程，(18) 式有 n″个方程，共计 n + n′ + n″个方程。而待求的变量有 n 个生产者价格，n′个批发价格，n″个零售价格，以及参数 β，r，m，m′，共 n + n′ + n″ +4 个。令 q″为通过零售商业的商品数量向量，我们增加一个方程：

$$(P'', q'')=C \tag{19}$$

即 P″和 q″的内积 C 是一个常数，是社会商品零售总额。各种商品零售价格可以有相对的变化，但是零售物价水平保持不变。加上 (19) 式后，我们有 n + n′ + n″ +1 个方程，用来求n + n′ + n″ +4 个变量。换句话说，我们有三个自由度，可以在 β，r，m，m′中任意确定三个，其余一个在方程组中求解。

X = (P，q) 是以生产者价格计算的社会总产值；q 是各种商品的总产量列向量。

$$X'=P\left[(q)^{T}-(q')^{T}\right]+P'\left[(q')^{T}-(q'')^{T}\right]+\left[P'',(q'')^{T}\right]$$

是通过零售商业的商品按零售价格计算，通过批发商业而未通过零售商业的商品按批发价格计算，未通过批发商业的商品按生产者价格计算的社会总产值。其中，q′是通过批发商业的商品数量行向量，$(q')^{T}$ 为其列向量。

$mP(q')^{T}+m'P'(q'')^{T}$ 为批发商业和零售商业的加成总额，也就是投入产出流量表中商业部门的总产值。我们有：

$$X'=X+mP(q')^{T}+m'P'(q'')^{T}$$

国民收入 Y 等于社会总产值减去物质消耗成本的差额：

$Y = X' - PAq^T -$ 商业部门的物质消耗成本和运输成本

确定了平均附加率 m 和 m′后，就确定了生产者价格水平、批发价格水平和零售价格水平之间的距离，但是每种商品的差价仍须按照计算两渠道价格的原则分别计算。差价必须弥补商业部门的物质消耗成本、直接工资成本、商品的运输费用。差价还必须包括一定的利润。利润分为两部分：与工资成比例的工资因数和按照占用资金计算的资金利润。零售商业交纳的税款是从资金利润分配出来的。

**社会主义经济仍须区分生产价格和市场价格**

以上讨论的生产者价格、批发价格、零售价格都是社会主义经济中的生产价格，它是一种长期均衡价格，也是一种效率价格。它假设人力物力资源在各种商品的生产上具有同样的效率，不再可能通过调整资源的分配而提高国民经济效益。换句话说，它假设国民经济处于最优状态。社会主义经济以计划调节为主、市场调节为辅，不断逼近最优状态。但是，经济过程有动态性和随机性，等到接近最优状态，客观条件已有了变化，新的最优状态需要新的生产价格。

我们能不能规定即用生产价格为实际成交价格即社会主义市场价格？不能，这有两个原因。第一，计算生产价格以某个时期的成本数据为准，可是等到计算出来，成本数据已有新的变化。即使不断计算新的生产价格，仍不免落后于实际经济过程。第二，生产价格虽然是长期均衡价格，却未必是短期均衡价格。例如我国电视机的售价逐步降低，长期均衡价格远低于短期均衡价格。若一开始即按低价出售，例如按条件最优的企业的生产价格出售，则需要量太大，无法实现均衡。而按照马克思的经济理论，市场价格是要实现供求均衡的。

市场价格可以由市场来决定，也可以由主管机关来决定。前者是市场调节，后者是计划调节。不论哪一种办法，均衡价格和均衡数量都是同时决定的。方程（1）、（2）、（5），是决定价格和数量的三个方程，由于方程（5）规定供求必须相等，所以剩下两个独立方程：

$$Q = f(P) \qquad Q = g(P)$$

两个方程联立，同时求出均衡数量 Q 和均衡价格 P。

重要商品依靠计划调节来确定售价比依靠市场调节来确定售价好。其原因不在于前者是社会主义，后者是“资本主义”。因为社会主义的劳动组织和劳动者共同协商制订社会主义市场价格，实与资本主义无关。其真正的优点在于减少不必要的物价波动，迅速达到均衡。由此可知，生产者价格宜由这种商品的生产主管机关制订，因为生产主管机关能同时编制生产计划和价格计划，不致彼此脱节。前面说过，经济过程是动态过程和随机过程，所以要编制滚动计划，在生产主管机关的滚动计划以及调度工作中，不断适应新的情况，调节生产和价格计划。附带提一提，只有规范性产品即有国家标准的产品，才能规定统一价格。

市场价格与生产价格的偏离是一种极有价值的经济信号。例如市场均衡价格长时期高于生产价格，说明不得不用条件很差的企业生产的商品来满足需要。要研究条件差的企业有无改善条件的可能，条件好的企业有无扩大生产、代替条件差的企业产品的可能，市价长期偏高是否因为企业实行厚利少销的本位主义价格政策，如果是这样，政府须予以纠正。若市场均衡价格长期低于生产价格，说明条件好的企业已足以满足需求，要考虑条件差的企业的关停并转问题。

社会主义国家为了指导人民消费，往往用税收或补贴政策来影响生产价格。例如，烟和烈酒不利于健康，政府征收高额出厂税，导致高价，压缩消费。这时，条件极差的企业产品将没有销路，使生产得到压缩；条件好的企业增加利润，不过所增利润实际上变成上缴财政的税收。又如，按照生产价格来确定粮食收购价格，使农业生产得到发展。另一方面对粮食批发商业实行补贴，保持城市居民生活费用稳定，并对城市粮食零售实行配给。这时，粮食的批发价格和零售价格均远低于计算生产价格的结果。这样的粮食补贴政策，确有其优点，然而社会将为此付出代价。粮食批发商业不便于实行经济核算，政府不便考核其经营效率。许多以粮食为原材料的工业、饮食业企业算不出真正的社会成本和生产价格，使它们的产品价格长期偏低，人力物力资源得不到有效利用，国民经济达不到最优状态。通过计算各种商品的生产价格，在保持零售物价总水平稳定的条件下，逐步减少一些价格补贴，将是有益的。

**宏观经济平衡与物价水平的关系**

生产价格的计算使我们对各种商品之间的相对价格以及短期均衡价格与长期均衡价格的关系，有定量的认识，并且对今后相对价格以及各种商品生产的发展有所预测。但是，一个国家的绝对物价水平实决定于宏观经济平衡。好像一架天平，一个盘子里装的是各项有效需求，例如生产性投资、非生产性投资、企业生产性消费、居民消费、机关团体消费等等；另一个盘子里装的是各项生产资源，例如自然资源、劳动力、固定资产、流动资产等等。如果有效需求不足，则生产资源不能充分利用，不能最大限度满足人民的需要。这里要强调需要与有效需求的不同。人民有不断提高物质和文化水平的需要，这是无穷无尽的。另一方面，如果有效需求太大，超过生产供应的可能性，将产生物价膨胀，短期均衡价格不断上升。这是因为有效需求大，则以货币计算的国民收入增大，各种商品的需求函数统统升高。即使按条件最差的企业成本计算的生产价格也低于短期均衡价格。若工资因而提高，又需重新计算新的、更高的生产价格。

社会主义经济是有计划的商品经济，不断计算宏观经济平衡，不仅总的有效需求与总的生产能力相适应，而且按商品分类的有效需求与生产能力也相适应。例如工资提高后，需要购买更多的消费品，即使生产资料生产能力过剩，也解决不了消费品不足问题。生产资料与消费品的生产能力有一定的互相转移的可能性，过去几年有不少生产资料的生产能力转而生产消费品，解决了很大问题。但是这种转移有其限度，特别是当食品不足的时候，很难指望其他生产能力转而生产食品。在另一方面，消费品的有效需求虽然很大，如果投资不足，则机械工业的生产能力无法得到充分利用。社会主义经济控制宏观经济平衡的手段首先是投资，它与建筑工业、建材工业、机械工业的生产能力相适应；其次是工资和工资因数，它与农业、轻工业的生产能力相适应；再次是利息率，提高利息率，鼓励储蓄，压缩消费。并且，银行贷款利息提高后，可将资金用于效率最高的地方。由于机关团体消费总计是可观的，除控制集团购买力外，也要鼓励机关团体储蓄。因此，那种年终经费用不完要上缴的办法需要修改，因为这样做实际上鼓励突击花钱。还有一个工具是所得税。生产发展则人民收入增加，反过来说，人民收入增加有利于生产发展，这都是正常现象。但人民收入增加必然去买消费品，向高收入者征收所得税可以减少消费品的有效需求，政府将这部分购买力转而用于发展生产，增加生产资料的有效需求。或者兴办种种教育，文化事业，发展长远的生产力。

**物价机关的工作**

前面谈过，由于均衡价格与均衡数量是同时确定，不可分割的，而且计划和调度工作要不断修改均衡价格与数量，所以，制定价格的工作，可以交给主管机关来做，生产者价格由生产主管机关制定，批发和零售价格由商业部门制订。但是商品价格彼此联系，互相影响，而且在制定价格时如果有本位主义倾向，则容易损害国家利益和群众利益，并使生产资源得不到最好的利用。所以，物价工作必须在国家物价机关的指导下进行。物价机关经常计算生产价格，调查研究物价问题，指导各单位、各部门的物价工作，纠正物价工作中出现的偏向。

## 参考文献

[1] 斯拉法：《用商品生产商品》，巫宝三译，商务印书馆 1979 年版。

[2] L. L. Pasinetti：*Lectures on the Theory of Production*，纽约，1977 年版。

[3] O. Kyn, B. Sekerka, L. Hejl, *a Model for the Planning of Prices.* 编入《毛里斯·道布寿辰文集》，1969 年版。

[4] J. Kornai, *Mathematical Planning of Structural Decisions*, North Holland, 1975 年版。

# 评转形问题的讨论*

在经济学中，价值和价格是关系极为密切的两个不同的范畴。经济学家只要提出一种价值理论，就必须回答价值是如何转形为价格的。或者回答一个逆问题，如何从价格现象推导出价值理论。所以，转形问题的讨论由来已久。只是到了 20 世纪，瑞典经济学家格斯他夫·卡基尔才主张经济学不必讨论价值，只讨论价格就够了。此种主张在西方颇有市场，闭口不谈价值理论，成为西方经济学界的风气。例外的是，反对马克思经济理论的人和研究马克思经济理论的人仍在讨论转形问题。本文打算探讨的正是与马克思经济理论有关的转形问题的讨论。

在《资本论》第一卷出版前五年，即 1862 年 8 月 2 日，马克思在写给恩格斯的信中，已经提出了他的转形理论。他说："在不同工业部门对工人的剥削程度相同的情况下，等量的不同资本在不同的生产领域会提供极不相同的剩余价值量，从而提供极不相同的利润率，因为利润率正是剩余价值和全部预付资本的

---

* 原载于中国社会科学院马克思列宁主义毛泽东思想研究所编辑出版部编《马克思主义研究参考资料》1984 年第 12 期。

比率。这将取决于资本的有机构成，即取决于资本怎样分为不变资本和可变资本。"[①] "竞争（资本的转移，或者说，资本从一个工业部门流入另一部门）使等量的资本在不同的工业部门中提供同一的平均利润率，而不管它们的有机构成如何。换句话说，投入某个工业部门的譬如说100英镑资本所提供的平均利润，并不是这笔资本作为这种特定情况下使用的资本，因而不是按这笔资本本身产生的剩余价值的比例提供出来的，而是这笔资本作为资本家阶级总资本的相应部分提供出来的。这笔资本是一个股份，它的股息依据它的数量按比例从这个［资本家］阶级的全部可变资本（支付工资的资本）所产生的剩余价值（或者说无酬劳动）的总数中支付。……竞争不是使商品转化为它们的价值，而是转化为费用价格，这种价格按资本的有机构成或高于或低于或等于它们的价值。"[②] 这说明，《资本论》第一卷和第三卷的出版虽然相距27年，可是第三卷中的价值转形为价格的理论，在第一卷出版时已完全成熟。价值理论和价格理论是马克思经济理论的完整体系的两大重要部分，《资本论》一、二、三卷是一部完整的、各卷有内在联系的著作。

马克思经济理论的反对者不这样看。《资本论》第三卷出版后两年，庞巴卫克自以为抓住了马克思体系中的"大矛盾"，写出《卡尔·马克思和他的体系的终结》一文。他说："我在书中看不见矛盾的解释调和，而是不加掩饰的矛盾本身。平均利润率和生产价格的理论不能与价值理论调和……我毫不怀疑，马克思的体系有它的过去和现在，但是没有永久的将来。"[③]

---

① 《马克思恩格斯全集》第30卷，人民出版社1975年版，第266页。

② 同上书，第267—268页。

③ E. 冯·庞巴卫克：《马克思体系的终结》，1896年出版（1898年第一次以英文发表，1949年重印）。

美国现代资产阶级经济学家萨缪尔逊步庞巴卫克的后尘，用讽刺挖苦的语言否定转形理论的研究，从而否定马克思的价值和价格理论。他说："我现在的综述表明，比'转形问题'更好的形容词可能是'互相排斥的"价值"和"价格"的不同选择的对比问题。'因为当你穿过代数的迷雾来了解在干什么的时候，你发现'转形算法'精确地属于以下形式：'考虑两种可供选择其一的而且不一致的系统。写出其中之一。现在来转形，方法是用一块橡皮擦掉它。然后填写另一个。好了！你已作完了你的转形算法。'人们用这种技术能把燃素转形为熵；从托勒密到哥白尼；从牛顿到爱因斯坦；从创世纪到达尔文——并且，从熵到燃素。"①

马克思在上述通信中概述的并在《资本论》第三卷中发展的转形理论，是他研究政治经济学的一种方法论的光辉范例。这种方法是以抽象为其第一步，以逐步具体化为其第二步。它是在科学研究中久经考验、不可缺少的方法。例如牛顿运动定律的第一定律说："任何粒子除非受到外力的作用而受迫改变它的运动状态，否则，它将永远保持静止或沿直线作匀速运动。"在真实世界中没有一个粒子不受外力作用，每一个粒子都同时处在无数多物体的引力场中，如果是带电粒子，还处在其他带电物体的电磁场中。而且每一个粒子都有与其他物体碰撞的可能。所以，很难找到一个静止的或沿直线作匀速运动的粒子。第一定律是一种高度抽象，人们不能直接用它来说明某个具体物体的运动，而要加上该物体所处环境的其他许多条件，这就是逐步具体化。很难

① 保罗·A. 萨缪尔逊：《了解马克思的剥削概念：所谓马克思的价值和竞争价格之间的转形问题的一个总结》，载《经济文献杂志》第9卷，1971年第2期，第399—431页。

设想科学研究能舍弃这两步方法。

波兰已故经济学家奥斯卡·兰格在《政治经济学》中，另一位波兰经济学家布鲁斯在《资本论》第一卷波兰文第三版讨论会上，以及美国马克思主义经济学家保罗·M. 斯威齐在《资本主义发展理论》中，都是从这种方法论理解马克思的转形理论的。我国学者关梦觉在《关于〈资本论〉的从抽象上升到具体的方法》（《吉林大学社会科学学报》1962 年第 4 期）中，王学文在《关于〈资本论〉中由抽象到具体的方法上的几个问题》（《哲学研究》1964 年第 1 期）中对这个《资本论》方法论，作了阐述。

一个科学理论，往往附有数学模型，它有助于讲解这个理论，核对这个理论中的元素及关系有无阙漏或矛盾，将这个理论进一步推导。数学模型还便于与客观经验对照。例如德国物理学家海森堡用矩阵代数解释量子力学；奥地利物理学家薛定谔则用微分方程解释量子力学；而后英国物理学家狄拉克用更复杂的数学表述量子力学。理论在发展，其数学表述形式也在发展。

马克思不仅完整地阐述了转形理论，而且举出数例。上述通信中的数例分为四个部门，《资本论》第三卷中的数例增为五个部门。数例也就是应用算术的数学模型。数例很清楚地表述了马克思的转形理论要领。马克思转形理论的正确性并不依赖任何一个数学表达形式，但是数学表达形式包括马克思自己举的两个数例，确实有助于我们理解他的思想。数学表达形式愈完善，愈能揭示价值与价格的内在联系，愈能驳斥反对者所持的观点（他们认为两者毫无内在联系，互相排斥）。所以，研究和改进转形理论及其数学表达形式，有助于捍卫和发展马克思经济理论。在这里，可以参考萨缪尔逊的话：“一长列后代作家——包括甚至像 L. 冯·波特凯维兹之类的资产阶级经济学家，连同马克思主义分析家，如 P. M. 斯威齐，J. 文特尼兹，K. 梅伊，M. 道布，

R. 米克等人——已经除掉马克思的价值转形为价格的方式中涉及的近似法和次要的不精确处，所以现在的状况是，卡尔·马克思对价值和剩余价值的先驱性分析终于甚至已受到现代经济分析的高等数学支持。”① 100多年来，马克思首创的转形理论经过后代马克思经济理论研究者的不断努力，愈来愈完善。这当然是萨缪尔逊之流极不愿意看见的事，所以他要跳出来向马克思经济理论研究者挑战，希望一举推翻长期以来积累的成果，否定马克思的转形理论，从而否定马克思的劳动价值论。

我们现在评述的研究者们②有一个共同特点，他们并没有独立地提出自己的转形理论，而是祖述马克思的理论。他们的贡献是在研究其数学表达形式，使之更臻完善方面。

柏林大学教授波特凯维兹③不同意庞巴卫克对马克思的一点指责（庞巴卫克认为把相对价格加起来是没有意义的），波特凯维兹说：“庞巴卫克怀疑研究总价值和总价格是否有意义，他错了。价值不是一个交换关系，而是一个交换关系的指数，我们很可以对一系列价值量加总。”④ 波特凯维兹赞许劳动价值论，他说：“在

---

① 保罗·A. 萨缪尔逊：《了解马克思的剥削概念：所谓马克思的价值和竞争价格之间的转形问题的一个总结》，载《经济文献杂志》第9卷，1971年第2期，第399—431页。

② 本文一般不转录这些人的数学公式，以免冗长而不得要领。读者如有兴趣，可参考他们的原著。

③ 拉迪斯劳斯·冯·波特凯维兹：《马克思体系中的价值和价格》，载《社会经济和社会政治杂志》1906年第23卷第1期，第1—50页；1907年第25卷第1期，第10—51页；第2期，第445—488页；英译重印于《国际经济论文选》1952年第2期第5—60页。波特凯维兹：《关于〈资本论〉第三卷中马克思的基本理论构造的改正》，载《国民经济统计年鉴》第34卷，1907年第3期，第370—385页；英译重印于保罗·斯威齐主编《尤金·冯·庞巴卫克作马克思和他的体系的终结与鲁道夫·希法亭作庞巴卫克对马克思的批判》（1949年版），作为该书的附录。

④ 参见拉迪斯劳斯·冯·波特凯维兹《马克思体系中的价值和价格》一文。

设法弄清利润来源的时候，马克思有幸运的灵感，设计一个其中存在利润的模型，除了对产品互相交换的关系有决定作用的价值规律外，没有任何规范。这样一个模型揭示了利润的第一原因不在于作为交换经济现象的毛利，也不为把利润看成是‘资本的生产劳务’的补偿物，换言之，由于使价值计算先于价格计算，马克思成功地——比李嘉图尖锐得多也强调得多——阐述了克扣理论，而反对其他利润理论并且排除任何共同性质。”

波特凯维兹看到马克思的算例中有一个漏洞，每个部门的产出从价值转形为价格，而投入即不变资本和可变资本仍保持价值形态，没有转形。不仅不同计算单位的数字无法在一起计算，而且也不符合市场经济的实际。这个漏洞，马克思自己也有所察觉，只是没有来得及妥善解决。他说：“在资本主义生产中，生产资本的要素通常要在市场上购买，……一个产业部门的生产价格，连同其中包含的利润一起，会加入另一个产业部门的成本价格……”①

波特凯维兹用三个方程表示简单再生产条件下三个部门的价值转形为价格的过程。用联立方程研究转形问题，是波特凯维兹首创的方法，一直为后来的研究者沿用。三个部门分别生产生产资料、工人生活资料、资本家奢侈品。用三个方程求解四个未知变量：利润率和三类产品的价值价格换算因数。缺少一个方程，成为不确定系统。于是，波特凯维兹假设奢侈品就是黄金，以它为货币。于是，黄金的价值价格换算因数规定为1。这样减少一个变量，用三个方程求解利润率和生产资料、生活资料的价值价格换算因数，这就成为确定性系统。这个系统保证利润总额等于

---

① 《资本论》第3卷，《马克思恩格斯全集》第25卷，人民出版社1974年版，第179页。

剩余价值总额，但不保证总价值等于总价格。只有在奢侈品部门的资本有机构成等于社会平均资本有机构成的特殊条件下，总价值才等于总价格。

波特凯维兹证明，利润率只取决于生产资料和生活资料两部门的情况，而与奢侈品部门的资本有机构成无关。这个理论的现代版本是斯拉法的《用商品生产商品》。此书把商品分为基本商品和非基本商品，后者“在体系的决定中不起作用。它们担当的角色纯粹是消极的。如果一种发明使得用于生产这种‘奢侈’商品每一单位的每种生产资料数量减半，这种商品本身的价格也将减半，但是不会有更多的影响；其他产品的价格关系和利润率将不受影响。可是，如果这样的改变出现在相反类型的一种商品的生产中，这种商品确是生产资料之一，则所有价格将受到影响，并且利润率也将改变”①。

只存在奢侈品部门的资本有机构成恰好等于全社会资本有机构成时，波特凯维兹的算法才能达到总价格等于总价值。还有一点与马克思的理论有出入：设黄金生产的资本有机构成最高，在波特凯维兹的算法中，因为黄金是货币，它的价格必然等于价值。其他一切生产部门的资本有机构成都低于黄金，它们的价格都低于价值。而马克思的理论认为，资本有机构成高于社会平均的部门，价格高于价值；资本有机构成低于社会平均的部门，价格低于价值。

美国马克思主义经济学家保罗·M. 斯威齐这样评价波特凯维兹：“为马克思方法的正确性的逻辑上不容争辩的证明奠定基础的是波特凯维兹，这个事实使他有资格被看成不仅是批评家而

---

① 斯拉法：《用商品生产商品》，巫宝三译，商务印书馆1979年版，第13页。

且是对马克思理论作出重要贡献的人。”①

斯威齐在1942年出版的《资本主义发展理论》中将转形问题讨论的历史情况作了介绍，重新唤起经济学界对此问题展开讨论的兴趣。

J. 文特尼兹在英国《经济杂志》1948年6月号上发表《价值和价格：所谓转形问题的一个答案》一文。他认为，波特凯维兹的算法局限于简单再生产，因而提出一种类似的、但也能用于扩大再生产的算法。他也用三个方程代表三个部门，求解四个未知变量：利润率和三个价值价格换算因数。由于方程数比变量数少一个，不是一个确定系统，所以他加了一个方程，总价值等于总价格。因为他认为这个条件是马克思理论的主要内容之一。但是他的算法并不确保总利润一定等于总剩余价值。

英国马克思主义经济学家莫里斯·道布和隆纳德·L. 米克都认为马克思所说的总价值与总价格相等，应当理解为总价值与用工资货物表示的总价格相等。米克于1956年3月在《经济杂志》发表题为《关于“转形问题”的一些评论》的文章，对马克思的思想作如下阐述：“马克思对这个问题的要点如下。价值转形为价格是作为剩余价值转化为利润的结果而实现的。现在剩余价值量和剩余价值率显然决定于比率$\sum a/\sum v$（其中a是马克思所说的某类制成品的总价值）；利润量和利润率决定于比率$\sum a_p/\sum v_p$（其中下标p表示a和v已从价值转形为价格）。马克思认为实际上$\sum a/\sum v=\sum a_p/\sum v_p$（我们会看到，马克思说‘总价值等于总价格’的时候心里想的正是这个等式）。换言之，他认为他在第一卷中考虑决定剩余价值的，一般商品价值与劳动力商品价值之间的比率，当它用价格而不用价值表示的时候，仍然

① 斯威齐：《资本主义发展理论》，1970年版，第71页。

不变，所以可以说利润是按照第一卷的分析决定的。”

米克的这篇文章以及森岛通夫的书《马克思经济学：一种价值和增长的对偶理论》（1973 年）得到美国普林士敦和纽约大学教授威廉·J. 包莫尔的高度赞扬，说他们在当代作者中是唯一能正确描述转形问题的人。①

米克提出一种算法：在Ⅰ、Ⅱ、Ⅲ部门中各设一组 c、v、s 数字，使 s/v 都相等，并且使第Ⅱ部门的资本有机构成等于社会平均。仍用文特尼兹的三个方程式，但加两个条件：利润率相等，总利润等于总剩余价值。

1957 年牛津大学的 F. 塞顿在《经济研究评论》第 65 期发表《转形问题》一文，打破了多年来三个部门模型的传统，而采用 n 个部门的列昂惕夫矩阵。我们知道，马克思自己的算法也不是分成三个部门，而是分为四五个部门。而且他的意思实际上是指 n 个部门。塞顿首先构造一个投入产出流量表，而把每个部门的工人用工资购买的消费品也作为该部门的投入。最终产品是供资本家消费或投资的。这个流量表用劳动时间即劳动价值计算。其次，按照各部门利润率相等的原则，写出 n 个按价格计算的方程。每个方程用该行业的总价值除，得到 n 个以投入系数计算的价格方程，这是一个 n 个未知价格的 n 个齐次方程组。齐次方程组要有非零解，必须其行列式等于零。从这个关系可以求出平均利润率。将利润率代入原来的方程组，可以求出各种商品的相对价格。要想求出绝对价格，还要加一个条件，也就是加一个方程。塞顿归纳可供选择的条件如下：

（1）波特凯维兹和斯威齐主张的，黄金价格为 1；

（2）文特尼兹主张的，总价值等于总价格；

① 《经济文献杂志》第 12 卷，1974 年，第 52 页。

（3）米克主张的，总剩余价值等于总利润。

塞顿把这些条件称为不变性条件，即在转形之后这些条件能保持不变。除以上三条外，还可以考虑其他不变性条件。但是塞顿指出，有了平均利润的条件，再加上任何一个不变性条件，就使系统完全确定。但是没有一个客观标准，认为哪个不变性条件最为优越。他认为，道布和米克多提了一个不变性条件，即总价值与用工资货物计算的总价格相等。问题不在于这个条件有无道理，而是平均利润的原则已经决定了相对价格，再加这个不变性条件成为多余。

米克然后探讨有无可能设计一种模型，同时满足各个不变性条件。他回到三个部门的传统方式，发现：

（1）如果工资货物部门的资本有机构成等于社会平均，则能保持产出对不变资本的比率不变。

（2）如果生产资料部门的资本有机构成等于社会平均，则能保持产出对不变资本的比率不变。

（3）如果奢侈品部门的资本有机构成等于社会平均，并且再加上简单再生产的条件，则能保持产出对剩余的比率不变，总价值等于总价格，总利润等于总剩余价值。同时黄金的价值和价格也是不变的，一切物价都用黄金表示。不过，奢侈品部门的资本有机构成有代表性，简单再生产，金本位三个假设同时并存，使模型严重脱离经济实际。

塞顿并且证明了马克思的一个重要论断：在资本有机构成高于平均的部门，价格将超过价值；在低于平均的部门，价格低于价值。

《资本论》第三卷中阐述了价值转形为价格的过程，也就是逐步具体化的过程。而从价格到价值是一个抽象过程，森岛通夫和塞顿称之为“逆转形问题”。他们两人共同撰写了《列昂惕夫矩阵中的加总和劳动价值论》[1] 一文，探讨逆转形问题。他们用列昂惕夫的方法写出一组以价值表示的方程，和另外一组以价格表示的方程。两组方程在形式上完全相同，只是价格方程用拉丁字母，价值方程用希腊字母。文章说："人们常说价格系统是唯一在统计上知道的系统。价值系统是形而上学的构思，不能作任何测量或客观定量。我们的第一个任务是证明，给定某些假设——它们在马克思价值论中都很有根据——不一定是这样的。"如果只知道价格系统，不能从价值系统求出各种产品的价值，因为价格系统只能提供产品分配系数，即一个产出的产品分配给各部门的百分率，而不知可变资本价值以及剩余价值。但是马克思提出一个公设：各部门的剥削率相等，这就使价值系统向求解性进了一步。价值系统共 n 个方程，求解 n 个可变资本，n 个剩余价值，n 个产品价值，共 3n 个未知变量。有了马克思的公设，可将剩余价值与可变资本 2n 个变量合并为 n 个可变资本和一个"剥削力"，所谓剥削力即（1 + 剥削率）。这时变量仍然太多。再假设各部门产品中由工人工资购买的比例是已知的，这就得到只有n + 1个未知变量（n 个部门的产品价值和剥削力）的方程组。求出其特征值，特征值的倒数即剥削力。代入原方程组后，求出各部门用价值计算的产出。

森岛通夫曾任大阪大学教授，以后到伦敦经济政治学院任教，曾当选国际经济计量学会会长，是当代著名的马克思经济理论研究者。从波特凯维兹开始，20 世纪中对马克思转形理论的探讨都认为《资本论》第三卷的算例将产出转形为价格，未将投入转形为价格是一个"明显的"漏洞。后人采用的都是联立

[1] 森岛道夫、塞顿：《列昂惕夫矩阵中的加总和劳动价值论》，载《经济计量学》第 29 卷，1961 年第 2 期。

方程形式，因为这种形式能有效地弥补这个漏洞。可是森岛通夫不承认有这个漏洞，确实是惊人之笔。森岛通夫并不是标新立异，而是细心钻研马克思的原著，表现了他的真正意向。马克思说："我们原先假定，一个商品的成本价格，等于该商品生产时所消费的各种商品的价值。但一个商品的生产价格，对它的买者来说，就是成本价格，并且可以作为成本价格加入另一个商品的价格形成。因为生产价格可以偏离商品的价值，所以，一个商品的包含另一个商品的这个生产价格在内的成本价格，可以高于或低于它的总价值中由加到它里面的生产资料的价值构成的部分。必须记住成本价格这个修改了的意义，因此，必须记住，如果在一个特殊生产部门把商品的成本价格看作和生产该商品时所消费的生产资料的价值相等，那就总可能有误差。对我们现在的研究来说，这一点没有进一步考察的必要。"①

森岛通夫和乔治·卡提福尔斯写下了他们对这一段话的体会："在这一段中马克思澄清了下面几点：(1) 用他的公式得到的物价 $P_i$ 与价值 $\lambda_i$ 不同；(2) 按照以价值 $\Lambda=(\lambda_i\cdots\cdots\lambda_n)$ 为基础的 $\Lambda(A+DL)$计算的，原先的生产成本 $C+V$，必须按照 $C^p+V^p=P(A+DL)$ 重新计算，因为 $\Lambda$ 已转形为 P；(3) 将同样的算法应用于 $C^p+V^p$，我必须把物价 Pi 改正为$P'_i=(1+\pi)(C^pi+V^pi)$；(4) 由于 $P\neq P'$，必须在新物价的基础上进一步计算成本价格。这个改正和重新计算继续下去以迄我们最后得到精确的物价，不需要再改正为止。马克思的价格仅仅是真实生产价格的第一步近似值，并且他不考虑对这些价格进一步考察。"② 在上面这段话中，A 是生产投

① 《资本论》第 3 卷，《马克思恩格斯全集》第 25 卷，人民出版社 1974 年版，第 184—185 页。

② 森岛通夫和乔治·卡提福尔斯：《价值，剥削和增长》，1978 年版，第 161 页。

入系数矩阵，D 是每人时的生存消费向量，L 是劳动投入系数向量，A + DL 通常称为增广投入系数矩阵。

马克思知道《资本沦》第三卷中的算例只是计算的第一步，还需要继续算下去，一步比一步逼近真正的生产价格，可是他没有算下去。如果算下去，将是连篇累牍的算例，读者未必感兴趣。而且方法的精神实质已在前引文字中作了交代，也不需要继续在假设的数例上作烦琐的计算。还有一个原因，马克思所处的时代不同，不像现代经济学家有这么多强有力的数学工具可用。

1973 年 12 月 28 日国际经济计量学会在纽约召开年会，森岛通夫在会上作华尔拉斯纪念讲演，题为《从现代经济理论看马克思》。他说："我们将在本文中看到，马克思事实上在所谓基本马克思定理中碰到了非负矩阵的弗罗本纽斯—佩隆定理（或者更精确地说，我们现在称为郝金斯—西蒙条件），并在他的转形问题中碰到了马尔科夫链的问题。马克思常常受到批评，为了他未能正确地解决这些问题。然而，我相信我们完全不应为此埋怨他；相反，他在数学家们之前发现这些问题而且得到他自己的答案，正是他的伟大功绩。应用后来发现的适当的数学定理作一些修订后能够证明这些答案是真理。"

数学家马尔科夫生于 1856 年，他所研究的马尔科夫过程被森岛通夫用来表达马克思的转形理论。世界上有很多事情属于马尔科夫过程。举一个简单的事例：设某城市以外的人每年有十分之一迁入该城市，该城市内的人每年有十分之二迁出该城市。已知第一年初城市内外的人口数（初始状态），可以用一个矩阵算出第一年末的人口数。再用这个矩阵计算第二年末的人口数，一直算下去。这个例子具备马尔科夫过程的两个基本性质：总人数保持不变，市内市外的人数永远不会成为负数。因此，矩阵每一列之和为 1；矩阵没有负元素。矩阵多次使用，也就是矩阵多次自乘。矩阵的任何次幂都是非负的。不断连乘下去，逐渐逼近一个极限状态：总人口的三分之二在市外，三分之一在市内。而且不论初始人口如何分布，最后总是达到这样一个极限分布。马尔科夫矩阵有一个等于1的特征值，极限状态是与这个特征值适应的特征向量。

现在我们打破本文以上不用数学公式的惯例，才能比较清楚地表述森岛通夫认为最能代表马克思思想的算法。设M为增广投入系数矩阵。为什么有增广二字？因为工人维持生存所需的消费品也算做生产的物质投入。为了生产出任何商品向量 $Y_0$，所需要的物质投入向量为 $MY_0$。$Y_0$——$MY_0$ 是剩余产品向量。设 $\Lambda=(\lambda_i\cdots\cdots\lambda_n)$为价值向量，

则 $\Lambda Y_0-\Lambda MY_0$

为剩余价值总量。不变资本和可变资本总量为 $\Lambda MY_0$，所以平均剩余价值率为：

$(\Lambda Y_0-\Lambda MY_0)/\Lambda MY_0$

有些部门的剩余产品率可能高于平均，有些部门可能低于平均。所谓剩余产品率是这样的一个概念，例如纺织部门的产品被作为各部门的生产资料（如服装业作为原料，纺织部门自己进一步加工，纺织机上的毛呢等）以及各部门工人消费品，后者在森岛通夫的模型中也算生产用了。纺织品总产量减去生产用量后，剩余产品可供资本家消费或投资。剩余产品对用于生产的产品数量的比率，称为剩余产品率。各部门的剩余产品率显然与各部门的相对规模有关。例如服装业规模缩小些或纺织业规模扩大些，有助于提高纺织业的剩余产品率。为了消除各部门剩余产品率之间的差别，必须调整各部门产出向量。剩余产品率太高的部门降低产量，剩余产品率太低的部门提高产量。调整公式是：

$$Y_1 = \frac{\Lambda Y_0}{\Lambda MY_0} MY_0$$

其中 $\Lambda Y_0$ 是产品总价值，$\Lambda MY_0$ 是资本总价值。两者之比等于（1+平均剩余价值率）。$MY_0$ 是必要产出向量。必要产品都按（1+平均剩余价值率）扩大，得出新的产量向量 $Y_1$。如果 $Y_1$ 仍然不按相同的剩余价值率，则须用同样的公式计算 $Y_2$，依此类推，一直算到产量向量能按相同的剩余价值率为止。故一般计算公式为：

$$Y_{t+1} = \frac{\Lambda Y_t}{\Lambda MY_t} - MY_t，t=0，1，2，\cdots\cdots$$

读者或者要问，既然 $Y_0$ 已按统一剩余价值率调整为 $Y_1$，为什么 $Y_1$ 还会产生剩余率不相等的情况呢？我们不妨仍举纺织品为例。设 $Y_0$ 中纺织品为 100000 米，$MY_0$ 是生产 $Y_0$ 需要的物质投入向量，其中需要纺织品 90000 米，则纺织品的剩余率为1/9。而平均剩余价值率为 1/5。显然，纺织品的剩余率太小。90000 米乘以（1+平均剩余率），即乘以 1.2，算出 $Y_n$ 中纺织品产量为 108000 米。但是 108000 米中究竟有多少剩余，还要看 $MY_1$ 算出来的结果。而新的平均剩余价值率要看（$\Lambda Y_1 - \Lambda MY_1$）/ $\Lambda MY_1$ 计算的结果。

$\{Y_t\}$ 是一个无穷序列，从任意向量 $Y_0$ 开始，收敛到 M 矩阵的特征向量 $\overline{Y}$。$\overline{Y}$ 与 M 矩阵的最大特征值 $\overline{P}$ 适应。（1+平均剩余价值率）收敛于 $\overline{P}$ 的倒数，即：

$$\lim_{t-\infty} \frac{\Lambda Y_t}{\Lambda MY_t} = \frac{1}{\overline{P}}$$

特征向量 $\overline{Y}$ 中有些分量有正值，这些是基本部门。有些部门的分量为零，则为非基本部门。从波特凯维兹到森岛通夫，所有的研究者都同意奢侈品在系统中不起决定作用。

$(1/\overline{P})-1$ 是平均剩余价值率，用$\overline{\pi}$来表示。森岛通夫认为以下的迭代过程：

$P_t+1=(1+\overline{\pi})P_tM$

是马克思用以将价值转形为价格的公式。

矩阵 $M^*=(1+\overline{\pi})M$ 是已知的，因为 M 是已知的，$\overline{\pi}$已经算出来。$M^*$是一个马尔科夫矩阵，其最大特征值为 1。$\{P_t\}$ 是一个无穷序列，从一个任意的向量$\overline{\pi}$开始，收敛为 $M^*$ 的与特征值 1 适应的特征向量 $\overline{P}$。即：

$\overline{P}=\overline{P}M^*=(1+\overline{\pi})\overline{P}M$

并且　$\overline{P}=\mathrm{Lim}_t\to\infty P_t$。即生产价格向量，$\overline{\pi}$即平均利润率。

森岛通夫并且证明，这个算法能同时满足马克思的两个要求：总剩余价值等于总利润；总价值等于总价格。

20 世纪的马克思转形理论的研究者们是有积极成果的。反对马克思理论的观点，如价值与价格无关论、价值与价格矛盾论、价值是形而上学论、只要价格不要价值论，都因研究者们证明了价值与价格有内在联系，从价值能算出价格，从价格能算出价值，而受到挫折。这些研究者们，有些是马克思主义者，有些人，如波特凯维兹，甚至还不是马克思主义者。后者为什么也能取得一些积极成果？恩格斯于 1890 年 10 月 27 日致康·施米特的信中，以及奥斯卡·兰格在《政治经济学》第一卷最后一章中，都谈到社会科学专门职业化之后，可能产生独立的见解，科学研究本身的辩证过程更加重要。这些看法可供参考。

不过，20 世纪的研究有一点不足之处。转形过程也是一个历史过程。从历史资料中以及从今日世界上处于不同发展阶段的国家中，调查研究价值转形的历史过程做得很不够。由于交通运输日益发展，处于原始状态的地区正在消失殆尽的过程中。不久的将来，这种研究会更加困难，甚至不可能。

# 中国经济模式的方法*

历史唯物主义者从来不把社会经济系统看成是一成不变的东西，而认为其有发生、发展、变革的过程。社会主义社会可以分析、设计、不断改进其社会经济系统，从必然王国走向自由王国。我国著名经济学家于光远认为有计划地改革经济管理体制，本身就是社会主义计划经济的体现。① 这是一种大计划思想。国外经济学家如美国的赫尔维茨（Hurwicz），匈牙利的柯乃（Kornai），苏联的费多连柯（Fedorenko），亦有类似见解。从事这方面研究的方法论之一是经济系统论。本文试用这种方法阐述我国的经济模式。由于我国的经济体制正在改革，尚未完全定型，故讨论只能是试探性的。

## 一　经济系统的自组织功能

最简单的经济系统可以作为自耕农、家庭手工业者、个体商

---

* 原载于《数量经济技术经济研究》1985 年第 8 期。

① 参见《世界经济导报》1984 年 7 月 30 日。

贩的集合。他们之间只有横向经济关系，这种经济的有序性很低，但也不是完全无序。所有的人服从市场价格机制。全经济有趋向均衡物价体系，达到最优状态的可能。“全世界经济数学科学的最重要成就是严格地证明了，在相当宽广的假设下，这样一个物价（即均衡物价）体系是存在的，并且在市场关系的基础上建立一个分散最优控制体系是可能的”①。这里所讲的“最优”是指帕勒托（Pareto）最优标准，它对收入分配合理的社会主义经济，颇有参考价值。

经济中出现一些商人，向家庭手工业者提供原料，又向他们收购产品，提高了经济中的有序性。以后进一步发展为工场手工业、现代工厂、大公司。这些发展说明经济有自组织功能，它使分散的人力、物力、财力组织起来，形成更高的生产力，或改进原来的组织，使之具有更高的效率。这种自组织功能，也就是创业。近几年我国提倡创业，诞生了许多集体企业、乡镇企业，许多老企业实行跨行业、跨地区的联营。创业即成立新的组织，于是经济中不仅有横向关系，而且有纵向关系、上下级关系、递阶（多层次）关系。不但有市场价格机制，而且有组织内部的计划控制机制。在一定的条件下，组织比分散有更多好处：减少不确定性，降低交易费用，便于传递信息，获得大规模生产的利益等等。在另外一些条件下，组织起来未必能得到较高的经济效益。全世界还有大量的家庭农场、小企业、个体户，原因在此。在新的历史条件下，还可能有本来已工厂化的生产过程，又局部地回到家庭中去，国内外不乏这样的实例。应否组织起来联营，唯一的判断标准是能否提高经济效益。

---

① B. A. 伏尔康斯基：《最优计划模型和经济指标的相互关系》，莫斯科，1967年版，第10页。

企业规模愈大，管理困难愈多。如何保证局部利益服从整体利益，个人服从组织的目标？规模愈大则最高决策人距离现场愈远，信息传输不易，如何根据反馈信息，及时而就近地作出决策，以适应环境和内部的变化？这些都是管理者需考虑的问题。通常采取的措施有集中决策与分散决策相结合，实行民主管理，规定奖励制度等等。在企业内部常常采用一些准市场价格机制作为计划控制的补充。例如企业内部的各部分之间签订合同，按内部价格结算货款，或与企业当局签订承包合同等。

过去我国的企业分别属于中央各部和各级地方政府，很难实行联营。现在提倡政企分离，政府有所有权，企业有经营权。企业是相对独立的生产经营实体，是社会的成员，不是政府的分支机构。马克思在《法兰西内战》中，列宁在《苏维埃政权的当前任务》中，曾极其概括地阐述社会主义经济体制。大致上一个国家由很多公社组成，大公社如一个城市，小公社如一个企业、一个村庄，它们都是自由人的联合体，也允许有人不参加公社。马克思主张政府只管少数必要的事。由于政府管的事少，社会职能的比重很大。近几年我国社会职能在恢复和扩大，与马克思的理想更加接近了。当然，现代的条件与马克思所处的时代大不相同，很多事情需要政府集中管理。政府职能与社会职能的比重，根据不同时期和不同国家的具体情况，应当有适当的划分。

资本主义企业是资本的集合，经济的自组织功能表现为资本的合并、转让、分解，决策权与股份成正比，一股一票。社会主义企业是自由人的联合体，经济的自组织功能表现为人的联合、流动，决策权一人一票。社会主义企业对投资者支付报酬，但不按投资多少分享决策权。社会主义企业自觉地把社会利益放在第一位，在企业决策机关中应有政府或人民代表大会派遣的代表。

## 二　计划经济的优越性首先在于能够自觉地改善经济机制

市场价格机制是一种负反馈自动调节机制，一旦出现扰动，能自动产生一种力量来补偿这类扰动，恢复经济平衡。但在资本主义经济中存在许多制度性的痼疾，使得市场价格机制不能很好地起到它应有的作用。而且市场价格机制不过是一种工具，任何工具都有其局限性，它不能解决许多超出它的作用范围的问题。我国的经济机制虽然有不完善的地方，但是我们能够自觉地改进它，这是社会主义制度的优越性的体现。

我国过去长期实行政府规定具体物价的制度，今后企业有权在国家允许的范围内确定本企业产品的价格。政府一方面将定价权交给企业，另一方面加强对宏观经济平衡的控制，以稳定物价总水平。财政上加强预算管理，在预算规定的预备费之外不能再有超支，超支须经有关级别的人民代表大会或常委会讨论通过。明确规定中央银行有控制社会资金、稳定物价总水平的权力和责任。普通银行须将一部分存款准备金存入中央银行，中央银行有权随时改变这种集中准备金占存款的百分率和中央银行向普通银行贷款的利息率，中央银行还可通过买卖有价证券来影响市场利息率。我国的金融和金融市场将逐步完善，企业将逐步改变依赖财政投资的习惯，在金融业的帮助下筹措资金。利息率将成为平衡长短期资金供求的杠杆，也是稳定物价总水平的重要手段。普通银行将实行真正的经济核算制，自负盈亏，根据偿还能力来发放贷款。

发展保险事业，降低风险对经济活动的不利影响。

农民参考当前的农产品市价来制定生产计划。但是由于农产品生产周期长，彼此又缺乏协同，将来实现的价格，很可能与期望出入甚大。所以，农产品不能完全依靠市场价格机制来实现平衡。我国粮食公司将在丰收谷贱的时候收购粮食，促使价格上升，保障粮农利益；又在歉收谷贵的时候出售粮食，促使价格下降，保障消费者的利益。其他重要农产品也将如此办理。

我国城市住宅房租很低，不敷成本，房产业不能维持简单再生产。今后将房产业放到经济核算、自负盈亏的地位上，使房产业成为兴旺发达、自己有扩大经营能力的行业。为此，将提高房租标准。职工所在单位将发给职工本人住房津贴，社会救济机关亦将提高救济金额。所以，调整房租并不影响人民生活。

社会公有财产如公共草场、荒山、海滩、河流、海洋渔场，人人可以利用，但没有人管理和维护。我国许多山林，自古以来就是砍伐者多，植树者少。现在把这些荒山分给农民个人或集体负责管理，谁经营谁得利，这就设置了一种自动控制机制，使生态平衡得到恢复。

资本主义的垄断企业常常破坏市场价格机制。它们故意压缩生产，抬高价格，牟取暴利。我国为了防止可能出现的垄断弊端，采取保护竞争的政策。不但保护现有企业的竞争，而且允许新企业、不同地区、不同行业的企业加入竞争。对于那些在技术上适合独家经营的行业，如自来水、邮政、城市供电，则由政府对企业的价格和经营政策实行监督。

我国的土地、矿藏等自然资源属于社会公有。资源的质量和地理位置不同，影响企业成本，宜向企业征收差别资源税或租金。

企业的经济活动造成很多公害，如大气污染、水质污染、土壤污染、噪音、振动、地面下沉、恶臭、破坏植被、破坏景观、滥杀野生动物等等。需要设置经济机制，引导人们为减少公害努力。例如制定三废排放标准，超标准排放课以罚金。罚金收入环境保护基金，用于补助减少公害的工作。若有了罚金制度，公害仍不见减少，说明罚金太少，需要提高。

为了创造推动科技发明的机制，我国建立了专利制度。

上述许多补充机制，保证市场价格机制的正常运行。将定价权交还企业，需要一个渐进的过程。竞争性强的、不重要的商品的定价权可以先下放。分几年时间，将全部商品的定价权基本下放完毕。政府物价工作的重点放在控制总物价水平上，并对重大企业和重大商品的定价工作，实行监督。

## 三　社会主义财政

家庭消费和企业的营利性经济活动可以利用经过改造和补充的上述市场价格机制。但是还有一些经济、社会、文化、教育、科研、政法等活动不能营利，而且很重要。

第一种情况是公共财产，例如路灯、城市绿地很难向个人收费。国防、公安也属此类。

第二种情况是为了建设精神文明，不能只靠受益人出钱。我国要普及初等、中等教育，发展高等教育，只向学生家长收费是不够的。

第三种情况是基础科学研究，其效益扩散到全社会乃至后世，但找不到直接受益人。

第四种情况是社会为照顾老弱病残兴办的事业。

我国目前限于生产力发展水平，对许多社会公益事业只能量力而行。从长远看，我国是社会主义国家，能把社会公益事业办得更好。

社会公益事业的财源包括受益人交纳费用、社会捐赠和财政拨款。社会主义财政预算是社会公益事业的最大财源，财政预算是计划经济的重要部分。西方国家的政府支出约占国内生产总值的40%，我国约在30%左右。并且我国财政有三项额外支出：

第一，营利性企业本应自筹资金，我国过去多靠财政拨款。对不还本付息的资金的需求必然是无穷的。造成基本建设战线太长，经济效益低的项目纷纷上马与效益高的项目争投资、争材料，施工期长，投产率低。今后我国营利性企业将逐步实行自筹资金。

第二，我国对房租及一些商品售价实行财政补贴。现以房租为例讨论其利弊得失。住房的需求弹性很大，房租降低则住房需求大增，无法采用价格机制平衡供求，只得用行政手段来分配，造成许多矛盾。财政收入来自全国人民，而只对城市租到公房的人补贴，住房愈多享受补贴愈多，造成实际收入不平等。群众收入增加后，不能改善住房条件，只得将购买力转移到食品和耐用消费品上。这种消费结构，并非出自群众的自由选择，因此资源不能得到最优分配。

第三，我国对亏本企业实行财政补贴。亏本的实质是投入大于产出。焉能长期加重人民负担?! 不如关停并转，将生产资源解放出来，作更有效的利用。

以上三项额外开支逐渐减少后，财政才能充分支持各项社会公益事业，以发挥社会主义制度的优越性。各级政府均需要充分的财源，简述如下。

（1）投资收入。谁投资，谁收入。

（2）个人所得税和企业所得税，包括农牧业税在内。纳税是公民的光荣义务，也是民主制度的一项原则。目前起征点每月收入800元，似应适当降低，并改为按年收入征税。由于个人或企业均享受所在地方的公共设施，所得税似应分一部分给地方政府。

（3）土地税，农村作为乡镇财政收入，城市作为城市财政收入。随着城市发展，逐步调高标准地价，增加土地税收入。并应按照不同地段，有所差别。

（4）矿产税，按照矿产管理权限，分别属于中央或地方财政收入，并按矿产种类、品位、地理条件有所差别。

5. 污染环境税，属于地方财政收入。

6. 地热和地下水开发税，属于地方财政收入。

7. 营业税，中央和地方财政分成。

8. 汽油税，实质上是道路使用税，由中央和地方财政分成。

9. 关税、盐税，属于中央财政收入。

10. 印花税，属于中央财政收入。

11. 屠宰税、车船使用牌照税、集市交易税、牲畜交易税，均属于地方税。

12. 遗产税，中央与地方财政分成。

13. 吨税，中央和港口城市财政分成。

我国财政状况特别是地方财政状况好转之后，环境质量和基础设施将有显著改善，为建设物质文明和精神文明创造了有利的条件。

## 四　激励问题

机械、电器、电子系统的零部件按照工程师的设计动作。社会经济系统涉及人和人的组织，如何保证企业职工的行为符合企业的目标，企业的行为符合全社会的目标，需要有一定的激励。

我国要建设高度的精神文明和物质文明，有许多具体目标，可以写成一个目标向量。企业的目标也能写成一个向量，利润最大化只是其中的一项。社会主义企业重视产品质量，重视自己的名声。心怀祖国，放眼世界，在精神文明和物质文明的建设中争取起骨干作用。激励也是多方面的，包括精神激励和物质激励。党的十一届三中全会以来，党和政府的正确路线、方针、政策，对广大企业和人民起了莫大的教育和激励作用。我们到什么时候都不能低估精神激励的威力。以下讨论物质激励问题。

利润是产出减投入的剩余，如果一切产品和资源都按供求均衡价格计算，则利润最大化显然是符合社会利益的。政府按一定比例或一定数额征收企业所得税，都不影响企业按照利润最大化的原则作出最优决策。因为一个决策方案如果能产生最大的税后利润，它也能产生最大的税前利润。如果全部折旧基金归企业自己支配，又有不太少的税后利润留在企业，可以构成足够的经济激励。

利润最大化是企业的目标，但不必然是企业经理的目标。只有将经理的报酬与利润紧密挂钩，才能保证经理为实现企业目标而奋斗。不过，我们要区别企业的年度目标和长远目标。长远目标是今后若干年利润的贴现和最大化。为了实现年度目标，可能牺牲长远利益。例如技术改造或生产新产品有时会减少当年收入，为了多留利润，多发奖金，管理者难免对革新不积极。所以，经理的奖金不能简单地与当年利润挂钩，而应与企业的长期成绩挂钩。例如经理的奖金与任职五年期间企业自有资金利润率的平均增长率挂钩。若每年的资金利润率平均比上一年增加15%以上，奖给经理一年工资。平均每年增长12%以上，奖给经理九个月工资等等。

企业的工资总额属于指令性计划指标，工资与奖金之和不得超过此数。但对于企业职工总数、平均工资以及哪些职工可以提升工资、提升多少，似可授权企业自理，不必加以干涉。工资总额的增长率似可与五年内企业净产值的平均增长率挂钩。按照生产长一寸，福利长一分的精神，工资总额的增长率应低于净产值的平均增长率。

## 五 广义计划论

过去我国对年度计划特别重视，因为投资和原材料分配将在年度计划中确定。其实年度计划并不是唯一的计划，甚至不是最重要的计划。年度计划受初始条件制约，如年初生产能力的约束很严，计划又只有一年，可供决策者选择的方案范围很小。年度计划的最优方案从长远看未必是最优的，而年度计划执行的结果又变成严格约束下一年度的初始条件。很多经济活动跨越若干年度，需要对准时间轴扫描和规划其来龙去脉。国家和各级地方都需要有一些专项计划，把打算办的一件件大事，从头到尾，原原本本加以叙述。包括调查、论证、方案选择，一个方案分为若干子方案，它们之间的逻辑顺序，关键路线，并且落实到每个子方案由谁承担。专项计划不一定规定死期限，而视每年的人力、物力、财力，逐步完成。专项计划经有关人民代表大会或政府批准后，一定要完成，这是指令性计划；就每个年度而言，它是指导性计划，要量力而行。

我国将逐步建设全国管理信息系统网络，使经济数据畅通无阻，并用科学方法处理，产生可供各级领导决策的信息，大大减少经济中的风险与不确定性，使社会经济沿着最优轨道运行。以下设想是全国管理信息系统网络的一项重要工作，是编制经济社会长远规划的过程。

建设有高度文明、高度民主的社会主义国家是我国的理想。党和政府对某一历史阶段规定任务，如 20 世纪末达到小康水平，21 世纪中赶上发达国家是我国的目标。我们把总目标分解为经济、社会、文化、教育、科学研究、环境质量等方面的子目标，形成一个目标树。在 10 年或 15 年、20 年的长远规划以及长远规划的第一年指标的核算中，谨守经济原则，即最大限度地满足人民需要，或从资源的角度说达到最优分配。长远计划及其第一年指标是滚动的，不断根据新的情况，递推向前。

在作经济规划的核算时，国民收入最大化是一个很好的目标函数，但不够全面。例如文化教育事业的劳动收入未计划在国民收入之内（而我国重视精神文明的建设，但其成果未体现在目标函数之中）。建议增加一个核算标准——居民收入最大化。各行各业如何综合平衡，协调发展，体现在全国规划之中。每个省市根据扬长避短的原则，争取居民收入最大化，不必自成百业俱全、自给自足的封闭体系。

各级政府编制的专项规划是编制长远规划的重要依据。这些专项规划有属于一个行业的，有属于一个省市的，也有跨行业、跨地区的。江苏省和上海市可能合编一个苏州河治理规划，教育部和广播电视部可能合编一个普及教育规划。

全国及省市的居民收入预测、人口及劳动力预测、资源预测、消费预测、技术发展预测也是编制长远规划的依据。有关部门还须对进出口贸易作出预测。

经济长远规划的核算工作应包括一切重要产品和服务。但是颁布的指令性指标不多，只有重大建设项目的投资和主要产品的生产量等。在核算过程中，每个数字均按地区和行业两方面分解，其总和应当相等。规划是多层次的，下面只介绍全国规划与行业规划之间的关系。

国家计委将预测的各种消费品数量以及中间产品的需求量、投资分配量、中间产品分配量通知各个行业。规划核算过程是个对话过程，这是对话的开始。

每个行业根据计委给定的各项约束，加上本行业特有的技术和平衡约束，以及对本行业产品进出口的预测，编制行业最优规划。优化标准例如使全行业利润最大化。行业最优规则包括以下信息：

（1）未来10年中每年的产品生产量，进出口量，需要的投资量，中间产品量，就业量。

（2）产品的供给价格，中间产品的需求价格，投资的需求利息率。

（3）利润总额，税金总额，工资总额。

计委收到这些信息后，进行产品和资金的平衡核算。每一种产品的供给价格与需求价格有差异，各行业对同一种产品的需求价格也有差异。各行业对投资的需求利息率不同。中央银行事先向计委提供一个社会投资供给量决定于收入和利息率的函数。利息率愈高则投资供给量愈大。将中间产品从需求价格低的行业调拨一部分到价高的行业，以及将投资从需求利息率低的行业调拨一部分到利息率高的行业是有利的。经调整后，计委下达修改的约束条件，各行业再编一次规则。迭代数次，得到的规划草案中各行业的中间产品需求价格趋于一致，并与供给价格趋于一致；资金的效率在各行业趋于一致，全社会的资金效率与资金供给利息率趋于一致；资金需求量与供给量趋于一致，劳动力的需求与供给趋于一致。这时，经济规划达到最优状态。

在规划核算过程中，财政部将对财政收支多次预测。教育部亦将多次修改规划方案。

与此同时，各省市也在编制规划。有些服务于当地的行业，如旅馆、饮食、中小学等，不存在全国平衡问题。可以运往外地的产品有全国平衡问题，中央主管部与省市的方案有一致的地方，也可能有不一致的地方，通过协商可从不一致变为一致。例如，省市可能认为某项生产或建设安排太少，这就需要省市考虑有无可能提高某项生产或建设在该地的效益，例如降低土地税及企业所得税中地方分成率。另外一种可能是认为某项生产或建设安排太多，中央主管部需要考虑可否提高有关税收中地方分成率，以提高其积极性。

1984年10月20日《中共中央关于经济体制改革的决定》正确地指出："改革计划体制，首先要突破把计划经济同商品经济对立起来的传统观念，明确认识社会主义计划必须自觉依据和运用价值规律，是在公有制基础上的有计划的商品经济。"本文说明现代系统工程和最优计划的理论和方法，确能做到在编制计划过程中运用价值规律，实现宏观和微观经济的长期均衡，使资源得到最优分配，以其远见性指导市场价格机制。

# 控制论与社会经济现象*

## 一 什么是控制论

控制论（Cybernetics）一词来自希腊文，是舵手的意思。控制器（Governor）与它有语源学的关系。控制论一词首先用于自控机械和装置，故被人称为控制的科学。控制论的定义之一是"研究由互相作用的元素组成的系统的抽象科学"。它的奠基人是诺伯特·维纳（Norbert Wiener），他在 1948 年出版了一本书：《动物和机器中的控制和通信》。

控制论与系统论是何关系？有人这样说："人们可以认为普通系统论的范围广一些，因为它也包括一些非控制和非通信的问题，不过必须承认，分界线即使存在，也是很模糊的。与其争论精确的定义，我们将认为普通系统论和控制论是雷同的，虽则我们对普通系统或系统论科学这个名称稍许更喜欢一些。"① 还有人说："控制论本身是普通系统论的核心。"② 这两种说法其实差不多。

---

* 原载于《数量经济技术经济研究》1985 年第 11 期。

① A. F. G. Hanken , *Cybernertics and Society*, Abacus Press , 1981 , p. 1.

② Arvid Aulin , *The Cybernertic Laws of Sosial Progress*, Pergamon Press. 1982 , p. 1.

控制论与真实机器如电子机器、机械，神经机器，经济机制的关系好像几何学与地球上真实物体的关系。几何学不管一个物体的材质，只研究它的形态。许多机械学的书讨论具体的机械如杠杆和齿轮。控制论也是一种机械学，但是它不讨论具体的物体，而讨论行为方式。

许多真实系统中存在通信与控制问题，所以有许多专业控制论，如工程控制论、管理控制论、医学控制论、生物控制论、神经控制论、经济控制论、社会控制论等。而普通控制论则是从各个领域抽象出来的有关通信与控制的共同原理。

社会经济系统是很大很复杂的系统。社会控制论和经济控制论又很年轻，所以，这方面的讨论往往是试探性的，不能看成都是真理。我们举几个例子，借以说明控制论思想和方法。

## 二 社会系统

一个社会系统可以定义为一些靠某一网络互相作用的人。可用图 1 表示。D，PS，CS，E 是社会系统的四个子系统，连接它们的变量见表 1。

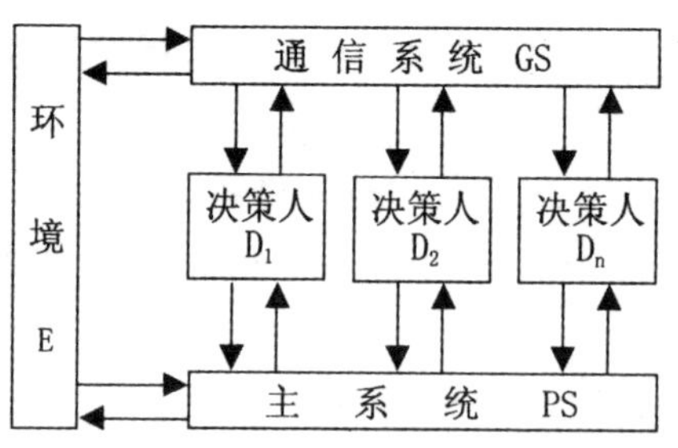


图 1

表 1

| | | 到 | | | |
|---|---|---|---|---|---|
| | | D | PS | CS | E |
| 从 | D | D 的状态 | PS 的控制 | 给 CS 的响应 | —— |
| | PS | 从 PS 来的信息 | PS 的状态 | —— | PS 的输出 |
| | CS | 从 CS 来的信息 | —— | CS 的状态 | CS 的输出 |
| | E | —— | PS 的输入 | CS 的输入 | —— |

决策人 D 除控制主系统 PS 外，也常向通信系统 CS 输出信息，人们输出的信息不完全都是真实的。他可以夸大成就，掩盖错误，或用“过滤”的方法，故意强调某些方面而忽略其他方面。

系统越大则内部信息流的比重愈大，但对外信息交流还是必要的，以免形成一个信息封闭社会。通信系统的状态变量是信息存量。储存的信息有两类，知识性的和规范性的。我们从信息存量中取出有用的信息，加以利用，发生信息流量。

在一个系统中的人若经常相互作用，会形成为大多数人接受的行为规则，称为外部规范。若对遵守规范的人有奖，违反规范的人有罚，则规范将得到加强。另外一类规范是从统计观点判断，频繁发生的行为，称为内部规范。外部规范和内部规范不是一成不变的。

一个社会系统的状态如果不变，则是一个均衡系统。所谓状态不变是指主系统的技术状态、人们的态度和外部规范都不变。这是一种停滞的社会系统。现在我国采取开放政策是完全必要的。不仅一个国家如此，一个地区、一个企业和一个研究所也要实行开放，以免陷入停滞的泥坑。

## 三 递阶系统

在图 1 中所有决策人处于平等地位。有时决策人之间形成领导与从属关系，称为递阶系统。图 2 表示一个两级递阶系统，但基层子系统之间没有相互作用。协调人通过决策人 $D_1$ 和 $D_2$ 分别控制子系统 $S_1$ 和 $S_2$。整个组织有一个目标，$D_1$ 和 $D_2$ 各有一个子目标，子目标是从组织目标推导出来的。决策人 $D_1$ 利用控制变量 $U_1$ 控制 $S_1$。$U_1$ 有若干可供选择的值，供 $D_1$ 选择。每个控制变量 $u_1$ 对应一个结果，反映在信息变量 $Z_1$ 上，目标是各种可能结果的偏好排序。

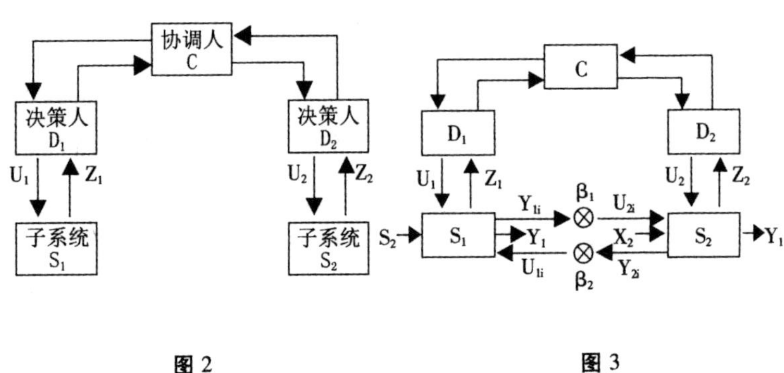


图 2 图 3

实际上，基层子系统之间是有相互作用的，如图 3 所示。

设 $D_1$ 是生产部 $S_1$ 的经理，$D_2$ 是销售部 $S_2$ 的经理。全组织的目标是：

$$Z = p_1Y_1 + p_2Y_2 - q_1X_1 - q_2X_2$$

其中，$p_1$ 为售给顾客的产品价格；$Y_1$ 为售给顾客的产品数量；$p_2$ 为销售部出售产品的价格；$Y_2$ 为销售部出售产品的数量；$q_1$

为原料价格；$X_1$ 为原料数量；$q_2$ 为销售部使用的资源的价格；$X_2$ 为资源数量。

今将 $S_1$ 和 $S_2$ 之间的联系暂时切断，如图 3 圆圈所示。这样使 $S_1$ 和 $S_2$ 成为自主子系统。假设 $D_1$ 不仅可以调节 $u_1$，而且也能把内部投入 $u_{1i}$作为控制变量来调节。假设 $u_{1i}$表示销售部给生产部的订单数目。协调人 C 对 $u_{1i}$指定一个影子价格 $\beta_2$。$D_2$ 控制的结果得到产品 $y_1$，按价格 $p_1$ 售给顾客。还有产品 $y_{1i}$，按照影子价格 $\beta_1$ 交给销售部。$\beta_1$ 也是 C 规定的。$D_1$ 的子目标是使利润 $Z_1$ 最大化：

$$Z_1 = p_1 Y_1 + \beta_1 Y_{1i} - q_1 X_1 - \beta_2 u_{1i}$$

同理，$D_2$ 的子目标为 $Z_2$ 最大化：

$$Z_2 = p_2 Y_2 + \beta_2 Y_2 - q_2 X_2 - \beta_1 u_{2i}$$

问题是 $Y_{1i}$与 $u_{2i}$不一定相等，$Y_{2i}$与 $u_{1i}$不一定相等。这是任意选择影子价格造成的不平衡。若供不应求，可提高影子价格，反之则降低影子价格。通过几次迭代，可以达到

$$Y_{1i} = u_{2i} \text{和} Y_{2i} = u_{1i}$$

现在我们有：$Z = Z_1 + Z_2$

换言之，每个子系统优化，全组织也就优化了。这是递阶系统分解和协调的一种方法，是集中决策与分散决策相结合的一种方法，也是在计划过程中运用价值规律的一种方法。在这种方法中，协调人的决策变量是影子价格。

## 四　社会主义经济的计划控制

宇宙飞船的控制是多种方式的，地面可以控制，驾驶员可以控制，航船上的自控设备也可以控制。动物机体的控制也是多种方式的，大脑神经中枢控制，还有自主神经系统的控制。

社会主义经济也有多种控制方式。例如人们的经济行为常受库存影响。商品库存降低，会去进货；反之，库存太多则不会去进货。说明库存信号对人有控制作用，而且是很重要的控制作用。此外，价格机制对经济生活的控制作用也是众所周知的。马克思提倡计划控制，现在不但为社会主义国家所接受，许多资本主义国家也在编计划。

上述递阶系统的计划控制是美国兰德公司首先发现的，在一些大企业中有所应用。社会主义经济是更大的递阶系统，也可以用这类方法编制最优计划。事实上，匈牙利用这类方法编制长远计划已有 20 多年历史；苏联各子系统编制最优计划也已多年，只是尚未协调起来，目前正在试验。

中国社会科学院数量经济与技术经济研究所与有关部门、院校协作，已经用系统分析方法编制了五个产业的最优长远规划。虽然经验不足，数据不全，仍然可以说对有关部门的发展决策有一定的参考价值。编制最优规划的事业有可能逐步推广到其他许多产业。若所有产业都从这项工作中积累了数据，培养了人才，获得了经验，则编制全经济的多级最优计划有现实的可能性。

## 五　如何保证实现一个组织的目标

小而至于一个班组，大而至于一个国家乃至联合国，都是一个组织。一个组织有其目标，怎样才能保证组织的成员包括领导者在内的行为符合组织的目标？如果这个组织是个递阶系统，如何保证各子系统的行为符合组织的目标？这也要同时采用多种方式。

组织对个人，上级对下级，必须赏罚严明。赏罚必须严格按照这个人的行为是否符合组织目标为依据。

除组织赏罚外，还应有群众赏罚。如果一个组织的职工都以组织的目标为重，谁的行为符合目标就加以赞许，违背组织目标则予以抵制，这样的风气对个人有很大作用。一个人既是某具体单位的成员，又是社会成员、国家成员。我国要建设有高度民主、高度文明的社会主义国家，就要有符合这个总目标的、为广大人民接受的规范，包括法律、道德风尚等等。规范属于社会信息存量的一部分，是长期积累又不断演变的。

爱国主义是鼓励人们建设祖国、实现四化的强大动力，爱厂如家的思想使职工为实现企业的目标努力奋斗。有高尚情操的人不计较物质激励，但是对大多数人而言，物质激励是有效的。

## 六　物质激励

例如有一位自耕农，他的生产函数假设是线性的：

$$Y = cZ$$

Y 是产品数量，Z 是劳动量，c 是一个常数。又假设他的效用函数也是线性的，而且以单位产品为衡量效用的单位。换句话说，Y 既是产品数量，又是效用数量。又假设劳动的负效用是一个二次函数，则总效用为：

$$u = Y - (1/2)\ bZ^2 = Y - (1/2)\ b\ (Y/c)^2$$

求总效用最大：

$$u' = 1 - (b/c^2)\ Y = 0$$

$$Y = c^2/b$$

说明最优产量是 $c^2/b$。如果国家向他收税，采取固定数额的产品或货币的形式，则他的最优产量仍为 $c^2/b$。如果收税的方法是分成，例如 $\alpha$ 为税率，则 $(1-\alpha)$ 为自耕农自己得到的份额。这时自耕农的总效用为：

$$u=(1-\alpha)Y-(1/2)b(Y/c)^2$$

求总效用最大，

$$u'=(1-\alpha)-(b/c^2)Y=0$$

$$Y=(1-\alpha)c^2/b$$

这时最优产量为 $(1-\alpha)c^2/b$，比上面的计算值少了 $\alpha c^2/b$。换句话说，分成收税比定额收税造成减产。

如果采取分成收税，则税率定为多少可使财政收入为最大？

$$\alpha Y=\alpha(1-\alpha)(c^2/b)=\alpha(c^2/b)-\alpha^2(c^2/b)$$

$$(\alpha Y)'=(c^2/b)-2a(c^2/b)=0$$

$$\alpha=1/2$$

说明税率以对半分为佳。这个道理，不仅适用于国家与自耕农分成，也适合于国家与企业分成，企业与职工分成。对半分接近一些国家的企业所得税率，计算时要注意不是按总收入而是按减去一切成本之后的净收入分成。实际情况比上面的计算复杂。

## 七　破坏递阶系统的因素

有一些因素使一个递阶系统不能很好地工作。譬如在组织目标之外有了其他秘密目标，也就是私心杂念。例如想保住乌纱帽，想扩大自己这个单位而不管它对社会是否有用。在有形的组织中，还可能形成无形的组织，这些无形的组织各有无形的目标。这些问题在不同程度上常见于许多社会、许多组织。与其讳疾忌医，不如客观地分析这些问题，采取适当的对策。

## 八　集体系统

有一些社会系统，像委员会、董事会、议会、代表会议，采用投票方式来决策，称为集体系统。近年来，由于博弈论和社会选择理论的发展，对这类所谓民主系统或集体系统有了较深入的了解。

假设有三个人 A、B、C 投票决定采用 $a_1$、$a_2$、$a_3$ 三个方案中的一个。每个人对这些方案的评价或偏好是不同的，如表 2 所示：

表 2

| | $a_1$ | $a_2$ | $a_3$ |
|---|---|---|---|
| A | 1 | 2 | 3 |
| B | 2 | 3 | 1 |
| C | 3 | 1 | 2 |

A 认为 $a_1$ 比 $a_2$ 好，$a_2$ 比 $a_3$ 好；B 认为 $a_1$ 比 $a_2$ 好，$a_3$ 比 $a_1$ 好，以此类推。如果每个人只说出最喜欢哪个方案，则 A 要 $a_1$，B 要 $a_3$，C 要 $a_2$，得不到结果。这个方法给出的信息太少，因为 A 没有说出其次要 $a_2$，再其次要 $a_s$。B、C 也一样。现在试用多数原则，看哪个方案能得到多数票。将 $a_1$ 与 $a_2$ 比较，A 和 B 都认为 $a_1$ 比 $a_2$ 好，三个人中得到两票，选中 $a_1$；再将 $a_2$ 与 $a_3$ 比较，A 和 C 都认为 $a_2$ 比 $a_3$ 好，选中 $a_2$；再将 $a_1$ 和 $a_3$ 比较，B 和 C 都认为 $a_3$ 比 $a_1$ 好，选中 $a_3$，仍然得不到确定的结果。而且 $a_1$ 比 $a_2$ 好和 $a_2$ 比 $a_3$ 好，意味着 $a_1$ 比 $a_3$ 好，今又得到 $a_3$ 比 $a_1$ 好，岂不矛盾？法国数学家（Condorcet）于 1785 年已注意到这个问题。

另一个法国人保达（Borda）于 1770 年想出一个投票方法。把所有投票人对某一方案的评分加起来。在上例中，$a_1$ 的总分是1 +2 +3 =6。但其他两个方案也得到 6 分。这就说明这三个人作为一个集体对三个方案无所轩轾。

假设再加一个第四方案 $a_4$，但前三个方案的偏好排序仍然不变。由表 3 可见，$a_1$ 优于 $a_2$ 和 $a_3$，这与未加第四方案时的排序矛盾。

诺贝尔奖金获得者艾罗（K. J. Arrow）（此人于 1979 年曾访问我国）在他的名著《社会选择和个体价值》中证明，没有一种积分方法符合以下四个条件：一致性、不受无关的方案影响、帕勒托原则和非独裁性。帕勒托原则是说，如果集体中每个人认为甲方案优于乙方案，则整个集体也认为如此。独裁性是说，各个成员的偏好始终与独裁者一致。Arrow 证明，任何集体决策规则一般至少与一个条件抵触。

上述方法只是讲偏好排序，没有说明每个方案的价值。表 4 的决策规则按照从 0 至 9 的价值评分。

表 3

| | $a_1$ | $a_2$ | $a_3$ | $a_4$ |
|---|---|---|---|---|
| A | 1 | 2 | 3 | 4 |
| B | 2 | 4 | 1 | 2 |
| C | 3 | 2 | 4 | 1 |
| 积分 | 6 | 8 | 8 | 7 |

表 4

| | $a_1$ | $a_2$ | $a_3$ |
|---|---|---|---|
| A | 8 | 6 | 4 |
| B | 3 | 2 | 5 |
| C | 1 | 9 | 5 |
| 合计 | 12 | 17 | 14 |

结果是 $a_2$ 优于 $a_3$，$a_3$ 优于 $a_1$。这种方法也不可靠。$a_2$ 所以被选中，因为 C 给予很高的评分，既可能确实反映 C 的看法，也可能 C 故意评分过高，使自己看中的方案得到通过。并且人与人之间的评价很难比较。

选举制度通常有三种：大多数制、多数制和比例代表制。大多数制要求得到过半数票。有时没有一个人能得到过半数票，成为僵局。多数票要求比任何别人所得票数为多。这两种方法有一个共同缺点，少数派或小党完全得不到代表。比例代表制按票数比例分配议席。但是议席不能有零头，例如不能有三分之一议席。

## 九 有通信的集体系统

一些人共同完成一项任务，成为一个集体。有若干方案可以完成任务，需要达成一致意见，工作才能有效。开始时意见分歧，有通信后，互相影响，大家的不同意见渐生变化，有希望达成一致。每个职工都处在一个有通信的集体中。

个人与集体的关系可分两点来讨论。

第一，集体的吸引力或价值。每个成员经常估量集体的吸引力，他不愿离开一个吸引力大的集体，所以吸引力使集体稳定。集体对个人的吸引力等于个人得到的报酬减去个人付出的成本。报酬不仅包括物质报酬，还包括精神报酬。例如集体的目标与个人目标一致，集体有良好的社会声誉。成本即个人付出的精力与时间，这些精力与时间也可用于与集体无关的事业，因而得到报酬。因此，精力与时间有机会成本。

第二，个人对集体的价值。个人能给集体带来什么好处，集体对个人支付多少费用。一个人在集体之外的社会地位愈高，愈能增加集体的吸引力。如果一个人不能为其他成员所理解，对集体的作用不大。其他成员与某个成员打交道，总得耗费一些时间，要列入集体支出的费用。

资本主义社会过分重视物质利益，个人看集体，集体看个人，过多地以物质利益为标准。我国物质文明只是到了近代才落后于西方，影响所及，有人会忘记我国有很优秀的传统精神文明。政治家有“先天下之忧而忧，后天下之乐而乐”的名言。我国的知识分子向来重视操守，朱自清就是一个光辉典范。鸦片战争以来，无数志士仁人之所以抛头颅洒热血，视死如归，不能说没有受外国革命家的影响。但是受延续几千年的民族正气、民族精神的影响也许更大一些。我们要建设有中国特色的精神文明，提倡社会主义的个人与集体的关系，以是否有利于建设祖国为判断标准。

## 十 对历史的认识

哲学家波佩（K. popper）于 1957 年出版一本书：《历史主义的贫困》（*The poverty of Historicism*）。书中认为，历史进程受人类知识增长的强烈影响，而又不可能有什么合理的科学方法来预测知识的增长。换句话说，我们不能在今天预知明天的知识。因此按照他的观点，我们不能预测将来的历史进程。我们不能发展一种能成立的科学历史理论和社会动力学，而且把它作为一种工具把现在外推到将来。

把社会系统分为信息系统（即控制系统）、实系统（即主系统）两部分和马克思主义把社会系统分为上层建筑和经济基础两部分，是对社会系统的两种分解方法。有相同之处，也有不同之处。现在有未来学，是想预测未来的一种努力。未来学会不断进步。

芬兰人阿维德·奥林（Arvid. Aulin）于 1982 年出版了一本书：《社会进步的控制论规律》。他认为：人类的行动不仅是对环境变化作出反应，而且为了人类的目的，积极努力改变环境。所以，社会控制论要识别行动的反应因素和积极因素。反应因素受外部操纵，积极因素受自我操纵。人类行动是主体和客体之间的相互作用。主体是有意识的个人或集体，客体是真实世界的一部分。人的意识包括三类内容：（1）认识的信念，表示主体具有的关于世界真实状态的信息；（2）价值，主体认为世界应当如何；（3）规范，主体为了实现他的价值，应当如何选择其行动。

奥林认为自操纵和多层次（递阶）结构是互为消长的概念。在一个系统中，递阶结构愈多，自操纵愈少。人类社会为了生存必须改善自调节能力，因此产生社会递阶结构。人为了抵抗饥饿、疾病、寒冷、暴风雨、野兽、敌人，利用一种其他动物所没有的调节器——有组织的社会生产。人们的平均调节能力愈弱，现有调节器的平均不确定性愈大，为了同样的调节结果，在调节和控制中需要的必要递阶结构愈多。这称为必要递阶结构规律。

社会多层结构不可能永远发展下去。在原始社会中，社会多层结构不很发达，故多层结构的发展有助于控制生产力。经过几千年，工具和技术的发展渐渐增加了对生产力的调节能力，因而创造了逐渐放松社会多层结构的可能性。

生产力的发展，并不能消灭多层结构。问题在于如何在这类多层结构中，贯彻集中决策与分散决策相结合的科学管理方法，以充分调动下级机构和人民的积极性和创造性。

历史上的一切社会经济系统都是自然形成的。现在有可能以马克思主义为指导，运用现代科学（包括经济学、社会学、政治学、系统论、控制论、信息论在内），对社会经济系统进行客观深入的分析，自觉地科学地设计和改进它，从必然王国走向自由王国。

# 我国物价问题的症结*

马克思在《资本论》第一卷第三章中提出一个公式：

$$\frac{\text{商品价格总额}}{\text{同名货币的流通次数}}=\text{执行流通手段职能的货币量} \qquad (1)$$

如果用 P 表示物价总水平，T 表示交易商品总数量，M 表示货币总存量，V 表示货币流通速度，则：

$$MV=PT \qquad (2)$$

这是一个恒等式，因为等号左右描绘同一个量。左边有多少货币，平均每元货币在一年中参加几次交易，二者相乘，得到在一年中的交易总额，也就是马克思说的商品价格总额。右边是每种交易商品数量乘以价格，得到这种商品的交易金额，把所有各种商品的交易金额加在一起，也得到商品价格总额。

显然，这个恒等式适用于一切国家，而与社会制度无关。而且它不仅适用于马克思生活的 19 世纪，也适用于我们生活的 20 世纪。

---

* 原载于国务院经济技术社会发展研究中心编辑部编《经济技术社会参考资料》1986 年第 12 期。

对（2）式求全微分，得：

$$\frac{dM/dt}{M}+\frac{dV/dt}{V}=\frac{dP/dt}{P}+\frac{dT/dt}{T} \tag{3}$$

用文字表示为：

货币存量增长率 + 流通速度增长率 = 物价水平增长率 + 商品增加率。

运用这个公式有利于我们进一步研究我国物价问题。

## 物价继涨和受抑制的物价继涨

货币的含义有几种，狭义的解释把货币看成与纸币是同义语。广义一点，可把活期存款包括进去。再扩大一点，定期存款也可包括进去。我们采取货币 = 纸币 + 活期存款的定义。

1952 年我国社会货币存量为 116 亿元，1984 年为 3465 亿元。如以 116 亿元为 100，则 3465 亿元相当于 2987。也就是在 32 年中货币增加了 29 倍，平均每年递增 11.2%。在 32 年中，按不变价格计算的社会总产值增加了 11.27 倍，平均每年递增 8.15%。如果在 32 年中货币流通速度不变，物价总水平每年应当递增 11.2% - 8.15% = 3.05%。但是按零售物价指数计算，每年物价只递增 1.12%。其原因在于我国实行管制物价的政策。但是（3）式是个恒等式，平均每年物价少涨 1.93%，是靠货币流通速度每年平均降低 1.93% 达到的（我国历年货币流通速度计算参见 142 页表）。

政府实行物价管制政策，物价上涨受到抑制。这时的物价是不均衡物价，在此物价下，许多商品供不应求，出现卖方市场。一部分家庭和企业买到了所需要的商品，另一部分家庭和企业买不到所需要的商品，或买得不够，不得不把他们的收入储蓄起

| 年份 | 货币流通次数 | 年份 | 货币流通次数 | 年份 | 货币流通次数 |
|---|---|---|---|---|---|
| 1952 | 8.75 | 1964 | 4.74 | 1976 | 5.11 |
| 1953 | 8.85 | 1965 | 5.15 | 1977 | 5.34 |
| 1954 | 7.34 | 1966 | 5.05 | 1978 | 5.75 |
| 1955 | 8.43 | 1967 | 4.32 | 1979 | 5.45 |
| 1956 | 9.39 | 1968 | 3.77 | 1980 | 5.02 |
| 1957 | 8.17 | 1969 | 4.41 | 1981 | 4.46 |
| 1958 | 6.42 | 1970 | 4.95 | 1982 | 4.34 |
| 1959 | 5.86 | 1971 | 5.04 | 1983 | 4.18 |
| 1960 | 5.17 | 1972 | 5.18 | 1984 | 3.70 |
| 1961 | 3.42 | 1973 | 5.07 | | |
| 1962 | 3.70 | 1974 | 5.00 | | |
| 1963 | 4.15 | 1975 | 5.14 | | |

来，即使买到了所需商品，也要费一些周折，办一些手续。这些是货币流通速度低的原因。

以 1952 年物价为 100，1984 年的零售物价指数为 143。若取消物价管制，物价指数可能上升到 236，货币流通速度恢复到每年 8.75 次。若我们既要取消物价管制，又要求物价指数保持 143，则需设法收回多余的货币 1998 亿元。

物价继涨是一个世界性的普遍现象。它造成收入和财富的再分配，使那些固定收入者以及持有按货币计算的债券的人受到损失。工资劳动者如果未按生活费指数计算报酬，也会蒙受损失。轻微的物价继涨对经济增长影响不大，但猛烈的物价继涨有很大的破坏性。

物价继涨是货币现象，货币增长率超过经济增长率，物价必继涨。若没有决心抑制货币增长率，而单纯抑制物价，则发生受抑制的物价继涨。受抑制的程度可用货币流通速度降低率来衡量。受抑制的物价继涨对经济、社会和政治的危害，远超过不受抑制的但缓和的物价继涨。兹列举几项：

（1）卖方市场，影响企业技术革新、改进质量和服务的动力。

（2）商品供不应求，用行政方法分配，缺乏客观依据，且手续烦琐，降低经济效率。货币流通速度降低，在一定程度上反映经济效率降低。若不用行政方法分配，则捷足先登，后来向隅；或讲关系，走后门，败坏社会风气。

（3）唯其供不应求，企业考虑的不是加速资金周转，而是多占原材料，有备无患，使资金对产值的比率普遍升高，在宏观经济效益上导致严重后果。本来资金短缺的经济，更加缺乏资金。

（4）均衡价格以客观的供求数量为依据，今舍弃均衡价格，人为压低价格，则价格带有主观性，造成相对价格不合理，不反映社会需要的迫切程度。价格成为错误信号和错误杠杆，影响一切经济核算不准，各级领导及企业均不能正确决策，有限资金被用于低效率的小工业。

（5）受抑制的物价继涨，也包括外汇牌价偏低在内，进口受到鼓励，出口受到抑制，造成贸易赤字，在国际上缺乏竞争能力。

（6）任何经济行为包括投入产出，若有办法弄到廉价投入，如牌价外汇、调拨价生产资料，又有办法在黑市高价出售，就能发财。这种现象助长投机倒把，影响社会安定。

苏联是资源大国，并有雄厚的工业基础，但迄今不但未能超过美国，反被日本超过去，与受抑制的物价继涨不是没有关系。

# 物价改革战略

（1）与目前的商品生产和物价水平比较，货币多了1000多亿，这是几十年积累而成。我们不可能有巨额黄金向市场抛售，以回收这么多货币。但是我们至少可以下定决心，不再扩大这个货币与物价的缺口。今后货币增长率不能超过经济增长率，并且明确中央银行对此负责。

（2）经济学中货币价值是说它的购买力，货币价格是说利息率。无偿的投资和低息贷款都导致货币需求量扩大。银行不能迁就此种庞大的货币需求，银行不是简单的资金供应者，更不能有保证供应思想。银行是资金的经营管理者，和商品的经营者一样，贱买贵卖，自负盈亏，争取赢利。基层银行的存放款利息率可以自定，互相竞争。放款须有物质保证，信用贷款只能是少数。发生坏账损失，银行自己负担，不能报销。中央银行规定向专业银行贷款的利率，并有权随时调整。

（3）财政收支力求平衡。凡能找到受益者的事业，应由受益者全部负担，至少提高其负担份额，以减轻财政负担。例如住房、公路、大学教育、医疗、粮食、蔬菜等。个别困难个别补助，不能普遍贴补。健全个人所得税制，使它逐渐成为一项重要的财政收入。

（4）提高外汇牌价，使炒买炒卖外汇者无利可图，出口生产得到真正的和充分的鼓励。

（5）物价改革分若干小步进行，凡是供求基本平衡的商品，定价权交还企业，实行竞争价格。例如自行车、缝纫机、洗衣机、手表等均可完全放开。在竞争中按质论价，适者生存。在物价改革过程中，一批又一批的商品改按均衡价格，一批又一批地放开。暂时不具备均衡条件者，仍由政府定价。

（6）许多商品目前实行两种价格，可以改按加权平均，实行单一价格。这种改革并未涨价，所以不会引起其他商品涨价。

（7）倘若没有上述多余货币问题，调整相对价格，有涨有落，本来可以不影响物价总水平。无奈存在大量多余货币，平时全靠物价管制，稍有改革之举，即可能引起物价总水平上涨。一方面把步子放小，每次少调，微调；另一方面须将工资及社会救济金与生活费指数挂钩。新中国成立初期，我们曾实行按小米、玉米面折实物单位计算，以后物价迅速稳定，自然取消。所以与生活费指数挂钩的办法作为过渡，是可以考虑的。

（8）在物价改革过程中，许多物价要调高。为了减少物价总水平上涨，应把有条件降低的物价尽量降下来，不要设置人为障碍阻挡物价下落。首先，财政部门不要反对物价下落，因为物价改革，涨多落少，对财政是有利的。其次，对于有条件降价的行业，如有机化学工业、日用化学工业、日用金属品工业、纺织工业、缝纫工业和文教用品工业，坚决把降价权交给企业。对于有条件降价的商品，如果物价机关或工业领导机关继续规定价格，实际上形成一种阻挡物价下落的卡特尔。商业企业有权降低滞销商品价格，但商品变质损坏，由商业企业自己承担损失，不能报销。

（9）调高原油价格，减少炼油业的超额利润。向石油开采业征收资源税，把它的超额利润收回来。这项工作采取微调，分几个小步。

（10）调整煤炭价格，第一步按加权平均价，即计划内外、大小煤矿统一计算。这样做，煤炭实际并未涨价，而对大矿、计划内有好处。小矿可能不愿接受加权平均价，暂时可听之任之。大矿生产增加，在市场上比重提高，对小矿价格会有平抑作用。

此事分几个小步。

（11）钢材、建材也按加权平均价调整。可以考虑分几个小步调整。

（12）交通运输是短线之短线。而价格杠杆对促进水运和汽车运输容易生效。故水运和汽车运输的运价亟须调高。短期看可能引起物价上涨，长期看促进商品生产，扩大货源，对城市物价总水平有平抑作用。

（13）把房产业看成是独立的行业，不仅能进行简单再生产，而且能进行扩大再生产。房产业有权调高房租。至于住户的房租津贴由其工作单位解决，无工作单位而有困难的住户，由社会救济解决。关于工厂自建宿舍的房租问题，由工厂自己考虑，不属于政府进行的房租改革。

物价改革，微调勤调，具备条件的分批放开。在进行每一小步改革之前，用调价模型计算其影响，做到事先心中有数。

# 经济系统分析*

## 一

在人类生活的世界中，到处存在着系统。大至宇宙，小至一个原子都是一个系统。首先出现的是自然系统，有了人类以后，出现了许多人造系统，经济系统就是其中的一种。一个经济系统是若干元素或部分（如企业中的车间等）组合而形成的一个复杂的或者统一的整体。系统的内容是元素、元素的性质、元素之间和性质之间的关系。一个系统是互相有关的若干元素的集合，这些元素一起工作，达到某种共同目标。每个元素的性质和行为对整个集合的性质和行为有影响，而每个元素的性质和行为依赖同一集合的至少一个其他元素的性质和行为。

系统可以从不同角度分类，例如分为自然系统和人造系统，物质系统和概念系统，静态系统和动态系统，闭合系统和开放系统，等等。

---

* 原载于《百科知识》1987 年第 7 期。

从 18 世纪开始，人类的科学知识迅速增多，科学从哲学中分离出来，而且形成愈来愈多的学科，以分别研究各类系统。近年出现一种思想，认为各类系统有一些一般特性，不因所属学科不同而改变。控制论、一般系统论和系统学都是研究各类系统的共同问题的学问。

经济发展中的产业革命带来了机器时代。这个时代流行两种思想，还原主义和机械论。还原主义认为一切事物都可以还原、分解，或拆卸为简单不能再分的部分。例如物理学中的原子，化学中的简单物质，生物学中的细胞，心理学中的本能、动机、需要等。还原主义用分析的思想方式对待世界，把一个问题分解为一组尽可能简单的问题，分别求解，对整体的解是对各个局部之解的和。第二种思想是机械论，认为一切现象能用因果关系来解释。为了寻找因果关系需要排除环境干扰，使用专门设计的环境——实验室。机械论是一种闭合系统思想方法。

20 世纪 40 年代开始了另一个时代——系统时代。这时还原主义和机械论并未被完全否定，但需要作重要补充：扩大主义、系统的思想方式和目的论。扩大主义是说任何事物是更大的整体的一部分。它把注意力从元素引向系统。分析的思想方式从局部的解释得到整体的解释。系统的思想方式也就是综合的思想方式，把需要解释的事物看做一个更大的系统的一部分，分析这个部分在系统中起什么作用。分析式思考是从外到内的思考；系统思考是从内到外的思考。这种思想方式用于有关系统的问题称为系统观点。系统观点有事实作根据。一个系统的每一个部分工作得很好，整个系统未必工作得很好。因为局部功能之和不一定等于整体的功能。系统时代是目标导向的，它重视寻的系统或有目的系统。系统时代最关心作为有目的系统的社会集团，社会集团中最重要的一类是组织（organizations）。

在系统时代，常有复杂的工程项目需要完成，与许多学科有关。例如生产一种飞机，需要航空、电器和电子、机械、冶金、可靠性和维护性等专业的工程师共同工作以完成必要的开发、生产及后勤任务。系统时代的工程是一种工作组工作，每个组员都是具备其专业范围内必需的技术特长的专家。同时必须认识他的专业领域与经济、政治、生态、社会等因素的接触面。在系统设计和开发的早期阶段就需考虑这些因素，以便作出工程决策，决策的结果对这些因素有影响。在另一方面，这些因素对设计过程构成约束。复杂工程因此不仅需要专业工程知识，而且需要系统工程知识。

一个系统或一种产品有其生命周期。从识别需要开始，通过计划、研究、设计、生产或建筑、评价、投入使用或销售、后勤支援和生命周期的维持，最后产品或系统因过时被淘汰，被新的产品或系统代替。

## 二

对将要产生的系统或现已存在的系统进行分析，有两种形式，过程分析和结果分析。过程分析把系统分解为许多子系统和元素，研究系统的中间输出，它们如何成为串联的许多过程等，这是一种微观方法，可以找到许多不同方案，作为中间答案。过程分析常用于现有系统，但也可以将抽象方式用于将要产生的系统。

结果分析常用于将要产生的系统。它是一种宏观方法，把系统作为一个整体。重点放在最终结果，而不是放在中间结果和手段方面。不过最后还是要确立各项中间输出，在此基础上把所有中间过程联系起来组成全部系统过程。

如果按照实际情况，不可能进行实验，或实验的代价太大。过程分析和结果分析都可使用模型。模型是真实世界的简化表示，抽象出系统的主要因素，以进行间接实验或仿真。系统工程是帮助人造系统有秩序地发展的一种过程。它涉及把需要变换为对系统功能参数的描述，并提出一个优选的系统轮廓。把有关的技术参数综合起来，保证所有物质的、功能的要素以及工作顺序相容，使总系统优化。在经济工程中兼顾功能，包括生产率、可靠性、可维护性、可管理性、后勤可支援性等等。专业工程师往往不能保证系统的一切元素都得到适当而及时的考虑。

系统分析的应用非常广泛，因此系统分析师成为新兴的发展迅速的专门职业。许多组织有专门从事系统分析的职能部门，还有许多咨询企业代客进行系统分析。以下举一种最常见的组织——企业的系统分析为例，以说明其工作内容和方式。

一个企业可以分解为许多子系统。分解的方法可以按建制，例如一个跨国公司可能下设几个分公司等。公司内部有财务、销售、生产、采购、公共关系、生产关系等部门。另一种分解方法是按各类活动，例如有关原材料的预测、核算、订购或预测、验收、付款、储存、领料、记账、清理、报废、质量控制等等组成一个跨行政建制的材料管理系统。其他还有劳动力管理、预备管理、能源管理、厂房管理、资金管理、信息管理、推销、顾客服务、产品储运、研究开发、产品设计、计划、生产、质量管理等系统。一个企业可以看成是很多系统的集合。一个系统是连续存在于一个以上组织部门的一类活动。它包括两个以上的程序。例如材料采购处有采购程序，仓库有储存程序。一个程序是连续存在于一个组织部门的一类活动。每个程序包括一种以上的作业。例如采购程序包括预测材料需要，编制材料采购计划，订购等作业。一项作业是在一种工作地点连续完成的活动，它由一个以上工作元素组成。工作元素是一项又一项的具体工作，它是企业中可以识别的最小的系统。

假设企业领导对企业中某一个系统的工作感到不满意，例如材料供应不及时、停工待料，有些材料又积压过多，说明材料管理系统有毛病。如果是干部无能或工作不力，可以撤换。然而问题可能不是如此简单。材料管理系统包括许多程序、作业和工作元素，有许多成文的或不成文的工作规则，使用许多有固定格式的单据、凭证、账册、报表、合同、计划等等。系统中有许多决策点，例如对某项材料或配件决定是否订货的岗位是一个决策点，决定是否向仓库领料的岗位也是一个决策点，分析一个现有系统或设计一个新系统要注意这些决策点。各决策点之间有信息或物质传递。作出决策须有标准，标准可能是成文的或不成文的。如果系统中存在许多弱点，不是撤换干部能完全解决的。反之，如果系统很完善，只有靠“法治”而不完全靠“人治”。任何事情都有一定的成文的规则来处理，使用一定的凭证，则任何人在那个岗位上都能把事情办好。譬如企业领导根据自己的考虑，确认是系统本身不完善，而不是简单的人事问题，于是他委托一位系统分析师研究这个问题，如何改善现有系统，或抛弃现有系统，设计一个新系统。系统分析师按下列顺序进行工作。如果情况简单，有些步骤可以省略。

（1）可行性研究。时常看到“一慢、二看、三通过”的交通安全标语。进行任何重要工作项目之前要审时度势，这是可行性研究的本意。它的目标是确定用合理的费用改善一个现有系统的可能性或概率，也可用以评价开发一个新系统的可行性和概算费用。它把问题讲清楚，把问题分解为若干个工作项目，列举须分析问题的因素。

（2）定义问题。系统分析师须弄清要解决什么问题。有时所谓问题其实只是现象，透过现象才能看到真正的问题所在。例如盲目采购是一个现象，真实原因在于缺乏一套科学的库存核算和控制制度，不能产生合理的采购计划。

（3）系统研究大纲。也就是系统分析师的工作计划。

（4）获得背景信息。系统在企业之内，企业又在行业之内，行业在经济社会之内，对有关情况需要调查了解。

（5）了解现行系统，了解每一个程序、作业、工作元素、系统的输入和输出、计算机使用情况。调查方法包括个别谈话、查询档案账册和抽样调查等，并作好记录，编写现有系统的总结和分析报告。

（6）定义新系统的要求。它要产生什么输出，为此需要什么输入，有哪些作业，需要什么人员，使用哪些物质资源（例如计算机、显像终端、阴极射线、货架等等），规定什么业务控制和会计控制，把要求写成书面报告。

（7）设计新系统。即设计一个资料数据流程图。系统的一切输入写在左端，输出写在右端。精确地写出数据的变换。输入、变换、输出，过去靠人工来做，现在有采用计算机和通信设备的趋势。例如阴极射线管终端可以用做输入装置，或者作为在线数据收集装置，它也用做输出装置，显示系统的财务和业务报告、答复查询或提供图像显示，以供领导决策参考。设计系统时还须考虑审计工作的要求。审计员可以从原始凭证起，经过日记账、分类账一直追踪到报表；或者从报表反方向追踪到原始凭证。使用计算机的系统使审计工作发生了变化。在线实时系统①可能不用原始凭证，分类账可能用直接存取文件代替。设计系统

① 这是计算机专用术语，在线，指计算机与通信线路处于连接状态，实时是信息的传输和处理跟踪事件实际发生的时间。

时须能识别记录每一笔交易的账户，须能追踪总金额到各个原始凭证，须能印出账目。

（8）设计新系统的控制。新系统须有健全的业务和会计控制，包括一般组织控制，输入控制，数据通信控制，程序和计算机处理控制，输出控制，在线路终端和分布系统控制，物质安全控制，数据库控制，系统软件控制等。例如，输入控制是注意输入的完整性、精确性；物质安全控制为了保护房屋、设备、未使用的磁盘、储存了信息的磁盘、软件、磁盘上的信息等等的安全，即防火、防洪、防盗、防失密等。

（9）比较现有系统与新系统的费用和效益。费用包括工资，工作空间费用，物料费，分摊费，新系统实施费（迁移费、整修费、电线电话安装费、家具费和文件转换费，即将手工文件变为计算机文件或将旧计算机系统变为新计算机系统的费用，拆除现有系统的费用）以及投资费用。效益包括经济效益和不好计算的非经济效益。例如答复询问迅速，减少停工待料，向顾客交货及时，服务质量提高，对环境变化反应灵敏等等。

（10）向领导推荐新系统。

（11）实施新系统、跟踪、重新评价。

## 三

系统分析本身不是生产、经营或建筑工作，但它有助于改进企业的生产、经营或建筑工作，这是社会分工的新发展。如果有一批人专门对我国大中型企业和机关、学校的工作进行系统分析，提出非常具体的改进建议，一年能增产节约多少资金呢？

系统分析用于整个国际经济是正在探索的极其复杂的课题。国民经济系统分析不能仅仅用一个多变量和多方程的模型，而要用一个许多模型组成的模型系统。信息在各个模块之间传递，而且在国民经济优化准则的指导下进行优化计算。墨西哥和匈牙利曾进行过这种实验。兹将匈牙利实验的情况简要介绍如下。

模型系统包括三大部分：第一部分是目标函数；第二部分是核；第三部分是中央约束向量。核由各经济部门之间的数量关系组成，例如建筑工业的工作量与所需钢材、水泥有关等等。不论目标函数如何变换或中央约束向量的数值大小，核的内容不变。目标函数有几个：国民收入最大化，消费最大化，外汇净收入最大化，劳动量最小化等。中央约束指对国民经济整体的共同约束，如资金、外汇、某些重要物资以及必须满足的个人消费和社会消费。中央模型将中央约束分配给各部门模型，后者进行优化计算，将结果反馈到中央模型。同一种中央约束在各部门的模型中的影子价格不同。影子价格就是边际国民收入生产率（在采用国民收入最大化的准则下）。例如，若资金的影子价格在各小模型中数值不同，则将影子价格低的部门的资金减少一些，而增加影子价格高的部门的资金分配量，这样会增加经济整体的国民收入。如此反复调整计算，最终得到一个最优方案，这个方案不仅对经济整体是最优的，对每个部门也是最优的（或次优的）。不同的目标函数计算出来的最优方案不同，不同的中央约束数值也产生不同的最优方案。政府可在若干个最优方案中进行选择。

苏联也开始这类多级系统分析。不论匈牙利或苏联，多级系统分析都还在摸索实验阶段。随着国民经济管理信息系统网络的发展和完善，数据的完备性、准确性、及时性逐步提高，以及模型技术的进步，在若干年后多级系统分析可望成为各级决策的可靠工具。

我国有一些地区、省市和中央部门曾进行过系统分析。由于起步晚，我们尚处在初学阶段，相信进展会是很快的。

# 怎样理解马克思的价值和价格理论*

## ——评萨缪尔逊对马克思的又一次批评

萨缪尔逊在其《经济分析基础》1983年增订版中加了一个“数学附录C”，其中用14页的篇幅批评马克思的学说。除了肯定《资本论》第二卷中简单再生产和扩大再生产图式的成就，并认为是列昂节惕、斯拉法模型的渊源外，对剩余价值学说、转形理论，平均利润率下降和工人贫穷化的规律以及马克思对亚当·斯密和李嘉图的意见都持否定态度。在西方经济学家中像萨缪尔逊这样长期一贯地以否定马克思经济理论为己任的人不多。

### 劳动价值论

马克思的价值价格学说是抽象和逐步具体化这个通用科学方法应用于经济分析的典范。例如从比萨斜塔抛下一个铁球，研究它的运动轨迹。影响轨迹的因素有万有引力，它不仅存在于地球与铁球之间，也存在于其他物体与铁球之间，诸如地球磁场的作

* 原载于《马克思主义研究》1988年第2期，中国社会科学院马克思列宁主义毛泽东思想研究所主办。

用、空气的运动等等。其中地球对铁球的引力是最大的力量，应当首先予以考察，而暂时忽略其他因素。人们知道，两个物体之间的相对运动是有确定的规律的，三个物体之间的相对运动则难以找到确定的规律，何况经济现象涉及诸多因素，而且每个因素都是随机变量。所以，人们公认经济系统是极复杂系统，即不可能作完全描述的系统。研究它的方法只能先把最重要因素抽象出来，然后把其他因素逐一加进去。加进去的因素愈多则愈接近实际。

马克思研究价值价格问题首先把劳动抽象出来，因为劳动创造一切商品，在生产中需要消耗一些其他商品，那也是劳动创造的。尽管有一些其他因素影响交换价值，但并不改变交换价值的主要决定者是社会必要劳动量这个基本事实。

现代的商品生产是有剩余的生产，除了补偿在生产中消耗的商品外还有剩余。这个剩余理应为劳动者所得。可是在资本主义制度下，商品归资本家阶级所有，资本家有了商品就有了指挥生产和分配剩余的权力，这就是作为一种特殊生产关系的资本的来历。资本家只把一部分剩余以工资的形式分配给工人，使工人能不断提供资本家企业所需劳动，其余入了他的私囊。马克思称资本家剥削的这一部分价值为剩余价值，它对工资的比率为剩余价值率。例如美国的国民收入中，劳动收入约占五分之四，非劳动收入约占五分之一，剩余价值对劳动收入之比约25%，称为剩余价值率。劳动价值论可以表示为以下关系式：

$$P_j = Wa_{0j} + \sum_{i=1}^{n} P_i a_{ij} + (Wa_{0j}) r \quad (1)$$

其中 $P_j$ 是第 j 种商品的价格，$Wa_{0j}$是工资率 W 与生产一个单位 j 商品消耗的劳动量系数 $a_{0j}$ 的乘积，也就是可变资本。$a_{ij}$ 是生产一个单位 j 商品消耗 i 商品的系数，与 i 商品的价格的乘积为

$P_i a_{ij}$，然后对所有的 i 求和，得到（1）式右边第二项，即不变资本。r 是剩余价值率，故（1）式右边第三项是剩余价值。劳动价值论还可用矩阵形式表示如下：

$$P/W = a_0 (1+r) + (P/W) a$$
$$= a_0 [I-a]^{-1} (1+r)$$
$$= A_0 \{1+0\} (1+r) \quad (2)$$

P/W 是一个向量，其每一个分量表示用劳动量计算的某种商品的交换价值；$a_0$ 是直接劳动消耗系数向量；a 是直接材料消耗系数矩阵。$[I-a]^{-1}$ 是完全材料消耗系数矩阵。$a_0 [I-a]^{-1} = A_0 \{1+0)$ 是一个向量，其每一个分量表示一个单位的某种商品的完全劳动消耗系数，也就是以劳动量计算的价值。若剩余价值率 r=0，则：

$$\frac{P_i}{W} = A_{0i} \{1+0\}$$

$$P_i = WA_{0i} \{1+0\} \quad (3)$$

$A_{0i} \{1+0\}$ 表示一个单位 i 商品的完全劳动消耗量，即 i 商品的价值。i 商品的价格 $P_i$ 为工资率与 i 商品的价值的乘积。若剩余价值率 r=0.25，则：

$$\frac{P_i}{W} = 1.25 A_{0i} \{1+0\}$$

$$P_i = 1.25 WA_{0i} \{1+0\} \quad (4)$$

（4）式中的 i 商品价格比（3）式中的价格提高了 25%，换句话说，用工资去买 i 商品，只能得到原先数量的五分之四，其余五分之一为资本家所得。

从（2）式可知，剩余价值率 r 的增加或减少，将使一切商品的价格作同方向同比例的变动。

# 生产价格论

在阐述劳动与价值价格的关系后，马克思引入另一个仅次于劳动的重要因素，即资本利润率平均化的趋势。资本家根据不变资本和可变资本的总额计算利润率，资本主义市场的竞争机制使利润率平均化，用价值计算的价格因而转化为生产价格。于是，有了著名的马克思的转形理论。

$$[P_j] = [Wa_{0j} + \sum_{i=1}^{n} P_j a_{ij}](1+R) \tag{5}$$

其中 R 表示平均利润率。用矩阵形式表示为：

$$\begin{aligned} P &= Wa_0(1+R) + Pa(1+R) \\ &= Wa_0(1+R)[I - a(1+R)]^{-1} \\ &= W[a_0(1+R)A\{1+R\}] \\ &= WA_0\{1+R\} \end{aligned} \tag{6}$$

$A_0\{1+0\} = a_0 + (a_0 a) + (a_0 a^2) + \cdots + (a_0 a^k) + \cdots$。$a_0$ 是各种商品的直接劳动消耗系数向量，$(a_0 a)$ 也是一个向量，表示单位商品消耗材料中所含直接劳动量，$(a_0 a^2)$ 则计算了材料生产所消耗材料中所含的直接劳动量，以此类推。有了平均利润率 R，$a_0$ 计算一次利润，得 $a_0(1+R)$，$(a_0 a)$ 须计算两次利润 $(a_0 a)(1+R)^2$，以此类推。所以，利润率的变化对各种商品价格的影响不是同比例的。借用海叶克的术语，生产周期数愈多的商品，也就是马歇尔所说的迂回路线愈长的商品，因利润率上升而涨价愈甚。平均利润率的变化，即国民收入分配的变化，将影响商品的相对价格；而剩余价值率的变化不影响商品的相对价格。这个深刻的机理是已故英国经济学家斯拉法的发现。

在引进平均利润率因素后，马克思价值价格理论的抽象程度降低，而具体化程度提高。生产价格理论基本上解决了资本主义经济中价格围绕什么中心变动的问题。1982 年匈牙利经济学家斯柯尔卡访问北京时曾提到一位苏联经济学家计算美国的生产价格，发现与市场价格差距不大。

马克思的转形理论就是说由于引入了平均利润率，商品价格不按（3）式而按（6）式计算。当时数学界还没有可供马克思利用的矩阵理论。大家知道，甚至在 20 世纪 20 年代罗森堡用矩阵形式写出量子力学时，还不知道那种形式称为矩阵，也不知道欧洲已有一个大学在开始研究它。马克思为了阐述他的转形思想不得不借助简单的算术例子。许多经济学家从单纯数学观点挑那个算术例子中的毛病，为此争论了半个世纪。他们的批评集中于一个焦点，市场上商品只有一种价格，因此计算投入时也须按照生产价格而不应仍然按照价值。森岛通夫发现马克思对这个问题是知道的。《资本论》第三卷中有这样一段话：

> 我们原先假定，一个商品的成本价格，等于该商品生产时所消费的各种商品的价值。但一个商品的生产价格，对它的买者来说，就是成本价格，并且可以作为成本价格加入另一个商品的价格形成。因为生产价格可以偏离商品的价值，所以，一个商品的包含另一个商品的这个生产价格在内的成本价格，可以高于或低于它的总价值中由加到它里面的生产资料的价值构成的部分。必须记住成本价格这个修改了的意义，因此，必须记住，如果在一个特殊生产部门把商品的成本价格看作和生产该商品时所消费的生产资料的价值相等，那就总可能有误差。对我们现在的研究来说，这一点没有进

一步考察的必要。①

马克思在举例中使用的数学工具是算术，不是现代线性代数。而且《资本论》须明白晓畅，工人能理解。算术例子已是够阐明马克思的转形思想，对于次要因素，确实没有进一步考察的必要。森岛通夫用马尔柯夫链的现代数学方法，使马克思的例子进一步严谨化，有助于后人对转形理论的了解。

在转形之后，"价值规律支配着价格的运动，生产上所需要的劳动时间的减少或增加，会使生产价格降低或提高"②。在（5）式中可以清楚地看到，直接劳动消耗系数 $a_{0j}$ 降低，使 j 商品的生产价格降低。而且直接材料消耗系数降低，也就是 j 商品间接劳动消耗减少，也使它的生产价格降低。从（6）式看整个国民经济的情况，材料消耗系数降低，将使材料消耗系数矩阵的谱半径缩小，因而物质剩余增多。物质剩余率是资本平均利润率的数学上限。③ 所以马克思说："既然商品的总价值调节总剩余价值，而总剩余价值又调节平均利润从而一般利润率的水平，——这是一般的规律，也就是支配各种变动的规律，——那末，价值规律就调节生产价格。"

## 市场价格论

马克思进一步引入供求变动的随机因素。他的价值价格理论

① 《资本论》第 3 卷，《马克思恩格斯全集》第 25 卷，人民出版社 1974 年版，第 184—185 页。

② 同上书，第 200 页。

③ 参阅 J. E. 伍兹著《数理经济学》，戴定一、汪同三、秦朵译，中国展望出版社 1987 年版，第二、三章。

的抽象程度进一步降低，而具体化程度进一步提高，以至可以解释资本主义商品市场上的日常相对价格变动。

“如果供求决定市场价格，那末另一方面，市场价格，并且进一步分析也就是市场价值，又决定供求”①。市场价格和供求是互相作用的一个系统中的组成部分。然而马克思的市场价格论不同于边际主义的供求均衡论。“生产价格是在每个部门中调节的，并且是按照特殊的情况调节的。不过它本身又是一个中心，日常的市场价格就是围绕着这个中心来变动，并且在一定时期内围绕这个中心来拉平的”②。而生产价格是由生产方式本身的内在规律调节的。

不同条件的企业生产的商品具有不同的个别生产价格。部门生产价格是这些个别生产价格的加权平均。在正常情况下，平均生产价格是市场价格波动的中心。只有在特殊情况下，最高或最低个别生产价格才会成为市场价格波动的中心。如果需求非常强烈或供给低于正常数量，前者调节市场价格，这时条件好的企业得到超额利润。如果供过于求，最低个别生产价格调节市场价格，条件差的企业赚不到平均利润甚至亏损。

## 物价总水平理论

劳动价值论、生产价格论和市场价格论研究商品的相对价格。物价总水平理论须引入货币因素。马克思在《资本论》第一卷第三章中引入下列公式：

① 《资本论》第3卷，《马克思恩格斯全集》第25卷，人民出版社1974年版，第213页。

② 关于供求均衡论存在的问题，请参阅陈为大著《政治经济学对微观经济理论的挑战——斯拉法体系研究》，云南人民出版社1987年版。

$$\frac{\text{商品价格总额}}{\text{同名货币的流通次数}}=\text{执行流通手段职能的货币量} \quad (7)$$

用符号表示：

$$\frac{P_1q_1+P_2q_2+\cdots+P_nq_n}{V}=M \quad (8)$$

其中 $P_i$ 是 i 商品的价格，$q_i$ 是其交易数量；V 是货币流通速度；M 是社会货币存量。(8) 式可进一步缩写为：

$$MV\equiv P\ Y \quad (9)$$

货币量乘以每一货币单位用于支付任一时期的最终产品的平均次数，等于该时期销售的最终产品和劳务的数量乘以这些物品和劳务的物价水平。M、V、P、Y 四个变量中已知三个就能算出另一个。在正常情况下，流通速度 V 可假设为常量，国民总产值 Y 的增长率可以预测，故可以把货币存量 M 看做是决定物价水平 P 的政策变量。马克思处在金属货币时代，政府不能完全控制货币数量，反而成为 (9) 式中的因变量。我们处在货币时代，政府和中央银行有充分的控制货币数量的能力，可以借以稳定经济。马克思提出的理论框架对我们是有用的。

总之，马克思的价值价格理论从抽象到具体，从静态到动态，从个别到一般，成为一个完整的足以阐明资本主义经济中许多现象的体系。一部 19 世纪中叶写成的著作，在今天读起来仍然有真实感，无疑是经济学史上的一块丰碑。

## 生产价格理论是马克思的创造

萨缪尔逊只承认劳动价值论是马克思的创造，而把 (5)、(6) 两式表示的生产价格称为“资产阶级概念”①。他认为两种理论的差异对于预测 1895—1983 年的北美西欧的经济史，包括

① P. 萨缪尔逊：《经济分析基础》(增订版) 1983 年版，第 571—584 页。

渐增的实际工资率、波动的实际利润率、多国公司的地位提高、基尼收入不平等指数、非再生地质资源以及贸易条件的趋势等不起作用。其实我们还可以给萨缪尔逊补充几项，日本经济的崛起、美元贬值、信息产业的发展等。经济是极复杂的概率性系统，经济学不能像天文学预测日食那样预测将来，为什么单独要求马克思做一名先知呢？

然而马克思创造唯物史观并对资本主义制度的内在矛盾和运动规律进行了全面而深入的分析，使他具有经济学家中罕见的远见卓识。海叶克在经济高度繁荣的20年代末警告危机即将到来，为世人称道。然而马克思在19世纪中叶已对经济循环进行了大量分析，证明这种周期性痉挛的必然性。而现代西方经济学家是在30年代大萧条中才重视经济循环的研究的。马克思论证资本主义将被社会主义代替，现在奉行社会主义的国家愈来愈多，并且社会主义思想对资本主义国家的政策也有很大影响。马克思揭示了历史的必然性，这是人所共知的，可是萨缪尔逊不愿提起。

萨缪尔逊说马克思的转形理论好像亚里士多德和牛顿力学之间的转变，是抹掉一组关系而代之以另外一组关系的过程。根据本文前面的讨论，生产价格论是在劳动价值论的基础上发展起来的，劳动价值论并未抹掉而是作为决定生产价格的主要因素被有机地融合在生产价格论之中。价值规律继续支配生产价格，因为不同商品的生产价格不同，主要地虽然不是唯一地由于它们包含的劳动量不同。不同企业生产同一种商品，因所费劳动不同而有不同的生产价格。从动态观点看，商品包含的劳动量会有变化，因而生产价格也将随之变化。

萨缪尔逊说从利润率即可知道资本家剥削，用不着剩余价值率，剩余价值率的唯一用途是处理资本有机构成不同的问题。我们说剩余价值率是客观存在，即使各部门的资本有机构成相同，仍然有个相同的剩余价值率。计算资本家剥削，利润率远不如剩余价值率清晰明确。例如资本家可以说：“我付了多少银行利息，交了多少税，所以利润率很低。”从工人角度看，利息是产业资本家与生息资本家之间的分配问题，赋税是产业资本家与资产阶级政府之间的分配问题。利息和赋税都是从工人创造的剩余价值中支付的。

萨缪尔逊假设一个例题：1 劳动日生产 1 单位谷物；l 劳动日加 1 单位谷物生产 l 单位布。则谷物和布的完全劳动消耗系数是［1，2］＝［$A_{01}$｛l+0｝，$A_{02}$｛l+0｝］。设每天工作 8 小时，每天的最低生存工资是［1/8 谷物，1/8 布］＝［$m_1$，$m_2$］。所以 8 小时工作日中只需要 3 小时即可生产出生存工资，其余 5 小时为资本家工作，剩余价值率是 $r=5/3=1.66\frac{2}{3}$。如果利润率是 100％，谷物和布的价格从［1，2］提高到［2，6］，每天实际工资才能降到 l/8 谷物和 l/8 布的水平。现在有一项发明，1.4 单位谷物和 0.5 天劳动也能生产 l 单位布。这项节约劳动的技术会不会被采用？按照（1）式，

$$l=(1/8+1/8\,P_{布})(1+r)$$

$$P_{布}=(1/8+1/8\,P)\,0.5\,(1+r)+1.4$$

求解得：　　$P_{布}=1.9$，$r=1.75\%$

新技术的剩余价值率 1.75% 比旧技术的剩余价值率 $1.66\frac{2}{3}$高。又按（5）式，

$$l=[1/8+1/8\,P_{布}](1+R)$$

$$P_{布}=[0.5\,(1/8+1/8\,P_{布})+1.4](1+R).$$

求解得：　　$P_{布}=3.179$，$R=0.91$

新技术的利润率 91%，低于原来的 100%。萨缪尔逊认为资本家不会采用新技术，说明劳动价值论无用。我们不能不提醒计算利润率的用（5）式表示的生产价格论也是马克思创造的。马克思说：“把商品价值看作不仅在理论上，而且在历史上先于生产价

格，是完全恰当的。"① 历史已经发展到资本主义阶段，"利润率是资本家实际上唯一关心的事情"②。织布资本家不采用新技术与马克思的价值价格理论有什么矛盾呢？

萨缪尔逊认为劳动价值论不考虑除劳动外世界上还有其他初级生产要素，因此对社会主义社会的计划工作不如生产价格理论有用。由于他狭义地理解马克思的价值价格理论，认为马克思只有劳动价值论，以此来证明还是"资产阶级概念"、"主流经济学家"的模式有助于编制社会主义计划。

马克思并没有专门论述社会主义计划工作的著作，但我们可从《资本论》、《哥达纲领批判》等著作中瞥见他的一些意见：

（1）生产力配置须符合人民的需要；

（2）国民收入中须有一部分用来满足社会公共消费或投资；

（3）防止周期性经济痉挛。

这三点做到并不容易。现在距马克思写作《资本论》已逾100年，经济学家仍然不能解开资本主义经济循环之谜。社会主义国家对上述第一个要求作了巨大努力，但仍有不足之处，需要改进。看来社会主义计划工作不仅是经济学的问题，它还涉及许多不能用货币计算的因素。仅仅依靠上述劳动价值和生产价格模型是不够的，因为它们是价值价格理论，涉及范围较窄。我们不能责备马克思没有留下周密的计划方法，那是后人应当努力的事。顺便提一提，劳动价值论对于计算如何节约社会劳动量是有用的，它是社会主义计划工作中应当考虑的一题。

萨缪尔逊说："中国即使有完善的计划也受不了连续五十年

---

① 《资本论》第3卷，《马克思恩格斯全集》第25卷，人民出版社1974年版，第198页。

② 同上书，第187页。

采用剩余价值率计算推荐的技术。”马克思并非不知道除劳动外还有其他稀缺生产要素，他只是反对人们利用这些稀缺要素来剥削别人。《共产党宣言》说土地应归社会公有，地租归于政府。换言之，地租这个经济范畴继续存在，但不再是私人的剥削收入。《资本论》第一卷第一章中自由人联合体在计划工作中按照社会需要分配劳动力，不能狭义理解，而应理解为生产力的配置。恩格斯在《反杜林论》中就把劳动和生产资料（死劳动）都作为计划分配的对象。中国的计划工作须考虑劳动、资金、土地、矿产、外汇的合理分配。特别是中国有许多地方水资源不足，选择投资项目或选择技术时不能不考虑。例如山西省煤炭丰富，但水资源不足，利用管道运输就有困难。中国的计划工作不仅考虑投资项目的微观经济效益和成本，还须计划社会效益和成本，包括一些不能用货币计算的因素。中国不是资本主义国家，不需要在计划和统计中设置剩余价值率指标。中国有劳动生产率和资金利税率等适合社会主义经济的指标。

# 复 乐 园*

中国留美同学经济学会于1989年12月23—24日在匹兹堡大学举行第五届年会。会上宣读的论文中有不少篇讨论中国的经济改革，其中有些作者似乎对社会主义失去了信心。例如有一个中国经济改革理论研究小组在《中国第四次经济改革（1979—1989）争议》一文中说：“社会主义改革在原有模式或理论认识的框架内已经走到了尽头，或者更准确地说，已经走入了一个没有出路的恶性循环。”“那么这个原有的理论框架与模式是什么呢？不是别的，就是马克思关于社会主义预测中的空想成分——生产资料公有制模式与其所依据的劳动价值理论。”本文作者想说的是，一些社会主义国家的经济改革虽然未能尽如人意，却不能因此断言生产资料公有制行不通，特别是不能把存在的问题归罪于马克思。19世纪社会主义思想家对管理体制曾有所考虑，而且有其优点，他们的设想并非限制现代社会主义改革的框架，而是改革家未充分考虑前人的理想。现在整理出来供改革家参考。

---

* 原载于《经济分析与政策建议》1990年第2期。

# 国营大企业的管理

19世纪的社会主义者一致认为社会主义企业应交给职工民主管理，没有人认为应由政府派遣干部到企业实行一长制管理。1868年9月6—13日于布鲁塞尔举行的第一国际代表大会以30票对5票的多数通过了关于所有制的第35号文件，其中说："国家不应当像现在这样把采石场、煤矿、金属矿和铁路交给资本主义的公司，而应当交给工人协作社，这里，要遵守两个条件：一方面，国家要求合理地科学地经营租让事业，要求生产成本同出售价格相适应并对账目进行监督，以免协作社把这种经营变成垄断；另一方面，国家要规定协作社成员同整个社会的相互权利。……现代社会的经济发展产生了使土地成为公共财产并由国家按矿山和铁路中的条件出租给农业协作社（生产协作社）的社会必要性。"①

第一国际的决议到了1871年巴黎公社时期得到贯彻。当年4月16日，公社发布关于将停工工场交由工人管理的法令，依靠被遗弃工场的工人合作团体的力量使这些工场迅速复工。有案可稽的一个例子是那时有一个卢浮兵工厂，该厂由公社代表领导，他由工人大会选出，在代表明显不称职时，可随时予以撤换。代表的任务是：受理厂长、工长和工人的报告，并转呈炮兵器材局的领导人。厂长与工长均由工人大会选出。工厂委员会由领导工厂的代表、厂长、工长和每个工段各自选出的一名工人代表组成。为了维护公社的利益，组成监督委员会的工人代表有权

① 《第一国际第二国际历史资料——第一国际》，中国人民大学编译室译，三联书店1964年版，第81—82页。

了解工厂的一切内外业务。[①]

在20世纪80年代，第一国际的理想、巴黎公社的范例在我国首都钢铁公司又得到重视，首钢的总经理和工厂委员会主任由职工选举，政府任命，工厂委员会其他委员也由职工选举。工厂委员会是决策机关，总经理是行政首长，职工另外选举一个监督委员会和一个职工生活委员会，监督委员是专任的，有权对上至总经理下至普通职工进行监督。

1987年首钢资金利税率高达68.62%，冠于所有重点钢铁企业。首钢的经验说明19世纪社会主义思想家的理想是可行的，实行全体职工承包是能提高国营大企业的效率的。可是，首钢经验没有很好推广到其他大企业，原因可能是人们有一种看法，在首钢的收入分配中，国家得到的少了一些，企业留下的多了一些。1982年，国务院批准首钢实行上缴利润递增包干，递增基数以1981年利润总额减去同年留给企业的利润为基数，以后每年递增7.2%上缴，超过的利润留给企业支配。留利中60%作为生产发展基金，20%用于发展集体福利事业，20%为职工奖励基金。职工奖励基金的一项重要用途是使工资与利润挂钩，利润每增减1%，工资总额相应增减0.8%。

人们可能认为上缴利润年增7.2%，如物价指数增长率超过7.2%，则上缴利润实际在减少。不过上缴利润虽然年增7.2%，但九年中产品税平均每年增长则达13.83%。从1983年起开征能源交通建设基金，至1987年已增加了62%，也从留利中开支。留利中60%用于发展生产，形成新增固定资产仍为国家所有。首钢实行改革后一切投资自筹，九年共增固定资产21亿元，

① 参见《第一国际和巴黎公社文件资料》上册，杭州大学外语系译，三联书店1978年版，第170—171、189—190页。

如果是在改革前，必然由财政负担。

美国制造业公司的资金利税率即税前利润对股权资本的比率，在经济周期中变化很大，1979 年为 25.70%，1980 年为 21.86%，1981 年为 21.33%，1982 年为 14.06%。将首钢业绩与之比较，没有理由怀疑社会主义生产资料公有制的效率。首钢是一个孤例，可能说服力不大。若中国有几十个大企业像首钢这样实施社会主义民主管理并且取得显著效果，人们对社会主义生产资料公有制将充满信心。至于承包条件可以因企业的具体情况而定，不一定与首钢相同。

## 国营企业的集体决策

一长制的原型是在资本主义成长史上曾经活跃一时的独资企业家。他既是所有者又是经营者，既是决策者又是指挥执行者，既是立法者又是行政首脑。经济学教科书为了简化其讨论也常常假设一个活跃的企业家，把各种生产要素组合成为生产过程。在现代经济生活中独资企业虽然为数众多，但主导地位为公司组织形式代替。那些股票在市场上自由转让的公开型公司的所有权与经营权已经分离，股东不可能将公司交给某一个人，例如选举或聘任某一位经理，而只能选举一个董事会作为决策机关和一个董事长负责指挥执行。西方国家采用集体决策的组织还有学校的托事会。它是由一名委员长和四名委员组成的合议体行政机构。委员长和委员经国会两院同意，由内阁总理任命。委员长对外代表委员会，但与委员之间不是命令服从关系。委员会的一切决定，均由合议多数表决。

一个组织是一个有目标的系统，其成员各有其个人目标。个人目标有与组织目标一致的地方，也有不一致的地方，有一致的时候，也有不一致的时候。即使其本人目标与组织目标完全一致，亲戚故旧将对他施加压力，以获得某种利益。在集体决策的过程中，与组织目标不一致的个人目标处于被压抑状态，不敢公然露头，作为一个集体始终以组织目标为决策标准。美国法律规定，一名董事对于涉及他个人利益的议案无表决权。

由于每个人的智力和知识不同，判断一个问题的正确与否的概率因而不同。假设一个董事会有七名成员，每人判断正确的概率均为70%，判断错误的概率均为30%。让他们中任何一个人决策，其正误概率都是如此。如果实行集体决策，首先进行讨论，在讨论中交流信息，使每个人作正确判断的概率提高为80%，错误判断的概率降为20%。全体成员同时都错的概率为 $(0.2)^7=0.0000128$，几乎等于零。在另一方面，至少有一人判断正确的概率几乎等于1。换言之，几乎必有至少一人判断正确。有四个人在表决时判断错误以致董事会作出错误决策的概率为 $(0.2)^4=0.0016$。所以，集体决策犯错误的机会比个人少很多。一个天才企业家，其判断正确的概率达到90%，是否可以不要集体决策？我们说，他虽然是天才，毕竟有10%的机会作出错误判断，如果他是集体中的一员，即使他判断错误，依靠集体智慧，仍然不致作出错误决策。在另一方面，集体中有了他，作出正确决策的概率会更高。

以上的讨论与社会制度无关。也就是说，不论资本主义制度或社会主义制度，集体决策既能防止假公济私，有利于实现组织目标，又能发挥集体智慧，提高决策质量，显然优于个人决策。但是决策机关——工厂委员会由职工选举，工厂委员会主任与总经理由职工选举，请政府任命，是实现社会主义民主的正道，与社会制度有密切关系。在资本主义企业中，工人对生产资料及产品没有支配权，他们的利益、他们的目标很难与资本家一致。

西方经济学中的“经济人”概念是简单化假设，把人看做仅仅是追逐物质利益的动物。资本主义管理学将用于实验室动物的“刺激—响应机制”用于管理。这些概念无法解释人的探索性、创造性、利他性行为。系统论创始人路德维希·冯·贝塔朗非认为，应当把人看做是主动的人格系统，要重视人的创造性方面，非功利主义方面，超越生存的生物学价值方面。社会如果将生产资料委托全体职工管理，能激发其创造性、社会责任感以及爱国主义思想。我国有不少企业实行经理承包制，它仍然是一种一长制，广大职工仍然不能支配生产资料，唯一的凝聚力量是物质刺激。企业寿命长而经理承包期短，导致不必要的短期行为。职工长期在企业工作，好比水下的石头；经理短期任职承包，好比石头上的流水。短期行为的主要来源与其说职工短见，不如说经理没有长期打算。首钢职工当家做主，有强烈的投资倾向。改革后的九年用留利为国家增加固定资产 21 亿元，相当于改革前 30 多年国家对首钢的投资。此外，首钢兴办了若干子公司，在美国收购一家钢铁设备设计公司，现正准备与山东省共同投资建设大型钢铁企业。如果中国有几十个像首钢这样充满活力、能自己发展的大企业，国家财政有希望腾出力量支持教育、环保等非营利性事业的发展。

## 自由人联合体

马克思在《资本论》第一卷中设想有一个自由人联合体。在第三卷中把未来社会的生产方式称为“联合的生产方式”①。1871

---

① 《资本论》第 3 卷，《马克思恩格斯全集》第 25 卷，人民出版社 1974 年版，第 498 页。

年，马克思在《法兰西内战》中进一步把未来的生产组织形式描写为“联合起来的合作社”，它按照总的计划组织全国生产，从而控制全国生产，制止资本主义生产下不可避免的经常的无政府状态和周期的痉挛现象。马克思认为这就是共产主义。联合起来的合作社是社会经济组织、民间组织，不是政府。那时的政府只留下为数不多然而非常重要的职能。马克思预见到“以自由的联合的劳动条件去代替劳动受奴役的经济条件，需要相当一段时间才能逐步完成（这是经济改造），这里不仅需要改变分配方法，而且需要一种新的生产组织，或者毋宁说是使目前（现代工业所造成的）有组织的劳动中存在着的各种生产社会形式摆脱掉（解除掉）奴役的锁链和它们的目前的阶级性质，还需要在全国范围内和国际范围内进行协调的合作”①。《共产党宣言》说：“无产阶级将利用自己的政治统治，一步一步地夺取资产阶级全部资本，把一切生产工具集中在国家即组织成为统治阶级的无产阶级手里，并且尽可能快地增加生产力的总量。”② “在发展进程中，当阶级差别已消失而全部生产集中在联合起来的个人的手里的时候，公众的权力就失去政治性质。”③ 也就是说，国家先夺取资产阶级的资本，然后交给职工组成的合作社。革命成功前社会上即有许多由劳动人民集资成立的合作社，它们在革命成功后继续存在和发展。新的国家从资产阶级及资产阶级政府夺取的企业则要求企业职工组成新的合作社，受国家委托经营管理。以后还将有劳动人民集资创办的新合作社。国营企业职工民主管理的组织，是职工组成的合作社。合作社原来没有生产资料而受托经营管理社会所有的生

① 马克思：《法兰西内战》，人民出版社 1964 年版，第 143 页。

② 《共产党宣言》，《马克思恩格斯选集》第 1 卷，人民出版社 1972 年版，第 272 页。

③ 同上书，第 273 页。

产资料。那么，以后职工能否购买国营企业的股份，也就是说合作社除经营国家托管的生产资料外，社员再认购一些股份作为补充，这在理论上似乎没有讲不通的地方。

1844 年英国兰开的罗契得尔地方成立了一个消费合作社，称为罗契得尔公平先锋社，其章程规定人人可以入社，每个社员一个表决权，而不论其入股多少，商品只能用现金购买，股份分红至多 4%。罗契得尔章程被国际合作社运动公认为典范。1895 年在伦敦成立国际合作社联盟，1966 年在保加利亚瓦尔那召开第 23 届大会通过合作企业的六条指导原则：（1）人人可以入社；（2）民主管理；（3）对股份资本支付的利息有所限制；（4）利润分配在民主基础上进行，并且有利于全体社员；（5）为了说明合作的特点和规则进行教育和促进工作；（6）在当地的、全国的和国际的合作社实体之间进行协作。

马克思观察 1864 年为止的英国各工厂公布的账目，发现利润大于平均利润。利润高的原因是由于不变资本的使用更为节约。在资本家工厂中，财产和工人相异化。“如果他不是被迫节约这种财产，那末浪费一点，对他说来毫无关系。而在属于工人自己的工厂，例如在罗契得尔的工厂中，情况就完全两样”①。这就说明合作工厂的工人不存在劳动异化问题。“合作工厂提供了一个实例，证明资本家作为生产上的管理人员已经成为多余的了，资本和劳动之间的对立在这种工厂内已经被扬弃”。

在 19 世纪的社会主义思想家中，有一些人幻想不必经过社会主义革命，在资产阶级政府领导下能够通过发展合作社而实现社会主义。马克思对他们持批评态度。1864 年，马克思在《国

① 《资本论》第 3 卷，《马克思恩格斯全集》第 25 卷，人民出版社 1974 年版，第 101 页。

际工人协会成立宣言》中，一方面赞扬合作运动，另一方面也指出土地巨头和资本巨头会在它的道路上设置障碍。在马克思逝世后的100年中，资本主义世界中合作社虽然有所发展，但与资本家企业比较仍然处于次要地位。这是因为那些国家的法律、教育、经济、管理等都是为资本家企业服务的。1866年第一国际日内瓦代表大会通过关于合作制的第十六号文件，正确地指出："为了从社会生产中建立巨大的、协调的、自由的和合作的劳动制度，就必须发育一般社会条件，而这种发育，如果社会的组织权，换句话说，即国家政权不从资本家和地主手中转移到工人手中，是永远不能实现的。"

马克思的《法兰西内战》和德国社会主义工人党的哥达纲领都认为将来应由合作社的全国联合组织担任计划工作。合作社发展到一定阶段就会有联合的要求。第一种联合为了培养合作社相互之间的团结精神，指导合作运动，各国有合作联盟，各国之间有国际联盟；第二种是消费合作社为了大批进货的经济利益而联合，共同创办批发合作社，从生产者进货或自己生产，按批发价格卖给消费合作社。批发合作社是合作社的合作社。资本主义经济中的集中化和垄断化趋势，形成许多大规模的、有许多子企业的大公司，革命胜利之后，无产阶级国家可以一举将其财产社会化，交给规模很大的职工组成的合作社管理。各行各业的合作社最后联合为全国性的组织。波兰已故经济学家兰格建议在波兰国会中成立第二个院，代表社会主义经济的各个行业，成为社会主义民主的一个重要机关，以体现马克思说的自由人联合体。①

① 奥斯卡·兰格：《社会主义经济理论》，王宏昌译，中国社会科学出版社1981年版，第57—58页。

# 斯大林的经济思想

斯大林是20世纪著名的社会主义实践家，他生活在封建传统牢固而经济落后的俄国，对社会主义的认识与19世纪西欧社会主义思想家有所不同是完全可以理解的。我们可对他的《苏联社会主义经济问题》作一些分析。

他说："现今在我国，存在着社会主义生产的两种基本形式：一种是国家的即全民的形式，一种是不能叫作全民形式的集体农庄形式。"他始终强调两者的区别。而在19世纪社会主义思想家看来，只有一种生产，合作社生产，自由人联合体的生产。只是有些合作社租赁了社会财产，另一些合作社没有租赁社会财产。斯大林认为社会主义经济之所以有商品生产是由于存在全民和集体两种不同的所有制。作者以为，自由人联合体的范围有大小之别。若自由人联合体指全社会，我们可以说自产自用，不是商品。若自由人联合体是一个合作社，则显然不是自产自用，而是需要交换的商品生产。即使承包社会财产的合作社也是为交换生产。斯大林说："我国的商品生产并不是通常的商品生产，而是特种的商品生产，是没有资本家参加的商品生产，它所涉及的基本上都是联合起来的社会主义生产者（国家、集体农庄、合作社）所生产的商品。"必须指出国家是剥削被压迫阶级的工具（列宁语，见《国家与革命》），而不是生产者。恩格斯说："国家真正作为整个社会的代表所采取的第一个行动，即以社会的名义占有生产资料，同时也是它作为国家所采取的最后一个独立行动。那时，国家政权对社会关系的干预将先后在各个领域中成为多余的事情而自行停止下来。”[①] 例如在生产方面，国家将生产资料委托合作社去经营管理。

《苏联社会主义经济问题》说：“我国农业的生产力在最近二十年至二十五年中有巨大的发展。”“如果我们在三十年代没有用新的集体化的生产关系来代替农村中旧的资本主义的生产关系，那就不会有这样的发展。”现在苏联农业不很成功已是包括苏联自己在内举世公认的事实，但不能因此得出结论合作化不适合于农业。因为在许多国家，农业合作化取得了显著的成绩。经验说明不能因合作化而取消家庭农场。《共产党宣言》曾说：“共产主义的特征并不是要废除一般的所有制，而是要废除资产阶级的所有制。”自食其力、不剥削别人的家庭农场为共产主义所许可。且在家庭农场的基础上，遵照志愿参加、民主管理的原则，组织各种为农业和农村生活服务的合作社。集体农庄不足之处正是未以家庭农场为基础，不重视志愿参加、民主管理的原则。它不是马克思和其他19世纪社会主义思想家当年在西欧见到的合作社。

## 经济的自组织功能

技术不断进步，环境不断变化，经济须有很好的自组织功能才能适应。自组织功能包括从无组织到有组织以及改进原有的组织两方面。从无组织到有组织体现为创业。合作社是志同道合的劳动人民志愿组织的，不一定需要大量资金。资本主义股份公司是资本的集合，可以根据需要分割、转移或合并资本以实现企业

① 恩格斯：《社会主义从空想到科学的发展》，《马克思恩格斯选集》第3卷，人民出版社1972年版，第438页。

的分、合、改组。合作社是自由人联合体，可以通过民主协商的方式实现企业的分、合、改组。例如，法律可以规定，两个合作社各经三分之二社员通过，可以合并为一个社；或若干个社可以组成联社，即合作社的合作社。联社的理事会由各成员社推选代表组成。即使有些社承包了国家财产，有的社承包了一个省的财产，也不影响改组。因为改组后的合作社可以不同账户记录来源不同的社会财产，一切合作社均按纯收入交纳所得税。如承包了社会财产，在所得税外再按一定投资报酬率，上缴给有关的财政部门。所以合作社具有优良的自组织功能。

# 林业、生态与经济机制*

## 外国人眼中的中国景观

本世纪初，美国经济地理学家斯密（J. Russell Smith）访问地中海的科西嘉岛，那是一个山多地少的地方，有大量栗树和栗园，居民和牲畜以吃栗子为生，而栗林保护土地不会流失。他又访问中国西部，发现山坡都已开垦，不见有树，以前的肥沃土壤永远流失。斯密问自己，为什么中国西部山坡毁坏，而科西嘉山坡成为持久的乐园？他找到的答案很清楚，中国因破坏森林而受难，科西嘉因实行树林农业而得救。

1948 年又有地理学家高罗（Pierre Gourou）在《太平洋事情》杂志发表题为《中国的未利用的高地》的考察报告。他认为农村人口多而耕地少是从印度支那到中国的远东地区的景观特征。中国的农民主要在冲积平原和河谷地带精耕细作而忽视山坡，耕地只占国土面积的 10%。其中有例外，但例外毕竟是例外：四川农民在陡坡上耕作梯田，因为在表土下面是易于分解的

---

* 原载于《数量经济技术经济研究》1991 年第 1 期。

软片岩，而且降雨均匀，有利于保持土壤；浙江在山坡上种茶树。但就总体而言山地很少利用。汉族的文明建筑在一年生植物上，从新石器时代已经如此。历史学家何炳棣也有类似看法。农民视森林为发展农业的障碍，必须加以清除。欧洲人饮食习惯不同，既有植物又有动物，所以农村多草地和森林，其景观与中国不同。这对人口有影响，靠粮食为生的社会必然人多，兼吃动植物的社会人口较少。古代中国人之所以偏重农业是因为粮食便于保存，而在中国的北方牲畜过冬是个问题，要事先准备干草和青贮饲料。

前几年印度有一家化学工业公司的工程师来北京谈判技术转让问题，在签订协议之后突然说："我可不可以提一个业务以外的问题?"经允许后他问："北京为什么鸟这么少?"鸟少是因为树少，外国游客无不因中国树少鸟少而感到惊讶。

## 中国的生态危机

古代森林遍地，毒蛇猛兽出没，而且蚊蝇孳生导致瘟疫，成为发展农业和人类生活的障碍，不得不加以清除。但到汉武帝时黄河流域已感到木材的稀缺性。黄河在濮阳决口，武帝亲临现场，命令群臣负薪塞口，可是当地薪柴少，人民平时烧草，只好用竹子塞口，没有成功。武帝伤心而作歌，有"河伯许兮薪不属"（河神同意而缺乏木材）之句。古人刀耕火种为了发展农业，当森林烧尽后，建筑需要木材，又将剩下的树木砍伐。

森林在旱季能将深层地下水提升到地上，雨季又能储蓄大量水分，是天然的水库。一旦森林破坏，必然加剧水旱灾害。战国时，分齐、赵、魏已筑堤防御黄河泛滥。虽不能说黄河灾患完全由破坏森林所致，但破坏森林增加灾害次数和灾害的严重程度是没有疑问的。

新疆境内汉武帝征服的楼兰国以后被沙漠吞没，罗布泊是在不久之前才完全干涸的。根据考古发掘，今日一些沙漠地区，古代曾是小桥流水的农村和熙熙攘攘的城市，它们有些成为今日新疆的旅游点。大西北到处是荒山秃岭，高山雪线上升，内陆湖泊干涸，沙漠扩大，河道断流。中国最大的内陆湖——青海湖正在步罗布泊后尘。西北旱化是中亚细亚旱化的一部分，它是自然因素与人类活动联手造成的现象。

华北生态环境恶化也很严重。明代宛平县令写的《宛署杂记》反映明代的宴会每席必用獐子一头，说明那时北京附近森林茂盛，有很多野生动物。清代初期在承德建筑离宫并常到热河木兰行猎是因为那时多森林、溪流、湖泊、动物，与今日的干旱景观不同。华北虽然修建许多水利工程，并不能增加全区的水资源，白洋淀干涸就是证据。而大量利用地下水无异开矿，有时而尽。许多城市下面形成空洞，影响抵御地震的能力。

长江支流森林破坏，涵蓄水分的能力降低，土壤流失，河流泥沙增加，人们担心变成第二黄河。贵州素有“天无三日晴”的谚语，但是近年来因森林破坏，环境中水分减少，天气有晴朗化的趋势，甚至广西漓江也因森林破坏而有时断流。

1962 年，英国女作家卡逊（Rachel Carson）出版《寂静的春天》。她指出，如果清晨无鸟语，是因为没有鸟；如果没有鸟，是因为它们已被很多化学物质杀死。那本书唤醒发达国家注意工业化对环境的消极影响。中国则在工业化前夕已因人口过多并且破坏森林而使生态环境日益恶化。

在 1922 年创建林中人学会的林学家贝克（Richard St. Barbe Baker）说，一个国家的国土上有 30% 面积为森林是最低安全界限，而我国在 1987 年森林只覆盖了国土的 12%，实际上处于危险状态。我国人均耕地 1.32 亩，只有全世界平均数的三分之一。美国 70 个城市的平均年降雨量的中数是 36.8 英寸（934.72 毫米），中国 31 个城市的平均年降雨量的中数只有 28.5 英寸（723.9 毫米）。中国的土地中 53% 是干旱或半干旱地区。1987 年，中国农村人口达 57711 万人。农村人口大量而耕地不足意味着贫困和就业不足。美国有 34 个人口在 100 万人以上的都市，而中国有 173 个市人口超过 100 万。把这些生态环境、农业、人口、就业和经济问题加在一起，构成中华民族的忧虑。

## 导致生态危机的社会经济机制

破坏森林是造成民族忧虑的最重要的原因，唯有重新造林才能逆转此种不幸的历史趋势。历代的英明君主、贤能官吏以及许多有识之士都提倡种树。例如明太祖、左宗棠、孙中山都是著名的提倡植树者。中华人民共和国成立后，每年植树节都由各级政府的负责人带头，发动广大干部、职工、学生、群众种树，并且利用飞机造林。这些努力是可贵的，应当继续下去，并且做得更好。不过，这些积极因素自总体而言，并未战胜那种广泛的、自发的砍伐森林的消极因素，所以中国的森林覆盖面积在继续下降。何以种树人少而伐木者多？我们需要分析人们的行为受什么社会经济机制影响，然后设法改进有关的社会经济机制，使之能改变人们的行为，积极从事植树造林。

不论中国或外国的农村自古都有一些公用土地可供村民放牧和采薪。英国从 16 世纪起地主逐渐将公用土地圈为己有，1760 年以后圈地之风更盛，人民进行反抗，政府派兵弹压，甚至点燃农民头上的屋顶，把他们赶出去。我国在清代初期曾在北京和河北地区圈地，以安置进关满族。但中国大部分地区没有发生过圈地，故至今农村仍常有公共土地，山区更多。在封建时代，普天之下莫非王土，公共土地可以理解为王土。现在离村庄近的土地可以理解为村庄所有，远处的土地属国家所有。人口多而耕地少是中国的基本国情，成为深入人心的共识。但是中国还有大量可利用的公共土地则常常被忽视。高罗是外国人，旁观者清，将中国的景观与西欧景观一对比便发现中国农民只利用了很少一部分土地，还有大量土地未加利用。例如贵州耕地只占总面积的 10.7%，其余均为公共土地。其中森林占全省总面积的 12.6%，水域占 1.5%，还有占总面积 75.2% 的公共土地都未加充分利用。甚至在土地利用最充分的江苏省也还有荒废的公共土地。笔者家乡在镇江东郊，那里有一个雩山山脉，人们加以编号，称为头雩山、二雩山等等。头雩山离我们村庄不过一里之遥。雩山上的森林于千百年以前砍伐已尽，村人不仅不上山种树，甚至没有人登山去看看。人们宁愿去三里外的镇上，而不愿登近处的雩山。不论贵州的群山或江苏的雩山都处在气候温暖、雨水充足的地带，不需灌溉便能造林。现在木材价格高昂，果树收入更多，何以没有人种树？中国人在自己庭院中种树而不敢到公共土地上种树。假如有人上雩山种树，由于土地不属种树人所有，也没有授权他管理此山，他的权益得不到保障。虽说中国已有森林法，保护种树人的利益，可是个人力量很小，如何依法护林？而且种树的生产周期长，个人的寿命、劳动时间和资金有限，不如用在见效更快、更有保障的事业上。总之，从个人看，植树造林的经济效益是不确定的、有风险的而且需要等待多年的。而在现有森林中砍伐的经济效益是确定的、迅速的，虽然是违法的。

# 用新机制开发新大陆

1492 年哥伦布发现美洲，1606 年詹松发现澳洲，1642 年塔斯曼发现新西兰，地理大发现使欧洲人得以移民到人口稀少的新区。试想如果现有美、澳、新三地的白种人都挤在欧洲，他们的人口问题将和中国一样严重。然而，我们有自己的新大陆，就在过去未充分利用的中国国土上。我国的新大陆有多大？现在全世界的土地只有 8%—10% 生产食物。农业学家和科学家曾在条件极恶劣的地方种树成功，如岩石山坡和年降雨量只有 2—4 英寸（50. 8—101. 6 毫米）的沙漠。近年我国用飞机在气候恶劣的地方大规模播种三北防护林获得成功，令人兴奋。据估计，地球表面土地至少有四分之三可以种树，提供人类需要的衣、食、燃料、建筑材料等等。同时保存了野生动物，减少污染和举世关心的二氧化碳，增加许多风景，带来经济的、道德的、精神的和文化的效益。

高罗作过这样的估计。重新造林一平方公里可以维持 10 个人的生活。如果中国国土的百分之一重新造林（9. 6 万平方公里），可能解决 96 万人的就业问题。每平方公里果园可维持 100 人的生活。如果百分之十国土变成果园，可解决 9600 万人的就业问题。每平方公里草地可维持 20 至 30 个牧民的生活。如果百分之一国土种草，可解决 240 万人的就业问题。如果实行综合利用的立体农业，兼种用材林、薪炭林、水果、干果、林中和林间养牛，以及蘑菇、蜜蜂等副业，单位面积可维持的人口当比高罗估计为多。不过这是中国最后剩下的新大陆，并非无穷无尽，仍要注意计划生育。

如何开发新大陆，需要有新思想和新机制。汉族是种粮食的农民，这是祖先的选择，在当时是有道理的。现在根据客观需要，我们要学习新的职业，种树、养牛。不仅粮食可以吃，水果、干果、肉和乳制品都可作为食品。我们的农业科学家过去主要研究粮食、蔬菜的栽培和育种，现在要分出更多精力研究水果、干果。改良本国品种，引进外国优良品种。例如美国人吃零食，除土豆片外，还常吃阿月浑子。阿月浑子外观像白果，用盐炒熟后，果壳裂开，营养丰富，味感好，又方便，我国可大量种植。我们的食品工业须探讨如何加工水果和干果，使之有利于长时间储存，代替一部分粮食。

个体户和私营企业在我国有合法地位，地方政府可将山地长期租赁给他们植树造林。所谓私营企业包括独资、合伙及公司企业。其中可能有台资、港澳资及外资企业。不过，按照我国国情以及社会主义方向，宜将主要希望寄托在农民自愿结合、实行民主管理的林业合作社上。就世界范围而言，农业合作社是很普及和很成功的，但也有不少农业合作社是失败的。成功与失败的决定性因素是能否实行民主管理。1957 年 4 月 8 日邓小平同志在西安干部会上作报告，明确指出："农村办合作社，也要扩大民主，实行民主办社。"这是办林业合作社的第一要旨。

关于林业生产周期长的问题可从两方面解决。我国没有林业银行或合作银行，但有中国农业银行。农业银行可以贷款支持林业合作社。法国于 1946 年创建国家森林基金，凡木材买卖均纳税 4.7%，作为基金收入。基金向种树人免费提供树苗，并对种树劳动以及种树后三年的维持劳动补助 40% 工资。种树人如有其他费用可向基金申请 20 年至 30 年的长期借款，年息 0.25%。如种树人仍感资金不足，可在预期收入的 50% 范围内向基金申请 20 年至 30 年的长期借款，年息 1.5%。参考法国的经验，我国也可考虑对一切木材交易征税，税收完全用来充实农业银行的贷款能力。征税可能使木材涨价，涨价使人们更加节约木材，且使植树造林的经济效益更大，有利而无弊。另一方面，林业合作社可以种一些果树、薪炭林，可以养牛，养蜂，提前得到收入。

## 树林农业

有许多树能生产食品和饲料，如角豆树、美洲皂荚、胡桃、桑、山核桃、柿、栗、儿茶、杏、山毛榉、巴西果、面包果、槚如树、椰、欧洲榛、橡树、松、阿月浑子、昆士兰果、枣等等。粮食亩产通常不过500斤，苹果每亩至少收1200斤，豆科树如美洲皂荚亩产达到2500—3000斤，都按折合粮食计算。斯密认为，通过培育可以得到高质量、高产量的优良品种。他在1929年出版一本书：《树木作物——永久性农业》，建议将树林纳入农业，称为农林业或林农业。他希望看到将来有100万座山，密布着绿色的生产食物的树林，有100万个精致的农舍散布其间。用树林农场代替贫困的草场、沟谷及荒山。林间有草，饲养牲畜，成为两层楼的农业。以后不久，日本人香川读到那本书，作了许多实验。他号召农民多种核桃，用来喂猪，卖猪得到收入。核桃长成后又种用材林，使农场不断有收入。第二次世界大战结束后，联合国教科文组织支持在南非作树林农业试验。其设计是立体农业，包括三项：第一是树，它是木材来源，水土保持者，气候改善因素；第二是树的产品，饲养牲口；第三是牲畜在林间活动，吃树的产品，提供肉、奶、黄油、酪、蛋。还有次生的产出如皮革、毛、蜜、树胶、木材、木炭、干草及青贮饲料。

林业是赢利性事业。美国私营林场占地3.5亿英亩，为全部林地的72%。美国私营林场的面积比我国耕地总面积大46%。在法国森林占地总面积中，私营林场占了73.4%，计10162524

公顷，比四川省耕地面积大60%。私营森林如此发达正说明造林是有利可图的。

美国和法国何以有这么多土地可供经营林业？是不是它们的气候条件好？气候至多只能说明问题的一小部分。中国汉族农民一向重视粮食，粮食作物茎弱根浅，抗旱抗涝的能力很差，只能在冲积平原或河谷种植。也就是说中国农民集中精力耕种李嘉图所说的最好的或生产费用最低的土地而忽视山坡，因为那里不能耕种粮食。欧洲农民不仅耕种粮食，而且种树种草养牛。不适合种粮食的土地可能适合种草种树养牛，可以利用的土地大为增加。

法国森林每年每公顷林地平均生产4.8立方米木材，折合每市亩0.32立方米。每立方米按422元人民币计价，可得收入135.04元。我国粮食平均亩产242公斤，每公斤按0.5085元计价，可得收入123.06元。说明种树比种粮食每亩毛收入差不多。但种树每亩的劳动少、费用低，净收入远比粮食为高。法国劳动力不如我国富裕，我们的合作森林农场将实行立体农业，综合利用，社员的收入有希望达到相当高的水平。合作社与合作社之间还可以自愿结合，组成联社。每个合作社是联社的一个成员，实行民主管理，经营产品加工运销，进一步提高经济效益。

## 新绿色革命

美国农学家在墨西哥培育高产小麦品种成功，此后，印度、菲律宾和中国培育出高产水稻品种，人称绿色革命。许多国家赖绿色革命使粮食生产过关。若在中国以及其他发展中国家发展合作森林农场，可以实现三个目标：（1）改善生态环境；（2）解决过剩人口的就业问题，发展经济，提高人民生活水平；

(3) 学习民主管理，农民当家做主，实践马克思的自由人联合体的理想，使社会主义得到新的活力。一石三鸟，可以理解为新的、规模更大的绿色革命。

此事关系到合作社立法，合作或农业银行，农林科学技术，农林产品加工工业，交通运输，是一项复杂的系统工程。

建议成立中国山海开发学会（海指海边滩涂以及近海养殖等），对此计划进行学术研究、宣传，并进行一些必要的实验。如实验成功，证明合作森林农场切实可行，有利可图，则广大农民群众将主动参考这些经验，结合自己的情况，组织更多的合作森林农场。

# 略谈欧美合作社*

欧洲合作社运动在法西斯暴政下深受打击，1945 年后开始恢复和发展。现在法国的工人合作社（即生产合作社）超过 600 家。意大利有 3000 多家合作社，40 多万职工，占国民毛收入的百分之七。丹麦约有 130 家生产合作社。近年来，法国、意大利和英国政府愈来愈信任合作社的可靠性、质量及低廉的成本，而将许多合同让合作社承包，甚至私营企业也把一些工作转包给合作社。

瑞典有 60 家工业生产合作社，服务业也有许多合作社，如建筑企业，法律合作社，工程企业。瑞典的合作社有三个来源：私营企业主出于一种理想主义的动机将企业转给工人；有的工厂即将倒闭，工人害怕失业而予以收购；第三个来源是从零开始的新合作社。瑞典工业部拨款支持合作社，故三类合作社都在增加。

葡萄牙在法西斯统治结束后，合作社迅速发展。1978 年有 511 个农业合作社和 4.2 万名社员；1200 家工业合作社有 5.9 万

---

* 原载于《中国集体工业》1991 年第 6 期。

名社员。

美国从 1790 年到 1940 年先后建立了 700 多家生产合作社。19 世纪的 40 年代、60 年代、80 年代，20 世纪的二三十年代有四次合作社发展高潮，1970 年以后的第五次高潮比以前任何一次规模都大。

美国西北部有 21 家胶合板生产合作社。其中 1921 年在华盛顿州奥林匹亚创办的是美国第一家胶合板合作社和第六家胶合板厂。奥林匹亚的产品以质量高著称，销路很好。50 年代又成立了 17 个合作社。在 50 年代创办的合作社中约有半数是经营亏损的私营企业出售给职工的。有些合作社由总经理负责销售产品，另一些合作社有代销人。一家大合作社在美国中西部设有两个销售办事处，还有六个合作社组织了一个销售合作社共同推销。股东有在合作社工作的权利。如果合作社的工作不足以解决所有社员的就业问题，则实行轮换工作。有些股东不愿工作也不必退股。有些股东到其他单位工作谋取更高工资，当合作社工资提高后又回来工作。股东开会时一人一个表决权而不论他投资多少。新社员必须胜任工作才能入股。只有股东才能担任董事，但总经理、监工、工头、木材采购员或办公室工作人员不能兼任董事。这样规定的目的是防止权力过于集中。社员的工资一律平等，不论其职务高低。有的合作社付给工头较高工资，并给难度大的工作岗位较高工资。纯利润按社员工作小时数分配而不按股份分配。社员的工资可以存在合作社享受利息。管理学者贝拉斯研究了 18 个胶合板合作社的数据，以社员五年累计的平均收入代表合作社的经营成绩，与许多其他变量作相关分析，发现经营成绩与社员的参与管理程度有密切关系。参与管理程度用五个指标综合而成：社员中担任董事的百分率；社员中担任某某委员会委员的百分率；一年召开董事会的次数；一年召开社员大会的次数；将董事会开会记录向社员通报的方法的有效性。社员参与管理愈多，主人翁思想愈强，经营成绩愈佳。

1970年以来，美国合作社发展速度超过历史上任何一个时期，估计每年成立1000家新合作社。它们一般规模较小，社员不过10—20人。创建一般靠社员自己力量，政府、银行或其他组织并未给予帮助。另一方面，美国政府鼓励私营企业职工购买本公司股票，命名为职工股权计划。约有800万名职工在7500家公司中购买了股票，其中1500家公司的股权大部分或全部为职工所有。它们不是合作社，却与合作社有某些共性。如维尔顿钢铁公司等都被职工全部收购。

1982年3月，国民钢铁公司宣布要关闭只有微利的维尔顿钢铁厂，这将使9000名职工失业。1983年9月23日，有表决权的8000多名职工以84%的多数通过了买厂协议。新公司以1.94亿元的现金和期票买下该厂全部资产。1984年，百分之百为职工所有的新维尔顿钢铁公司开始营业。不需要职工拿出现金购买股票，而设立一个职工股权基金托事会，托事会借款替职工购买股份。公司每年付给托事会一笔钱，作为职工分享利润的一部分，托事会用以还债。股份由托事会保管，每年按还债数将一部分股份分给职工。在职工之间，按工资多少比例分配股份。在债务未还清前由托事会选任公司董事会，只有重大问题才由全体职工按一人一票投票决定。新公司从第一年起即赢利丰厚。职工提出将近700项降低成本措施，成本分析员与工人们开过500次成本讨论会。有一个作业改进委员会选拔职工小组解决有关产品质量和生产效率的具体问题，研究成熟后报告由董事长、副董事长、有关作业的负责人等组成的高层指导委员会。公司在技术革新上进行大量投资，在美国钢铁工业中堪称技术先进。

70年代成立的新合作社中不少是提供劳务的。例如1971年成立了一个法律合作社，其宗旨是为无钱无势的人提供法律服务。起初保护受压迫的个人，以后也保护集体。例如在工会缔结劳动合作时充当参谋，帮助汽车司机、女服务员、捕捞海胆者组织起来。他们拒绝为强奸犯、地主或公司辩护。合作社有6—10名社员，其中三四人为律师，其他为一般法律工作者。在1975年合作社每月付给每一个社员250元底薪，有家庭负担者提高待遇。有一个无经验的新法律工作者有一个孩子，初始月薪325元。该社不强调分工，有事大家干，如打字、接待、清洁、法律研究、写诉状、出庭等。新社员能学到许多知识，三年后在加利福尼亚州即可取得律师资格。

美国《幸运》杂志公布的500家最大公司中职工股权基金成为最大股东的公司共69家。其中著名的公司有柯达公司、通用电器公司、通用汽车公司、麦道公司等。

马克思称社会主义生产方式为“联合生产方式”。1868年第一国际布鲁塞尔代表大会通过的第35号文件《关于所有制》，主张采石场、煤矿、金属矿和铁路必须属于整个社会，交给职工组成的合作社去经营管理。1871年，巴黎公社实践了国际的决议，将一些被资本家抛弃的工厂委托职工合作社管理。马克思在《法兰西内战》中称这种以合作社为基础的联合生产方式为“真正的共产主义”。列宁在生命的最后日子里口授写成《论合作制》名篇，追溯在新经济政策时期对合作社重视不够，论述了合作社在社会主义经济中的极重要的地位。

在资本主义社会中，合作社居于不利的竞争地位，在筹措资金、网罗人才等方面常常不敌资本主义企业。虽然如此，合作社不仅能生存而且能发展。这是因为合作社的生产资料属于职工自己所有，或全体劳动人民所有，又由职工管理。合作社社员有主人翁思想，资本主义企业的职工则有异化思想。马克思早就指出这个根本差别。

# 我国生态经济中的森林问题*

## 破坏森林持续7000年

森林曾经覆盖地球陆地面积的一半，说明树木是非常适合在地球上生长、有强大生命力的生物。经过多少世纪毁林垦荒、过度采伐以及森林火灾，现在地球陆地面积中仍有三分之一覆盖着森林，自然界对人类的恩赐不可谓不厚。中国位于北温带，北到大兴安岭，南至南中国海中的岛屿，莫不可以生长树木。今日童山濯濯，像是不毛之地的许多环境，古代曾是林木葱茏的绿色乐园。例如《汉书·地理志》说："天水、陇西，山多林木，民以板为室屋。"《盐铁论》说："蜀、陇有名材之林。""隋、唐之材不可胜用。"可见汉初甘肃和山西是木材产区。汉宣帝时赵充国在今青海湟源乐都一带屯田，曾"伐材木大小六万余枚，皆在水次"，用以修缮邮亭，而现在青海省的建筑用材来自遥远的黑龙江。

旧石器时代，人类过着渔猎采集生活，只能适应环境，不会

---

* 原载于《中国社会科学》1992年第1期。

去改造环境。新石器时代有了农业和制陶手工业，开始改造环境。从公元前约5000年起，在今天的陕西、河南、山西、河北、山东、宁夏、甘肃等地区陆续出现以彩陶为特征的仰韶文化。仰韶文化时期的古人过着农业、渔猎、采集、手工业的混合经济生活。其中粮食的种植愈来愈重要，因为粮食便于储存，利于保障人类的生活稳定。约在公元前3000年左右，在今山东、河南、陕西、河北、辽宁等地出现以黑陶为特征的龙山文化。由于木耒、骨铲、石镰和蚌镰的出现，此时农业技术比仰韶文化时有所提高。龙山文化晚期可能进入传说中的夏代。从仰韶文化经龙山文化到夏初，农业在黄河流域已发展了约3000年。农业的发展当时是以破坏森林为代价的。《管子·揆度》说“黄帝之王，……不利其器，烧山林，破增薮”，这是对实行“刀耕火种”的原始农业的真实写照。此外，当时的制陶业和建筑业也需要木材，特别是木结构自古以来一直是中国传统建筑的主要风格。

在有森林的地区，地上有草本和枯枝落叶，降雨后水分缓慢地下渗到土壤，土壤水分饱和后才产生径流。森林对水源起着保护、涵养的作用。据黄河水利委员会西峰水土试验站观测，降水强度为7毫米/小时，林地不产生径流，而无林地的径流系数为4%；降水强度为15毫米/小时，林地径流系数为1%，无林地径流系数为58%。黄河流域是中华文化的主要发祥地，又是世界上有名的黄土集中区。我国黄土分布在山西、陕北、甘肃、豫西、青海东北部、宁夏等地。由于黄土层物质细小均匀，较松散，多垂直裂隙，如无森林植被及其地下发达的根系起固定作用，易被流水冲刷侵蚀。所引起的水土流失，能使土壤内含水肥减少，破坏耕地；能使河流泥沙增多，河床淤浅淤高，引起河水泛滥。黄河在古代称为河，唐代起才称黄河，说明以前泥沙不那么多，水色不黄。[①] 许多住在河边的民族有古代洪水传说，诺亚方舟的故事反映6000年前在小亚细亚和东非发生的洪水。[②] 夏禹治水约在4200年前，在那次全球性洪水后约2000年。这可能是破坏森林达3000年之久所造成的或所加剧的有记载的第一次黄河大水灾。

商代可能已有牛耕。粮食作物有禾、稻、稷、麦、黍等，并且种植果、桑、栗等树木。大量酿酒，说明农业发达。祭祀大量用牲，有一次用牛三四百头的，说明畜牧业也很兴旺。畜牧业有两类，草原畜牧业和农业区的畜牧业。据欧文·拉铁摩尔的意见，蒙古草原的畜牧业在历史上出现较晚。散处黄河流域的戎狄对精耕细作的农业不能适应，逐渐向北迁徙，最后进入蒙古草原成为游牧民族，时间可能是东周晚期。商代是在农业区域中夹杂着草场和森林，饲养牛羊，那是一种混合农业。

周天子对诸侯或公卿大夫分封采邑或赐田。受封者除对采邑有政治管辖权以外，把一些土地赐给士（武士），大部分土地分给农民耕种，征收劳役及实物租税。而且有所谓“山泽之禁”，采邑中的山泽由诸侯或大夫专利，庶民不得擅自砍伐森林、采矿、烧炭、煮盐等。《管子·小匡》说：“泽立三虞，山立三衡。”虞是管川泽之官，《周礼》有泽虞之官；衡，或称衡鹿，是管山林之官，《周礼》有山虞林衡之官。《左传》昭公三年，齐国大夫晏婴告诉晋国大夫叔向，陈氏收买人心，齐国将归陈氏所有：“山木如市，弗加于山，鱼盐蜃蛤，弗加于海。”陈氏山上的木材在市场上廉价卖给人民，价格不比在山上贵；把鱼盐水

---

① 史念海：《论黄土高原的治沟和治水》，载《中国历史地理论丛》第2辑，陕西人民出版社1985年版，第359页。

② 《哥伦比亚世界史》，harter and Row 出版公司1981年版，第21页。

产在市场上廉价卖给人民，价格不比在海边贵。昭公二十年，晏婴直率地说齐景公已没有前途："不可为也。山林之木，衡鹿守之；泽之萑蒲，舟鲛守之；薮之薪蒸，虞侯守之；海之盐蜃，祈望守之。"舟鲛、虞侯、祈望是管理泽、薮，海产的官。齐侯专利不与民共之。

贵族把山林当做矿产来采伐，不会考虑更新问题。孟子提出意见："斧斤以时入山林，材木不可胜用也。"这是说不要在生长季节砍伐山林，待深秋草木零落然后进山，这是保护森林资源的一种方法。孟子所以提出这个意见，正因为贵族们做不到。孟子又说："五亩之宅树之以桑，五十者可以衣帛矣。"这是针对领主和农民说的。《诗经》中提到桑的诗句非常多。如"期我乎桑中"，"说于桑田"，"无食桑葚"，"无逾我墙，无折我树桑"，"言采其桑"，"桑者闲闲兮"，"阪有桑"，"爰求柔桑"，"蚕月条桑，取彼斧斨，以伐远扬，猗彼女桑"，等等。有桑林、桑田，墙下种桑，坡地种桑。古代没有棉花和化纤，麻布是大众衣料，丝绸是高级衣料，蚕桑业在国民经济中的比重可能高于现代。周代的农田不仅有一年生农作物，也有树类农作物桑和果。农田由休闲轮作逐步演化为精耕连作，土地得以充分利用。山林却只砍不种，渐趋凋零。山与田的不同演化，对后世的生态系统影响很大。据《汉书·沟洫志》记载，战国时齐、魏、赵始作黄河堤。说明黄水泛滥较前更加频繁。

战国时代，各国的贵族权力被削弱，政权集中于国君，领主社会变成地主社会。虽然仍有封邑，封君的相已由国君委派，其职权相当于郡守，封邑成为食邑。在政治上，封建贵族已被郡县官吏代替，山泽专利权自然随之集中到各国的朝廷，秦始皇只是把郡县制度推广于全中国，山泽专利权更加集中。

封建领主把山林作为私有财产，看守管理较严。山泽之利一旦集中到朝廷，郡县官吏对山林的看守管理比较松懈，民间矿冶业因之有所发展。《史记·货殖列传》和《汉书·货殖传》说："巴寡妇清，其先得丹穴，而擅其利数世，家亦不訾。""猗顿用盬盐起，而邯郸郭纵以铁冶成业，与王者埒富。""蜀卓氏之先，赵人也，用铁冶富。"靠冶铁发财的还有程郑、孔氏、曹邴氏等。汉初正式宣布"开关梁，弛山泽之禁"，更使私营矿冶合法化。开发山区需要一定规模。《盐铁论》中说："夫权利之处，必在深山穷泽之中，非豪民不能通其利。"汉武帝为了财政收入，重申山泽之禁，盐铁国营，或官督商营。冶铁炼铜以木炭为燃料，烧炭业随之发展。汉元帝时御史大夫贡禹已觉察到冶炼烧炭造成的生态环境问题，他说："斩伐林木亡有时禁，水旱之灾未必不繇此也。"早在汉武帝元光三年，河水就决濮阳，汜郡十六。其后，武帝曾亲临现场，堵塞决口，命令自将军以下皆负薪置决河。可是当地没有树，百姓平时烧草。武帝悼功之不成，作歌，有"河伯许兮薪不属"之句（河神已同意，可惜已没有木材）。

隋、唐之初以及北魏孝文帝都曾弛山泽之禁。其实当中央政权衰弱时，即使有禁也等于无禁。然而平民百姓没有力量进山作规模经营，得利的是豪强地主。而且政策不稳定，地权不明确，农民也不可能有在山上植树造林的长远打算。

黄河中下游和渭水流域是古代文化最发达、人口最密集的地区，也是森林受破坏时间最长的地区。但是离这个地区较远的地方，特别是南方，仍然森林茂密。

距今6000年前江淮地区出现青莲岗文化，江汉地区出现仰韶文化。商朝的武丁曾南伐荆楚以及江淮流域的虎方，文丁曾征伐归国（今湖北秭归），帝乙和纣先后征伐江淮之间的夷方。周文王的两个伯父泰伯、仲雍率领一部分周人到今江苏省与当地居民结合建立吴国；周成王把西部的虞侯改封到宜国，在今江苏丹徒。周朝沿汉水北岸分封许多姬姓诸侯，如在今湖北随县的随国。楚国原居淮河下游，向西发展，开拓了长江中游的大片土地。在吴国的南方出现了由夏人和楚人同当地人民结合建立的越国。《吴越春秋》记载公元前487年勾践命“木工三千余人入山伐木一年”。《越绝书》记载，公元前472年，勾践“使楼船卒二千八百人伐松柏以为桴”。

尽管南方很早就有人类的活动，但是从古人看起来，南方炎热潮湿，森林茂盛，毒蛇猛兽，瘴疠蔓延，十分可怕。《史记·货殖列传》说：“江南卑湿，丈夫早夭。”所以当时南方人口较少，经济文化中心在黄河流域。当黄河流域的森林被破坏殆尽时，南方仍在实行刀耕火种。《汉书·地理志》说：“江南地广，或火耕水耨，民食鱼稻，以渔猎山伐为业。”《盐铁论》说：“荆、扬南有桂林之饶，内有江湖之利，左陵阳之金，右蜀、汉之材，伐木而树谷，燔莱而树粟，火耕而水耨。”《汉书》卷六《武帝纪》说：“江南之地，火耕水耨。”

北方发生战乱或灾荒则人口向南方迁移。《汉书·高帝纪》载：“关中大饥，米斛万钱，人相食，令民就食蜀汉。”汉武帝时关东贫民迁徙会稽者约14.5万口。山东受水灾，汉武帝令饥民得流就食江淮间。《后汉书·李忠传》说，三年间丹阳来了流民五万余口。《三国志·张昭传》说：“汉末大乱，徐方士民多避难扬土，昭皆南渡江。”《三国志·卫觊传》讲：“关中膏腴之地，顷遭荒乱，人民流入荆州者十万余家。”两晋南北朝时代人民为了避难大量南移。《晋书·王导传》谓：“洛京倾覆，中州士女避乱江左者十六七。”由于流寓在江东的人口甚多，东晋政府在江南各地用流民原来所属的郡县旧名侨立郡县，例如在江南设立淮南郡、弘农郡、河东郡等，在今镇江设兖州。到了唐代，在安史之乱后人民逃往南方的更多。《旧唐书·地理志》载："自至德后，中原多故，襄邓百姓，两京衣冠，尽投江湘，故荆南井邑，十倍其初。"《建炎以来系年要录》卷 86 记载了南宋初北方人民的逃难情况，说："中原士民，扶携南渡，不知其几千万人。"

由于中原人口大量南移，江南地区很快迈出原始的粗放农业阶段，进入精耕细作的阶段。到公元 792 年，唐代官员权德舆指出："江淮田一善熟，则旁资数道。故天下大计，仰于东南。"此时中国的经济重心已经转移到南方。不过当时南方森林资源仍很可观。据《新唐书·地理志》载，安徽桐城"多猛虎毒虺。元和八年，令韩震焚荡草木，其害遂除"。直到公元 10 世纪中，江南山区仍有象群出没。① 如果没有森林，就不会有那些大动物的栖息之地。而且，此时北人南迁后并不愿意离开平原进入山区，通常采取围垦湖泊、提高复种指数、垦殖海涂等措施来增产粮食。

明末清初的情况就不同了，安徽、浙江、江西、福建等地人民有许多迫于生计而进山垦殖。《万历永福县志》卷 1 载："邑居万山之中，地之平旷者，不得什一……至于引水不及之处，则漳泉延汀之民，种菁种蔗，伐山采木，其利乃倍于田。久之穷冈邃谷，无非客民。"雍正二年江西巡抚裴（捧左改徕）度说："有远在山菁、星散各居者，有土民雇其佣工、地主招其垦田者，有山主利其力、作曲为隐庇者，或种靛麻，或种茶烟，或佃耕做纸，统名之曰棚民。"严如熤《三省山内风土杂识》讲道："流民之入山者，北则取道西安凤翔，东则取道商州郧阳，西南则取道重庆夔府宜昌，扶老携幼，千百为

① 《十国春秋》卷 18；《吴越备史》卷 4。

群，到处络绎不绝，不由大路，不下客寓，夜在沿途之祠庙岩屋、或密林之中住宿，取石支锅，拾柴做饭，遇有乡贯，便寄住写地开垦，伐木支椽，上覆茅草，仅蔽风雨，借杂粮数石作种，数年有收，典当山地，方渐次筑土屋数板。否则仍徙他处，故统谓之棚民。”《乾隆福宁府志》卷 12 载：“闽地多属官山，砍伐无禁，生长枝柯，即破樵采；甚至掘取其根，以供炊爨，不复滋生，遂成童山。至有主之山，其勤俭者，俱于山上种植松杉竹木桐茶等树，获利甚多；其懒惰者，山有小树即寻斧柯，只顾目前，不为远计，遂至美材不生。”光绪《于潜县志》卷 18 说该县在乾隆时“将山租安庆人种作苞芦”（即玉米）。《民国南平县志》卷 11 讲：“依山傍谷、诛茅缚屋而居，曰棚民。携山禾山苧桐茶杉漆靛苧番薯之种，挈眷而来，披荆棘、驱狐狸种之，率皆汀泉漳永之民。三四年后，土瘠薄，辄转徙。”光绪《余杭县志》卷 38 记载该县种植番薯后，“山遭垦松，遇潦即沙土随水入河，屡为农田水利之患”。光绪《宣平县志》卷 17 记载该县种玉米的后果：“山中种此，则土松石出，每逢大雨，山石随势下坍，溪涧填淤。宣（平）自嘉庆五年大水，溪潭患沙石堆积，水不能蓄，职是之故。然山种苞芦十年必败，并不可栽竹木，利尽而害随至矣。”

这样，随着江南农业经济的发展，当地的森林资源也被破坏得差不多了。抗日战争时期笔者在闽西长汀上学，看到到处童山濯濯，深以为异。福建气候温暖，雨水充足，只是因为都是无主官山，谁都不肯去种树。明清以来人民为生计所迫进山垦荒，破坏原始植被种粮食，以致水土流失。进山多种粮食而少种林木，因为只有粮食能解决眼前生活问题。何况在官山上种树，对将来的经济利益能否归己，也存疑虑。

在漫长的历史中，修桥铺路，植树造林，古来被认为是益事。历代不少政治家提倡植树，汉宣帝时渤海太守龚遂劝民务农桑，令口种一树榆。三国时魏郡太守郑浑以郡下百姓苦乏材木，乃课树榆为篱，并益树五果；榆皆成藩，五果丰实。公元458年，北魏孝文帝颁布均田令。诸男夫十五以上，受露田（即不栽树的田）40亩，妇人20亩，奴婢依良。男夫1人另给田20亩，种桑50树，枣5株，榆3根。非桑之土，夫给1亩，种榆、枣。唐承魏制，永业田上，“树以榆、枣、桑及所宜之木，皆有数”[①]。至明朝，太祖初立国即下令，凡民田5亩至10亩者，栽桑、麻、木棉各半亩，10亩以上倍之。不执行命令要处罚，不种桑的罚绢1匹，不种麻和木棉的出麻布或棉布1匹。洪武元年把这项制度推广到全国。二十四年，于南京朝阳门钟山之麓，种桐、棕、漆树5000余万株，岁收桐油棕漆，为修建海船之用。二十五年，令凤阳、滁州、庐州、和州每户种桑200株、枣200株、柿200株。令天下卫所屯田军士每人种桑百株，随地宜种柿栗胡桃等物，以备岁歉。二十七年，令户部教天下百姓务要多种桑枣和棉花，并教以种植之法。每1户初年种桑枣200株，次年400株，三年600株。栽种数目造册回奏，违者全家充军。到二十八年，湖广报告所属郡县已种果木8439万株，全国估计在10亿株以上。及至近代，左宗棠在丝绸之路上种树；孙中山提倡植树造林，后人将他的逝世纪念日定为植树节，如此等等。

不过，一时的植树运动很难与无时不有、无所不在、为眼前利益所驱使的破坏森林的力量相拮抗。而且森林被彻底破坏后，木材和烧柴极度匮乏，即使有人种树，不旋踵即被破坏。这种情况在唐代已经发生。《旧唐书·武宗纪》讲：“会昌二年四月，

① 《新唐书·食货志》。

敕劝课种桑，比有敕命。如能增数，每岁申闻。比知并无遵行，恣加剪伐，列于廛市，卖作薪蒸。”

## 新中国成立以来林政成绩斐然

经过7000年的破坏，到1949年，我国只剩下10.8亿亩森林，覆盖率只有7.5%。新中国成立后40多年的努力，使现有林地面积达到18亿亩，占国土面积12.7%。考虑到我国幅员广大，把覆盖率从7.5%提高到12.7%是很大的成绩。

1966年2月23日周恩来总理同出席全国林业工作会议代表的谈话，是后人应当记取的金玉良言。他说：“我最担心的，一个是治水治错了，一个是林子砍多了。……16年来，全国砍多于造，是亏了。……再亏下去不得了。……国营与群众营林，重点放在群众；伐木与育林，重点放在育林。……”《人民日报》1983年3月13日发表邓小平同志的谈话，指出：“植树造林，绿化祖国，是建设社会主义、造福子孙后代的伟大事业，要坚持二十年，坚持一百年，坚持一千年，要一代一代永远干下去。”他的话表明全党全民从改革开放的新时代开始，将造林放在更加重要的位置，这也是开展全民义务植树运动的动员令。

从20世纪50年代起，我国在东北西部、内蒙古东部、河北西部和河南东部营造了防护林，又营造了8000公里的海防林带。从1978年起在华北、西北、东北的沙漠化和严重水土流失地区建设防护林体系，第一期工程已超额完成。我国自然保护区建设始于1956年，全国自然保护区总数目前已达359处，其中国家级自然保护区有56处。

林业部于1988年颁布南方平原县绿化标准和北方平原县绿

化标准，使全国各地的绿化工作有了明确的奋斗目标和考核标准：南方一般平原县森林覆盖率为10%以上；半平原县为20%以上；部分平原县为30%以上。北方灌溉农业区全县森林覆盖率应达到10%以上；旱作农业区中，以一般风害为主的县达10%以上；以一般风沙危害为主的县达15%以上；以严重风沙危害为主的县达20%以上。截至1988年底，已有223个县（市、区）达到了标准。

从1956年起，我国开始用飞机播种造林。广东省飞播成林1100多万亩，1985年活立木蓄积量2000多万立方米。四川西昌东西河播区内东西河泥沙含量比飞播前减少了77%，水土流失量减少了80%，最大洪水位降低60%。河北省隆化县八大营石质山地于1974年飞播油松，1982年检查，阴坡植被覆盖率由飞播前的40%—50%增加到80%；阳坡由20%—30%增加到50%—60%。内蒙古进行沙漠小规模飞播草和灌木的试验，植被率上升，流动沙地变成固定和半固定沙地，风速明显降低。

“国营与群众营林，重点放在群众”。群众营林有两种方式：义务植树和“经济植树”。前一种方式中植树人完全不考虑自己的利益，只是为了社会经济和生态效益，个人利益已融合在社会利益之中。在后一种方式中，植树人是为了自己的经济利益，但同时也促进了社会经济和生态效益。我国开展义务植树运动已历多年，收获的社会经济和生态效益是巨大的。但长期以来对“经济植树”重视不够，而“经济植树”是绿化祖国的潜在的最大力量。7000年来广大群众之所以砍伐多而种植少，有其经济动机。伐木可以得到收入，而在不属于自己的土地上种树不能保证自己将来有利可图。党的十一届三中全会后在农业中实行联产承包责任制，把集体的土地承包给农民去经营种植。这个原则推广到林业，给林业带来了旺盛的生机。1979 年，福建省仙游县农民李金耀同大队签订 1200 亩山林的承包合同，全家上山植树三年，林木生长郁郁葱葱。由于有利可图，该县林业专业户很快发展到 579 个。1980 年 3 月 5 日，中共中央和国务院发布了《关于大力开展植树造林的指示》，允许在不影响集体林业发展的前提下，划给社员一定数量的自留山或荒沙荒滩，植树种草。这些树木和林产品，永远归社员个人所有，并可在集市上出售。中共中央和国务院又于 1981 年 3 月 8 日发布《关于保护森林发展林业若干问题的决定》，重申划给社员自留山（或荒沙荒滩），由社员植树种草，长期使用；树木永远归社员个人所有，允许继承；社队集体林业也应推广专业承包、联产计酬责任制。这样，到 1984 年 3 月 1 日，已给 5000 万农户划定了 2.5 亿亩自留山。1984 年 9 月 20 日人大常委会通过《森林法》，规定全民所有和集体所有的宜林荒山荒地可以由集体或个人承包造林，承包后种植的林木归承包的集体或者个人所有。

人们都说中国人多地少，所谓地少是指耕地少。若把那些不适合种植粮食蔬菜但可种树种草的荒山荒地都考虑在内，中国还有大量的后备土地资源可供利用。而改革开放以来逐步把荒山荒地承包给农民种树种草的政策，是扭转历史上毁林毁草的趋势、建设锦绣中华的契机。

## 森林和中国生态经济系统

地球上的能量几乎都来自太阳辐射，而只有植物能利用阳光合成可供动物利用的物质。据估计中国地面每年接受的太阳能约 $11.5\times10^{18}$ 大卡，而中国生态系统目前每年只生产约 $15\times10^{16}$ 大卡的植物质，其太阳能利用率只有 0.14%（全世界的平均利用率为 0.3%①)，原因就在于中国的森林和草地太少。考虑中国的生态经济问题，不能不从这个基本事实出发。在世界 160 个国家和地区中，中国的森林覆盖率和人均林地面积，都排在第 120 位以后，全国森林总蓄积量为 95 亿立方米，人均 7 立方米。据 75 个国家的统计，中国排在 60 位以后。特别使人担忧的是成熟林和过熟林的比重减少，幼年林和中年林的比重提高。而在保持水土、调节气候、清洁空气、荫庇动物方面的作用，幼树是不能与成年树相比拟的。中共中央和国务院于 1980 年号召实行大地园林化，把森林覆盖率提高到 30%。如能实现这个目标，同时广泛种草和改良草场，我国对太阳能的利用率便能达到世界平均水平。

我国人口堪称世界第一，1984 年原木年产量却只有 6385 万立方米。苏联的产量为我国的 5.6 倍，美国为我国的 6.9 倍，巴西为我国的 3.5 倍，印度为我国的 3.7 倍。我国不但木材产量少，长期处于供不应求的紧张状态，农村缺乏烧柴的问题更加突出。现在全世界木材产量的一半用于薪炭，即使主要烧油和天然气的美国，1984 年人均消费烧柴也还有 14.6 立方英尺。不能认为现在到了烧管道煤气、液化石油气或用电的时代，烧柴已经过时。缺乏木林还造成纸张短缺，年年进口。用草浆造纸影响质量，难以占领国际市场。

我国的降雨依靠东南季风，西南季风则被高山阻隔，这是西北干旱的原因。特别是公元 7—10 世纪，即我国唐至五代，欧亚大陆气候转暖，导致地球干旱和森林减少，土壤流失；许多罗马和希腊遗址被埋藏在深深的淤泥沉积中；巴基斯坦和柬埔寨也有

① Vaclav Smil: "China's Energetics: A System Analysis", *Chinese Economy Post Mao*, Washington 1978, pp. 327—328.

同样现象；沿丝绸之路的中亚地区沙漠扩大，水井干涸。人为地破坏森林，裸露的地面不能涵养水分，有限的降雨或山雪融化的水也迅速流失，加剧了西北旱化问题。而且破坏森林的地区不断扩大，时遭洪水或干旱威胁的地区也在扩大。我国 150 多个城市缺水，地下水开采过量，水位下降，造成地面沉降。

我国每年流失泥沙在 50 亿吨以上，从新石器时代算起，估计累计达 175000 亿吨。土壤完全剥离后，在裸露的岩石上树木很难生长。而且土壤中含有植物所需养分，土壤流失无异大量氮、磷、钾及微量元素肥料流失。土壤是岩石经亿万年风、水、微生物等自然力量的作用生成，一旦流失，无法再造。乔木固定土壤的能力最强，其次为灌木、多年生草本植物，而一年生农作物须经常翻动土壤，最易造成土壤流失。人们为生计所迫，砍伐树木甚至连根挖出作为烧柴，或在山上开荒动土，种植粮食，这都是造成土壤流失的根本原因。从森林流出的水非常清洁。森林被破坏后流失的水含有泥沙，使河床和水库淤积，容积降低，为了防洪只有加高堤防，最后造成河流高于城市、乡村地面的险境。

恩格斯在《自然辩证法》中指出：“美索不达米亚、希腊、小亚细亚以及其他各地的居民，为了想得到耕地，把森林都砍完了，但是他们梦想不到，这些地方今天竟因此成为荒芜不毛之地，因为他们使这些地方失去了森林，也失去了积聚和贮存水分的中心。阿尔卑斯山的意大利人，在山南坡砍光了在北坡被十分细心地保护的松林，他们没有预料到，这样一来，他们把他们区域里的高山畜牧业的基础给摧毁了；他们更没有预料到，他们这样做，竟使山泉在一年中的大部分时间内枯竭了，而在雨季又使更加凶猛的洪水倾泻到平原上。”美索不达米亚（即今伊拉克所在地）古文明衰亡，而另一古文明——中国岿然独存，可能因为中国幅员广大，地形复杂。北方旱化，还有多雨的江南。江南有来自海上的季节风，永远不会像西北那样干旱。不过南方森林破坏后，对季节性的旱涝失去调节，足以加重灾情。如漓江因水源林木受破坏而有时断流。贵州森林减少，天气趋于高爽，已不复过去“天无三日晴”的情况。

1975 年河南曾发生严重水灾，1981 年 7 月四川发生洪灾，舆论界一致公认与破坏森林有关。暴雨成灾的地方，大多林木稀少。森林茂盛的地方，受灾程度轻得多。[①] 故林业部于 1986 年开始准备长江中上游防护林体系工程。1991 年安徽、江苏发生百年不遇的特大水灾，全世界为之瞩目。安徽与河南相邻，淮河发源于安徽桐柏山，1975 年河南大水灾和 1991 年安徽大水灾要联系起来看，治水须机械方法与生物方法相结合。淮河是 50 年代重点治理对象，建造了几十座水库，培修堤防数千公里，开辟了滞洪蓄洪工程十多处，疏浚淮河干支流，新开河道十多条，开辟了许多大小农田灌区。用机械方法治水可谓至矣尽矣。其所以发生如此洪灾，可能部分地由于工程维护欠佳，而主要原因可能是生物方法未跟上。河南、安徽、湖北三省之间有大别山，淮河发源于河南与湖北之间的桐柏山，支流颍河发源于河南西部的伏牛山。若这些山区森林茂密，可截留大量雨水，不至于短时间内齐集于皖北平原。据 1949—1986 年《中国林业年鉴》统计，河南省森林覆盖率不过 8.5%。为了安徽和河南自己的安全，建议早日实现或超额实现森林覆盖率 30% 的目标。中央确定的 30% 是就全国而言，包括沙漠雪山在内。河南自然条件好，甚至可达到 40%—50%。安徽只有十几个县达到平原绿化标准，对防灾

① 刘宗棠、范瞠：《惨痛的教训——这次四川为什么会发生如此严重的洪灾?》，载 1981 年 9 月 3 日《人民日报》。

减灾而言也是很不够的。

远古的地球大气中没有氧气，而有氢、氨、二氧化硫、甲烷、氰化氢等。火山爆发产生水蒸气和二氧化碳。约25亿年前开始有植物，它们通过光合作用产生氧气，使动物有可能生存。工业革命后，通过人类活动产生的有害气体以及二氧化碳增加迅速，而森林减少削弱了二氧化碳转化为氧气的过程。特别是二氧化碳增多带来的温室效应使地球气候转暖，引起全世界的关注。我国煤炭产量为世界第一，加上农村烧的柴草，每年排放的二氧化碳在世界上名列前茅，而森林蓄积量很少，把二氧化碳转化为氧气的能力因而也小。

1989年底，我国乡村农林牧副渔业劳动力共3.24亿人，耕地总面积为14.35亿亩，人均耕地4.4亩。由于人口不断增加，耕地年年减少，保持人均4.4亩是有困难的。在固定的土地面积上，精耕细作，不断增加劳动及化肥、农药、农机、薄膜、水利设施等物质投入，能够增产。但随着投入的增多，新增每一个单位的投入所得到的粮食增额，则逐渐减少，这就是报酬递减律。其中劳动的报酬特别重要，在土地不能增加的情况下，每小时劳动的报酬，也就是劳动生产率，将服从报酬递减率。劳动小时数愈多，每小时劳动生产率愈低。

若劳动不增加而土地增加，则劳动生产率将愈来愈提高。换言之，人均耕地愈多，劳动生产率愈高。这是从静态观点看问题（假设技术没有进步）。如有技术进步，各种物质投入的质量提高，或劳动的质量提高，或农产品价格相对于各种投入价格有所提高，整个农业生产的效率可以提高。在此情况下，报酬递减律的消极作用被暂时抵消。不过并非年年都有技术进步，或即使有技术进步其作用不够大，以致不能完全抵消报酬递减律的消极作用，在土地不能增加的条件约束下提高农民收入就不太容易了。

而在农民收入不能大幅度提高的条件下，城市居民的生活水平要赶上某些发达国家是不可能的。所以我们必须在现有耕地之外，上山下海，扩大生存空间。

据1990年《中国统计年鉴》，我国国土面积960万平方公里，折合144亿亩。其中土地资源为130.6亿亩，分为四部分：现有耕地14.3亿亩，荒地16.2亿亩，林地40.1亿亩，草地60亿亩。在荒地中，宜农荒地5.3亿亩，其余10.9亿亩荒地虽不宜农，不等于不能种草种树；在林地中，现有森林只占18.7亿亩，还有21.4亿亩可供造林；草地面积很大，而利用率很低。除陆地外，淡水总面积为2.5亿亩，其中可养殖面积0.75亿亩，除已养殖面积0.46亿亩外，还有0.29亿亩的发展余地。海水可养殖面积738万亩，只利用了244万亩。浅海滩涂可养殖面积2000万亩，只利用了487.8万亩。而且我国的远洋捕渔业基本上尚未开始。

## 外国人眼中的中国景观

法国地理学家彼埃尔·高罗（Pierre Gourou）在20世纪40年代来我国游历，有感于中欧景观的差别，在加拿大出版的《太平洋杂志》（Pacific Affairs）上发表了一篇文章。[①] 他认为，包括中国在内的远东景观非常一致。中国农民只耕种了国土的一小部分。他们在平原和谷底精耕细作，而忽视山地。在华北大平原，耕地相对总面积的比例较大，在多山的省份这个比例很小。忽视山地是一般情况，也有例外。如四川多梯田，那里的软片岩

① Pierre Gourou: "Unntilijed Uplands in China", Pacific Affairs, 1948, pp. 227—238.

容易分解形成土壤，而且雨水均匀有助于保持土壤；浙江和江西在山坡种茶；山东和陕西也有梯田。但例外毕竟是例外，一般情况是不利用山地。山中不常见到牛，人们只上山采集绿肥和燃料。草场质量也很差。中国农民忽视草场和森林，与欧洲差别很大。

高罗认为远东与欧洲景观不同，不是物质原因造成的，而是中国文明有其特点。这个文明基于植物，衣服是植物纤维制作的，冷天也不穿毛料服装；建筑用竹木；饮食中 98% 的热量来自植物。鱼肉吃得少，农民不熟悉奶和奶制品，不会挤牛奶。在最好的土地上精耕细作，不把劣质土地变为草场饲养牛羊。

确实，西欧与中国的差别不是物质原因造成的。中国的气候并非不适合畜牧；中国人如要造石质建筑，也并不缺少材料。远在新石器时代中国文明已以植物为基础。中国西南山民并不缺少生存空间，但仍然是素食者。例如大理湖岸海拔 6000 英尺，在 18000 英尺高的山下，可是居民的生活方式如同在沿海冲积平原一样。他们种水稻，会驾船，而忽视山地资源。偶然上山采集一些东西，例如妇女在春天采雪拌蜜，成为美味冰糕。

高罗粗略估算了一下：1 平方公里新林地可维持 10 人生活，如造林 3.5 万平方公里，35 万人得到就业；1 平方公里果园可养活 100 个农民，若有 35 万平方公里新果园，可维持 3500 万名农民生活；1 平方公里草地可维持 20—30 名牧人生活，如有 3.5 万平方公里种草，可维持 100 万人就业和生活。高罗的议论留给我们许多启示。

## 关于我国生态的系统设计

古人说“三思而后行”，思而后行总比鲁莽行动效果好。第二次世界大战后，运筹学、决策论、计划与管理科学、系统科学、信息系统、工艺评估、教育评价等学科盛行，都是为了思而后行。伯克利加州大学邱奇曼教授（C. West Churchman）给这些学科取一个类名：“系统设计”，其代号为 SD（systems design）。他并且给 SD 下了一个定义：利用现有的最好的研究方法实施社会系统的改进。所谓社会系统指一群追求某些目标的人，人数可多可少。例如本文讨论的问题，几乎涉及全国人民。所谓最好的方法指科学方法，科学方法包括推理和观察。我们现在讨论的问题涉及科学中的许多分支，各有其推理和观察。本文不可能提出我国生态经济的系统设计，只能列举系统设计应考虑的若干问题或项目。

1984 年我国制定和公布了《森林法》，把森林分为五类：防护林、用材林、经济林、薪炭林、特种用途林。这五类森林对于全社会都有生态价值和经济价值。不过防护林和特种用途林对于投资者没有直接的货币收入，主要仰赖各级政府拨款建设，它们的规模和进度取决于政府的财力和对森林的重视程度。

用材林、经济林和薪炭林的植造是赢利性事业，投资者可获得直接的货币收入，因而可以实行企业化经营。马克思的资本利润率平均化规律是说各行各业的利润率趋于平均化。因为某一行业如利润很低，将趋于萎缩，其产品减少；但产品减少导致价格上涨，利润率恢复正常。1989 年木材零售价为 1952 年价格的 8.3 倍，而同期棉布价格为 3.2 倍、粮价为 2.8 倍、化肥为 1.7 倍、自行车为 1.5 倍。相对价格的变化对林业极为有利，利润率平均化规律正在起作用。我们还可以参考国外情况，法国和美国的私营森林都占森林总面积的 70% 以上。这个事实本身证明经营森林是有吸引力的。

果树将成为发展林业的带头羊。种植果树三五年即有收入。

南方低山丘陵适合柑橘等亚热带水果，华北至黄土高原低山丘陵及山麓适合苹果、梨、葡萄、枣、栗、柿、核桃。民以食为天，林业只要能解决吃的问题就有生命力。我国人民人均消费水果数量不到美国的一半。我国耕地少，多吃水果，少吃粮食，即可多利用山区，减少平原耕地的压力。按这个观点，我国人均消费水果量须逐步提高到超过美国的水平，才符合国情。问题不在于农民没有积极性，也不在于山区没有地，而在于储运、加工、推销。个体农民力量很小，生产的果品只有卖给供销社，服从供销社规定的收购价。如果供销社不收、少收或压价，农民便无计可施。大量水果烂在产地的令人惋惜的事情时有发生。出路在于联合，马克思称资本主义后的生产方式应为“联合的生产方式”。

另一个问题是山地造林需要一定规模。农民承包一片山地，但仍旧住在原来的村庄里，除林业外还可能进行其他经济活动。他不可能天天在山上守护自己种下的幼林，也没有力量修一条通往那块林地的山径。古代官府或豪民在山中开矿、冶炼、伐木、烧炭都是大规模经营，雇用很多流民劳动，甚至驱使奴隶劳动。山有远近之别，孤独的一个人或一家一户，在近山或许还能勉为其难，愈远愈没有办法。福建三明和广东肇庆的林农自动联合起来，组织股份公司，以承包土地入股，统一经营管理，分工劳动，按股按劳付酬，效果是不错的。

欧美农民虽然人均土地多一些，财力厚一些，一家一户在国内外市场上仍然是弱者。他们不得不联合起来，所以农村中合作社运动发达。与城市中的情况不同，他们并不把生产资料都集中到合作社，自己成为合作社的一个劳动力，而是什么需要合作就合作什么。例如农户自己养牛，但把牛奶加工为奶制品需要集资办厂，这个厂便是合作社。这些合作社以马克思称赞过的英国罗契得尔公平先锋社为样板，志愿入社，一人一票，民主管理。19

世纪初期，瑞士山区农民组织合作社制造和推销黄油和奶酪。1863 年，丹麦出现第一个奶牛合作社；1866 年出现农业生产资料供应合作社。瑞典于 1849 年开始有供应合作社，1880 年有黄油火腿加工合作社。挪威、英国、美国的情况类似。在亚洲，日本于 19 世纪已有合作社，印度始于 1904 年。差不多时候巴西也有了合作社。农民可以联合建立合作社，合作社还可联合建立联社。许多联社具有在国际市场上竞争的能力，例如美国洛杉矶 Sunkist 果农合作社是加州和亚利桑那州 10000 多名果农联合建立起来的。该社在全世界推销柠檬和橙子，第二次世界大战前上海市场上即常见印有 Sunkist 标记的橙子。

我国尚未制定合作社法和公司法，每个人对什么是合作社或公司可以有不同理解，谁都可以自称为合作社或公司。在山区发展林业需要联合，而合作社法是联合的规范。建议早日制定合作社法，或分别制定各类合作社法。在有合作社法之前，各省不妨先行颁布一些暂行条例，以应急需。笔者深信有了合作社法，森林法将如虎生翼，把绿化祖国的伟大事业推上一个更高的台阶。

欧洲人习惯用葡萄酿酒，我国从商代起就用粮食酿酒。如果能改变习惯，多用葡萄，少用粮食酿酒，可减少对平原耕地的压力；多穿一些丝织品，少穿一些棉织品；用茶油、橄榄油等木本油料代替部分草本油料如花生油、豆油，有同样作用。古雅典水土流失严重，在柏拉图在世时山石已完全裸露。雅典人只得放弃粮食种植和畜牧业，改种甚至能在岩石上生长的油橄榄，并用橄榄油出口到近东换取粮食。油橄榄是小乔木，抗旱抗瘠的能力强。

林牧结合也是提前得到收入的途径。古日耳曼人用橡树和山毛榉的种子喂猪；法国科西嘉岛上的居民吃栗子并用栗子喂牲口；瑞士山区将种草养牛与森林发展结合起来；美国森林允许放牧牛、马、羊，1985 年收入放牧费 900 万美元。不过放牧须有节制，不能过度，特别是树木幼小时要严禁放牧。

林牧结合还表现在两块林地之间可以有计划地留一块地种植优良牧草，这也有利于防火。粮食作物根浅茎弱，抗旱抗涝能力很差，需要在冲积平原和河谷的最好的土地上种植，并且有排灌设施，才能丰产。若种植树木和牧草，其耐旱耐涝性能较强，可以利用的土地立即扩大。我国牧区或因草质欠佳、草短，或因习惯于不给牲畜准备干草及青贮饲料、或准备得太少，牲畜过冬往往大量死亡。欧美把干草作为一种正式的农产品，列入统计年鉴。如美国于 1985 年产干草 1.5 亿吨，产值 100 亿美元。我国农村没有多余的地种草，进山之后就有了种草的条件。

种植速生薪炭林，也可提前得到收入。现在农村烧秸秆并采集山上一切干草树枝等可烧之物。但秸秆是造纸原料，农户可用的数量不足。燃料愈紧张，植被受破坏愈烈。人们希望煤炭工业大力发展，满足农村的燃料需要。不过我国煤炭产量已 8 亿多吨，称世界第一。随着经济发展，是否准备煤炭每 10 年翻一番，16 亿吨、32 亿吨……如此，运输问题如何解决？利用荒山荒地种植薪炭林，以减轻对煤炭的压力，缓解农村烧柴匮乏，是很需要的。农村能源要多方解决，沼气、小水电，太阳能、风能，煤炭、石油，薪炭林，如此等等。

煤矿坑木和造纸用材不需要直径很大的原木，可使林业企业较早得到收入。合作社可与煤矿、纸厂协商，签订期货合同，预扣利息，现在付款，到期交付木材。

建筑用材林有生长周期：幼年、青年、成熟、衰老。从苗木到衰老，有的树种需五六十年，有的需 100 年，有的甚至需 200 年。为了充分利用阳光和土地，种植苗木时密一些，以后可以分期分批间伐。所以并非等到一二百年才有收入。树木衰老后生长极慢，甚至不生长。此时应当采伐更新，把土地和阳光让给生长迅速的幼树。

国营林业企业的职工工资高，木材生产成本高，需要投资大。合作社由农民组成，其劳动一部分得到现期收入，以维持生活，另一部分直接转化为森林、果园、畜群、林径、灌溉设施等固定资产。农民用自己的劳动投资，另外需要的资金不多，而且合作社向银行和信用合作社借款的能力也大于个体林农。

总之，森林是赢利性事业，自身具有偿债和付息能力。林业企业除依靠综合经营，适当安排近期、中期及远期收入外，所缺部分资金仍须向银行借款。由于森林有巨大的环境效益，为社会作了贡献，应当得到低息优待。例如法国向原木和锯材的一切交易包括进出口在内征收4.7%木材税，全部作为国家森林基金的收入，向种树人免费提供树苗并发放低息贷款。我国许多地方、许多单位对木材交易征收多种捐税，合计有达到30%的，而且由于没有专款专用，林业受惠极少。例如以城市建设名义征收木材捐税就是这样。本应城市支持森林建设，现在城市反而依赖森林支持。1989年，我国县以上工业企业销售原木及锯材约4000万立方米，又进口原木约600万立方米。每立方米如按600元价格计算，征收10%木材税，税收可达27.6亿元。同年木材及竹材采运业的基本建设投资为4亿元，更新改造投资为2亿元。对比之下，27.6亿元是一个不小的数目。林业基金每年有此收入，设以其中20亿元作为利息费用，可向银行借款或发行森林公债200亿元。1989年农民家庭平均每人生活消费支出为535.37元。200亿元可向747万人提供5年生活费；可以经营75万平方公里新森林或7.5万平方公里新果园。75万平方公里是国土总面积的7.8%，换言之，能把森林覆盖率提高7.8%。

谈完资金，我们再来谈谈水的问题。除雪山高寒外，我国的气温从最北到最南都能生长树木。但植物生长不能没有水，能否种树关键在水。如以 400 毫米降水为标准，多于 400 毫米的东南部地区约占国土面积的 55%，少于 400 毫米的西北部地区占 45%。发展林业的条件西北不如东南。但是西北大气候区内又可分为若干小气候区，情况并不相同。例如西宁在 1989 年降雨 480.4 毫米，高于北京、天津、太原、呼市、沈阳、哈尔滨、济南、拉萨、兰州、银川和乌鲁木齐，而且西宁地区有很多荒山荒地，显然能发展林业。新疆和青海年蒸发量都超过降水量，差额靠高山雪水和植物根系利用地下水补充。塔里木盆地和柴达木盆地非常干旱，但塔里木盆地南北高山雪水流下来，汇成一片又一片的绿洲，可见恶劣的大环境中有优良的小环境，而且还可用人工方法促进冰雪多融化一些。

林业受水资源制约，同时森林又能改善水资源，这是相互作用的双向关系。西宁在湟水边上，湟水发源于海晏县，东流入黄河。近年来由于森林破坏，水土流失，每逢枯水季节湟水断流。如能在湟水两岸以及注入湟水的大通河的许多溪流谷地种树，则可实现不再断流，而且把西宁地区的良好自然环境向外延伸扩展。湟水是黄河的一条重要支流，治理好了可以减少流入黄河的泥沙，进入黄河的水量也会更加均匀。

以色列是一个极干旱的国家，国土面积小且有不小的沙漠。居民在公元前就不得不长年抗旱，把大面积上的降水引入池沼。他们还把火石一块一块垒起来，使夜间的风通过石堆，冷却滴水，维持一株葡萄。以色列降雨都在北部，而且都在冬季，中部干旱如我国西北，南部类似柴达木或塔里木。现在以色列已用一系列管道、水泵站、地上和地下水库、堤坝、水井把全国联成一个水网，类似电力网。冬天收集北方的降雨输送到全国，分散储存，夏天缺水时灌溉农田。他们甚至舍不得沿海的径流流入海中而筑坝阻拦或挖浅井储存。海坝内的水被泵入近海沙丘之间的沟渠，渗入地下，补充抽取过度的地下水。一言以蔽之，以色列对付干旱的办法是全国性水利系统工程。

中国的水系全国为一大系统，每一条外流入海的河流和内流的河流各为一个一级子系统。在各个一级子系统之间调剂水量的例子如引滦工程以及拟议中的南水北调工程。南水北调有西、中、东三个方案。东方案首先实施，长江下游接济山东半岛诸河、黄河及海河。国家从全局和长远利益出发，对一级水系之间的调剂慎重决策。长江下游水量很大，调一部分支援河北山东缺水地区，又能改善大运河，非常有利。

我国还设立了黄河水利委员会，便于从系统观点统筹全局，统筹包括各个二级流域之间利益的协调，机械方法和生物学方法之间的配合，以及各项工程、各项措施在时间上的先后次序等。显然，每一个二级流域，如湟水流域、洮河流域等同样需要依照系统观点统筹全局。机械方法如已在黄河上游修建若干水库和电站，加固堤防，开辟灌溉渠。航道加深加宽、裁弯取直等也是机械方法。但是如果没有二、三……级流域的治理，没有运用生物学方法来配合机械方法，则千沟万壑流出的泥水将使水库淤浅报废。例如河南禹县有 44 座水库，到 1978 年已报废了 14 座。河床愈垫愈高，只有加高堤防与之竞赛，地上悬河的险情长期不能排除。

美国田纳西流域管理局在防洪、发电、航行、城市供水方面获得很大成功，全世界去参观学习的人络绎不绝，但是它对农业的贡献甚微，水库淹没良田 60.6 万英亩，流域中因防洪受益的土地只有 11 万英亩。它是一项有骨头没有肉的工程，所以从 1963 年起对流域的 12 个分水岭进行治理。英国联邦政府土壤保持局主持全国分水岭治理规划工作，数以千计的项目纷纷上马。

分水岭治理也就是我国所称小流域治理，两河之间必有分水岭，两分水岭之间必有一河。不过，如有两个合作社分工治理相邻两个小流域，不如分工治理相邻两个分水岭方便。因为每个分水岭是一块完整的土地，便于规划其综合利用的问题。

设想一个合作社承包了一个分水岭，两侧各有一个面向溪流的坡地，坡上不能垦荒种田，不能动土，只有种草种树。若坡度很大，土质疏松，可砌一层石墙或涂一层沥青使它稳定。坡上也不宜放牧。如果一切分水岭都能这样做，流入黄河的水将不带泥沙，可以指望河清有日。如果分水岭是狭窄的山梁，两边种树后山顶剩余土地不多。如果分水岭是有一定面积的塬，在四周森林的保护下，中间可以林牧结合，甚至农林牧结合。经过治理后的塬，环境改善，风小了，溪流中的水多了，有水的时间长了，即使旱年，水井也不至干涸，夏天不会太热，冬天也不会太寒。在此条件下，农林牧以及加工业有所发展，给社员们也带来了经济利益。有足够水量的溪流可以兴建水电站。我国现有 5 万座小水电站，发电能力共 400 多万千瓦。水电站除发电外对水土保持也是有益的。

大气候决定于大气环流，很难加以改变。但对一个又一个小流域的微气候，人类可以施加有益的影响。如果每一个小流域的干旱有所缓和，我们可以认为黄河流域的干旱程度有所减轻，哪怕减轻不多。大气中二氧化碳增多，气温升高，能加重我国西北干旱。人口在增加，经济在发展，排放的二氧化碳很难减少。但是大规模植树造林，能吸收和转化大气中的二氧化碳，这是我们能做到的。

此外，高罗对开发山区解决就业问题的估计是不全面的。大面积荒地以及它们接受的太阳能一旦被利用起来，农林牧产品大量增加，转而促进工商业和交通运输业的发展，提供的就业机会将远远超过高罗的估计。对科学技术同样也提出新的问题：培育优良品种，利用遗传工程创造新品种，引进国外品种，改善育林方法，木材综合利用，提取叶蛋白做饲料，农林牧产品的保存、加工及包装等等。

# 加强生态经济建设刻不容缓*

从新石器时代开始，人类的经济活动对环境施加愈来愈大的影响。同时，环境也反作用于人类的生活。在环境诸要素中，生物与太阳能、气候、土壤，水资源等物理化学环境相互作用。一个没有人类参与的生态系统经过长时间演化可能达到一种相对稳定的均衡状态。遇到微小的扰动，系统暂时脱离原来的均衡，或稳定于一种与原先差别不大的新的均衡。有了人类参与之后，生态系统变成生态经济系统。由于人口增长、改造和作用环境的强度不断增加，系统处于不断变革的动态之中，很难达到某种均衡状态。换句话说，生态经济系统常常不能维持自己，不能再生自己。例如一个林场实行择伐间伐与迹地更新森林抚育相结合，有可能恢复。若实行皆伐又不积极造林，则不能恢复。千百年来黄土高原水土流失，流水把土地切割为无数小块，这种土地破碎化的趋势很难逆转。可以说，中华民族创造的光辉灿烂的文明是以破坏自然环境为代价的。

从世界范围看，太阳幅射能约有 0.30% 转化为植物物质。

---

* 原载于《贵州政报》1992 年第 4 期。

而据估计，照射在我国大地上的阳光只有0.14%转化为植物物质。这是因为树木和草太少。不能充分利用太阳能也就是不能充分利用土地资源。我国耕地不足，但有大量荒地荒山以及利用率很低的草原。

我国是多山的国家，适合种植粮食蔬菜的地少而宜林宜草的地多。可是国人的习惯，消费粮食、蔬菜多，消费果品、肉乳少；粮食酒多，葡萄酒少；棉纺织品多而毛织品、丝织品少；建筑用木料多而石料少。消费习惯加重了对耕地和木材的压力。历史上农民为生计所迫进山毁林开荒，人称棚民。造成水土流失。四川在山坡开辟梯田之所以成功，是因为石质松软，能转化为土壤，不怕侵蚀，但其他山区无此条件。

一般认为30%的森林覆盖率是最低安全界限，而我国只有13%，其中很多是幼树。成熟的树愈来愈少，不少国营林场资源耗竭，难以维持。自然植被稀疏是气候恶化、灾害频仍的重要原因。例如淮河上游在河南，河南多山而森林覆盖率很低，不能涵蓄水分。雨季来临，河南的水迅速流到安徽，加上安徽自身的雨水，便成涝灾。5000年来在淮河流域建造了许多水库，天长日久泥沙淤积，水库库容减少，淮河河床升高，以致抗洪能力降低。故治水要先治山。而且有了茂密植被涵蓄水源，抗旱、治沙、治碱能力也大大提高。

首先，我国农民重视粮食、蔬菜而忽视林牧，有些学者称之为跛脚农业或跛脚农业导致土地利用率低。造成跛脚农业的原因隐藏在中国古文明的深处，因为从新石器时代遗址也能看见跛脚农业的影子。其次，自古有山泽之禁，统治者垄断山地，不分给农民经营管理。在封建时代，西欧农民和中国农民一样住在村子里，耕种分散的田地，称为开放式田地。封建社会解体后，西欧转化为封闭式田地，农民的家和农场形成边界围以绿篱的整块土地，便于统一规划，农林牧结合。而中国农民仍旧耕种着分散的土地。在改革开放特别是1984年《森林法》公布之前，中国农民没有机会以山主的身份从事植树造林。现在许多山地已委托农民种树，给我国的生态经济系统带来了无限生机。

我国人口众多，而且继续增长。除实行计划生育外，有必要上山入海，扩大生存空间。淡水养殖，成绩卓著。近海渔业捕捞过度，但远洋渔业是大有潜力的新生产领域。沿海的养殖业、林业、农业、旅游业有广阔前途，可以吸收许多人口就业。

古人云，三思而后行，在行动前深思熟虑，可以事半功倍。第二次世界大战后，许多新学科蓬勃发展，如运筹学、系统工程、成本效益分析、项目评审网络分析、计划学等，这些学科都是为了思而后行，美国伯克利加州大学邱奇曼教授称之为系统设计，并将系统设计定义为“利用现有的科学方法调查研究以实施社会系统的改进”。为了改进我国的生态经济系统，显然需要系统设计。

我国人口众多，生态问题严重，令人忧心忡忡。不过我国尚有大量后备土地资源，可以种树种草。只要照射到我国的阳光利用率达到世界平均水平，比现在提供加倍的植物物质，加上海洋资源的开发，前途是乐观的。

生态经济系统的设计可能需要分别对每一条河流流域考虑，干流流域又分为若干支流流域，支流流域还可进一步划分。对每个流域的治理和开发需要兼用机械方法和生物方法。前者指水利工程，后者指植树（及竹林）种草。大型水利和造林工程需要政府投资兴办，小型水利和造林事业只有充分调动亿万群众的积极性，最有效的办法是使林业成为赢利性事业。周恩来总理说：“国营与群众营林，重点放在群众。”除了广大人民，没有哪一个部门能独力承担绿化神州大地的重任。近年各地涌现许多林业专业户以及营林的各种群众组织，令人兴奋。

林业是否为赢利性事业？西欧和北美 70% 森林属于私营，根据马克思的利润率平均化原理，如果不能赢利，不会有那么多私营森林。我国木材价格很高，其增长速度超过许多工业品和粮食。农民都知道林业有利，但顾虑投入与产出之间的时间差太长，而且个人上山营林有许多不便之处。

邓小平同志于 1957 年西安干部会议上指示民主办社。林业专业户或兼营户可组成民主管理的合作社，自愿入社，也可退社。各自经营种植，其林权和土地使用权可以继承和转让。个人有困难的工作由合作社担负起来，如轮班护林，集体修路护路，解决树种、灌溉、运输、加工、销售、信贷等问题。时间差一靠贷款，二靠统筹规划、长短结合。建筑用材林时差最大，造纸或矿柱用材料可能只要八九年。果树和薪炭林时间更短。林与林之间可以种草牧牛，幼林中可套种其他农作物，还可兼营蘑菇、蜂蜜等生产。组成合作社还有利于先进技术的推广。

我们的祖先选择五谷为重点栽培作物可能因为它们便于加工和储存。为了减轻对耕地的压力和改进生态系统，我们可否改进果品的加工储存方法，使它们在饮食中占据更大的比重？国外有一些豆科树单产很高，用做饲料，我们可否试种？我们可否更多依赖多年生植物提供油料和纺织纤维？

耕作必须动土，以致水土流失。但也有例外。丹麦耕地占国土三分之二，冠于世界，但甚少流失问题。一则地势平坦，二是注意种植防风林带。近年我国注意农田林网建设是很正确的。

耕作为了除草和松土，而除草可用除草剂来完成，因此有人提议免耕或少耕。1943 年有个叫爱德华 · H. 福克纳的人写了一本小册子——《耕作者的笨拙》，对犁耕提出批判，认为是土壤流失、水旱灾害的一个主要原因。20 世纪 50 年代以来在世界各地进行了许多免耕少耕试验，这类方法对我国是否有用值得专家学者研究。

在地球演化的早期，没有氧气的大气对动物有毒。植物吸收火山爆发的二氧化碳而排出氧气，为动物创造生存环境。现在的人类大量燃烧矿物能源，二氧化碳生成率提高，而森林减少使氧气生成率下降。人类实际上是在促使大气逐渐恢复到远古不利于动物生存的状态。故全世界都为二氧化碳增多而忧虑。我国如能改善生态经济系统，提高森林覆盖率乃至植被覆盖率，可对增加氧气、减少二氧化碳的世界性任务作出贡献。

从 1988 年起我国煤炭产量居世界第一位。若国民生产总值每 10 年翻一番而煤耗不下降，则 2000 年将产煤 20 亿吨，2010 年 40 亿吨，2020 年 80 亿吨。这是运输能力达不到的。我们要降低煤耗，发展水电、风电、潮汐电、核电、沼气，以及直接利用太阳能。特别是要发展薪炭林。现在全世界生产的木材一半用做燃料。即使矿物燃料多的美国，每人每年平均要消费 15 立方尺薪柴。薪炭林吸收二氧化碳，燃烧薪柴使二氧化碳返回大气，其净效果并不增加大气中二氧化碳。近期我国需进口木材并将煤炭运往农村做燃料，以利生态经济系统的改善。从长远看，我国完全有能力满足人民对木材和薪柴的需要。

矿藏是不可再生性资源，也可看做一次性资源，因为就能用这一次。地壳中某处富集某物，成为矿藏，有些矿藏富集程度不够，没有开采价值；还有些地方没有矿藏。这种差别构成一种秩序。矿藏因不断开采而耗竭，再找不到可以开采的矿，那时到处都一样无矿，成为无序状态。故采矿是从有序到无序的转变过程。我们的子孙和我们自己有同样的采矿权利。这一代人在决策时，下一代人没有机会参加，故我们要特别注意保护他们的利益，对矿藏实行保护政策。生产任何产品及建筑任何房屋都要消耗材料和能源，提高产品及建筑质量，延长其寿命，对保护矿藏、保护后代利益有利。废品回收、废物利用、有机肥料、旧书店、寄售商店、修理业以及穿旧衣服的习惯都有利于保护资源。这和一味追求产值属于不同的价值观念。

森林和水资源属于可再生资源。但在人口众多的现代，如人类不作有计划的努力，可再生资源仍无法再生。例如旱季利用地下水，雨季得到补充，体现地下水的可再生性。但如利用太多而补充太少，则地下水逐渐耗竭，甚至地面塌陷。故兴建某些回灌地下水工程是重要的。以色列是从南到北的窄条形国家，北方有雨水，南方为干旱沙漠。除有管道向南方输水外，北方海滨有拦阻雨水入海的工程设施，并将拦下的水回灌地下，使地下成为调节余缺的水库。这种方法对我国河北、山东等地是有一定借鉴价值的。

古代人口稀少，而且排出的生活和生产废物多为自然界能消纳的动植物质。现在人口众多，而且有许多自然界本来没有的化学品。其中有些易于分解，可为自然界消纳；有些非常稳定，长期滞留于环境甚至人体之中，而且有些化学品致癌致畸或产生酸雨，威胁人和动植物的生存。全社会须培养环保意识，在各级环保部门的领导下长期奋斗，以改善环境。城市中自来水、下水道、污水处理、清洁公司、卫生部门的工作应受到社会支持。乡镇企业将工业污染带到广大农村，有些污染可能被自然界消纳，有些则不能，须区别对待。环保部门向乡镇企业提出要求，指导它们进行处理。树立一批样板，以供同行学习。通过长期细致的工作，农村污染问题可望缓解。

我国人口众多，不仅要充分利用阳光和土地，生产出等于世界平均阳光转换率的植物物质，而且要把牧草和森林（包括竹林）看成是农作物。依靠科学技术，改良树种草种，实行集约经营，使每亩土地和水面的生产率高于世界平均水平。

# 联合的生产方式*

资本主义各国之间贫富悬殊很大，因为它们的环境条件不同，人民的素质不同，构成社会经济体制的法律、规章和风俗习惯不同。社会主义的社会经济体制比资本主义优越，但同为社会主义国家，其法律、规章和风俗习惯可能差别很大。如果社会经济系统的设计合理，社会主义的优越性可以发挥得更多一些。19世纪的社会主义思想家们包括马克思在内，忙于批判资本主义，但也对未来的社会主义社会有所设想。虽非详细的设计，却也是颇有价值的设计思想。“联合的生产方式”是其中的一项。

1845—1846年马克思和恩格斯在《费尔巴哈》中说，“占有只有通过联合才能得到实现”①，“在无产阶级的占有制下，许多生产工具应当受每一个个人支配，而财产则受所有的个人支配”。意思是物质形态的生产工具由劳动者个人使用和支配，但它们的所有权属于社会。“劳动转化为自主活动，同过去的被迫交往转化为所有个人作为真正个人参加的交往，也是相互适应

* 原载于《读书》1992年第8期。

① 《马克思恩格斯选集》第1卷，人民出版社1972年版，第75页。

的。联合起来的个人对全部生产力总和的占有，消灭着私有制”①。意思是过去那种受奴役的劳动变成自主活动，过去的强加于个人的社会经济关系变成个人自愿参加的社会经济关系。生产资料的所有权不属于资本家，也不属于独立于个人之外的什么其他主体，而属于联合起来的个人。在同一著作中还说：“在真实的集体的条件下，各个个人在自己的联合中并通过这种联合获得自由。”②

1847年恩格斯在《共产主义原理》中说：“竞争将被这种新的社会制度消灭，而为联合所代替。”③ 同一著作还提到“由社会全体成员组成的共同联合体来共同而有计划地尽量利用生产力”。

1848年马克思和恩格斯在《共产党宣言》中说：“无产阶级将利用自己的政治统治，一步一步地夺取资产阶级的全部资本，把一切生产工具集中在国家即组织成为统治阶级的无产阶级手里……”④ “在发展进程中，当阶级差别已经消灭而全部生产集中在联合起来的个人的手里的时候，公众的权力就失去政治性质。”⑤ 意思是社会主义经济管理体制分两个阶段：第一阶段政府管经济，政经合一；第二阶段，联合起来的个人管经济，政经分离。

1850年信用合作社开始在德国兴起。

1864年马克思在《国际工人协会成立宣言》中盛赞合作运动，并把它和联合劳动挂起钩来。“劳动的政治经济学对财产的政治经济学还取得了一个更大的胜利。我们说的是合作运动，特别是由少数勇敢的‘手’独立创办起来的合作工厂。对这些伟

① 《马克思恩格斯选集》第1卷，人民出版社1972年版，第75页。
② 同上书，第82页。
③ 同上书，第217页。
④ 同上书，第272页。
⑤ 同上书，第273页。

大的社会试验的意义不论给予多么高的估价都是不算过分的。工人们不是在口头上，而是用事实证明：大规模的生产，并且是按照现代科学要求进行的生产，在没有利用雇佣工人阶级劳动的雇主阶级参加的条件下是能够进行的；他们证明：为了有效地进行生产，劳动工具不应当被垄断起来作为统治和掠夺工人的工具；雇佣劳动，也像奴隶劳动和农奴劳动一样，只是一种暂时的和低级的形式，它注定要让位于带着兴奋愉快心情自愿进行的联合劳动。"①"要解放劳动群众，合作劳动必须在全国范围内发展。"②

合作社是在平民中自发组织的保护自己的经济利益，少受商人和高利贷者剥削的团体。1769 年在苏格兰农村已有一个小合作社，中国古代的合会实际上是信用合作社。罗伯特·欧文在 19 世纪提倡合作社不遗余力。他在美国创办脱离现实的理想社会，被称为空想社会主义者。不过他提倡合作社，被称为合作社之父，却不是空想。合作社运动在世界范围内有了极大的发展。

1844 年在英国孟却斯特附近的罗契得尔有 28 位织法兰绒的工人，每人出股金一镑，创办了一个名为罗契得尔公平先锋社的合作社。它的章程中的一些基本原则，如社员每人只有一个表决权，而不论有多少股份；对股息有所限制；利润按照社员与本社的交易额的比例退还给社员；等等，成为以后各国制定合作社法及章程的典范，促进了国际合作社运动的发展。

1864 年英格兰的 50 个消费合作社共同创办批发合作社。它是合作社的合作社，每个合作社是批发合作社的一名社员。批发社直接从生产者进货，或自己设厂制造，按批发价格供应社员。它的利润不是按股份分配，而是分给向它进货的合作社。

① 《马克思恩格斯选集》第 2 卷，人民出版社 1972 年版，第 132—133 页。

② 同上书，第 133 页。

1867 年马克思在《资本论》第一卷第一章中称未来的社会为自由人联合体。

《资本论》第三卷第五章提到资本主义工厂中工人有浪费和他相异化的财产的倾向，而罗契得尔的工厂中情况完全两样。第二十三章以英国各合作工厂公布的账目为根据，得知合作工厂的利润大于平均利润，利润高的原因是由于不变资本的使用更为节约。“合作工厂提供了一个实例，证明资本家作为生产上的管理人员已经成为多余的了”。“在合作工厂中，监督劳动的对立性质消失了，因为经理由工人支付报酬，他不再代表资本而同工人相对立”。第二十六章阐述“工人作为联合体是他们自己的资本家，也就是说，他们利用生产资料来使他们自己的劳动增殖”。并说合作工厂是由资本主义生产方式转化为联合的生产方式的过渡形式。

1867 年巴黎已有五六个消费合作社，50 个生产合作社和 100 多个信用合作社。

1868 年第一国际布鲁塞尔代表大会的第三十五号文件称：“代表大会认为：……国家不应当像现在这样把采石场，煤矿，金属矿和铁路交给资本主义的公司，而应当交给工人协作社，这里，要遵守的两个条件：一方面，国家要求合理地科学地经营租让事业，要求生产成本同出售价格相适应并对账目进行监督，以免协作社把这种经营变成垄断；另一方面，国家要规定协作社成员同整个社会的相互权利。”① 从此文件可以看出，国有企业不是由一个人或少数人承包经营，而是由全体职工承包经营；职工须组成一个合作社承包经营国有企业；国家须以法律规定代表职工的合作社与全体社会之间的相互权利和义务；国家对企业的成

① 参见《第一国际第二国际历史资料》，中国人民大学编译室译。

本、价格、账目进行监督，防止垄断。

1869 年在爱森纳赫通过的德国社会民主工党纲领的第三条称："……社会民主工党在通过合作劳动消灭现今的生产方式（工资制度）的条件下，争取使每个工人获得充分的劳动收入。"① 同年英国合作社联盟成立。

1871 年 3 月 18 日巴黎公社诞生。4 月 16 日，"公社命令登记工厂主停工的工厂，拟定把这些工厂的原有工人联合成一些合作社来开工生产的计划，并拟定把这一切合作社结成一个大联盟的计划"。② 公社在实践第一国际布鲁塞尔代表大会的文件。

当时有一个卢浮兵工厂的章程被遗留下来。其中规定工厂有三位领导人：公社代表、厂长和工长。他们都是职工大会选出的，如不称职，职工大会也能撤换他们。工厂有一个委员会，由代表、厂长、工长及每个工段各自选出的一名工人代表组成。委员会于每日下午五时半举行会议，以讨论次日的工作。③

1871 年 5 月 30 日马克思在《法兰西内战》中说："如果合作制生产不是作为一句空话或一种骗局，如果它要排除资本主义制度，如果联合起来的合作社按照总的计划组织全国生产，从而控制全国生产，制止资本主义生产下不可避免的经常的无政府状态和周期的痉挛现象，那末，请问诸位先生，这不就是共产主义，'可能的'共产主义吗?"④

到 19 世纪 70 年代为止，社会主义和合作社两大运动的历史不可分割。事实上，英语中社会主义一词于 1827 年首见于伦敦

---

① 马克思：《哥达纲领批判》，人民出版社 1965 年版，第 65 页。

② 《马克思恩格斯选集》第 2 卷，人民出版社 1972 年版，第 330 页。

③ 参见《第一国际和巴黎公社文件资料》（上册），杭州大学外语系俄语翻译组译，三联书店 1978 年版，第 189 页。

④ 参见《马克思恩格斯选集》第 2 卷，人民出版社 1972 年版，第 379 页。

合作社创办的《合作社杂志》。随着合作社运动的发展，自由人联合体的理想逐渐具体化为自下而上的合作社联盟。这不仅仅是马克思一个人的意见。《法兰西内战》是马克思为国际工人协会总委员会起草的宣言。在宣言后签字的为包括马克思和恩格斯在内的各位委员、书记、主席。恩格斯为《法兰西内战》1891 年单行本写的导言说，“公社最重要的法令规定要组织大工业以至工场手工业，这种组织不但应该在每一个工厂内以工人的联合为基础，而且应该把这一切联合体结成一个大的联盟；简言之，这种组织，正如马克思在《内战》中完全正确地指出的，归根到底必然要导致共产主义”①。

现在试对以马克思和恩格斯为代表的第一国际的社会经济体制的设计思想作一概述：

资本主义生产方式将被联合的生产方式就是社会主义生产方式所代替。未来的社会是一个自由人的联合体。它在政治生活方面有政府，“那时还会留给中央政府的为数不多然而非常重要的职能……”② 在社会经济生活方面，有很多的各行各业的合作社。合作社是基层的自由人联合体，具有法人资格。一个人可能参加几个合作社，例如在消费合作社购买商品，在信用合作社存款，为了解决住房问题，他可能是一个住房合作社的社员。他可能参加合作医疗。如果他是工人，可能是生产合作社社员。如果他是农民，可能参加农产品销售合作社。如果他饲养奶牛，可能参加牛奶加工合作社。牛奶加工合作社实际上是一个牛奶加工厂。合作社是自由人联合体，不强制任何人参加。不过一个人不可能什么社都不参加。合作社都实行民主管理。

---

① 《马克思恩格斯选集》第 2 卷，人民出版社 1972 年版，第 333—334 页。

② 同上书，第 376 页。

有些合作社经营自己的财产，另一些合作社经营社会财产。可能还有些两者都经营。政府代表社会，所以合作社在经营社会财产方面与政府签订合同，明确规定双方的权利义务。人民代表大会可能对这些承包合同的一般事项制定法律。

合作社与合作社之间可能联合为新的合作社，被称为二级合作社。初级社是二级社的社员。初级社选举代表出席二级社的社员大会。二级社提供初级社所需服务。二级社也是法人。二级社还可再联合为三级社……，最后联合为一个全国合作社联盟。

按照马克思的观点，资本主义的股份公司也可作为由资本主义生产方式转化为联合的生产方式的过渡形式。[①] 社会主义国家的人民代表大会似可制定法律，将资本主义股份公司的股份都改成政府债券，再将原公司的财产委托职工组织的合作社经营，就完成了过渡。

我们并不认为120年前古人提出的新社会设计思想可以搬到我国现在来实施，甚至不敢以为对古人的设计思想已有正确了解，这里只是记录下作者学习科学社会主义的体会，以供参考。

---

① 《资本论》第3卷第27章。

# 生产合作社漫话*

生产合作社是工人企业家以一人一票为基础的民主组织，他们使用自己的资本或借来资本从事生产活动。马克思在世时英国和法国已有生产合作社。包括马克思在内的许多社会主义思想家提倡合作社，认为它比资本家的企业优越。1972年经济学家提出一个问题：既然工业合作社有许多优点，为什么在市场竞争中没有挤掉效率低的资本家企业？

工人社员是合作社的所有者和管理者，企业的收入减去支付投入的费用后完全归他们自己。因此社员们有共同利益，与资本家企业比较能增加社员的动力，提高生产率。合作社不需要过多的监督，内部矛盾少，工人愿意贡献他们的创造性思想。他们既愿付出更大努力，又能更适当地引导这种努力，更有效地利用资本。这些因素都有助于提高生产率。而且社员忠于他们的合作社，对合作社有无私奉献精神。

合作社在与资本家企业的竞争中并未取得压倒性胜利，是因为合作社除优势外还存在劣势，剖析其劣势有助于我们的实践。

---

* 原载于《中国集体工业》1992年第8期。

首先，一家资本家股份公司如果兴旺发达，股东可以多得红利。即使红利不增加，股票的市场价格上升，也使股东得到利益。合作社限制对股份的红利，而且股票不能上市。所以，人们愿投资于股份公司而不愿投资于合作社。

其次，投资是有风险的。资本家把他的钱分散投资于若干企业的股票，以分散风险。合作社社员把他的钱投资于他所在的合作社，并且靠这个社解决他自己的就业问题，所冒的风险极大。英国诺贝尔经济学奖获得者梅德认为：从历史看，这是我们见到资本雇佣劳动而不是劳动雇佣资本的原因。

合作社工人既是劳动者又掌握企业最高权力，削弱企业管理者的权力。而且经济萧条时无法裁减工人。

再次，在西方国家，生产合作社的出生率低于资本家企业的出生率，新创办的企业总是资本主义性质的居多数。一个创业者通常有一种能赚钱的设想，自己有一些钱，也能在社会上筹集一些钱。有两种企业形式供他选择：合作社或资本家企业。他如果决定办合作社，必须与别人按一人一票的原则共享管理权；他的投资报酬受限制；他的股份不便转让；有些国家的合作社法规定盈余作为公积金，社员股份不能升值；他的能赚钱的设想无代价地被别人共享。由于这些原因，他很可能选择创办一个资本家企业。

不过合作社一旦办起来，颇能持久，死亡率不比资本家企业高。西班牙蒙拉岗的一些合作社已有30年历史。英、美、法、意各国有许多合作社开业已数十年。一般情况，合作社的经济效率不低于资本家企业。事实证明，虽然合作社的优劣现在众说不一，但从其产生、发展的轨迹来看，其生命力是不言而喻的。

从国内外合作社发展实践来看，合作社是职工的联合体，是自由人联合体。为什么说社员是自由人，因为他们不是奴隶，不是农奴，也不是受资本雇佣的工资劳动者。在合作社内部实行民主管理，一人一个表决权。社员大会是最高权力机关，选举董事会、监事会，讨论并决定重大事项。

自由劳动者虽不能被资本雇佣，却须雇佣资本，因为没有生产资料不能进行生产。为了吸引资本，合作社将付给报酬。这不是剥削，正像社会主义银行向居民储蓄支付利息不能看成是剥削一样。吸引资本的方式如向银行借款、发行企业债券、发行无表决权的股票。不论是否本企业职工，任何个人、企业、事业单位、团体、任何一级政府都可以购买债券或股票。

没有表决权的股票有没有人肯买？我们知道，即使在西方资本主义公司也有发行优先股的习惯。只有普通股有表决权，优先股没有表决权。但在企业破产时，优先股优先得到补偿。

合作社向银行借款或向公众发行债券都有约定的利息率和还本期，没有机动余地。合作社每年决算之后，社员大会确定股票的红利率。合作社会不会故意压低股票红利？不会，因为合作社一旦失信于公众，以后它在金融市场上将筹集不到资金。它的一部分股票在本企业职工手中，少发红利将损害他们的利益。

合作社发行的债券和股票可在市场上自由转让。一个合作社如果兴旺发达，股票红利合理，资产不断升值，股票市价亦将上涨。

合作社章程规定每个社员至少须投资多少股。一个新社员将在市场上购买章程规定的股份数目。任何社员均可自由退让。如果他不同时卖掉他的股份，将变成一位无表决权的股东。章程将规定社员退让须在多少天前通知合作社，以免造成工作损失。既然是自由人联合体，社员大会经出席社员三分之二通过可以吸收新社员或请某一位老社员退社。后一情况的理由很简单，多数社员不愿与你联合。章程须规定给被动退社的社员一定的物质补偿。

# 美国的生产合作社*

美国的生产合作社已有很长历史。据调查，从 1790 年到 1940 年先后创办了 700 多家生产合作社。1970 年以来又兴起一次办合作社的新高潮，10 年中新办的合作社比美国历史上所有合作社加起来还要多。1976 年出版的《合作社指南》列举了 5000 多家生产合作社，并且估计每年将增加 1000 家。

大多数合作社是小规模的，不足 10 或 20 名社员，不过加在一起解决了几万人的就业问题。他们通常愿意保持小规模，以便民主管理。如果市场太大，一个社吸收不了，他们就帮助别人办新社，可以每个社有一种示范作用，每一只鸡下一个蛋。合作社在创办时一般没有得到政府机关、银行或其他单位的帮助，不过现在可向国民消费合作银行申请贷款或帮助。该行于 1980 年 3 月开业，其法定职责是向消费合作社提供服务，至多只能拿出 10% 的钱贷给生产合作社。促进合作社运动发展的一个更重要的因素是他们创办了联社，以便互相帮助。有些联社是地区性的，例如依沙加市联社。另一些联社是行业性的，例如合作报纸联

---

* 原载于《中国集体工业》1992 年第 10 期。

社、律师联社、医务联社。经验证明行业联社比地区联社提供的服务多。创办合作社的积极分子往往是保卫妇女和黑人权利以及反对越南战争运动的参加者，他们想在合作社实施民主和自决理想。他们往往是名牌大学的文科毕业生，找不到能发挥才能的职业，而且不满资本家企业的官僚作风。

有利于合作社发展的另一个原因是人们有许多需求在资本家企业或政府机关那里得不到满足。例如合作医务所以预防性健康服务为主，美国私营医疗系统不能提供这类服务。私营律师事务所收费昂贵，合作律师为工人和其他经济不宽裕的人服务。合作报纸对政治、文化和经济大事提供另一种见解，不同于社区报纸。合作社能生产高质量手工产品。维吉尼亚州有一家合作社手工制作吊床，美国其他地方没有这种产品，所以 100 名社员忙不过来。有些合作社按照顾客的设计制作服装，营业兴旺。

据统计，在 19 世纪创办的合作社的平均寿命不到 10 年；20 世纪二三十年代创办的合作社有一半多至今仍在营业。华盛顿州和俄勒冈州的 15 家胶合板合作社的生产率比资本家胶合板企业平均高 20%—30%，工资比私营企业高 25%。税务局要对多付的工资收公司所得税。合作社解释，合作社的生产率比全行业平均高 25%—60%，多付的是应得的劳动报酬，不是公司利润。旧金山的垃圾清运合作社收费比美国其他任何城市都低，服务质量比它们都好，1976 年每个社员年收入 22000 美元。私营垃圾企业平均付给每个职工 15000 美元，市政府办的垃圾企业只付 12000 美元。

# 开发西南　支援西北*

从黑龙江黑河到云南腾冲画一条连线，线东的面积占中国国土的40%，却住着90%以上的人口；线西的面积占60%，人口不足全国的10%。原因是西北干旱而西南多山。山区每公里客运或货运比平地消耗更多能量。所幸我国水力资源在世界上首屈一指，绝大部分在西南。而我国目前的水力发电量屈居世界第五，开发潜力很大。山区如有廉价而充分的能源，经济和文化水平将大幅度提高。

现在美国通用汽车公司和法国雷诺汽车公司正在把电动汽车推向市场。电动汽车以蓄电池为动力，不烧汽油，不污染环境。电机与内燃机比较，紧固耐用，维修费用少。它需要充电，正像汽油车要加油一样。在公路上每隔一段路设置一个充电站。充电需要很长时间，实际做法是卸下需充电的电池而装上已充好的电池。电瓶车过去常见于厂内运输。人们早就设想把它推向马路和公路，但有一个困难：蓄电池太大，太重。通过技术进步，电池逐渐缩小。现在已发展到可以商品化的实用阶段。这对有丰富水

---

* 原载于《贵州政报》1993年第1期。

力发电资源的大西南，有重要而直接的意义。

大西南有许多南北走向的河谷，重要的如雅鲁藏布江下游，怒江、澜沧江、金沙江、雅砻江、大渡河、岷江、沱江、涪江、嘉陵江、乌江、北盘江、红水河、元江、赤水河。西南季风携带水汽通过南北向的河谷，输送到西北，是西北大气中水汽的极重要来源。然而路途遥远，道路曲折，到达青海和甘肃时已成强弩之末。如西南大规模修建水库，开发水电资源则蒸发面积扩大，西南季风沿途得到水汽补充，可将更多水汽送往西北。

据地质学研究，距今5300万年前，中国大陆与印度次大陆之间是古特提斯海，那时中国西部可能比东部湿润。以后印度次大陆朝东北方向移动，于5000万年前与欧亚大陆碰撞，首先在西藏西南境外的拉达克岛，然后在西藏南边。印度次大陆并入欧亚大陆后，古特提斯海消失。中亚、新疆及内蒙古开始干旱。约900万年前，喜马拉雅山和青藏高原开始隆起，成为西南季风进入西北的障碍。地质运动是西北干旱的根本原因。

不过干旱有程度之别。由于人类的活动，生态环境恶化，近期西北干旱程度加剧。中国地质学家曾在新疆罗布泊中心地带钻探。上面4米是近10000年的沉积层，而只有表面30厘米是盐壳，下面的沉积物不含盐。如按比例计算，750年前罗布泊是淡水湖。而淡水湖必有大量淡水水源。以后罗布泊不但变成咸水湖，而且不久前已经干涸。汉晋时代的楼兰古国已完全埋葬在沙漠里。许多历史文献都能证明西北原先虽然干旱，不如现在这样严酷。

林学家估计在10000年以前，全世界陆地面积有一半是森林。美国学者辛萝斯估计那时中国大陆的森林覆盖率为70%。我国地理学家估计15世纪前燕山的森林覆盖率达70%。像四川、云南、贵州这样温暖潮湿的地方，昔日林木葱葱的盛况可想而知。那时不论来自太平洋的东南季风或印度洋的西南季风在进入中国国境后不断得到森林蒸腾水汽的补充，到达西北时比较湿润。随着农业和人口的发展、宫室民居的建筑以及战争的破坏，森林被加速破坏。在160个国家和地区中，我国的森林覆盖率目前屈居第116位。季风得到的补充水汽减少，到达西北时比较干燥。这是西北旱情加重的重要原因。

南水北调有三条路线，东线和中线只能补充河北、北京、天津的水资源，只有西线能送水到西北。西线设想是将长江上游的水越过高山，调往黄河上游。黄河现在的流量还不及闽江或赣江。得到长江支援后，流量增加，对黄河流经的青海、甘肃、宁夏、内蒙古、陕西、山西等缺水地区有好处。但是需要修筑过山隧洞及盘山水渠，工程浩大，一时恐难实现。

水在自然界不断循环，水汽和液态水都在起重要作用。液态水受到人类的极大重视，有专门的以液态水为对象的多门科学技术。肉眼看不见水的气体分子，云是液态水滴和固态冰晶的聚积物。人类对水汽似不如对液态水那样重视，对它在我国上空的流向、流量缺乏数据，也没有一门“水汽工程”学科研究如何使水汽更好地为人类服务。水汽在适宜条件下能变成液态水或冰雪。例如含水汽的气流在爬山时往往在向风坡形成降雨。沙漠地区大气相对湿度小，不易降雨，但夜间温度下降，相对湿度升高，可能在地面或物体表面凝结。而且大气含水汽愈多则地面蒸发率愈小。将水汽输送到西北，其缓解旱情的效果和南水北调的宗旨是一致的。

大西南开发水电资源和植树造林对本地区有很大经济效益和生态效益，同时也支援了西北。据国外气象学家研究，一个水分子在蒸发之后，平均需要经过10天才能变成降雨。由于水汽的扩散作用和风的输送作用，蒸发的地点与降雨的地点可能相距千里。庄子说“相濡以沫”，仔细体会鱼能以水沫济同类的困厄，其情景令人感动。大西南是有能力帮助苦旱的大西北的。

# 西北干旱与水汽工程*

如果按相同价格计算，1985 年我国农业产值相当于美国的 83%，矿业产值相当于美国的 37%。农业提供食物和生物性原料，矿业提供矿物性原料和燃料，它们是国民经济的基础。一个小国可以完全靠进口食物和原料，靠加工工业立足于世界。像中国这样人口众多的大国如果没有强大的农业和矿业，加工工业原料不足将会成为制约经济高度发展的拦路虎。

我国煤炭产量已居世界首位，今后如果与国民总产值同步增长，将给运输业造成极大负担。煤炭在化石燃料中的公害最大，也使我们不能过多发展。铁矿须部分依靠进口。石油与天然气能否大量增产，决定于地质勘探。而且矿石是不可再生资源，开发时须兼顾后代利益。所以，矿业虽能发展，但单独挑不起提供原料的重任，而要寄厚望于农林业。

如在云南腾冲和黑龙江黑河之间画一条连线，则我国 90% 的人口住在此线东南的 40% 的国土上。因为我国国土中有 25.9% 为 3000 米以上高原，那里人口稀少，它们都在此线西北。

---

* 原载于《群言》1993 年第 2 期。

半干旱地区占国土22%，干旱地区占国土31%，也都在此线西北。干旱制约着农林业的发展。

然而西北并非一直如此干旱。据1988年出版的《第三纪中以来东亚的古环境》第一卷（香港大学亚洲研究中心）载，在第三纪早期中国没有高山，在中国国境之西有古特提斯海，中国西部可能比东部潮湿。可是自从上新世以来，巨大的喜马拉雅造山运动使中国的环境发生重大变化。西藏高原崛起，古特提斯海消失，来自印度洋的水汽被阻，西北成为干旱地区。而人类的活动则加速和加剧旱化过程。

人虽不能彻底扭转西北旱情，但能在一定程度上缓解它。例如新疆西北角的伊犁河和额尔齐斯河都流到国外，不论修建水库或植树造林都能使水资源在我国境内多留一些时候。它们还能蒸发水汽，扩散到新疆境内其他地方，还能为高山增加冰雪。干旱地区的大气相对湿度很低，因此蒸发强烈，水汽不易凝结。但夜间温度下降，相对湿度提高，地面凝结的水增多。

如因建造水库或植树造林而使附近地区相对湿度稍有提高，便可增加一点生机。黄河上游的龙羊峡、盐锅峡、八盘峡、刘家峡、青铜峡等水库对缓解附近地区的旱情作了贡献。不过在广大干旱地区，几个水库只是杯水车薪。

据气象学家研究，一个水分子蒸发进大气之后，在空中平均滞留10天才凝结为降水。由于风和扩散作用，降水地点与蒸发地点可能相距千里。西风能把大西洋上的水汽输送到我国西部边境，被喀喇昆仑山、西昆仑山、天山截留成为冰雪的来源。夏季东南季风能把太平洋上的水汽输送到甘肃。气流经过蒸发强烈的稻田或森林，所含水汽得以保持。若经过干旱而植被稀疏的地区，则气流中水分减少。

南美亚马孙河流域的降雨，有一半来自海水蒸发，另一半来自森林蒸腾。据前联邦德国气象学家研究，该国降雨主要来自森林蒸腾，第二位才是海水蒸发。一般估计地球陆地有一半原先为森林覆盖，英国学者辛梦斯估计中国在发明农业前有70%国土为森林。东南季风经过中国东部森林上空，必能将较多水汽带到甘肃。

西藏高原虽然是印度洋水汽进入内地的大障碍，却未能将水汽完全挡住。水分子的分子量比氮气或氧气小，可以升至高空。肉眼看不见水汽，而能看见云。云是小水滴或冰晶微粒的聚合体。卷云高达7000至10000米，有至17000米的。珠穆朗玛峰高8848米，喜马拉雅山平均高6000米，青藏高原一般高4000—5000米。印度的印度河、恒河发源于西藏。横断山脉是南北走向的高山深谷，其间的澜沧江、怒江也是国际河流的上游。它们是西南季风北上的通道。

据中国科学院兰州冰川冻土研究所专著《中国冰川概论》载，祁连山夏季多西南气流带来的降水。唐古拉山东段受印度洋季风影响，气温较暖。西藏丁青、索县年平均气温均在0℃以上。年降雨量丁青为650毫米，索县为580毫米。每年5月底6月初南亚季风暴发。雅鲁藏布江拐弯处以南通印度的谷口，成为湿润季风进入高原的门户。季风云团密集，并循着几个西北—东南向谷地北上西进，使青藏高原逐步进入雨季。在青藏高原东部100°—103°之间，向北延伸至青海阿尼玛卿山区和祁连山东段冷龙岭地区，夏季盛行偏南风，水汽充沛，年降水量在贡嘎山区超过1000毫米，阿尼玛卿山及黄河河曲以东达800毫米以上，冷龙岭也接近800毫米。

四川省西部、西藏东部和云南西北部称为“川西藏东分割高原”，高等教育出版社出版的《中国自然地理》这样描述这一地区：“本区位处青藏高原纬度较低、距海较近的地域，高温重湿的西南季风沿河谷北上，形成丰沛降水。”

长江、黄河和澜沧江发源于“青东南，川西北高原”，包括青海省东南部，甘肃省西南部，四川省西北部及西藏的东北角。西南季风经过川西藏东分割高原到达青东南、川西北高原。这里有许多湖泊和沼泽湿地，是邻近西北干旱地区的湿岛。从这里发源的黄河流经青海、甘肃、宁夏、内蒙古、陕西及山西的大量干旱地区。黄河水量大小对西北干旱程度有重要影响。

东南季风与西南季风携带的水汽汇集于甘肃，向西可以支援河西走廊以至新疆。许多历史文献表明河西走廊和新疆的干旱程度在逐渐加剧，这与季风带来的水汽减少有关系。汉晋时代新疆的楼兰古国消失在沙漠之中。我国地质学家于罗布泊中心地带钻探，深达 9 米。用碳 - 14 技术测定，上面 4 米代表全新世，也就是人类发明农业以来的最近 10000 年。顶部 30 厘米为盐盖，再下面没有发现含盐的沉积物。说明罗布泊以前是淡水湖，变成咸水湖是很近的事情。当时维持淡水湖必有丰富的淡水补给。

西北干旱加剧的原因不完全在西北自身，而与中国东部以及西南部人口增多、森林减少、向西北输送水汽减少不可分割。水利工程的工作对象是液态水，在没有液态水资源的地方，无用武之地。按照我国的实际情况似乎需要一个新学科——水汽工程，其工作对象是气态水，水汽工程与水利工程互相补充，紧密合作。

南水北调有三条路线，东线和中线只能增加京、津、河北的水源，只有西线能调水到西北。西线设想是把长江上游的水调往黄河上游。由于高山阻挡，必须开凿隧洞，修建盘山水渠，工程浩大，难下决心。从水汽工程考虑，在川西藏东分割高原上植树造林和修建水库能增加江河源地区的大气湿度，增加黄河流量，增加祁连山东段的水汽。我国水力发电资源丰富，为世界第一。

但水力发电量屈居世界第五，川西藏东分割高原正是蕴藏水力资源极富、有待开发利用的地区。现在法国雷诺汽车公司和美国通用汽车公司正推出无污染的电动汽车，以蓄电池为动力。山区以廉价水电发展交通，前程似锦。新疆伊犁河和额尔齐斯河流域植树造林，修建水库，可在河水流出国境的同时将水汽多多留在境内。在中国东部的大范围内，沿黄河和汉水植树造林可能是将水汽输送西北的捷径。

我们不能奢望根本扭转自然力量造成的西北干旱大局。但是我们依靠现代森林科学及飞机播种、修建水库等技术，缓解西北旱情，恢复甚至超越历史时期的汉唐旧观，并非幻想。

# 新生的凤凰*

美国国务院办的《共产主义问题》宣布停刊了。它本是冷战的工具，现在冷战已经结束，对苏联东欧的共产主义已无研究必要。但是严肃的、信仰社会主义的学者并未因苏东剧变失去信心，而是吸取经验教训，把社会主义的研究提到更高的水平。创刊已56年的美国民间的马克思主义刊物《科学与社会》于1990年秋季发出征文启事，欢迎以“社会主义经济理论”为内容的稿件，并于1992年春季开始刊登征到的文章。其共同特点是不怕“空想社会主义”的帽子，在总结70年社会主义实践的基础上提出社会主义经济管理的新设计。

居于征文榜首的是芝加哥大学劳瑶拉大学大卫·希威斯卡的《经济民主：一种真能运转的优良社会主义》。在他的设计中，企业由其职工管理，民主决策，一人一票。规模大的企业可以推举一个工人委员会或总经理。工人虽然管理工厂，生产资料不属于他们，而是属于社会的集体财产。企业的资本存量必须保值，提出的折旧基金只能用于更换设备或改进技术，不能变成工人收

---

* 原载于《读书》1993年第2期。

入。如果企业发生经济困难，职工有重新改组或脱离原企业另找工作的自由，而没有出售资本存量的自由。如果一个企业不能产生最低人均收入，它必须宣布破产，流动资本将被出售以偿还债务。如有多余上交投资基金，固定资本还给社会。这两件事均由银行办理，工人则另谋职业。

经济民主是市场经济，至少对消费品和资本货物的分配是这样。物价由供求决定，大部分不加管制。但有两个例外：对垄断性行业的产品价格有控制；对农业有补贴，以减少气候变化带来的不确定性。有了经济民主，劳动便不是商品。因为一个工人进厂后变成一个有表决权的成员，并且有权分享纯收入。纯收入在成员之间的分配由职工自己决定，他们有权平等分配，他们可能对困难的工作多给报酬，他们可能发现对稀缺的技巧给特殊奖金是对他们自己有利的。

社会控制新投资。社会对固定资产征税，作为投资基金。投资可分三类：(1) 企业为了谋利自发进行的投资；(2) 不仅能谋利而且有其他社会效益的投资；(3) 免费提供的商品或服务，如学校、医院、城市公共交通、基础研究设施等。

投资基金由中央、地区、县市三级立法机关分配。立法机关举行投资听证会，专家和群众代表前来作证。立法机关决定用在免费商品或服务的投资项目和金额以及需要鼓励的企业投资领域。须政府支出的资金转交适当的政府机关；对企业进行鼓励的“鼓励补款”则规定其金额和条件，例如在一定期限内按较低税率纳税。

分配投资基金的程序：先由中央立法机关确定全国性政府投资项目，如铁路建设。这些项目的资金转交适当政府机关，如运输部。投资基金的剩余部分按人口比例分配各地区。中央立法机关也可决定鼓励哪些类别的项目、金额及税率。

地区立法机关对政府投资及鼓励项目作出类似决策。政府投资资金转交适当的地区机关，其余的钱按人口分配给各县市。县市立法机关决定本地政府投资和鼓励补款。

中央、地区、县市三级立法机关已经确定了投资项目的优先顺序，县市将自己的资金交给本地的银行。银行可能不止两家，每个企业自己选择一家银行与之挂钩。银行保管企业的折旧准备，销售收入，提供企业需要的流动资金，或许还提供其他技术及财务服务。企业向此银行申请新投资，也可向其他银行申请。银行的董事会包含县市计划机关的代表、银行职工代表、与之有业务往来的企业的代表。县市将投资基金分配给各银行，其份额大小决定于（a）与该行往来的企业规模和数目；（b）该行过去补款是否赢利（包括低税率鼓励补款在内）；（c）该行过去创造新就业机会的成绩。银行在其职工中分配的收入来自一般税收，因为他们是公务员。有一个公式将银行收入与该行补款获利和创造就业的成绩联系起来。

如一个县市不能发现足够的投资机会以吸收分配给它的基金，多余的钱退还中央。县市及它们的银行将设立企业部，监测新的投资机会，对现有企业及有志创业的个人提供技术和财务咨询，帮助企业调查市场，甚至为新企业物色经理和工人。

简言之，中央政府征收固定资产税，分配给县市银行网。银行将基金（其中一部分已指定鼓励哪些类别的项目）分配给往来企业及新企业。银行补款不必偿还，增加企业固定资产。

希威斯卡认为他设计的社会主义经济比资本主义的效率高。经济效率有三类：（1）资源配置效率；（2）充分就业效率；（3）企业内部效率。三类效率的重要性不同，属于不同的数量级。康乃尔大学的万尼克教授认为配置效率好比跳蚤，充分就业效率好比兔子，企业内部效率好比大象。资本主义的垄断企业故意减少产量，抬高价格，牟取暴利，以致资源配置效率降低；社会主义将控制垄断价格，使之只能有正常利润，而实现较高的配置效率。资本主义常因经济萧条而致就业不足，浪费人力；社会主义鼓励创造就业机会多的项目，就业效率高于资本主义。实行民主管理的企业有较高的生产效率，马克思在世时对美国的合作工厂已有所观察。现代经济学家也证明了这一点。自从 20 世纪 40 年代美国濒太平洋西北地区的胶合板合作社已由工人选举经理；西班牙蒙拉冈地区的合作社工人开始选举经理。1981 年意大利已有两万个生产合作社，成为经济中最活跃的部门。1982 年美国国民钢铁公司将前景暗淡的威尔顿钢厂卖给它的 7000 名职工，1984 年完成交易。以后连续 18 个季度赢利，在同一期间钢铁行业大部分赔钱，威尔顿钢厂的两个竞争对手申请破产。

经济民主对中国并不陌生。邓小平在 1957 年就已提出："厂矿企业的管理方面，要扩大民主。……农村办合作社，也要扩大民主，实行民主办社。" 1978 年 10 月 11 日邓小平提出："我们所有的企业必须毫无例外地实行民主管理，使集中领导和民主管理结合起来。今后企业的车间主任、工段长、班组长要由本车间、工段和班组的工人选举产生。企业的重大问题要经过职工代表大会或职工大会讨论。企业的领导干部要在大会上听取职工意见，接受职工的批评和监督，某些严重失职或作风恶劣的领导人员和管理人员，大会有权向上级建议给以处分或撤换。" 他于 1978 年 12 月 13 日作的重要报告《解放思想，实事求是，团结一致向前看》中阐述了"经济民主"的概念。

"鞍钢宪法"的主要内容两参一改三结合、工人参加管理，正是经济民主的起步。

首都钢铁公司实行经济民主，职工选举工厂委员会和总经理，已历时多年。首钢经济效率很高，在我国数一数二，进行国际比较，也是非常出色的。我们很难度量首钢的高效率中有多大比重归功于民主管理，不过对于民主管理促进首钢的高效率这一判断似乎不必怀疑。

波士顿的米海尔·阿尔伯特和美洲大学的罗宾·哈纳尔合写了一篇《参与计划》。他们认为原始设想的社会主义从未试验过，生产者们从未互相合作并与消费者合作编制他们的活动计划。他们设想有消费者委员会及其联合会和工人委员会及其联合会。还有一个计划局。计划局宣布一切商品、资源、劳动和资本存量的“指示价格”。每个消费者委员会（及联合会）对此作出响应，提出一份消费方案，每个工人委员会（及联合会）提出一份生产方案。计划局计算每种商品的超额需求或供给并将其指示价格调升或调降。新价格更好地反映了社会成本和效益，消费者和工人委员会据以修正和报送新的方案。多次迭代后超额需求和供给基本消灭，产生一份公平而有效的可行计划。

纽约市大学的大卫·莱布曼在《市场和计划：历史和理论中的社会主义社会结构的进化》一文中论述了一个根本问题，现代人类生活中的最基本的趋势是劳动生产率不断提高，供分配的蛋糕愈来愈大，其出路有二，或则财产收入上升，或则劳动人民生活水平上升。前一出路导致社会不稳定，后一出路使资本主义制度下的劳动激励削弱，因为人们害怕饥饿或失业才去劳动。富裕条件下需要有新的激励，这要靠工人与劳动过程的积极的和创造性的关系，以生产中的民主原则为前提。经济民主向资本家特权挑战。

莱布曼希望社会主义在理论和实践上要恢复攻势。这有两个前提。第一，确认资本主义在历史上有局限性并有内在的矛盾，超越它导致质量不同的和优越的社会组织，称为“社会主义”。

第二，需要总结实际社会主义社会，如苏联、东欧的有永久价值的东西。

许多社会主义思想家在注视新生的凤凰出现在什么地方，在想象她的仪态。

# 社会主义与市场经济*

社会主义市场经济的旗帜一旦亮出，有人赞许，也有一些人士怀疑社会主义与市场经济是两个矛盾的范畴，担心其行不通。

市场经济顾名思义是市场在经济生活中起主要协调作用的经济。人们不仅在实践中而且在数理经济理论中认识到市场经济的效率较高。

社会主义一词在英语中首见于1827年伦敦出版的《合作社杂志》。到1924年英国学者格列非已能举出260多个不同的定义。它是在资本主义社会中出现的进步思潮，几乎所有国家都受它的影响。顺便提一下，孙中山提倡的民生主义也是社会主义的一种。社会主义思想家们对社会主义有不同的设计思想。马克思不愿对此多谈，以免空想社会主义之嫌。可是他作为一位社会主义思想家不可能不憧憬未来；在第一国际的活动中不可能不参加有关未来社会的讨论；对巴黎公社的革命实践不可能没有观感。

马克思称资本主义以后的生产方式为“联合的生产方式”，

---

* 原载于《读书》1993年第7期。

而合作社和股份公司是向联合的生产方式过渡的良好形式。1868年第一国际布鲁塞尔代表大会有一项决议：铁路矿山等大企业属于社会财产，应委托职工组成的合作社经营管理。政府与合作社之间订立协议，明确权利义务。用现在的话来说就是政企分离，全员承包，民主管理。首都钢铁公司这样办了，其效率居国有企业之首。国有企业效率低是许多国家的痼疾，首钢何以能例外？当年，马克思已观察到英国的合作社赢利比相似的资本家企业多。他认为资本家企业的工人有异化思想，倾向于浪费生产资料。合作社工人没有异化思想，愿意节约生产资料。在合作社中不存在资本和劳动之间的对立。国有企业与资本家企业不同，每个工人作为一个公民分享一份所有权。在这个意义上，首钢职工在改革前已是企业的主人。但是只有改革之后，政府把企业委托全体职工经营管理，职工才不仅在理论上而且在实践中体会到自己的主人翁地位，首钢因而萌发出前所未有的活力。

1871年，巴黎公社接管一些私营工厂，按照第一国际的上述决议委托职工组成的合作社经营管理。有一个工厂的章程被保存下来，该章程规定，厂长和委员会都由职工选举，委员会集体决策，厂长组织执行，类似首钢的方式。马克思在《法兰西内战》中加以首肯，并进一步确认一个由合作社组成的社会就是共产主义。那时西欧已有一些合作社的联社。联社与基层社之间不是上下级关系，它是合作社的合作社。联社的理事会由作为社员的基层社选举产生。联社与基层社同样是企业法人，平等交易。马克思设想社会主义社会中的合作社可以联合为联社，乃至全国性联社。他希望全国联社能起计划协调、克服经济痉挛（振荡）的作用。联社并非政府机关，而是民间团体。政府只有为数不多的重要职能。这是小政府、大社会的思想。马克思设想的正是社会主义市场经济。

苏联经济体制与马克思的设计思想有很大不同。企业国有国营，政府委任经理，在企业中实行一长制领导。政府的职能无限扩大，企业的许多决策权被政府越俎代庖。特别是企业不能自销其产品，自定其价格。横向经济关系受制于垂直的行政干预，市场在经济中的协调作用受到极大干扰。苏联经济显然不是市场经济。如果未经实践，不能先验地判断苏联经济体制与马克思的设计思想之间的优劣。经过长期实践苏联才发现自己的设计是行不通的。

如果认为只有苏联经济模式才是社会主义，则社会主义与市场经济是矛盾的，互不相容的。如果承认其他社会主义思想家（如马克思、孙中山、奥斯卡·兰格、邓小平）也有设计社会主义的能力，则社会主义与市场经济是相容的，一致的。自从改革开放以来，中国一直朝社会主义市场经济的方向前进。农村土地村有民营；国有或集体企业由承包人经营，承包人可能是一位经理，也可能是全体职工；并且涌现一大批民有民营的企业。乡镇企业有完全的产品销售权，国有企业的销售权不断扩大，中国已是一个准市场经济。中国经济改革取得的优异成绩无可辩驳地证明了社会主义市场经济的可行性和高效率。

1920年，奥地利经济学家冯·麦昔斯说社会主义国家是生产资料的唯一的主人，因此不可能有真正的市场；迄今许多为苏东国家出谋划策的西方学者仍坚持私有化是市场经济的前提。中国的实践证明，在实行国有民营之后，承包人有其独立的经济利益，在市场上有强烈的竞争意识。国有企业在家电市场上的竞争是有目共睹的，实践证明，不必将国有企业私有化也能实现市场经济。

中国转向社会主义市场经济还在孩提时期，需要学习和完善的地方很多。兹不揣浅陋，提出两项改进意见。

马克思没有提过“计划经济”，但强调社会主义须有计划。他也没有提出具体的计划方法，而提出对计划的两点希望：按需要生产和稳定经济。苏联的计划方法烦琐到两个企业之间的交易须等上级通知的程度，却并未达到按需要生产的要求。多年处于受压制通货膨胀之下的经济也是很不稳定的。水利工程缺乏系统观念，造成里海水位下降和威海即将干涸的严重问题。那种“计划经济”只有扬弃。但是按需要生产和稳定经济是全世界经济学家的共识，为此仍需有一定的计划方法。例如中国人民银行总行须有计划地供给货币，稳定经济；运用浮动利率及公开市场运作以平衡货币的供求和匹配储蓄与投资。民营企业加强自身的计划工作，按需要生产，按需要投资，否则将蒙受经济损失。马克思设想一个全国合作总社，已故波兰经济学家兰格建议在国会中增设一个由各个产业的代表性人物组成的经济院，起计划协调作用。他们的建议似有考虑的价值。

欧文在美国创办新社会，属于空想社会主义。但他提倡的合作社并非空想。现在合作社运动遍及全世界，几乎一切国家都制定了合作社法。马克思、列宁、毛泽东提倡合作社，邓小平提倡民主办社。中国已有很多合作社，而缺乏一部合作社法。大家对合作社认识不一致，运作不规范，社员的民主权利没有法律保障。广大群众的个人经济力量很弱，如不组成合作社，难以参加市场竞争。特别是农民销售农产品不易，收购与否或付不付现金听命于供销社和粮站，农民自己进城推销则数量少，费用大，他们很需要有自己的合作社。制定合作社法是当务之急。

# 太平洋时代的中国*

1492 年哥伦布发现美洲迄今的五个世纪，是大西洋西岸生产力发展迅速、成为主要贸易通道的时代。第二次世界大战后日本经济崛起，发展为与美国相伯仲的经济大国，世界经济重心开始向太平洋移动。接着是亚洲四个新工业化地区——中国的香港、台湾以及新加坡和南朝鲜的腾飞，它们的人口在 1991 年为 7241 万人，占世界人口的 1.3%，GNP 合计 4545 亿美元，人均 GNP6276 美元，超过匈牙利的水平。现在日本的增长速度高于美国和西欧，新工业化地区又高于日本。

现在中国大陆的经济规模有多大？增长有多快？不易有精确计算。中国国家统计对 GNP 尚未进行正式统计，而只有估计。存在外汇管制，人民币不能自由兑换，而且在国内设立另一种可以流通的货币——外汇券。这些不免影响人民币的信誉，降低它作为流通媒介和价值储藏手段的功能。在国际金融市场上对人民币的需求减少，使它的汇率长期低于购买力平价。国家统计局估

---

* 原载于《21 世纪中国与亚太地区：共促繁荣——'93 广州国际研讨会论文集》，1993 年 9 月，第 225 页。

计，1991 年中国 GNP 为人民币 19855 亿元，按官价汇率 5.32 元人民币换 1 美元折合 3732 亿美元，人均 324 美元（一般认为这个估计太低）。

另一方面，用购买力平价折算中国 GNP 的方法也不可行。中国缺乏可靠的人民币 GNP 统计，而且不是一个完全市场经济。一些重要生产资料价格、房租、公用事业价格、汇率是政府确定的。例如，公房租低廉，若与美国房租比较，会认为人民币的购买力高于美元。但是并非任何人愿意支付低房租便能租到房屋。公用事业价格所以低廉是因为政府代付了一部分，现在很难算出人民币与外币之间的购买力平价。最近国际货币基金和世界银行过高估计了中国经济规模，说中国已是世界第三、第二大经济。中国政府已予否认。

美国裁军署根据世界银行和美国中央情报局提供的数据估计 1989 年中国人均 GNP 为 547 美元（比那些过低或过高的估计更具参考价值）。此外，本文作者用另一种方法：将中国的产品和服务的生产数量乘以美国价格，又减去质量差异因素，估计 1985 年中国人均 GNP 为 615.5 美元，1991 年为 823 美元。

表 1　　GNP　　10 亿美元　1990 年

| | 1990 年 | 年增长率（%） | 2000 年 | 2010 年 | 2020 年 | 2030 年 |
|---|---|---|---|---|---|---|
| 美国 | 5465.1 | 2.7 | 7133.5 | 9311.2 | 12153.7 | 15864.0 |
| 经合欧洲 | 6974.1 | 2.4 | 8840.7 | 11206.9 | 14206.4 | 18008.8 |
| 日本 | 2910.4 | 4.4 | 4476.7 | 6885.9 | 10591.7 | 16291.9 |
| 中国大陆 | 787.6 | 8.6 | 1797.2 | 4101.0 | 9358.1 | 21354.3 |
| 中国大陆加港台地区 | 1016.1 | 8.6 | 2318.6 | 5290.8 | 12073.1 | 27549.7 |
| 中国加新加坡 | 1050.7 | 8.6 | 2397.6 | 5471.1 | 12484.6 | 28488.7 |

国家统计局计算1979—1991年期间中国GNP平均年增长率为8.6%，1980—1990年期间美国GNP年增长率为2.7%，经济合作发展组织国家为2.4%，日本为4.4%。假设这些增长率在今后长时期内不变，我们可以观察以下的经济大势。

美国在大西洋和太平洋之间，好比在天平的支点上，一侧为欧洲，另一侧为日本和中国。在1990年，欧洲比日本和中国重，2010年两边大致平衡，2020年日本和中国远比欧洲为重，那时世界经济重心移到了太平洋。

2020年中国（即大陆加港台地区）经济规模将超过日本而与美国接近。2030年中国经济规模将大于欧洲或美国，成为世界最大的经济，但因人口众多，远非最富的经济。

历史上中国的皇帝或实行对外开放，或闭关自守，但中国人民始终有四海为家的胸怀。远在哥伦布发现美洲之前，中国人民即前往印度支那半岛和南洋群岛经商或定居。现在全世界都有华侨，他们为发展所在国经济作出了贡献。华侨汇款一直是中国国际收支平衡中的一项重要收入。华侨愿意与中国做生意，愿意投资于中国。由于中国实行开放政策，中国经济规模增大，华侨的经济力量加强，华侨与中国之间的经济联系因而增多和扩大。我们提出“华夏经济”的概念，用以描述把华侨与中国的经济联系包括在内的扩大的中国经济系统。它没有什么政治含义，而是客观存在的一个经济系统。新加坡是华夏经济的一个重要成员。它与中国大陆之间在1991年的贸易额达30.8亿美元，为新加坡GNP的8%（新加坡与中国港台地区的贸易尚不在内）。

美、欧、日、中的经济能不能以上述增长率顺利发展，会不会碰到某种资源约束？第一产业生产的农产品和矿产品在本文中统称为原料。在1989年美国GNP中，有2.4%为农业GNP，3.1%为采矿业GNP，原料在全经济中的份额为5.5%。在1991

年中国GNP中，7.3%为农产品GNP，2.0%为矿产品GNP，合计9.3%。美国矿产比重大于农产，因为美国有丰富的石油和天然气；中国农产比重大于矿产，因为人口多。要求中国经济今后长期按8.6%年率高速增长，原料也须高速增长，这个任务非常艰巨。到现在为止，还没有证据使我们能称为油气大国。煤矿虽多却有运输和环境污染问题，不能无限制发展。中国经济高速发展所需原料，主要将依靠农业。在未来几十年中，生态学家所忧虑的人口爆炸、资源耗竭、环境污染问题日益严重。人类愈来愈感觉增长有其客观存在的极限。这在人口占世界三分之二的亚洲尤为突出。

在简单描述经济形势之后，对未来的发展问题提出一些参考意见。

（1）澜沧江下游为湄公河，全长约4000公里，是除长江和叶尼塞河外亚洲第三长河，在中国境内长1612公里。澜沧江发源于青海，经西藏、云南出境。流经老挝、缅甸边界、泰国边界、柬埔寨、越南，入南海。湄公河的径流总量和平均流量将近长江的一半。它的流量很不稳定，4月流量最小，以后逐渐增大。8月或9月上游达到最大流量，10月在南段达到最大值。泰、柬、越、老四国在联合国支持下有一个湄公河开发计划，包括防洪、灌溉、发电、航行等内容。中国虽未参加，但正在积极开发澜沧江的水电资源。为发电修建的水库，有助于湄公河流量的稳定。澜沧江流域还要广泛植树造林，以涵蓄水源。每年夏季季风由南向北运动，湄公河先下雨，澜沧江后下雨。若上游缺乏森林，降雨迅速下泄，而这时下游并不需要水。对澜沧江流域而言，降雨过早过快流出境外，是水资源的损失。到了枯水季节，澜沧江因森林稀疏，蓄水很少，无力援助下游。而且森林少则蒸腾水汽少，不能向青海省输送水汽，促进西北干旱。

同样，中国可与缅甸合作开发怒江—萨尔温江，与印度、孟加拉国合作开发雅鲁藏布江—布拉马普特拉河——贾木纳河。

（2）青藏高原和云贵高原蕴藏着巨大的水力资源，如能更多开发利用，可以节约化石能源和薪材。除可向东部输送电力外，有可能发展电动汽车，以改善山区交通。不妨把整个高原及其他山区看成自然保护区，在一切山坡退耕还林还草。退耕后粮食从何处来？要改良消费习惯，多从多年生植物索取食物。改革开放以来果树发展很多，多吃果品必然少吃粮食。市场上的果茶是一大发明，扩大了果品销路，很受消费者以及外宾欢迎。意大利年产葡萄1000多万吨，美国600多万吨，中国只有92万吨。我们要多饮果酒，少饮粮食酒。

（3）在1985—1989年的五年中，中国化肥生产增加了50%。不断增加单位面积上的化肥投入不免会受到报酬递减律作用的影响。同时，中国有大面积的不毛之地，以致中国国土单位面积的平均植物生长量仅占世界平均的一半。我们耗费大量化石能源增产粮食，同时却对大量太阳能弃而不用。只要设法使每一寸土地尽可能都有覆盖植物，中国的气候将有所改善，一部分不毛之地可恢复生产力。周恩来总理说过，植树造林须以群众为主。要放手发动群众，将土地的永久使用权交给他们。这与土地国有不但不矛盾，而且相辅相成，因为只有所有权而无人负责经营管理，那个所有权是空的。

（4）现代化是一个学习过程。日本学习最早最勤，新工业化地区是新出现的学习现代化成绩斐然的经济。改革开放以来中国大陆加速学习现代化，其成绩可在对外贸易中见到。1979—1991年期间进出口总额每年递增15.6%，1991年达到1357亿美元，其中出口达719.1亿美元。

1982年中国出口商品中初级产品占46%，制成品占54%。

表 2　　　　**中美出口贸易比较**

| 年度 | 美国 | 中国 | 中国/美国（%） |
|---|---|---|---|
| 1950 | 101.5 | 5.5 | 5.4 |
| 1960 | 302.8 | 18.6 | 6.1 |
| 1970 | 425.9 | 22.6 | 5.3 |
| 1980 | 2242.7 | 182.7 | 8.1 |
| 1985 | 2159.4 | 273.6 | 12.7 |
| 1990 | 4165.2 | 719.1 | 17.3 |

1991 年出口中初级产品只占 22.5%，制成品占 77.5%。在制成品中纺织、服装和鞋为 190.5 亿美元，化工和设备为 109.7 亿美元。

中国正迅速融入世界经济，说明生产和管理技术与国际水平日益接近。这是全社会学习现代化的成绩。开放政策为中国人与外国人、大陆同胞与港澳台同胞以及海外华侨之间的自由交往、互相学习创造了条件，在教室中，企业中，市场上，报刊书本中学习。新知识、新观念从沿海流向内地，从城市流向农村。在这么短时间内全社会学到这么多新知识，在人类历史上是少见的。

现在中外交往仍有一项不方便之处——人民币不能自由兑换。中国如能提高利息率以抑制通货膨胀，弱化对外汇的行政管制，允许人民币自由兑换，则人民币的信誉将大大提高。其他条件相同，人民币的市场汇率将上升。中国经济和华夏经济将更快发展，中国将更快实现现代化。

（5）国际贸易不是零和博弈。1991 年中国出口额为美国出口额的 17.3%，而为 1990 年日本出口额的 25%。中国对外贸易正以每年 15.6% 的高速度增长。公元 2000 年，中国出口额有可能达到美国的三分之一；公元 2010 年可能达到美国出口额的三分之二；公元2020年可能超过美国而成为世界第一贸易大国。

如果把国际贸易看成是零和博弈，中国之所得，即其他国家之所失。推论下去，中国经济发展将使其他经济萎缩。这与经济理论和经验事实是不一致的。在市场上每一笔交易都是对双方有利的。而且J. B，SAY的市场规律，供给将创造它自己的需求，含有不小的真理成分。一个国家出口愈多，愈有能力多进口。中国进口的增长和出口一样快。人们常说日本多卖少买，成为SAY规律的例外。然而日本在世界各地投资或援助，能扩大那些地区的商品需求。中国与日本不同，对外贸易有时顺差，有时逆差。中国经常项目始终有逆差，而要靠境外人士来投资弥补。换句话说，中国是买多卖少的国家。中国经济规模扩大使太平洋经济规模扩大。中国和一切太平洋周边国家将从经济规模扩大和分工深化中得益。

## 参考文献

[1] 美国商业部：《1992年美国统计摘要》，第831页。

[2] Mcadows, D. rl, et al. *The limits to Growth*, Universc Books, New York, 1972.

# 社会主义的春天*

19世纪初人们认识到资本主义社会的缺陷，希望改革，形成社会主义思潮。英语中“社会主义”一词于1827年首见于伦敦合作社办的《合作社杂志》。法语中“社会主义”是勒罗于1832年创造的。社会主义思潮深得人心，几乎在所有国家都有主张社会主义的思想家、政治家及政党。不过，大家对社会主义的内涵并无统一的认识。1924年，有一位英国学者格立非斯已经收集到260种社会主义的定义。不同的思想家和政党对社会主义有不同的理解，同位思想家和政党对社会主义的理解也有变化。牛津大学出版的《现代高级英汉双解词典》对社会主义的定义是：“土地、运输工具、主要工业、天然资源等，应由国家或公共团体所有并加管理，以谋求社会整体利益之学说。”麦克米伦出版公司的《马克思主义，社会主义和共产主义百科全书词典》则定义为：“一种政治和经济制度，着重由国家或其他工人阶级团体维持社会正义。”本文假设社会主义有下列诉求：

（1）劳动者管理生产资料，按劳取酬；

---

* 原载于《未来与发展》1994年第3期。

（2）社会保障；

（3）生产符合需要；

（4）经济稳定，生产力发展；

（5）人类的活动与自然界协调；

（6）机会均等，受教育的机会、就业的机会、参政的机会等等；

（7）收入和财富分配相对平等。

200 年来，许多思想家、政治家、政党为弘扬社会主义而奋斗，社会主义在人类的思想和活动中已产生深刻和不可磨灭的影响。社会党、共产党主张社会主义；保守党、自由党一方面反对社会主义，另一方面又将社会主义的某些诉求纳入自己的竞选政纲，以争取选票。左派政党有意识地推进社会主义，右派政党有时为形势所迫不得不容忍社会主义。社会主义因而大行于世，我们处在一个被社会主义改造过的而且还在继续改造的世界中。人类已在社会主义道路上前进了一大段路，只是很多人忘记了 200 年前的社会状况，对于被社会主义改造了的今日社会认识不足。

马克思曾预言社会主义先在生产力发达的国家实现。以后因为社会主义国家先在不发达地区出现，遂怀疑马氏预测有误；其实，那些是有志于社会主义的国家，要努力许多年才能逐步实现社会主义的各项诉求。在另一方面，不能因为有些国家从国名或宪法中删去了“社会主义”字样，而认为他们已与社会主义无缘。他们的人民仍有社会主义诉求，国内仍有社会主义政党。社会主义是世界潮流，大势所趋，仍将在那些国家逐渐实施，而与他们的国名或宪法无不可分割的关系。

生产力发达显然有利于实现社会主义。第二次世界大战后，英国工党首先提出“福利国家”的口号，要求人民从摇篮到坟墓得到社会保障。斯堪的纳维亚国家，西欧国家，澳洲，新西兰、加拿大等纷起效尤。穷国要做到和他们一样自然有困难，普及教育也需财力。

所有社会主义思想家都主张运用所得税改变收入分配不均的现状。中国过去所以不实行，乃因大家都很穷。现在社会上出现了高收入阶层，所得税才有用武之地。

工业化加速破坏环境。但是富国一旦觉悟，就有力量治理环境、保护环境。穷国虽然觉悟，限于财力，难有重大转变。所幸现在发展中国家，特别是东亚和东南亚，经济增长速度高于发达国家，有利于上述几项社会主义诉求的实现。

合作社运动与社会主义同步发展，互相影响。传统的企业中资本支配劳动，合作社中劳动支配资本。马克思在《法兰西内战》中明确提出共产主义社会由许多合作社组成，巴黎公社对此有过短期实验。第一国际也曾作过相应决议。在企业制度的历史上，独资企业和合伙企业最为古老。股份公司起源于 17 世纪，合作社于 19 世纪开始兴旺。合作社也是有股份的、有限责任的法人。所以，合作社也能称为公司。例如，美国华盛顿州生产苹果汁的树顶公司是合作社，活跃于国际农产品市场的大湖奶制品公司、纽约农产品出口公司也是合作社。合作社与股份公司不同之点在于实行社员民主管理，因此被欧文、马克思等社会主义思想家赏识。

200 年来合作社在全世界有很大发展。美国最大 500 家工业企业中有三家是合作社，所有农民都参加合作社，美国有四分之一家庭参加信用合作社。批发合作社是英国最大的企业。许多国家的农民不是等待资本家企业来收购农产品，而是团结起来组成合作社，主动向国内外市场推销。工业合作社在意大利和西班牙茁壮成长，在国民经济中占有重要地位。

职工参加资本家企业的管理是近百年的新鲜事物。特别是西欧各国的工人阶级在第二次世界大战中与德、意法西斯进行殊死斗争，威信大增。“二战”后，这些国家纷纷制定法律，使职工在企业中享有与资本家共同决策之权。例如德国企业的董事会有半数董事是职工选举的，法国国有企业有三分之一董事是职工选举的。

劳动者支配生产资料，而不是生产资料支配劳动者，是社会主义的基本诉求之一。200 年前劳动者能支配的只是自耕农的土地，个体手工业者和个体商户的工具和商品。以后逐渐增加合作社的财产，以及能部分支配的资本家企业财产和国有企业财产。劳动者支配的生产资料在全社会生产资料中所占的比重逐渐提高，今后将继续提高。

社会保障事业产生许多基金，例如养老基金、医疗保险基金、失业保险基金、残疾基金等等。不论基金来自企业或职工个人交纳，或政府补助，只能用于受益职工，其性质属于集体所有，也就是公有。仅美国这类基金总数已达 38.511 亿美元，而金融业以外的所有公司，其净值合计不过 39.170 亿美元。

国有企业效率低是世界性问题。加拿大联邦政府和省市政府都经营一些企业。政府首长往往任命拥护他竞选的朋友当董事长或董事作为酬谢。舆论对此非常不满。那些先生对政治的兴趣和经验大于对经营企业的兴趣和经验。而私营公司的董事们是在市场竞争中涌现的企业家。这可能是西方国家纷纷将国有企业私有化的重要原因。然而私有化并非唯一出路，委任职工民主管理是第一国际推荐的良方。巴黎公社曾经实验，但为时太短。近年中国进行了试验。例如首都钢铁公司实行民主管理后，钢产量从全国第八位上升到第二位，不要国家增加投资。石家庄第二印染厂实行民主管理后，经济效益居全国同行业的第二位。民主管理是最新的企业制度，也是最能实现社会主义诉求的企业制度，社会主义思想家相信它优于资本主义企业制度。不过，优秀的企业制度不能依靠行政命令推广，而要在市场竞争中取胜，为其他企业自动仿效。

外国也有类似实验。意大利的生产合作社、以色列的人民公社、西班牙的蒙拉罔工业合作社、加拿大的拜耳运输公司、旧金山清洁公司等等都因实行民主管理而取得良好经济效益。

前苏联的生产资料不仅未委托职工民主管理，政府任命的经理权力也很小，真正支配生产资料的是企业的上级机关。列宁临终前口授的《论合作制》反映他希望在经济中引进民主管理，不过在他逝世后这项重要遗嘱并未成为行动。直到戈尔巴乔夫时期才制定了合作社法，开始有生产资料为群众支配。虽然俄罗斯经济萧条，合作社却增长迅速。

莫斯科的布尔什维克饼干公司是第一批私有化的国家企业之一。1992 年 10 月，它的 2300 名职工和经理们买下了 51% 股份，按年初的账面价值乘 1.7 作价，但因通货膨胀严重，财产作价实际上是很便宜的，12 月公开拍卖 44% 股份，购买者中 50%—80% 为内部人士，如该公司的职工、经理、退休人员，以及他们的家属。可以说，职工掌握了完全的管理权，这对提高效率、实现社会主义诉求似乎没有什么坏处。不过今后如何演变要看把它办成一个股份公司还是合作社，若是股份公司，大股东可能收购小股东的股份，使之沦为无产者。于是劳资纠纷、职工的异化思想等资本主义的旧疾又将复发。若是一个合作社，不论大股东掌握多少股份，仍将坚持职工一人一个表决权的民主管理制度，企业可望长治久安。由于迷信私有化的万应灵丹，有些企业可能走一些弯路。等到在国际国内市场竞争中发现民主管理的企业有强大的竞争力时，自会拨转航向。

美国汽车工业在竞争中不敌日本，美国人发现日本有一项秘密武器，班组有一定的自主和自治权。日本人的性格与德国人不同，德国职工要当公司董事，日本人只要在班组实行民主管理，已能调动其积极性。通用汽车公司建造一个新厂，专门学习日本班组管理经验。美国企业有所谓“职工持股计划”，由私营公司拿出钱来供给职工购买本企业股份。1990 年已有 1200 万名职工参加这种计划。华盛顿世界经济研究所在《经济学人》杂志发表预测，到 21 世纪，美国企业将提高工人的作用，以增强在国际市场上的竞争力。

人们讨论和实践社会主义将近两个世纪，对社会主义的认识日益全面和深刻，例如建设社会主义是长期过程，不可能今天举行社会主义革命，宣布自己是社会主义国家，从此便是社会主义社会。社会主义反映人民的许多诉求，他们希望社会主义社会具有某些特征。需要长期努力才能把这些诉求逐渐变成社会实际具有的特征。

有些人把违背人民意愿的东西作为社会主义来推行，使社会主义走弯路，损害社会主义的名誉，这些只是一时一地的局部问题。社会主义代表人民意愿，代表历史潮流，在过去 200 年中取得很大成绩。今后的发展将更加迅速，因为科技进步，生产力发展，实现社会主义诉求的物质基础增大。同时接受了过去的经验教训，犯错误、走弯路的机会减少，社会主义得以健康发展。

过去 200 年是社会主义的思想准备阶段，试验错误阶段。21 世纪开始将是社会主义正规发展、健康成长时期，是社会主义的春天。在世界范围内，合作社将进一步发展，职工将更多参与私营企业和国有企业的决策和管理；许多发展中国家将运用个人所得税、财产税和遗产税减轻收入和财产分配不平等的程度；教育更加普及；社会保障向广度和深度发展；市场的发展促进经济机会均等，政府考试用人促进参政机会均等，农村居民将与城市居民有同等机会参加考试，被选拔为政府官员；人口众多的国家将发展中小城镇，创造就业机会，吸收农村剩余劳动力；环境意识加强和生产力发展将有利于减少污染和植树造林，促进人与自然的和谐关系；各国政府和中央银行宏观调节工作水平提高和国际协调将促进世界经济稳定发展。人渐渐成为与自己的社会结合的主人，成为企事业单位的主人，成为自己本身的主人——自由的人。

# 回头看与向前看*

安虎仁和全浩先生的《中国的水资源问题及对策》① 告诉我们，中国人均水资源约2400立方米，只有世界人均值的四分之一。本世纪末，644座城市中大约有450座城市缺水，而且大多是北方城市。每年有3亿亩农田受旱。在西北农牧区尚有4000万人口和3000万头牲畜饮水困难。西北是常年干旱，其他地区是季节性干旱。除自然原因外，人类的活动也使干旱加剧。约在10000年前诞生了农业，从此人类影响环境的能力增大。现在与10000年前相比，青藏高原上升了700米，阻挡印度洋水汽进入我国的能力提高，影响环境。而破坏森林则是影响环境的重要人为因素。

我们设法估计10000年前的森林分布及覆盖率，这种估计远非精确可靠，但可给我们一种模糊的图像。林业部门对各省的林业用地作了测算。我们假设现在的林业用地在古代曾被森林覆盖；又假设现有耕地古代也都是森林，城市都是建在曾经有森林

* 原载于《未来与发展》1994年第4期。

① 参见《未来与发展》1993年第6期，第47—48页。

的地基上，这样求得大陆各省市（不包括海南和台湾）在古代的森林覆盖率：

| 地区 | 现在覆盖率（%） | 古代覆盖率（%） | 地区 | 现在覆盖率（%） | 古代覆盖率（%） |
|---|---|---|---|---|---|
| 北京 | 8.1 | 100.0 | 天津 | 2.6 | 100.0 |
| 河北 | 9.0 | 98.1 | 山西 | 5.2 | 79.9 |
| 内蒙古 | 11.9 | 44.6 | 辽宁 | 25.1 | 84.8 |
| 吉林 | 32.2 | 94.0 | 黑龙江 | 33.6 | 75.1 |
| 上海 | 1.3 | 100.0 | 江苏 | 3.2 | 100.0 |
| 浙江 | 33.7 | 100.0 | 安徽 | 13.0 | 100.0 |
| 福建 | 37.0 | 100.0 | 江西 | 32.8 | 100.0 |
| 山东 | 5.9 | 100.0 | 河南 | 8.5 | 100.0 |
| 湖北 | 20.3 | 87.3 | 湖南 | 32.5 | 98.7 |
| 广东 | 27.7 | 96.0 | 广西 | 22.0 | 87.7 |
| 四川 | 12.0 | 62.8 | 贵州 | 13.1 | 80.3 |
| 云南 | 24.0 | 85.0 | 西藏 | 9.8 | 18.6 |
| 陕西 | 21.7 | 95.4 | 甘肃 | 3.9 | 27.9 |
| 青海 | 0.3 | 48.3 | 宁夏 | 1.4 | 27.9 |
| 新疆 | 0.7 | 2.1 | 全国 | 12.8 | 52.6 |

森林是立体结构，叶片面积合计比所占地面大得多，也就是蒸发面积大。树木根系既深又广，吸收土壤水分能力强，故有强大的蒸腾水汽能力。古今相比，古代森林面积多370.67万平方公里，每年每平方公里以多蒸腾30万立方米水汽计，共计多蒸腾11120.1亿立方米。蒸腾的水汽有多少变成降水？这要看观察的范围大小。从全球观察，每一个蒸发的水分子在空中平均约逗留10天，然后变为降水。因为风的作用，蒸发的地点与降水的

地点可能远隔千里。如果观察的范围只有1平方米，则水汽来不及成雨已游动到1平方米之外。我国科学家曾观察面积为55.6万平方公里（全国面积的5.8%）的三峡库区，一年中外来水汽约20733.22亿立方米，区内蒸发约3082.77亿立方米，流向区外约11983.3亿立方米，降雨约6201亿立方米（观测数据可能不准确）。换言之，水汽中26.04%变为降雨。若将观察范围扩大至全国，估计水汽中有一半变成降水是很保守的。如此，则古代比现在年降水量约增加5560亿立方米。降水后被森林拦蓄、蒸腾，还有再次成雨机会，合计年降水量可望增加，例如，7000亿立方米，比现在增加11.7%。夏季的西南风、南风、东南风将水汽吹往西北、华北。如果全国平均降水量增加11.7%，西北和华北所增当不止11.7%。年降水量的等量线将向西、向北挪动。有记录表明，年降雨量250毫米已能生长松柏疏林，400毫米能生长黄松。青海湖草原可能是林区。许多今日不被看成是林业用地的区域当初可能有森林。所以，国外有的学者估计中国的森林覆盖率曾达到70%。

孟加拉湾来的西南风是我国特别是西部的主要水汽来源。它通过喜马拉雅山的缺口和横断山脉的谷地北上，经过西藏东部、川滇西部、青海以达甘肃。沿途的森林比现在多几倍，带到甘肃的水汽也比现在多几倍。来自太平洋的东南季风，把比现在多几倍的水汽送到甘肃和内蒙古西部。汉代，河西走廊还有冥泽、休屠泽等湖泊。内蒙古水汽支援北疆。河西走廊不但向南疆输送水汽，疏勒河水还一直流入罗布泊。我国地质学家在罗布泊钻探，发现它10000年前是淡水湖。

古代中国大地绝大部分为森林和芳草覆盖，植被及下面的土壤有强大的蓄水能力。暴雨而无洪灾，雨天多，湿度大，溪流稳定，而无旱灾，那时中国大陆的水资源存量远比现在大。西藏西南角象泉河畔是气候极干燥的地区，年降雨量仅100毫米。唐末曾有古格王国，文明灿烂，人口众多，说明那时气候比现在好。蒙古草原孕育过多少优秀民族，特别是蒙古族和突厥族，对世界历史有重大影响，气候好也是原因之一。

10000年前黄河流域植被茂盛，泥沙很少，流量比现在大，比现在稳定；下游没有大堤，两岸有许多支流和湖泊；华北雨量比现在大，雨水日比现在多，且有茂密森林为之调节水量，抵挡朔风；吸收太阳能多，反射太阳能少，故气候比现在温暖。

植物茂盛便于野生动物生长繁衍。河北、河南有亚洲象；江、浙、华北有四不像；河套有野马、野驴；河北有披毛犀；山西有豹；湖南有犀牛；麝是分布于全国的常见动物。

人类破坏森林以建设文明，烧制陶器、瓷器、砖瓦、冶炼金属，均以木材为燃料。发展农业和营建城市、村庄、道路需要毁林。现在，耕地、城市、村庄和道路可能各占十分之一国土。制造舟车等手工业品以木材为原料，炊事和取暖都需要柴炭。战争也大量毁林。

人口增加与毁林规模同步发展，这是第一个时期。以后人口集中地区森林采伐已尽，例如汉武帝亲自督导黄河堵口工程竟无木材可用。

百姓以禾草为炊事燃料。禾草做燃料则牲畜缺乏饲料。宋代缺马，人民不习惯骑马，是不能抵御辽金元的一个原因。宋代轿子渐渐流行，王安石不愿乘轿，因为不忍把人当做牲畜。以后轿子普遍起来，没有人再考虑其中的道德问题。清初法国耶稣会教士的回忆录中说，南京民居简陋，因为木材太贵。农村大牲畜少，因为缺乏饲料。生态失调是中国的穷根。

经长期破坏，新中国成立前只在边远人口稀少的地方或高山深谷还剩下一些森林。我们引进了现代采运机器，修建森林铁路，破坏森林的效率非古人能比。许多林业局因采伐已尽，陷于困境。

从古代到现代，森林愈破坏愈少，西北和华北愈来愈干旱，南方虽不缺水，季节性的旱涝灾害不断。江、淮、黄河的洪水威胁着人们的正常生活。过去走了一条破坏生态的道路，但今后的道路是可以选择的。在林业部门规划的林业区域中，还有181.75万平方公里有待造林。都种上树后，中国的森林覆盖率将达到32.3%（海南和台湾未计算在内）。而且随着造林事业逐步开展，气候逐步改善，今天认为气候恶劣不能种树的地方，可能变为可以种树。

青藏高原包括西藏，四川甘孜、阿坝两州和木里县，云南迪庆，甘肃甘南、天祝、肃南，青海玉树、果洛、海北、海南、黄南。它是黄河、长江、澜沧江、怒江、雅鲁藏布江、印度河、疏勒河、黑河等河流的发源地，毗邻甘肃和新疆。青藏高原高屋建瓴，在中国生态系统中居于关键地位。在高原上造林可以缓解西北干旱，减少黄河泥沙，稳定并增加黄河流量，减少川江泥沙，减轻川江洪水。

沿海各省扼守海洋水汽进入我国的门户。降雨后如无森林拦蓄，水资源将迅速流回大海。不但自身遭受季节性干旱，也未当好水汽进入内地邻省的二传手。广西有宜林荒山荒地8.47万平方公里，广东有6.6万平方公里，福建有4.32万平方公里，浙江有2.43万平方公里，山东有1.02万平方公里，河北有4.62万平方公里，辽宁有1.81万平方公里。

安徽有宜林荒山荒地1.66万平方公里，河南有2.32万平方公里，造林后约可拦蓄降雨250毫米，有助于削减淮河洪峰，且可当好南方水汽送往华北和西北的中继站。

陕西有宜林荒山荒地7.39万平方公里，山西有4.79万平方公里，造林后可以缓解自身旱情，减少输入黄河中游的泥沙，稳定黄河流量，而且能增加内蒙古大气的湿度。

南方有一些丰雨区，如云南红河自治州，江西九岭山区和罗霄山区，江西东部，四川峨眉山地区，湖北恩施地区。在这些地方造林可以减少洪涝灾害，又可蒸腾水汽，向北方输送。

森林是可再生资源，一面采伐，一面造林护林，森林便能长存。问题是千古以来勤于种树的人太少。其原因是在山上种树，将来的经济利益归谁？近年中国有两条政策，谁种谁有和群众可以承包荒山种树，大大提高了群众的造林积极性。1988—1992年期间，森林覆盖率平均每年提高0.105%。这是值得庆祝的成绩。不过照此进度，需要再过158年覆盖率才能达到生态学家认为的最低标准30%。我国完全有能力大大加速造林，关键在于地方政府领导。只要政府进一步重视造林，自能改进政策，使之更有利于造林的群众。要制造一种竞赛环境，使各省市领导在林业上比试政绩。例如《中国统计年鉴》每年发表分省市的林业统计，传媒经常报道林业动态，政协委员和人大代表从林业系统中多多选拔等等。

# 国外企业的"职工所有"与职工管理*

美国国会所属会计总署于1987年进行一项研究，发现由职工所有和职工管理的企业，其生产率提高的速度比一般股份公司高52%。会计总署不是劳工组织或左派团体，它不会夸大职工管理的效果，所以，这个来自大量样本数据的结论是可靠的。我国一些企业认真实行职工管理，生产率增长也很快。可见得出职工管理优于其他企业制度的概括性结论，并非依据某些孤例。

## 合作社与职工持股公司

18世纪以前几乎没有民主管理的企业。19世纪出现了合作社，而且蓬勃发展。社会主义思想家的积极倡导固然是原因之一，但更重要的原因在于，合作社确是一种优秀的企业制度，因而在资本主义企业竞争中仍能生存和发展。假如合作社自身缺乏竞争力，那么虽有思想家提倡也是发展不起来的。

---

* 原载于《生产力之声》1994年第8期，第37页。

许多行业都有合作社的活动空间。工业、农业、商业、金融业、通信业、建筑业、房地产业、服务业，无不有合作社大显身手。美国一些州的法律规定，合作社也能称公司，故在公司的统计中实际隐含着许多合作社。

小规模的合作社非常多，但是也有大规模的合作社，因为合作社能组成联社。联社的社员是各基层的合作社，所以它是合作社的合作社。合作社由社员民主管理，联社由各基层社选举理事，仍是民主管理。英国批发合作社是许多消费合作社的联社，有自己的工厂、农场、远洋船队、码头和银行，号称是英国最大的企业。美国 500 家最大的制造业公司中有些其实是合作社。明尼苏达州湖滨奶品公司是销售奶品的联社，92% 的产品内销，8% 销往远东、拉丁美洲及欧洲。纽约的农产品出口公司是 22 个地区粮食合作社的联社，在六个港口设有粮仓，在 131 个城镇有仓库，总容量为 2.2 亿蒲式耳，其农产品主要销往西欧、日本、近东和非洲等。上述英国的批发合作社便是它的顾客之一。

20 世纪又出现职工持股的公司。20 年代兴起了职工买股票的高潮，但 1930 年证券市场危机，股价直线下降，使职工损失不赀。第二次世界大战后兴起了更大规模的职工持股运动。有些企业被职工全部买下；有些企业过半数的股权转入职工手中，因而在职工的控制之下；还有些企业职工只有少数股权，企业仍由资本家大股东控制，因而不能列入职工管理的企业之内。二、三两类企业都允许资本家的股份存在，而合作社是不允许的，所以相比之下，职工持股企业有更大的灵活性，便于吸纳资金，它虽然起源晚，却发展极快。现在美国十大钢铁公司中有三家为职工所有，五大造船厂中有两家为职工所有，十大医院公司中有三家为医生护士所有，十大工程公司中有两家为职工所有。

在职工持股超过半数的公司中，公共超级市场公司有职工6.5万人，医疗信托公司有职工3万人，职工在万人以上的还有其他四家公司。

## 职工管理与市场竞争

200年来职工管理的企业在市场经济中从无到有，从少到多，从小到大，靠的是自身的竞争能力、自身的优点和生命力。

马克思发现，合作社比资本家企业赢利多的一个原因是社员愿意节约生产资料。他的这一观察反映了一个客观存在的规律。例如美国阿维斯出租汽车公司是有职工1.35万人的大企业。他们经常给轮胎充气，有时会因打气过多而“放炮”。自从这个公司被职工买下后，职工研究采用了新的充气方法，大大减少了轮胎“放炮”的损失。

现代企业，决策者应当是对待决策问题懂得最多的人。但是资本家企业是金字塔式的组织，地位愈高，决策权愈大。而那些对具体问题了解深刻的下级职工却不能参与决策，因此，工厂常常买进劣质材料或设备，百货公司常常买进劣质商品，企业一年到头不能作出最优决策，累计损失极大。旧金山有一家制造弹簧和冲压件的公司，在实行职工持股后设立了一个新岗位——系统和人力资源经理，他的任务就是负责找最熟悉某一领域情况的人参与决策。这样，许多好办法被想出来。例如在车间召开每月一次的普通职工会议，讨论解决存在的问题，向制造产品的人传达顾客的意见和需要。又如大家提出一项革新，使两班倒的工人每星期有一次在一起工作一个半小时，效果也非常好。再如招收新职工，先由管理人员作第一轮遴选，待剩下少数候选人后，让将来与他们共同工作的职工会见这些候选人，再作最后的录用决定。

在现代企业，内部从上至下和从下至上的信息流通应当没有阻碍。落后的企业向职工保密，不让他们了解真相。开明的企业以内部通信形式经常向职工介绍情况。企业职工本来也掌握大量有用的信息，但往往难以向上流通。而且据马克思分析，资本家企业的职工普遍存有异化思想，因为企业的一切不是他的，还反过来约束他、压迫他，那么他掌握有用的信息也不肯提供出来，对企业的兴衰并不关心。职工管理的企业则能将职工掌握的有用信息收集起来，使之发挥作用。例如美国威斯康星州有一家印刷公司是亏损企业，债台高筑，利息费用倍增，退休金也发不出来。后来，职工在地方政府的支持下借到一笔钱，把公司买下来，选出三名职员和三名工人作为董事。董事会开会后，董事们分头向职工介绍情况，特别是征求他们的意见，下次董事会讨论职工意见。大家把许多好主意贡献出来，并且为了公司愿意作出牺牲，同意一星期工作七天，五年不加工资，而将工资的一部分重新投入生产。这一来，企业销售额从改组前的每年 1440 万美元增加到每年 2550 万美元。发了 35 万美元奖金，其中一部分又被重新投资于公司。由此可见，亏损企业到处都有，但至少其中的一部分可被职工救活，只要他们成为企业的主人。

职工参与的决策也易于实施。家长制的领导容易作出决策，而且好像效率很高，但是实施困难，可谓上有政策，下有对策。传统企业是依靠监工监督决策的实施。而在职工管理的企业中，董事会由职工代表组成，所以决策前已考虑到如何实施的问题，在决策后没有监工也能有效实施。有一家克莱设备公司被职工买下后，就实行监工如果出缺不再补充的政策，效果很好。在制度方面，美国阿维斯汽车出租公司实行职工管理后，取消了租车须预约的陈规，随时可以租车；站柜台和接电话的职工都换成能说两国语言的人；公司规定如车上有顾客遗留物品，必须主动通知顾客。一个从其他公司租车的顾客发现汽车轮胎有毛病，阿维斯的职工看到后便主动替他换轮胎。

我们生活在一个竞争的时代。关贸总协定和未来的世界贸易组织将努力减少各国政府对贸易的干预，逐渐形成各国企业能在其中公平竞争的世界市场。与此同时，各国国内市场也将逐渐完善。竞争迫使企业采用效率最高的制度。从企业制度发展大趋势来看，可以预见，传统企业将难与职工所有和职工管理的企业竞争，它们势将逐渐实行职工管理，以免在竞争中失败。职工当家做主实行民主管理，这是社会主义企业最大的优势。改革从根本上说，也就是要把这个竞争优势发挥出来。

# 巧借“天道”以绿大西北，奇哉！*

改革开放以来我国经济增长迅速，国内外舆论对我国的经济展望一致看好。欢欣鼓舞之余，应冷静地想一想有无可以担心的问题。譬如，一个企业只要有高超的技术，不必为原料发愁，因为可在国内国际市场购买；一个大国却不能不受原料限制。原料指农产品（农林牧渔）和矿产，它们是经济基础。没有原料则制造业难为无米之炊，没有第一、第二产业则第三产业缺乏物质基础。作者估算1992年和1990年中美两国原料生产情况，见下表。

| 类别 | 美国 | | 中国 | |
|---|---|---|---|---|
| | 1990年，10亿美元 | 占原料（%） | 1992年，10亿元 | 占原料（%） |
| 农产品 | 177.4 | 55.6 | 908.5 | 85.1 |
| 矿产品 | 141.7 | 44.4 | 158.5 | 14.9 |
| 合　计 | 319.1 | 100.0 | 1067.0 | 100.0 |
| 人　均 | 1276.8 | | 910.7 | |

（1992年1美元=5.53元，910.7元合164.7美元）

* 原载于《森林与人类》1995年第5期，第4页。

中国人均原料只及美国人均的12.9%。只有大力增产原料，中国经济才有可能赶上发达国家。农产品在中国的原料中占85.1%，美国只占55.6%。中国人口多，消费农产品多，而且相对于人口而言，中国的矿产不很富裕。今后增产原料仍将主要依靠农林牧渔。

农业增产的一大困难是人均耕地太少，耕地总面积少是另一个原因。如何增加耕地是十分紧迫的事。我国现有森林13370万公顷，占国土面积的13.92%。另有宜林荒山荒地14278万公顷（例如西北五省区的宜林荒山荒地如下：陕西，741.71万公顷；甘肃，465.75万公顷；青海，283.03万公顷；宁夏，52.57万公顷；新疆，336.66万公顷）。如果都种上树，我国森林覆盖率将达到27.9%。宜林荒山荒地是林业部门根据现有气候和土地情况规划的。在造林过程中，气候将得到改善，宜林荒山荒地的面积将有所增加。如果全部绿化将极大地改善生态环境，特别是气候。

据周以良著《中国的森林》介绍，1公顷森林比同面积耕地蒸腾的水分平均多20%。陕西省宜林荒山造林之后，每年可多蒸腾441亿立方米水。若其中一半变为降水，一年将多降水220.5亿立方米。另一半将被风吹到内蒙古、山西、宁夏及甘肃。夏季是雨季，也是森林生长旺盛，即吸收和蒸腾水汽的旺季。夏季盛行东南风，将水汽吹往西北方向。特别是宝鸡和天水，四季均盛行东风，对水汽吹往甘肃极为有利。

甘肃完成荒山造林任务后，森林蒸腾水分每年增加127亿立方米。假设陕西新增水汽输出中有一半是输往甘肃的，则甘肃可从陕西得到新增水分110亿立方米。若新增水汽中有一半变成降水，甘肃每年将增加降水118.5亿立方米。兰州附近有一条400毫米等雨量线，降水增加后，那条等雨量线将向西北移动，使今日认为不宜种树的地方变成宜林荒山荒地。

同理，在内蒙古、山西、河南、湖北、四川、西藏造林后，将新增蒸腾水汽支援大西北。这些省区自身也将因沿海各省造林而得益。

据作者粗略估算，全国完成荒山造林后，西北各省区的年降水量将显著增加：陕西增雨24.7%；甘肃增雨18.2%；青海增雨5.2%；宁夏增雨21.7%；新疆增雨1.2%。

由于对空中水汽输送的经验数据非常缺乏，以上估算只是示意性的，远非准确数据。但作为方向性的信息，能供决策部门参考。

森林与气候之间是双向正反馈关系，我们只计算了森林增雨作用，而未计算气候对森林的反作用。所以上述增雨百分率可能偏低。

内蒙古有1886万公顷宜林荒地，在内蒙古及其周边省区都完成造林任务后，年降水量可增加13.9%。增雨后可使10万平方公里不能种树的土地变成宜林地。那时，内蒙古将成为我国最大的林区。古代中国的北疆曾有一道绿色屏障，匈奴、突厥、蒙古等扮演过重要角色的民族正是在林草丰美的内蒙古成长起来的。考虑到气候对森林的反馈作用，将有更多水汽乘东北风输往新疆。

在西北五省区中，陕西造林可改善甘肃和宁夏的气候。在与西北为邻的各省中，四川造林对西北的好处最大。四川完成荒山造林任务后，每年估计可向西北增送360亿立方米水分，比南水北调西线工程调水量大得多，也省钱得多。四川是距离西北干旱区最近的湿润省，决策部门须对四川造林事业多多关心。若能拿出南水北调工程部分经费用于绿化，那效果将十分可观。

雨量增加后，西北的生态环境将明显改善。黄河及其支流流量增加，内陆河流如石羊河、黑河、疏勒河流量增加，许多荒漠化土地将成为草原或耕地、林地，草场质量将提高，农林牧业生产增加。由于原料增多，第二、第三产业也会随之发展。

可以设想，植树造林将大大加强西北的经济基础，大西北的再度辉煌是完全可以实现的。

# 大家都来关心西北干旱如何缓解的问题*

林一山先生提议在川西兴建一条从西到东的运河，引怒江、澜沧江、金沙江、雅砻江、大渡河五河之水每年1000亿立方米，用隧洞流入黄河支流，加上黄河上游可引之水200亿立方米，汇聚于兰州以下的大柳树水利枢纽。从大柳树修建水渠，经河西走廊到塔里木盆地，又从内蒙古临河修水渠经阿拉善送水到乌鲁木齐，等于在极干旱的西北西部，南北各出现一条黄河。①

陈传友先生提出另一伟大设想。在西藏墨脱修建世界最大的水电站，利用电力提水至高原面；以混凝土管道每年引水260亿立方米，自流到黄河上游扎陵湖和鄂陵湖，然后放水至托索湖；从托索湖每年引水200亿立方米至西宁，入黄河，又从托索湖每年引水60亿立方米至柴达木，或将其中30亿立方米再引至塔里木。

上述两个方案可以并行不悖。如能付诸实施，面积广大的西北西部将披上绿装，荒漠将变成森林、良田和优良牧场，中国的

---

* 原载于《开发与研究》1995年第6期，第19页。

① 参见《科技导报》1995年第6期。

人口将不再拥挤在东南半壁，农村剩余劳动力问题将彻底解决。学术界提出治理西北干旱问题的方案，这件事本身应当受到欢迎。但愿能引起广泛关心和热烈讨论。本文拟在两方案之外提一个第三方案。

1995 年 3 月 4 日黄河河口断流，7 月 14 日上溯到河南封丘，断流 622 公里。另一方面，在最近 1500 年中长江中下游水位提高了 10—15 米。[①] 长江水涨而黄河断流，这两件事并非没有联系。中国是著名的季风区。夏季西南风、南风、东南风持续而强大，可将水汽送到大西北。崔玉琴氏研究在西北东部发生的 356 场暴雨，其中 166 场来自孟加拉湾，87 场来自南海，19 场来自黄海，83 场来自东海和黄海，只有 1 场来自西方大陆[②]。

季风在输送水汽到大西北的途中得到地面蒸发水汽的补充。古代中国南方森林茂密，能拦蓄大量雨水，以供雨后陆续蒸发。因为如无森林拦蓄，雨水迅速顺溪流流入大海或邻国，便无水可供蒸发。森林是立体结构，树叶的蒸发面积合计为森林占地面积的若干倍。南方森林破坏愈多，则蒸腾水汽愈少。现代南方输送北方的水汽比古代少，降雨后形成径流进入南方河流的水比古代多，这不仅促进西北干旱化，也促进华北干旱化。

我国有 143 万平方公里宜林荒山荒地，这是一宗极巨大、极宝贵的生态资源。据 1995 年 7 月 14 日《人民日报》报道，已有九个省区消灭了宜林荒山荒地。如果所有省区都能消灭宜林荒山荒地，而且经过若干年，幼林长大之后，从南方输送西北和华北的水汽将显著增加。据本文作者设置一定参数估算，西北和华北的降雨量将显著增加（参见下页表）。

---

① 参见《第四纪科学评论》1991 年第 10 卷，第 27—36 页。

② 参见《自然资源》1992 年第 6 期，第 21—26 页。

**西北和华北增雨估计**

| 地区 | 年增雨量（立方米） | 增雨百分率（%） |
|---|---|---|
| 河北 | 400 | 33.1 |
| 山西 | 203 | 24.4 |
| 内蒙古 | 443 | 13.9 |
| 陕西 | 336 | 24.7 |
| 甘肃 | 236 | 18.2 |
| 青海 | 107 | 5.2 |
| 宁夏 | 34 | 21.7 |
| 新疆 | 30 | 1.2 |

如果设置的参数不同，将有不同的估计。但基本事实——造林将增加西北和华北降雨，则是确切无疑的。造林与第一、二两方案配合，相得益彰。例如，一、二方案着重解决西北干旱，造林对河北好处较大。五河都是南北流向，地势北高南低。引水点偏北，节省工程费用，但上游水量少；引水点偏南，虽然水量充沛，但工程量加大。造林可以增加五河上游的水量。三个方案都是南水北调，一、二方案调水，第三方案调水汽。利用太阳能蒸发水汽，利用风力输送水汽，成本最低。

西北干旱是亘古未能解决的老大难问题，在今日科学技术的支持下，有可能解决。我们要促使它列入议事日程。首先列入学术界的议事日程，然后列入各级政府的议事日程。讨论不限上述三个方案，可以出现更多方案。各个方案可以取长补短，互相容纳。详细论证其生态、经济、社会效益和成本。通过讨论，最终达成共识。孙中山说："知难行易。"一旦达成共识，便有实施的可能。

# 森林减少导致损失的估计*

在地质年代，中国与印度之间隔着特提斯海，中国西部和东部一样气候湿润。以后，印度次大陆向北飘移，与中国大陆撞击、缝合。今雅鲁藏布江即为缝合之遗迹。中国西部乃与海洋距离遥远，刚硬的印度陆块俯冲到西藏陆块下面，使青藏高原隆起，阻挡印度洋的潮湿空气进入中国西部。青藏高原的隆起运动，至今仍在继续，使中国西部发生干旱化过程。

夏季的东南季风、南季风、西南季风将水汽输送到西北和华北。水汽来自海洋，季风经过的陆地也有蒸发。其中森林的蒸发能力特强。从新石器时代开始，森林逐渐减少，陆地给季风补充的水汽随之减少，这是西北乃至华北干旱化的另一原因。

通常用当地水面年蒸发量对年降雨量的比率计量一个地区的干湿程度，称为干燥度。干燥度 <1.00 为湿润区；1.00—1.49 为亚湿润区；1.50—3.49 为亚干旱区；≥3.5 为干旱区。我国有五个干旱区：蒙甘、北疆、南疆、柴达木、藏北。干旱区有一些湖泊，也有土壤潜水。在时间过程中湖水逐渐干涸，蒸发的水汽

---

* 在“中国社会科学院环境与发展研究中心成立大会”上的发言。

愈来愈少。土壤潜水也因植物吸收而减少，植被逐渐稀疏，蒸腾的水汽也随之减少。空气湿度降低，蒸发能力加强，干燥度提高。故干旱区的干燥度有自动升高趋势，亚干旱区有自动发展为干旱区的趋势。后者的例子如祁连山—青海湖区。青海湖水位正在急剧下降，如果完全干涸，至少祁连山—青海湖区有一部分将变成干旱区。

青藏高原隆起是人力不能控制的自然现象，森林减少则主要为人类活动的结果，是人可以有所作为的领域。如果我们对森林减少带来的生态和经济损失有足够估计，便有可能下决心拿出大力量去造林。因为知道森林减少之害也就知道了造林之利。不过估计森林减少的损失非常困难，我们只能作些猜估。猜估（Guesstimating）是一个新词，本文标题之所以仍称估计，乃是因为那是习惯用语，其实我们实无能力估计，只作了一点猜估。

## 中国损失了多少森林

旧石器时代的晚期，人类具有比较高明的狩猎技术，称为渔猎时代。那时如对野兽实行火攻，或许波及森林。到了新石器时期，发明农业、制陶、建筑技术，不得不以破坏森林为代价，以创造文明。我们如能估计新石器时代初的森林面积，与现代森林面积比较，便能知道一共减少多少森林。估计新石器时代初的森林面积有很大困难。考古发现的古代花粉材料只能告诉我们，在发掘地点古代曾生长什么树。或者根据现代各地的气候，凡雨量和温度条件适合森林生长的地方都被认为古代是森林。但古今气候有变化，今日某地不宜造林，古代气候可能允许森林生长。

我们提出一个猜估方法：（1）假设林业部规划的林业用地

在古代都有林，包括现代的林地及宜林荒山荒地；（2）假设现代的耕地在古代均有林；（3）假设城乡建筑用地，包括房屋和道路，在古代都有林。三项合计为413.983万平方公里，相当于现代中国国土面积的43%，作为古代森林面积的猜估数。此数有偏高的一方面，因为现代耕地和建筑用地有一部分在古代是草地；但也有偏低的一方面，古代森林面积大，华北和西北比现在湿润，现在林业部门认为不宜林的某些荒山荒地，在古代可能有林。

据1988年森林调查，我国森林面积为124.653万平方公里，与古代森林面积比较，猜估减少了289.33万平方公里。不过，森林减少中有一部分是为了中华民族的生存发展、为了创造中国文明所付的代价，不能一概视之为破坏。另一方面，如果我们的祖先能制定和实施有效的森林保护政策，今日的142.776万平方公里宜林荒山荒地可能是保存下来的森林。故猜估森林减少带来的生态与经济损失，不妨以此143万平方公里原可保存而不幸损失的森林为基础。

**水资源损失**

森林减少导致蒸散的水汽减少，当地降雨减少。上风地区森林减少，输送下风地区水汽减少，也导致下风地区降雨减少。据猜估，全国年降雨量约减少6141亿立方米。假设平均径流率0.44，损失水资源约2700亿立方米。每吨水价格按0.30元算，计损失810亿元。

**木材损失**

每年损失木材1.3亿立方米，薪柴6800万立方米，按活立木计价，约损失194亿元。

**荒漠化损失**

荒漠化土地指本来不是荒漠，因人类活动变成荒漠的土地。全国约有 1760 万公顷荒漠化土地和 1580 万公顷潜在荒漠化土地。按粮食生产损失猜估，每年约损失 188 亿元。

**土壤侵蚀**

每年土壤流失约 50 亿吨，假设其中半数系森林破坏所致。设 1 吨土壤含氮、磷、钾 18 公斤，每年约损失 410 亿元。

**水库淤塞**

中国有 8.413 万个水库，总容积 4688 亿立方米。假设因森林破坏而增加的年沉降率为 0.5%，每年约损失容积 23 亿立方米。每立方米造价以 0.31 元计，年损失约 7 亿元。

中国有 2848 个湖泊，水面总面积为 8.0465 万平方公里，每年因泥沙沉淀湖底升高 4 厘米。设湖泊容积每年损失 5 亿立方米，其中半数由于森林破坏，计损失 1 亿元。

**内河通航里程**

假设因森林破坏而致内河运输能力损失一半。内河航运职工约 110.8 万人，年平均工资约 3738 元，因运输能力降低的损失为 41 亿元。

**水旱灾**

每年成灾面积约 16.34 万平方公里，其中水灾面积 5.2 万平方公里，旱灾面积 11.14 万平方公里。设水灾面积中有一半由于森林破坏，每公顷水灾财产损失以 5170 元计，每年损失 134 亿元。

**经济损失合计**

水资源损失 810 亿元；

木材损失 194 亿元；

荒漠化损失 188 亿元；

土壤侵蚀损失 410 亿元；

水库湖泊淤塞损失 8 亿元；

内河航运损失 41 亿元；

水灾财产损失 134 亿元；

合计 1785 亿元。12 亿人民，平均每人分摊损失 149 亿元。

## 中国经济规模问题

假设现有宜林荒山荒地都已植树成林。

每年水旱灾面积减少一半，农产品损失可减少 430 亿元。

假设北方增雨能以同样比例增产农产品，则每年约可增产 286 亿元。

林产品价值将年增 910 亿元。

假设牧、渔、副业增产 15% 。

假设自来水和水电增产 9.9% ，或 10 亿元。

第一产业共增产 1761 亿元。我国第一产业每增产 1 元，国民总产值可增加 2.2 元。因此，国民总产值将增加 4140 亿元，平均每人每年分得 345 元。

## 结 束 语

1995 年 3 月，黄河从开封至河口断流 600 公里，山东、河北、山西近年雨量减少，水资源不足，从汉水调水的工程已如箭在弦上。1991 年《第四纪科学评论》反映，在过去 500 年中，长江中下游水位上升了 10—15 米。这两件事并非没有关系。南方森林减少，拦蓄降雨能力削弱，随风北上的水汽减少，江南径流增加。此乃中国生态环境的大事。

本文猜估的森林减少的损失可能偏小。因为我们以现有宜林荒山荒地面积为猜估基础，而古代北方气候比现在湿润，例如内蒙古年降雨量 400 毫米以上的土地在古代可能比现在多 10 万平方公里，今日不宜林的土地一部分在古代是有林的。

我们也未猜估因森林减少而致二氧化碳增加、泥石流增加、可资旅游的景点减少等损失。

# 老子与西汉经济腾飞*

老子是春秋战国间的哲学家，到东汉被道教尊为教主，又被西晋玄学奉为祖师。至今人们感到老子头上似乎有一层神秘的光圈。然而他的政治经济思想，确曾影响汉初的皇帝和官吏，促进经济恢复与发展。

“秦始皇即位三十九年，内平六国，外攘四夷，死人如乱麻，暴骨长城之下，头卢相属于道，不一日而无兵”①。董仲舒估计，秦代的徭役，三十倍于古。②“陵夷至于战国，韩任申子，秦用商鞅。连相坐之法，造参夷之诛。增加肉刑，大辟有凿颠抽胁镬亨之刑。至于秦始皇……专任刑罚……赭衣塞路，囹圄成市。天下愁怨，溃而叛之”③。汉兴，天下初定，户口可得而数者十二三。换言之，百分之七八十的人口死亡。那时“民亡盖臧，自天子不能具醇驷，而将相或乘牛车”④。醇驷指毛色相同

---

* 原载于《传统文化与现代文化》1996年第1期，第23页。

① 《汉书·武五子传》。

② 《汉书·食货志》。

③ 《汉书·刑法志》。

④ 《汉书·食货志》。

的四匹马。

在秦国的征服战争中，在秦始皇和秦二世的残暴统治下以及在楚汉之争中，人民的生活极其痛苦。人民盼望休养生息，老子的清静无为思想最符合人民的需要。

老子说："为无为，则无不治。""我无为而民自化。我好静而民自正。我无事而民自富。我无欲而民自朴。""民之饥，以其上食税之多，是以饥；民之难治，以其上之有为，是以难治；民之轻死，以其上求生之厚，是以轻死。"法家帮助君主在国内抑制贵族，确立专制政体。富国强兵，对外与列国争天下。君主认为有用，给他们官做。老子的学说虽为人民欢迎，却对列国君主无用。

齐宣王喜文学游说之士，齐之稷门之下成为战国时代学术中心。其中道家把老子和齐王尊奉的黄帝撮合在一起，以扩大影响，称为稷下黄老学派。甚至主张"以道变法"。黄老学派吸收了法家的思想。本文不讨论黄老学派，只陈述老子思想的影响。

《史记》用"无为自化，清静自正"八个字归纳老子的思想。当时不但人民希望政府清静无为，从汉朝的皇帝到许多官吏也觉悟到不如此不能恢复经济。

汉惠帝以曹参为齐丞相。参召集数以百计的长老诸生征求意见，如何安集百姓，意见纷纷，无所适从。闻胶西有盖公，善治黄老言，使人厚币请之。既见盖公，盖公为言治道贵清静而民自定。曹参用黄老术相齐九年，齐国安集，大称贤相。萧何死后，曹参代为汉相。举事无所变更，一遵萧何约束。所谓"萧规曹随"。在郡国吏中选择木讷于文辞的重厚长者，除为丞相史。而不要言文刻深，欲务声名者。日夜饮醇酒。卿大夫已下吏及宾客见参不事事，来者皆欲有言。至者参辄饮以醇酒。间之欲有所言，复饮之醉而后去，终莫得开说以为常。参见人之有细过，专掩匿覆盖之，府中无事。[①]

东海太守汲黯学黄老言，治官民，好清静。择丞史任之，责大指而已，不细苛。黯多病，卧阁内不出。岁余东海大治称之。上闻，召为主爵都尉，列于九卿，治务在无为而已，引大体不拘文法。[②]

景帝的母亲，“窦太后好黄帝老子言，景帝及诸窦不得不读老子，尊其术”[③]。当时黄老学派很受尊敬。“王生者善为黄老言处士，尝召居廷中。公卿尽会立，王生老人曰，吾袜解，顾谓释之为我结袜。释之跪而结之”[④]。张释之官居廷尉，一代名臣，对黄老学者尊敬如此。

《汉书·贡禹传》说：“高祖孝文孝景皇帝循古节俭，宫女不过十余，厩马百余匹。”西汉初期的皇帝在历史上是最节俭的。唯其节俭，故能轻徭薄赋。汉初十五税一，俭于周十税一。文帝二年，赐天下民今年田租之半，换言之，三十税一。景帝元年令田半租。汉初的赋税是历史上最轻的。

秦始皇专山泽之利，汉文帝弛山泽之禁，并且除盗铸钱令，听民放铸。

汉高祖令民以饥饿自卖为人奴婢者皆免为庶人。汉文帝免官奴婢为庶人，除肉刑，除收帑相坐律令。秦始皇令偶语弃市，汉高后废妖言致罪的法律以及夷三族之刑。

秦有严密的户籍制度，人民没有迁徙自由。汉景帝允许民自徙宽大地。

秦始皇下令焚书，凡秦记以外的史书，非博士所藏的诗、书、百家语都要烧掉，若有再谈论诗书者弃市。中国文化遭到浩

---

① 《史记·曹相国世家》。

② 《汉书·张冯汲郑传》。

③ 《汉书·外戚列传》。

④ 《汉书·张冯汲郑传》。

劫。然而民间仍有冒险藏匿书籍的。陈胜吴广起义，就有知识分子投奔。汉兴，人民又有了藏书读书的自由。

经过 70 年休养生息，至武帝之初，“国家亡事非遇水旱则民人给家足，都鄙廪庾尽满，而府库余财，京师之钱累百巨万，贯朽而不可校。太仓之粟，陈陈相因，充溢露积于外，腐败不可食。众庶街巷有马，仟佰之间成群。乘牸牝者摈而不得会聚”。当时马多，人们要骑公马，以骑母马为耻。在工业革命以前，大家畜是人类使用的主要动力，大家畜多说明人们配备的动力多。可能是历史上中国人民最富裕的时候。

为了重农抑商，汉高祖不许商人穿绸缎，操兵器，乘骑马。孝惠、高后时，复弛商贾之律，然市井之子孙亦不得仕宦为吏。不过商人虽在政治上受歧视，仍有经营的自由，当时有许多大企业主。猗顿用盐起家，邯郸郭纵以铸冶成业，与王者埒富。临邛卓氏，即铁山鼓铸，富至童八百人，田池射猎之乐，拟于人君。程郑冶铸，卖给西南夷，富埒卓氏。南阳孔氏大鼓铸，家致数千金。齐刁间逐鱼盐商贾之利，起数千万。洛阳师史，转毂百数，贾郡国无所不至，致十千万。宣曲任氏经营粮食起家，善富者数世。桥桃在边塞经营农牧业，有马千匹，牛两千头，羊万只，粟几万钟。长安有一些金融家，其中毋盐氏贷款千金。当时食千户的封君，年收入二十万钱。民间许多具有一定规模经营的富人，收入与千户侯等。所经营的事业如马、牛、羊、彘、鱼、楸树、枣、栗、橘、漆树、桑麻、竹、粮食、茜草、姜韭、酿酒、屠宰、薪槁、木材、木器、铜器、铁器、车辆、箸角丹砂、帛絮细布、皮革、蘖曲盐豉、鲐鮆、鲰鲍、裘皮、旃席、山果、经纪人。说明商品生产、专业分工之发达。[①]

① 参见《史记·货殖列传》和《汉书·货殖传》。

亚当·斯密在《国富论》中呼吁君主卸除自己的指导私人产业的义务。因为“在履行这种义务时，君主们极易犯错误；要行之得当，恐怕不是人间智慧或知识所能做到的”。

克莱因是诺贝尔经济学奖获得者，曾多次来我国访问。曾有新闻记者问他：“你认为经济学中最重要的概念是什么?”克莱因回答说：“看不见的手。”亚当·斯密用看不见的手这个譬喻来说明一个原理：由于个人行为的非故意的结果，产生能获得经济富裕的秩序。

斯密曾说，富有的地主想要得到奢侈品，但是只能消费他的粮食的很小一部分，其余的粮食须支付奢侈品的价格和为他服务的人。一只看不见的手在分配粮食，好像居民拥有均等的土地一样。

引力是牛顿物理学中的运动原理。利己是斯密经济学中的运动原理。他比方一个人想象他能摆布一个巨大社会的不同成员，就像一只手在棋盘上摆布不同的棋子一般容易；殊不知每一个棋子除了那只有形的手在移动它们之外，还有它自己的运动原理。

现代数理经济学假设在竞争市场上每一个消费者争取最大效用，每一个生产者争取最大利润，以数学推理证明了这个竞争经济趋向于最优状态。

在斯密之前，重农学派主张废除特权和对市场的管制。自由竞争必须在劳动市场上和国内外贸易中居统治地位，人们完全自由地确定如何花费自己的收入。

在斯密之后，马克思在《法兰西内战》中明确主张政府只管少数必要的工作，民办一切企业，采取集体所有、民主管理的合作社形式。合作社的全国联合组织负责编制计划，协调经济。

中国的老子可能是最早的经济自由主义者，他的名言“我无事而民自富”与“看不见的手”有异曲同工之妙。西汉初期，老子的无为而治思想得到持续70年的大规模实践，获得辉煌的成功。

改革开放以来，我国经济发展迅速，发达国家均刮目相看。把农业生产经营之权还给农民，使农民从农业劳动者转变为既是农业劳动者，又是农业企业家。把很多商品的定价权还给企业，使它们成为独立参与市场竞争的主体。取消外贸垄断，许多企业有了外贸权。按在棋子上的手一松开，棋子便动起来，造成满盘皆活的局面。越南和印度的政府都在放松政府对经济的管制，而且都见效。

在另一方面，主张政府要多管经济的大有人在。重商主义者如主张政府扶植本国幼稚工业的李斯特；主张工业国有化和福利国家的英国工党；认为政府应调节宏观经济，解决失业问题的凯恩斯；希望政府保护环境的环境主义者，等等。经济是极复杂的大系统，任何一种经济思想不可能是绝对真理，万应灵丹。同时，一种历史悠久的经济思想不可能毫无道理，不能轻易否定。无为而治的思想是中国传统文化的一部分，对现代的以及后世的政策制定者们将永远有其参考价值。

# 修复中国的生态环境*

100年前瑞典地理学家斯文赫定访问南疆，几次见到居民设陷阱捕虎，反映当时动植物繁盛的情况。新疆和甘肃的荒漠中颇多古代城池村庄遗址。人是食物金字塔的塔尖，动植物逐渐消失，人类只能从那里撤退。时至今日，中国平均单位面积的植物生长量只及世界平均之半①，这是环境不断退化的结果。环境退化的原因主要在西北乃至华北的干旱化。

干旱是说环境贫水，干旱化是说环境贫水的程度日益严重，干旱地区往往发生干旱化过程。一个干旱地区往往有些湖泊和土壤潜水，它们的蒸发增加大气湿度，缓和旱情。然而湖泊愈蒸发愈小。罗布泊于1972年消失，青海湖干涸也是时间问题。土壤则因植物蒸腾而脱水。干旱区蒸发的水汽逐渐减少，干旱程度加重。

干旱化的原因首先是青藏高原不断上升，以至来自印度洋的

---

* 原载于《中国减灾》1996年第6卷第4期，第32页。

① Vaclau Smil, "China's Energetics", *Chinese Economy Post - Mao*, U.S. Guvernment Printing Office, Washington, 1978, pp. 323—369.

水汽愈来愈少。其次是人类创造文明不得不以减少森林为代价，森林愈少则西北干旱愈甚，乃至华北也坠入干旱化过程。森林是立体结构，根深叶茂，其拦蓄降水和蒸腾水汽的能力大于草本植物。例如在英国山地测量，前者比后者大38%。①

大气中有水汽才能成云致雨，水汽或来自海洋或来自陆地蒸发。大西北除自身陆地蒸发外，中国东南部蒸发的水汽也被夏季南风、东南风送往西北一部分。森林渐渐减少，南方送往北方的水汽也渐渐减少。近年黄河断流的频率、断流的时间长度及里程在加大，这是反映西北和华北加速干旱化的警号。南方降雨后因森林减少而蒸腾水减少，拦蓄雨水减少，径流增加而急骤。古代湖南几十年有一次洪灾，现在几乎年年有洪灾。②讨论中国生态环境退化及其社会经济后果的文献浩如烟海，本文不再赘言。我想从另一角度，从修复中国生态环境的可能性方面加以探讨。

## 一 开发陕甘宁盆地地下水

陕甘宁盆地有深层地下水埋藏，范围14.4万平方公里，储水114000万亿立方米，等于133.5个青海湖。其中淡水69600亿立方米，等于267.7个鄱阳湖。水层距陇东地面500—600米，距陕北地面100米。水层最厚500—600米，最薄100米。主要分布在盆地东北两侧。无定河以北的毛乌素沙漠之下面积上万平方公里，矿化度0.2克/1升。

---

① J. R. 埃塞林顿：《环境和植物生态学》，科学出版社1989年版，第147页。

② 朱翔：《湖南省水灾及减灾研究》，载《自然灾害学报》1994年4月，第57页。

假设打井将 1 吨水提升 100 米耗电 0.4 度，按北京电价需付电费人民币 0.1 元。又设每亩耕地用水 600 吨，付电费 60 元。若提升 200 米，付电费 120 元。可在水利部门的技术指导下，群众自办自来水公司或合作社。

黄甫川、窟野河、无定河、清涧河、延河、葫芦河、马莲河以及山西境内的湫水河是黄河泥沙的主要来源。在这些河流的流域提倡森林农业，即或农林结合，或农牧结合，或农林牧结合，其共同特点是森林和草坡多，永久性植被多，保持水土能力强。有井水灌溉可保证森林农业经济效益高，使保持水土与农民切身利益挂钩。例如春旱不利于种树、种农作物及牧草生长，有井水灌溉如同雪中送炭。

井水灌溉使农林牧业稳定高产，增加农民收入。植被茂盛后蒸腾的水汽增多，使现在的半干旱气候逐渐转为半湿润气候。由于大气中水汽流动，陕甘宁盆地以西以北的干旱区域亦将得益。灌溉水增加土壤潜水，经过一段时间，黄河干支流径流量将增大，断流事件减少。植被茂盛则拦蓄雨水能力强，黄河洪峰因而被削减。

## 二　全国加速造林

全国加速造林的优点是投资少而效益极大。林业部门规划宜林荒山荒地现有 143 万平方公里。我国 1993 年森林覆盖率为 13.92%，近年森林面积年均增长 2 万平方公里。照此进度，再过 71 年才能在宜林荒山荒地上都种上树。可能到 21 世纪末所有新种的树才能长大，发挥其巨大的生态效益。本文作者曾猜估在全国宜林荒山荒地造林成林后，甘肃将增雨 236 亿立方米/年、青海 107 亿立方米/年、陕西 338 亿立方米/年、河北 400 亿立方米/年、内蒙古443亿立方米/年、山西203亿立方米/年。[①] 估猜(guesstimating)一词表明数字的可靠性不大，但全国完成造林后，西北和华北将大量增雨是必然的。

现在集体造林最多，其次为个人造林，第三位才是国营造林。改进有关民间造林的政策，增加国营造林投资，以加速造林。例如，用一半时间，即35年完成造林任务，完全在我国国力能办到的范围之内。我建议：

(1) 政府林业部门造林护林，而不采伐林木，不经营森工企业。现有森工企业及伐木专业户由中国森工协会性质的团体指导。

(2) 国有森林是全民财产，不经全国人大个案批准，任何组织和个人不能采伐。属于地方公民共有的森林不经地方人大批准不能采伐。

(3) 公私需用的木林可在木材市场交易，木材的用户、加工企业、采伐企业、林农、林农合作社、其他营林组织及木材商业企业、木材进口出口企业是参加木材市场的成员。木材交易价格由买卖双方议定。卖方按照价款的5%交纳育林基金，由政府部门保管，做奖励民间造林之用。例如造林一亩，补助树木费10元。

(4) 不论国有或村有宜林土地，都须有人使用、经营、管理。使用、经营、管理之权最好是永久的，林农可继承、转让、买卖林地使用权。但是林农听任土地荒废，不种树木，其使用权将被国家和村收回。

由于特殊的自然条件或交通困难，有些林地不适合交由林农

---

① H. C. Wang, "Deforestation and Dessication of china", to be published by the American Academy of Sciences in a collection of ecological papers.

经营，而由林业部门造林护林。

（5）奖励一切政府机关、事业单位、国有企业、部队、民间企业及组织种树。

（6）提倡种木本粮、油、纤维、果品，减少对一年生粮食作物的依赖。例如意大利的葡萄产量10倍于中国。原因在欧洲人爱果酒，中国人爱粮食酒。然而消费习惯可以逐渐改变。果茶的开发，扩大了山楂的销路。地中海科西嘉岛多山，居民以栗子为主食和饲料，山上栗林茂盛，没有水土流失之忧。美国每年人均消费水果92.3磅，橙汁4加仑，中国每年人均消费水果44.7磅，橙汁微不足道。这些情况说明果品消费大可发展，多消费果品必然少消费粮食。

（7）提倡森林农业，农林牧结合。

（8）提倡纪念树。

造林增雨后，黄河在兰州的年径流量可能比现在增加100亿立方米。从兰州下游大柳树水利枢纽如引水50亿立方米至河西走廊，对那里的生态环境有很大改进。

## 三　南水北调西线工程

实施开发陕甘宁盆地深层地下水和加速造林后，中国的生态环境将有很大改善，但对新疆的干旱问题仍然作用不大。水利部门建议从兰州大柳树调水500亿立方米到河西走廊和新疆沙漠，又从临河调水500亿立方米到居延海、哈密及乌鲁木齐。这些远景工程的前提是从西南六大河（大渡河、雅砻河、金沙江、澜沧江、怒江、雅鲁藏布江）调水至黄河上游。从接受调水的甘肃、宁夏、内蒙、新疆而言，这些工程有极大生态和经济效益，自当竭诚欢迎。不过从调出地区考虑，有些问题当须深入调查研究。一方面，大、雅、金、澜、怒五河都是南北走向。引水地点愈在上游，离黄河愈近。另一方面，上游水少，下游水多。特别是在上游大量引水后，引水点以下一段河水量太少，对两岸生态环境有多大影响？由于上游引水，水量不足，故须提水，耗费电力。虽则本河流即可利用发电，电力毕竟是用途广泛、有其机会成本的资源。加速造林计划使上游降雨和径流比现在增加，改善西线工程的自然条件。建议先少量试行，逐步扩大。例如川西北草原有白河和黑河是黄河上游的支流，它们的上游距大渡河上游很近，每年试从大渡河调水至草原入黄河，或30亿立方米，或50亿立方米。黄河接纳黑、白河水后经青海省黄南州、海南州到龙羊峡，对青海湖草原乃至柴达木的生态环境有好处。有大渡河来水，从大柳树进河西的运河便可增加水量，西边可达疏勒河。疏勒河有干涸古河道通罗布盆地，可开始向那里送水。

通过努力，上述设想可望于21世纪中实现。一些困扰我国的环境难题，将获得不同程度的缓解。

## 四 黄河问题

农村中进行了许多小规模的水土保持实验，种草种树可使流失的泥沙减少七成左右。在黄河上中游及其支流流域雨量增加、植被恢复后，陕县年输沙量将从目前的15.7亿吨减少到4.7亿吨；黄河上游径流量可能比现在增加100亿立方米，中游比现在增加150亿立方米；陕县每立方米河水含沙量将从37.7公斤减少到6.3公斤，略少于黄河上游末端的含沙量，年输沙总量略少于长江大通站；黄河下游泥沙大幅度减少，冲沙的河水流量则大幅度增加。

黄河洪灾主要来自陕西境内的支流洪水。陕西有740万公顷宜林荒山荒地，造林成林后比原有森林增加57%，可以认为森林拦蓄降水的能力也增加了57%。中游还有计划兴建的万家寨、龙口、天桥、军渡、三交、龙门、禹门口等电站。泥沙减少后，这些计划更加可行，中游洪水因而受到一定的控制。总之，黄河问题虽不能全部解决，却已显著缓和。

## 五 山区问题

旧石器时代的人类营采集渔猎生活，住在附近有水源的山洞里。到新石器时代，人类发明了农业，在河岸和平原开辟田地。但是有一些因素使农业伸展到山地。有些部族虽想向平原发展，却受阻于另外一些部族。例如羌族和苗族，从战国时代起在人口压力下出现了山农。唐代张籍《野老歌》曰："老农家贫在山住，耕种山田三四亩。"宋代人口更多，广东、福建、四川、江西、浙江等地都有山田。楼钥《咏马公屿诗》曰："百级山田待雨耕，驱牛扶禾半空行。"

陕西安康地区全部耕地中坡度大于25度的占50.6%。黄土高原绝大部分耕地分布在坡度10—35度的梁峁斜坡上。秦岭、大巴山区坡耕地约占耕地面积的80%以上。四川省旱地中坡耕地占70%。云贵两省坡耕地占60%。特别是坡耕地坡度多在20—40度之间，超过40度的坡地也不少。坡耕地一般土层薄、肥力低，零星、分散，块小坡大，跑水、跑土、跑肥严重，土壤侵蚀已尽，则变成不毛石山。降雨后因无林草拦蓄，变成汹涌的山洪，冲到平原毁灭人畜村庄。高山生态系统脆弱，全仗林草维持。一旦毁林开荒，不但原有生态系统遭受毁灭性打击，而且不再蒸腾大量水汽，以致处于下风的西北干旱。所以，山区问题关系全局。

只有创造条件使山农营林营牧后获得更大的收入，作为重大生态和经济问题的山地问题才有希望解决。首先要将有关山地的永久性使用权给予山农、农户，激发其爱山护山的强烈感情。按市场价格，营林营牧比种粮食收入高。不过必须改善交通条件，组织民主管理的供销加工运输合作社，运输林牧产品，购进粮食。并在改变经营方向的过渡时期给予低息或无息贷款。

随着全国加速造林，干旱的华北和西北的气候改善，可耕地增加，农牧业生产率提高，有可能接受一部分山农移民，以减少山区的人口压力。

# 中国西北干旱化探原*

## 西北地区历来是干旱的

干旱是一种状态，通常干燥度≥3.50的地区称为干旱区，如塔里木、柴达木；干燥度在1.50—3.49者为亚干旱区，如陕北、山西。干旱化是一种时间过程，干燥度随时间的流逝而增大。没有人怀疑西北干旱，但是西北是否存在干旱化过程的问题，答案并不一致。例如盛承禹先生不同意西北气候在逐渐变干旱的论说。他在论文中说："尤其本世纪初，个别西方地质学者与考古学者到过新疆一带之后，他们的论说吸引了许多人的兴趣，也迷惑了一些人的想法，以为西北地区过去比现在湿润。然而，历史文献的记载却雄辩地证实了西北地区历来是干旱的气候环境。"

帕米尔以西众水流入咸海，以东众水则流入罗布泊。地质学家在罗布泊中心钻探9米深，上面4米相当于全新世，只有最上面的30厘米是盐盖，下面不含盐。说明在全新世的大部分时间

* 原载于《科技导报》1996年第8期，第56页。

里，罗布泊是淡水湖。先秦时甘肃西部的疏勒河也流入罗布泊。《汉书·西域传》说“蒲昌海一名盐泽者也”，说明已变成咸水湖。东汉时疏勒河下游已成间歇性河道，三国魏晋白马羌在河道尾段定居。1972 年，罗布泊终于完全干涸。

黄河上游鄂陵湖面每年下降约 2 厘米多。[①] 青海湖在全新世初比现在大三分之一，水深 100 米。[②] 居延海东海已干涸，西海即将干涸，而在 20 世纪 50 年代，居延海水面尚有 330 平方公里。[③]

上述湖泊萎缩干涸的动态，对大西北的生态环境具有指示作用。有些学者提出两项理由以否定西北的干旱化过程。一个理由是大气环流未变，另一个理由是水资源并未减少，只是河流上游引水灌溉，以致下游缺水。笔者以为，事物常常是多因素的，一个因素的存在并不排斥另一个因素存在的可能性。大气环流未变，而下垫面改变，未尝不能改变当地的气候。上游增加引水并不排斥导致全流域干旱化的可能性。但是鄂陵湖和青海湖之萎缩实难以归咎农业灌溉。

## 有三个因素使西北干旱化成为必然

第一，青藏高原隆起。上新世时高原平均海拔仅约 1000 米，上新世末开始强烈隆起，已上升了 3000 米至 4000 米。晚更新世以来又上升了 1500 米。迄今，高原西北部每年平均仍上升 4.2 毫米，喜马拉雅山上升还要多一些。高原愈上升则印度洋水汽到达我国西北上空愈少。

---

① 祁明荣：《黄河源头考察文集》，青海人民出版社 1982 年版，第 171 页。

② 中国科学院：《青海湖综合考察报告》，中国科学院出版社 1979 年版，第 21 页。

③ 宋建军：《南水北调两线工程与西北地区生态环境改善》，载《科技导报》1995 年第 6 期。

第二，干旱区的环境中有一定的水的存量，如《禹贡》记武威有猪野泽；《汉书·地理志》记敦煌有冥安泽；武都有天池大泽，土壤中也有潜水。由于干旱区蒸发能力远大于降水，存量水蒸发多而补充少，湖泊萎缩，土壤干燥化。陆地实际蒸散的水汽减少，空气湿度降低，蒸发能力增大。水汽减少又使降水的概率降低。这些都导致干燥度增大。故在没有从境外输入水的条件下，干旱区必然存在干旱化过程。这可以称为“干旱区自动干旱化原理”。

第三，天然植被破坏，特别是森林减少。植被受到破坏是人类活动的结果。人能破坏，也能保护、培植植被。因此，第三个原因是部分可逆的。为什么说“部分”可逆？因为古代的林地，有一部分现在变成农田、村庄、城市，不可能都变回去；有些山地因土壤流失，变为裸露石山，很难造林。

森林有强大的蒸散水汽能力，因为树叶构成比立地大很多倍的蒸散面积，而且根系发达，利于吸收土壤水分。更重要的是森林能截留降水，减少径流。例如，海南尖峰岭刀耕地径流量约为林地的6.5倍。蒸散水汽需要时间，森林截留降水，争取到蒸散所需时间。如果没有森林，降水会迅速形成地面径流，通过溪涧河流，流入大海或流往外国。一滴水尚未参加中国的任何生物的水循环便匆匆离去，殊为可惜。

## 森林增加了降雨和远距离输送的水汽，而如今却愈益减少

森林能不能增加降雨？兴隆山林区中心比无林地降水增加30%。由于岷江上游流域森林覆盖率降低，20世纪70年代以来茂汶和黑水7—8月降雨量减少8%—20%。森林蒸散的水汽一

部分在林地附近提高空气湿度和降雨概率，另有一部分因风吹到下风地区，提高那里的空气湿度和降水概率。故有的学者认为川西南、滇西北森林蒸腾水汽是我国东部雨源之一。森林的远距高增雨作用由于不便测量而常被忽视，我们不能因不便测量而忽视客观事物的存在。

据英国气候学家兰姆说，一个水分子蒸发后到再次降落地球表面之间，如在赤道，平均在空中逗留 9 天，全世界平均则为 11 天。从蒸发点到降水点之间的距离，在赤道为 900—1000 公里，其他纬度为 5000—11000 公里。在美国，一滴水平均在空中旅行 12 天。我国一方面终年有西风环流，另一方面，在夏季生长期，森林蒸腾旺盛时有源于太平洋的东南风和南风，以及源于印度洋的西南风将水汽向北方输送，形成规模宏大的南水北调的空中运动，只是此时的“水”是水汽而非液态水。水汽中含有潜热，故也是南热北调运动。由于南方森林损失太多，故输送北方的潜热减少。据竺可桢研究，古代中国北方比现在温暖。殷墟有亚热带动物遗存；《左传》说鲁国没有冰。我国现在是世界同纬度上冬季最冷的国家。

在过去 1500 年中，长江中游水位平均上升了 10—15 米以上。有的学者解释为这是对于冰后期海平面上升的滞后反应。本文作者怀疑是南方森林减少、径流增加所致。愈是离长江口远的地区在史书上报道的开始洪灾的时代愈晚，实因破坏长江流域森林的次序是先下游，后上游。

1995 年发生长 622 公里的一段黄河断流 121 天的大事，固然可用上游用水或拦水过多来解释，但本文作者仍怀疑与南方森林减少有关。南方森林减少既增加径流，使长江涨水，又减少蒸腾，减少输送到北方的水汽，使北方干旱化，黄河断流。

为了实现可持续发展，不仅要保护环境，而且要改善环境。

其中涉及生物手段和工程手段。生物手段成本低廉、副作用少，而且在逻辑上也应先于工程手段。例如在集水地造林，然后修建水库，以免泥沙迅速淤积，危害水利工程。

近年气象部门设立了许多探空站，获得空中水汽通量数据，有关专家从而估算我国上空水汽输送情况。虽则探空站的分布还太稀，毕竟使我们对我国上空水汽输送有了概括的认识。

崔玉琴计算陕、晋、豫、冀、鲁、京、津五省二市输入水汽来源。暖季从东北输入的水汽占 33.3%，从孟加拉湾来的占 28.7%，从东海和南海来的占 15.2%。新中国成立以来，东北向全国提供木材，因此森林减少，上空空气湿度降低，东北风带给华北的水汽自然减少。孟加拉湾水汽被西南风送来华北时途经西南和湖北，得到陆地蒸发水汽的补充。西南和湖北森林减少，华北从西南风得到的水汽随之减少。广东、广西、福建、江西、湖南、湖北森林减少，使华北从东南风和南风得到的水汽减少。华北自身也在破坏森林，隆地蒸发减少。这一切使 20 世纪 80 年代华北的平均降水量比 50 年代减少三分之一。华北干旱化还使经过华北吹往西北的东南风携带的水汽减少，加深了西北干旱化。

喀什、伊宁、塔城一线从西北方向每年约输入水汽 9500 亿立方米，这是新疆乃至整个西北区的首要水汽来源。古代时，此地林木葱郁，蓄水、蒸腾旺盛，终年西风，可将水汽输送新疆内地。据耶律楚材《西游录》，成吉思汗西征时伊犁河流域野果很多，“树阴蓊翳，不露日色”。以后历代垦荒，甚至以果树为燃料，以致环境退化、林木减少，不能被拦蓄的雨水和雪水迅速流出国境。

我国有森林约 12900 万公顷，另有宜林荒山荒地约 7700 万公顷。1995 年，粤、闽、湘、皖、海南、吉、鄂、苏、浙、黑、赣、鲁各省已基本完成绿化。幼林生态效益有限，假以时日，收效将渐显著。公元2000年前，豫、桂、辽、黔、陕、晋、川、冀、宁、甘各省亦将完成绿化。广泛绿化将改善我国气候，今日认为不宜造林的荒山荒地可能变为宜林山地。按照《美国百科全书》“森林”条目的见解，一般平原森林覆盖率以20%—25%为宜，山地和多雨区须增大森林覆盖率。多雨区提高森林覆盖率以减少洪涝灾害，同时借助风力将多余水汽输送到缺水地区。要重视我国横断山脉地区的保护和开发。

法国地理学家高罗于20世纪40年代来华考察，在云南见到在山上种庄稼而不种树，深感诧异。中国多山，全国有三分之一的人口、十分之四的耕地、三分之一的粮食生产在山区。在山区发展林果而减少坡耕粮田，需要改善政策和经济条件。全国人民须改变消费习惯，多吃果品及其加工品，少吃粮食及其加工品。在税收政策上要优待果品生产，奖励有关果树生产和果品加工的研究与开发。例如近年将荒山荒地的使用权出售给农民或请农民承包是成功的政策。在山区，应发展交通和市场，以便于农民出售林果产品和购买粮食。

## 要重视我国横断山脉地区的保护和开发

在山区中特别要重视横断山脉。我国的山脉以东西向为主，妨碍南方水汽北上。唯有横断山脉夹峙着南北向的山谷，成为水汽北上的通道。现武都至玉树一线每年约输入南来水汽600亿立方米。横断山脉自古多少数民族，吐蕃和南诏在唐代已有很高文化水平，在创造文化的同时不得不以破坏森林为代价，以致环境逐渐退化。新中国成立以来，四川和云南的森林进一步减少。在20世纪50—70年代，岷江上游森林覆盖率下降10%—15%，洪水增加 38.27 立方米/秒。岷江上游和阿坝州积雪减少，雪线上升。元代，岷江上游的森林覆盖率估计达 50%，1980 年只剩下 18.8%。阿坝州有白河和黑河，是黄河上游的支流，古代流入黄河的水量比现在大，输送的水汽也比现在多。

云南怒江、澜沧江、金沙江流域自然灾害频仍，森林减少是主要原因，虽不是唯一原因。怒江边上的碧江县因滑坡毁坏县城，于 1986 年被迫撤销县建制。金沙江南岸禄劝县曾发生体积达 4.5 亿立方米的大滑坡，444 人死亡。金沙江每年流失土石约 1.25 亿吨；公元 1300—1979 年间有 132 年发生洪灾；1970—1990 年间因洪灾平均每年死亡 244 人。怒江和澜沧江的水资源流出国境，这是自然规律。但古代这里森林茂密，拦蓄降雨多，蒸腾和向北方输送的水汽多，流出国境的水可能比现在少。

我们不知道西藏东部的森林比古代减少了多少。有报道说，高原东南部林区目前的采伐量为生长量的二倍，有的大工厂一年烧柴 30000 立方米。林芝附近川藏公路旁古柏树林已被破坏，森林减少的历史趋势仍在继续。总之，循横断山脉河谷北上的水汽一直在减少。

## 简短的结束语

青藏高原隆起、干旱区自动干旱化、森林减少是西北乃至华北干旱化的三大原因。其中森林减少有部分可逆性，特别有意义。我们要加倍努力造林，首先是在多雨地区，特别是在藏东、川西、云南横断山脉以及伊犁河、额尔齐斯河造林。东北、西南、中南、东南造林，有可能解除华北旱象，使西北旱情有所缓和，并能增加金沙江、雅砻江、大渡河上游水源，对南水北调西线工程亦有益。

# 西北干旱问题(1)*

## 一　干旱和干旱化

干旱是一种状态，干旱程度用干燥度测量。干燥度≥3.50的地区是干旱区，如蒙甘区、南疆区、北疆区、柴达木区、藏北区。随着时间的推移，一个地区的干燥度不断升高，说明该地区有干旱化过程。干旱和干旱化是不同的概念。例如，没有人怀疑南疆是干旱区，但南疆的气候是否愈来愈干旱，是否存在干旱化过程？见仁见智，意见尚未统一。主张南疆干旱化的人以罗布泊逐渐干涸为证。反对的意见则说，罗布泊干涸是因为河流的上游发展灌溉，引水太多，以致下游缺水，而不是气候改变。其实事物演化往往是多因素影响的，上游发展灌溉与气候改变可以都是事实；大气环流没有改变与局部气候发生变化也可以都是事实。

大量触目惊心的事实使人怀疑中国西北半壁存在着干旱化过程。罗布泊和玛纳斯湖干涸；居延海即将干涸；青海湖和鄂陵湖水位年年下降；20 世纪 80 年代华北降水比 50 年代平均减少三

---

* 原载于南京地政研究所编《中国土地问题研究》，1998 年。

分之一；黄河下游断流越来越长、越来越早；等等。

## 二　青藏高原隆起

在上新世高原平均海拔约 1000 米，上新世末开始隆起，已上升了 3000—4000 米。晚更新世以来上升了 1500 米。现高原西北部每年仍上升 4.2 毫米。喜马拉雅山上升还要多。[①] 由于高原阻隔，南来的印度洋水汽不断减少，不仅中国西部因而干旱化，华北亦受其影响。在华北入境水汽中，来自孟加拉湾者在暖季占 28.7%，在寒季占 31.7%[②]，这是干旱化的第一个原因。

干燥度是年蒸发能力和年降水量的比值。吐鲁番盆地的托克逊站，干燥度高达 318.9。干旱区如有湖泊和土壤潜水，在强大的蒸发能力和稀少的降雨下，会逐渐蒸发、萎缩、减少，以致陆地实际蒸发量减少，空气湿度降低，蒸发能力加大，干燥度升高。故在没有境外河流补充的条件下，干旱区必有干旱化过程。这是干旱化的第二个原因。

## 三　森林的水文作用

森林、灌木、天然草地减少，是干旱化的第三个原因。前两个原因是大自然在起作用，植被减少往往是人为的。人能破坏森林，也能植树造林。森林既是陆地生态系统的脊梁，又是控制器，我们可以探讨如何利用它来控制生态环境，使之有利于中国

---

① 张青松等：《青藏高原西北部第四纪环境的新认识》，载《地理学报》，1994 年第 4 期，第 49 页。

② 崔玉琴：《华北地区上空水汽输送与其源地》，载《水文》，1994 年第 6 期，第 6—11 页。

的持续发展。

中国有一条400毫米等雨量线，从东北绵亘到西南。这条线的东南半壁，在距今10000年前基本上森林茂密。哈尔滨、长春、沈阳、北京、呼和浩特、太原、西安、成都、昌都、拉萨，都在其内。而且夏季降雨充沛，森林蒸腾强烈，东南和西南季风将大量水汽吹向北方，增加北方空气湿度和降雨概率。所以，古代的400毫米等雨量线可能比现在偏西、偏北一些。大量水汽携带大量潜热，那时北方的温度也比现在高些，而且北方植被良好，易于保温。

河南安阳附近发掘的象、孔雀及犀牛化石，说明5350—3600年前那里的气候在热带和亚热带气候之间摆动，3600—1100年前在亚热带和温带气候之间摆动，1100年前迄今为温带气候。[①] 10000年前中国北方气温可能比较高。现在中国是世界同纬度上冬季最冷的国家，至少部分原因是森林覆盖率太低。

森林有强大的拦蓄雨水和蒸散水汽的作用。这两种作用中前者更重要，因为如果不能拦蓄雨水，降雨后迅速形成径流，顺着溪涧、支流、干流离开中国国境，便没有足够时间可供蒸散。据林学家在海南岛测量，刀耕地径流量约为林地的6.5倍。雨季开始时林外降雨25毫米即产生径流0.1毫米，林内几乎无径流。进入雨季高峰的8、9月份，一次降雨150毫米，裸地径流增至3.8毫米，林内尚不足0.5毫米。在年降雨1590.3毫米的条件下，半落叶季雨林年蒸散量677.1毫米，占降雨量的42.6%。[②]

---

① Bi Fuzhi, Yuan Youshen, "A Preliminary Study of Beachrocks and Palaeoclimate in China over the Past 5000 Years", *The Palaeoenvironment of East Asia From the Mid - Tertiary*, V. I, University of Hong Kong, 1988. pp. 337—344.

② 蒋有绪等：《中国海南岛尖峰岭热带林生态系统》，科学出版社1991年版，第188—195页。

一部分降雨渗入地下，地下径流运动快慢不一。有一昼夜仅几厘米者，有每秒几米者，决定于地下通道的结构和坡度。地下径流或在山脚下以泉水形式重返地面，或从侧向补充溪涧河流，或补充下游地区的土壤水。地下水的排泄区已远离林区，其蒸散量未计算在森林蒸散量内，但实际上也是森林拦蓄降水能力产生的。

一个地区上空的水汽或来自邻区，或来自当地蒸散。水汽多则湿度大，降水概率提高。可以想见，古代中国森林茂密，蒸散旺盛，降水多，而且古代地表水和地下水均比现在丰富。据《禹贡》，有大陆、雷夏、大野、荥泽、菏泽、孟诸、猪野等湖泊；据《汉书·地理志》，武威有休屠泽，敦煌有冥安泽，武都有天池大泽。现在或已消失，或仅余遗迹。人们可以作出种种解释，例如黄河泥沙沉积，或上游引水灌溉。不论如何解释，现在的地表水比古代少总是事实。

森林蒸腾的水汽不会永远停留在森林上空，而将因风输送到下风地区的上空。水分子从蒸发点到降水点的平均飘移里程在赤道为900—1000公里，其他纬度为5000—11000公里；在空中停留时间，在赤道为9天，世界平均为11天。[①] 中国位于东亚季风区，夏季风的风向是从湿润区吹到干旱区。例如西北东部地区（宁夏、甘肃、青海高原东部、内蒙古西部）的356场暴雨中，来自孟加拉湾者166次，来自南海87次，来自黄海19次，来自东、黄海83次，来自西方大陆1次。[②] “来自孟加拉湾”不能理解为每一滴雨水都来自孟加拉湾。来自孟加拉

① Lamb H H. Climate, *Present*, *Past and Future*, Vol I, Methuen and Co., Ltd., 1972.

② 崔玉琴：《西北地区空—地水资源转化过程》，载《自然资源》，1992年第6期，第21—26页。

湾的西南风推动水汽北上，途中因降雨或被西风吹走一部分，又沿途吸收陆地蒸发的水汽，故在西北东部降雨中既有海上的水汽，又有沿途森林补充的水汽。在历史过程中，森林减少，西北东部的降雨中，得自森林蒸腾水汽者减少，以致降雨量减少。

诚然，有了水汽不一定能下雨。中国西北多山，容易形成地形雨。即使不下雨，空气湿度增加，蒸发能力和干燥度将下降。甚至在沙漠，因昼夜温差大，水汽可能于夜间凝结为水，渗入地下。

海洋的功能之一是能储存和蒸发大量的水。森林在一定程度上同样具备这种可能，不妨把广大茂密的森林看做是绿色的海洋。中国西北半壁距绿色海洋遥远，不免干旱。但古代西北距绿色海洋较近，故干旱程度不如现代之甚。

过去1500年中，长江中游水面上升了10—15米多。方金奇（音译）先生认为，这是冰后期海平面上升的延迟反应。① 或许还有一个因素，长江流域森林减少，蒸腾水汽少，径流增加，因而长江水位上升；在另一方面，输送北方的水汽减少，黄河流域干旱，1995年黄河下游断流121天，断流里程622公里。② 1996年共断流136天；1997年2月7日便开始断流，6月23日起，山东境内黄河全线断流，是有资料记载以来山东断流最早年份。长江涨水与黄河断流之间不无联系。

以上简单讨论了西北干旱化的原因。近年我国已有一些探空气象站，并有一些科学家从事空中水汽输送数据的分析，使我们

① Fang Jinqi, "Influence of Sea Level Rise on the Middle and Lower Reaches of the Yangtze River since 12100 yr", B P. Quaternary Science Review 10, 1991, pp. 527—536.

② 《人民日报》1995年7月18日和27日；《中国经济时报》1997年7月23日。

有可能讨论与西北干旱化有关的水汽问题。①

## 四 西北和华北的水汽来源

把西北和华北作为一个区域来考察，它有许多边界，每年从边界外，通过边界向区内输入水汽。以下按输入量大小次序叙述。

（1）每年从东北输入水汽 17800 亿立方米。由于东北森林减少，上空湿度降低，输出华北的水汽必然有所减少。

（2）从孟加拉湾方向输入水汽 16800 亿立方米，途经西南各省。四川、云南、贵州森林减少，使华北从西南风得到的水汽今不如昔。

（3）从新疆西边界输入水汽 9500 亿立方米，特别是伊犁河、额敏河、额尔齐斯河穿越国境时形成接纳境外水汽的喇叭口。在地图上或电视天气预报的图像上都可见到新疆西北角那个多雨的宝地。元代耶律楚材《西游录》介绍伊犁河流域多果林，“树阴蓊翳，不露日色”。700 多年来在那里屯垦的人愈来愈多，天然植被受到破坏，径流增多，蒸发减少。

（4）从东海、南海输入水汽 8200 亿立方米，因华东和中南各省破坏森林，向华北输出的水汽减少。

① 参见 Huang Fujun, Shen Rujin, “The Source of Water Vapor and Its Distribution over the Qinghai - Xizang Plateau during the Period of Summer Monsoon”, May - August 1979, Proceedings of international symposium on the Qinghai - Xizang Plateau and mountain meteorology, March 20—24, 1984. Beijing: Science Press, 1986. pp. 596—603。《长江三峡工程对生态与环境影响及其对策研究论文集》，第 523 页。崔玉琴：《西北内陆上空水汽输送及其源地》，载《水利学报》，1994 年第 9 期；《喀拉昆仑山与昆仑山地水汽条件》，载张祥松等《喀拉昆仑山叶尔羌河冰川与环境》，科学出版社 1991 年版，第 107—122 页。

（5）从黄海输入4900亿立方米水汽，其动力是东南季风。又输出黄海17200亿立方米，其动力是西风。每年净输出12300亿立方米。古代泰山、鲁山、沂蒙山、昆仑山等森林茂密，能将雨水截留，再逐渐蒸散，东南风可以推动较多水汽进入华北内地，净输出水汽比现在少。

（6）沱沱河一线从西南印度洋方向输入水汽2000亿立方米，是江河源地区的主要水汽来源。

（7）喀什一线从西南方向输入水汽1900亿立方米。

（8）野马街、额济纳旗、海流图一线从北冰洋方向输入水汽1300亿立方米。

（9）武都、玉树一线从南方输入水汽600亿立方米。孟加拉湾水汽沿横断山脉诸河谷向北输送。那里的居民是藏族、彝族、傈僳族、白族、羌族、傣族、景颇族等少数民族。唐代的吐蕃、宋代的大理国已有很高文化水平，换句话说，有很强的破坏森林能力——或采伐林木，或上山垦荒，以致植被减少。元代岷江上游森林覆盖率尚有50%，1950年降为30%，1980年更减为18.8%。茂县、黑水20世纪70年代以来7—8月降水量减少8%—20%。[①] 这是因为森林蒸散的水汽减少，以致当地降水减少，无疑，输送武都一带的水汽亦因而减少。从沱沱河西南一线输入江河源的水汽可能变化不大，沿横断山脉地上江河源的水汽可能减少甚多。现鄂陵湖面每年下降2厘米多[②]，青海湖面10年下降1米[③]，与横断山脉森林减少有关。

（10）民丰、和田一线从西南方得到200亿立方米水汽。

---

① 参见《中国的森林·四川卷》，林业出版社1992年版，第1155—1161页。

② 祁明荣：《黄河源头考察文集》，青海人民出版社1982年版，第171页。

③ 杨勤业等：《世界屋脊》，地质出版社1987年版，第105—106页。

## 五 生态经济大计

农产品和矿产品是经济基础。一个小国可以用工业品交换外国农矿品，依靠外贸解决其全部食物和工业原料。大国不可能这么做。美国是世界上最大的小麦、玉米出口国，稻米是第二大出口国，仅次于泰国。美国也是世界上最大的肉类生产国。美国石油生产仅次于前苏联，为世界第二。煤炭生产亦占世界第二，仅次于中国。今后中国若能多出口制造品和劳务，换回农矿产品，以扩大经济基础，自然是好事。这个政策需要有持久和平的国际环境，故中国将坚决保卫和平。

更重要的是发展自己的农矿业。目前中国农矿品总产值中农产品约占85%，矿产品占15%。美国差不多是一半对一半。中国人口众多，对农产品需求特别大，今后仍将如此。发展农业须改善生态环境。中国人多田少，但地并不少，只是缺乏水资源，大量土地不能发挥生产作用。故人云“有土斯有财”，可以补充一句：“有水斯有土。”有土无水，不能进行初级生产，更谈不到次级生产，与无土何异？

缺乏水资源是西北和华北广大地区的共同问题。解决这个问题有两个手段：生物手段和工程手段。其中生物手段在逻辑上应先于工程手段，虽然不是在每一个实践项目上都拘泥这个次序。例如欲在一条河上修建大坝，先在坝址上游植树种草，就是先用生物手段，后用工程手段。又如拟议中之西线南水北调工程，引水点的径流量，通天河为107亿立方米，雅砻江为52亿立方米，大渡河为59亿立方米。若年调水195亿立方米，为径流量的89.4%。比例如此之大，令人担心对当地环境的负面效应。若在整个流域植树种草，以较多水汽输送到上游，能增加引水点的径流量。

近年各省兴起消灭荒山的运动，相信人口相对密集的省份在不远的将来能完成绿化任务。森林的蒸散水汽能力与叶面积指数有关，而树龄愈大则截留降雨的能力愈强。[①] 现各地幼林很多，经若干年后才能显示其生态效益。

怒江、澜沧江、金沙江流域是距离江河源最近的湿润区。如能植树种草，消灭荒山，大量水汽将沿河谷输送到江河源以及黄河上游。武都、玉树一线从南风得到的水汽将多于现在的600亿立方米，从鄂陵湖到龙羊峡的黄河上游有许多支流可能增加流量。不过三江流域少数民族多，人口相对稀少，山高水深，植树种草均非易事。如政府和广大社会不多加关怀、援助，仅靠当地力量恐不易完成消灭荒山的伟业。

东北、东南、西南完成造林任务后，加上华北自身的绿化，可使华北水资源缺乏的问题显著缓解。

西北区干旱程度有甚于华北。在全国造林任务完成后，从几方面增加西北的水汽来源。一是伊犁河、额尔齐斯河流域造林增加西风湿度；二是藏东、川西造林增加从玉树、武都一线北上的水汽；三是东部造林增加东南风输送西北的水汽；四是因东北、华北、内蒙古造林使内蒙古西部空气湿度提高。尽管如此，南水北调西线工程仍有其必要。新中国成立以来，黄河上中下游引水灌溉日益增多。值得注意的新动向是甘肃即将引黄河水至河西走廊，宁夏将用电力扬水灌溉。现在河西走廊仅石羊河有希望得到黄河水接济，向西还有黑河流域、疏勒河流域，乃至罗布盆地，

---

① 参见 Kunning S W, Coughlan J C (1988). A general model of forest ecosystem processes for regional application. I. Hydrologic balance, canopy gas exchange and primary production processes Ecol. Model 41: 125—154; Kimmins J P. Forest Ecology, Macmillan. New York, 1987.

无不迫切盼望黄河水。沿黄河上游可以发展电力灌溉的荒地也无穷无尽，唯一的限制是国家对甘肃、宁夏等沿黄省区用水有所控制，而国家控制又因为黄河水量不多，现在下游已时有断流现象。

在沿黄八省区的呼吁声中，国家计委已批准西线南水北调工程立项，拟从金沙江、雅砻江、大渡河每年调195亿立方米到黄河上游。这些宝贵的新增水资源在沿黄各省区之间如何分配，是生态经济学的大课题。从宏观形势看，只有引水到河西走廊，到罗布泊，才能对新疆的极端干旱状态有所拯救。此外，甘肃、宁夏、内蒙古、山西都需要水。新调水能流到黄河下游多少，是个问题。这就催促南水北调中线工程开工。中线从汉江调水，原拟在郑州从地下隧洞引水到河北。按照上述黄河上游引水增加的形势，黄河下游自身需要汉江水接济。汉江水清，利于冲淤。多灾多变的黄河将步入意料不到的新时代。

我国经济发展的方针是：以农业为基础，工业为主导。换个角度从生存观点来看，实际上也就是“一要吃饭，二要建设”问题。无论是从基础和主导来讨论，或是从吃饭与建设来探索，全都要依赖我国既有土地来承载和蕃育。但我国的水土流失随干旱和荒漠化问题……都在侵蚀着可资利用的土地，为此，特撰写《西北干旱问题》一文，以便引起仁人志士的关注，进而共谋（寻）对策，从而遏止可资利用的土地逐年量减质退现象。

# 西北干旱问题(2)*

从东北大兴安岭到西南不丹边境，有一条年平均降雨量500毫米的等雨量线，把中国分为西北和东南两部分。90%以上人口住在东南半壁。塔里木盆地、柴达木盆地边缘许多地方年降雨量在20毫米以下，大面积国土上每平方公里人口不到一人。

大家公认青藏高原挡住印度洋的潮湿空气是西北干旱的重要原因。从几百万年前喜马拉雅山开始上升，气候上的屏蔽作用愈来愈显著。不过这种时间上大跨度的地质事件不能说明大西北在历史时期进一步干旱化的原因。

有迹象表明北方在古代并不像现在那样干旱。唐咸亨三年，即公元672年，陕西关中灾荒，从山西绛洲运粮救济。“河渭之间，舟船相继，会于渭南”。公元734年以后的三年从南方运粮700万石，经汴河、黄河、渭河至长安。唐代的长安是百万人的大都市，没有发达的水运不能维持（和今日西安基本上靠陆运的景象完全不同）。北方能行船是因为河水大，河水大又因为集水区的降雨比现在多。

---

* 原载于《开发研究》1993年第2期。

公元300—800年是中亚干旱期，再以后从9世纪到14世纪是中亚湿润期，里海海面比现在高8米。唐代处在中亚从干旱到湿润的过渡期，宋元则处在中亚的湿润期。16和17世纪是地球上的小水期，人们猜测气候不好可能是明朝灭亡的原因之一。从1700年到1950年是地球气候逐渐恢复的时期。唐代所处的气候大环境比南北朝好，但在整个历史长河中不算很好。所以黄河及其支流航运发达的原因要另外找。

破坏生态环境是长期历史过程，时间愈前，自然植被受破坏愈少。东汉窦融，累世为河西官吏，以后到中央任大司空。他说："河西殷富，带河为固，张掖属国，精兵万骑。"唐中宗时张掖积谷至40万斛。武威、张掖、酒泉都进贡野马，说明水草丰美。以后野马在中国已绝灭。武威还进贡绸缎，说明有蚕桑和丝绸手工业。唐朝有一次人口普查，全国人口4600万，武威有110281人，占全国人口的四十分之一。天水有109740人，和武威差不多。汉代河西走廊有两个大湖——居延和冥泽。当时武威东南有苍松县，山上森林茂密，松柏参天。

唐代今四川、贵州、湖北、湖南、青海都进贡犀牛角，现在野生犀牛在中国已绝灭，只有在动物园中才能见到。特别引人注意的是进贡麝香的地方遍及今日的河南、山西、北京、辽宁、湖北、陕西、四川、甘肃、云南、宁夏等地。若都是农田和村庄，麝是不能生存的。它的广泛分布说明当时还有许多树林和草坡。

据J. F. Griffiths著《气候和环境》（1976）归纳一些研究成果，有植被与无植被相比，对流雨增加3%—20%，地形雨增加2%—10%。他还在阿拉伯半岛的一个半径约50—70米的小绿洲中测量温度和湿度。绿洲外温度是48℃，相对湿度是12%；绿洲中心温度是30℃，相对湿度是31%。这些是植被对微气候或中气候的影响。

我国降雨的来源来自东南西北四个方向。西边是从大西洋和阿拉伯海远道送来的水汽。例如1977年12月底，一次特强西风在青藏高原西部形成大面积经月降雪。天山冰川和伊犁河谷能收到经过塔什干的西风水汽。北冰洋气候寒冷，空气干燥，向我国输送的水汽很少。东面靠来自太平洋的东南季风，南面靠来自印度洋的西南季风，季风是我国水汽的主要来源。

此外，还有中国本土的蒸发和蒸腾。蒸发蒸腾占雨水来源多大比例因不同国家不同时代而异。亚马孙河流域林区降雨中50%来自蒸发和蒸腾。联邦德国降雨中36%来自本土上森林蒸发蒸腾，而海水蒸发占31%，河湖蒸发占10%。一般而言，植物蒸腾比裸土蒸发量大，森林蒸腾量甚至大于同面积的海洋。因为森林是立体的，其叶片蒸发面积加总为占地面积的几倍乃至10倍，蒸腾的水来自土壤，森林拦截降雨，使它有充裕时间渗入地下。而且森林土壤有机质多，容易渗水。土壤中含水饱和之后，再多的水将经过地下通道，补充山泉、溪涧及河流。特别值得提一下的，据H. H. Lamb在《气候，历史和现代世界》（1982）中说，大气中的水分平均需要10天才降到地面，降雨中的水分可能是几千公里之外蒸发的。

从1968年起非洲几乎年年干旱，人畜牺牲惨重。现在愈来愈多的人以及一些国际组织，已承认是破坏森林的恶果。仅西非洲在20世纪已损失森林4680万公顷，如加上疏林，共损失12280万公顷。

中国的东南季风向西北方向输送水分，路途愈远，所剩水分愈少。甘肃酒泉平均年降雨量只有82毫米。这82毫米并不完全直接来自海洋，有一部分是沿途植物蒸腾所补充的。古代森林比现在多，东南风得到的补充水分也多，那时酒泉的年降水量可能不止82毫米。

青藏高原阻挡了潮湿的西南季风，但是并没有完全挡住。高空大气可以越过高山北上，只是数量较少。雅鲁藏布江进入印度经过一个缺口，是使水汽进入西藏的大门。它不但使西藏南部气候湿润，而且北上到青海阿尼玛卿山和祁连山东段。西藏往东是横断山脉，有许多南北走向的河谷，能使西南季风的水汽北上。而且不仅是横断山脉，四川和云贵高原还有其他一些南北走向的河谷。重要的有怒江、澜沧江、金沙江、雅砻江、大渡河、元江、北盘江、赤水河、乌江、岷江、沱江、嘉陵江、红水河等。水汽在河谷很容易形成地形雨。雨水南流，很快进入南方邻邦境内。古代森林茂密，下雨后截留下来，蒸腾成为水汽，又可乘西南季风北上。南来水汽一部分集中到青海省南部高原。它是中国西部的高原湿岛，是长江、黄河、澜沧江的发源地。其东麓是雅砻江、大渡河、白龙江、洮河的发源地。

说到这里不禁要提一下中国文化的一个特点，重视粮食生产，精耕细作，而不重视种草养牛。这个特点在新石器时代已有苗头。不仅汉族，深受汉族影响的西南少数民族也是如此。唐代南诏国在河谷种稻，而在山上种麦。云南山多，发展粮食种植业就须上山开荒。云南有色金属冶炼业自古发达，大量消耗木炭。所以，横断山脉和云贵高原森林受破坏已历史悠久。

青藏高原在中国的生态环境中处于很关键的地位。古代森林受破坏的程度比后代轻，集中到青藏高原的水汽较多，黄河上游，包括上游的支流，洮河、湟水等等流量都比较大。黄河上游有一段流经青海湖南部的草原，最近的距离不到100公里。古代黄河水大，海南草原一定水草丰美，牛羊兴旺。

南北朝和隋代，青海湖草原曾出现吐谷浑国，其首都即在湖的西滨。更早一些，湖南滨有11000年前的旧石器时代遗址，甚至青海湖草原往西的柴达木盆地也有30000年前的旧石器时代遗址。这都说明这里在古代并不很干燥。青藏高原与柴达木之间隔着昆仑山。山虽高，但与青藏高原比较相对高度不大。青藏高原的水汽可以补给昆仑山顶的冰雪。冰雪溶化流入柴达木便是河流，其中格尔木河哺育着十几万人的格尔木市。昆仑山有缺口，青藏公路经山口去西藏。青海湖草原和柴达木盆地北面是祁连山，祁连山北麓便是河西走廊。山南山北并未完全隔绝，山南气候改善对河西走廊有益。

陕西、甘肃、四川三省毗邻处是嘉陵江、汉水、渭水的发源地。古代嘉陵江流域和汉水流域森林茂密，三省毗邻区非常湿润，渭水的流量比现在大。

黄河上游流量大，河套地区首先受惠。北宋时代西夏国就是以河套和河西的经济实力为基础雄踞一方。黄河水量愈大，两岸气候愈湿润，土壤愈不易侵蚀，泥沙也就愈少。唐代的胜州，即今榆林地区，是长安木材的重要来源之一，其自然风光和今日不同。

新疆是地球上距海洋最远的地区，干旱似乎不可避免。令人担心的是它的干旱在历史上有增无已。汉代的楼兰古国成了沙漠中的遗址。罗布泊在距今不过几十年前干涸。罗布泊和楼兰都在新疆东南部，与河西走廊为邻。河西走廊干旱，也就不能有足够的水汽支援新疆。

北宋在福建已有梯田，公元 1175 年范成大在江西宜春见到梯田。元代王桢《农书》中对为生计所迫上山垦荒的农民深表同情，他说：“盖田尽而地，地尽而山，山乡佃民，为求垦佃，犹胜不稼。其人力所致，雨露所养，不无少获。然力田至此，未免艰食；又复租税随之，良可悯也。”以后明朝、清朝，直至现代，上山垦荒的人愈来愈多。据林业部统计，截至 1986 年，全国仍有开荒种粮的陡坡地约 1.2 亿亩。

中国文化还有一个特色，建筑少用石材，多用木材。据李约瑟猜测，可能为了预防地震。其实老百姓盖房子不一定都考虑地震，而且中国有许多地方很少发生地震。大多数民间建筑不能耐久，从长远看所费木材更多。明代中央政府每年需柴炭 4000 余万斤，在河北、山东、山西采办。这还没有包括北京城广大群众的需要。农村需要的薪柴数量极大。我国煤炭产量居世界第一，而据林业部估计，年消耗薪柴仍超过 2 亿吨。其中还未包括当做燃料烧掉的农作物秸秆。古代煤炭生产少，人民生活能源更须依赖薪柴。造船、造车、冶金、制陶等工业用薪材数量也很大。这些都是和平用途，不包括战争破坏在内。

木材需要量如此之大，为什么不多种树？北魏孝文帝和明太祖都提倡种树，房前屋后，桑园果园，总之是在农田附近种树，而不是上山造林。其原因又在于中国文化有一个特点。自从战国时代以来，山泽的专利权属于中央政府。商鞅说："壹山泽，则恶农，慢懒、倍欲之民，无所於食；无所於食则长农，农作草为垦矣。"山泽统一于政府，那些不愿务农的懒人和自私的人便吃不上饭，只得去务农，草地就能开垦成良田。以后每个朝代的初期为了恢复经济，常常"弛山泽之禁"，但时间不长又恢复禁令。这就使山区名义上属于国有，实际上无人经营管理。东晋和南朝曾有不少豪门占地很广，连山都划为私产。

中国山多田少，田有明确的产权。地主是所有者，佃农是经营者。也有既是所有者又是经营者的富农自耕农。不过，地主、富农、自耕农的田加在一起只占国土的 10%，其他 90% 的所有权理论上属于国家，实际上模糊不清。其中也有少数人凭借势力占山，时间久了似乎也有了所有权。欧美的情况与中国大不相同，例如美国农场主和林场主的土地占国土总面积的 60%。人们不敢在所有权或经营权不明确的山上造林是可以理解的。前几年全国各地的村有山地允许农民承包造林，所以我国国土中明确经营权的土地已增加很多。中国国土平均每年在单位面积上生长的植物量约为世界平均的一半。这与西北干旱有直接关系，它也是旧中国贫穷的更深一层原因。

如果我们形成一种共识，大家都同意森林减少是西北旱情加剧的重要原因之一，则植树造林就能逆转旱情加剧的过程，使它逐渐缓解，化中国的忧愁为中国的希望。

我国国土面积 960 万平方公里中如有 3% 即 28.8 万平方公里（或折合 43200 万亩），种上速生用材林和薪炭林，每年可收获 43200 万方木材和薪柴。这一笔商品木材和薪柴提供市场，可以满足社会需要，杜绝乱砍滥伐，为保护生态林创造优良的社会经济环境。例如桉树生长迅速，不少国家清除原有森林改种桉树。日本造纸公司和英荷壳牌石油公司跑到泰国去购买森林，砍伐后改种桉树，达到其赢利目的。这种做法遭到环境保护主义运动的反对。但是我国是在荒地荒山上种桉树，不会破坏现有的森林，种桉树在外国可以赚钱，在中国也能赚钱。关键在于不要限制种树人出售木材，也不要限制价格。种树人与盗伐人的性质完全不同，要彻底保护其利益。把他们的利益保护好了，大家便能有木材用，生态林木能维护和发展。

近年我国果树大有发展，只要有销路，它会自动进一步发展。美国柑橘产量为我国的两倍，不是都生吃，而是大量加工橙汁，橙渣做饲料。美国苹果产量和我国差不多，他们生吃一半，另一半加工为各种汁、酱、馅饼、糕点以及像土豆片那样的苹果片。意大利年产葡萄 1000 多万吨，我国只有 80 多万吨，因为我国粮食酒比重太大。美国葡萄干行销许多国家，而我国市场上出售的葡萄干常带泥沙。果品扩大销路，关键在于加工。地中海科西嘉岛的栗子为粮食和饲料，我国仅用做零食。我们应扩大果品消费，以支持果园发展。

土壤不能裸露，必须种上农作物、树木、灌木或草，统称为覆盖作物。特别是年降雨量在500毫米以上的东南半壁，只要有土壤，便须种上覆盖作物。每个村民委员会须视察村有的全部土地，还有没有未种东西的空白点。

国有土地的管理者可能是县政府，村有土地的管理者是村民委员会。这些管理属于行政管理，还需要有人经营管理。经营管理是种植什么、生产什么、保护什么。每个村民委员会和县政府都要视察所管土地中有没有无人经营的。例如近山有人经营，远山无人经营。要尽可能创造条件使远山有人经营。

对植树造林要广义理解，乔木、灌木、藤蔓植物、多年生草，视自然条件而定，它们都能保持水土。

根据本文分析，为了缓解西北干旱问题，仅在西北造林是不够的，还需要在横断山脉、云贵高原、川西高原、大巴山、秦岭、甘南高原、陇南山地、豫西山地、桐柏山、大别山、吕梁山、太行山、山东丘陵、燕山、武当山等山区广泛造林。

河流湖泊水库堤岸造林，兼收减流、稳流、美化、固岸之效。

营造商品林是赢利性事业，不需要国家投资。个体企业、合作社、公司企业、三资企业都可以经营商品林。造纸厂、木材公司、矿山可以兴办附属林业企业，或以预付定金形式支持其他林业企业造林。

生态林没有收入，需要各级政府投资。1988年统计，平均每造林一亩，只需投资10元。现在物价与1988年不同，假设每亩平均需要投资20元，每年营造14400万亩生态林，需投资28.8亿元，我国森林覆盖率可提高1%。连续投资造林17年，森林覆盖率可达30%。28.8亿元是国家财力能负担的。而且各级政府都能分担一部分，不必完全依赖中央财政。生态林虽无直接的微观收入，却有巨大的宏观经济效益。我国森林覆盖率达到30%以后，大西北的生态环境将发生显著变化。首先，500毫米等雨量线将向西北方向移动。现在这条线把呼和浩特、太原、兰州、西宁排除在外，但距离不远。假设500毫米等雨量线移至现在400毫米等雨量线位置，则呼和浩特、整个山西省、包头、伊克昭盟东部、榆林地区和延安地区东部以及黄河上游扎陵湖、鄂陵湖就包括在其中了。

山西在古代气候湿润，森林茂密，是汉唐的主要木材产区，现在苦于水资源不足。甘肃定西是著名的贫困区，原因也在干旱。延安是老根据地，其干旱为党和政府所关切。只要500毫米降雨线西移一步，这些情况自然改善：青海湖面下降的趋势可望停矣，鸟岛将从半岛恢复为湖中岛；河西走廊降雨将增加，并将得到更多的冰雪融水；影响所及可使新疆东部旱情减弱；黄河泥沙减少流量增大而且比现在稳定；腾格里、毛乌素等沙漠可望后退；退化的草原将获得生机；整个大西北经济发展跃上新的台阶，能容纳更多人口。

# 把更多的水留在中国*

## 干旱和干旱化

在黑龙江黑河与云南腾冲之间画一条线，把中国分为东南和西北两大部分。这条线称为胡焕庸线。胡焕庸先生是前辈地理学家。中国人口的十分之九都拥挤在东南半壁。西北面积广大，只因缺水而人口稀少。中国西部距离海洋遥远，而且青藏高原阻挡印度洋水汽北上，干旱是必然的。但是干旱的程度随时间推移而愈演愈烈，则是非常可怕而必须研究解决的中华第一生态问题。

干旱是现象，干旱化是过程。西北既有干旱现象，又存在干旱化过程。有的学者承认西北干旱，却不承认存在干旱化问题。其实证明干旱化的事实不胜枚举。甘肃西部的疏勒河原先西流入罗布泊，现有干河床为证。古代河西走廊有著名的湖泊、猪野泽和冥安泽，现已消失。罗布泊于 1972 年干涸。青海湖水面每年下降 10 厘米。特别惊心动魄的是从 1972 年以来黄河断流的天数

* 本文为王宏昌先生未曾发表过的手稿（1998.7）。

和里程都在增加。

## 青藏高原抬升和干旱区强烈蒸发

为什么干旱化？是因为青藏高原继续升高吗？高原隆起是200多万年前开始的长期过程，至今约共升高4000米，平均每年约上升4000/2000000 = 0.2厘米/年。每100年约上升20厘米。100年前，瑞典地理学家斯文赫定从塔里木河上游乘船下行到罗布泊地区，几次见到罗布泊人捕捉老虎的陷阱。老虎是食肉猛兽，居于食物金字塔的巅峰。它的存在说明当地动植物繁盛，生机盎然。仅仅100年，塔里木河下游断流，罗布泊干涸。科学家彭加木和探险家余纯顺相继被恶劣的荒漠环境吞噬。在短短100年里变化如此巨大，决非青藏高原进一步上升所能解释。未闻有什么地质学发现：证明最近100年高原上升特快。即使其上升速度为长期平均的两倍，百年中不过上升0.4米。

干旱区雨量少而蒸发能力强，地表存水，如江河、湖泊、池塘逐渐干涸。土壤水被植物蒸腾，也愈来愈少。存量水减少则蒸散水汽减少，空气更加干燥。这是西北干旱化的自然原因之一。

## 人类的活动

人类的活动大概是西北干旱化的首要原因。河流上游引水灌溉，或增加城市工业用水，留给下游的水减少。塔里木河、河西走廊诸河流以及黄河，都有此问题。

我国是季风气候区，夏秋雨季，东南风、南风、西南风将太平洋和印度洋的水汽朝西朝北输送。例如，上海在长江下游，却在东南风上风地区。上风区砍伐森林则不能涵蓄降水。不仅自身易罹水患，并且减少蒸发水汽，减少向下风地区输送水汽，使下风区干旱化。

中国的新石器时代遗址遍布全国各地，但是黄河中下游流域遗址最为密集，森林受破坏的程度也最严重。战国时代初期的墨子说："宋无长木。"宋在今河南商丘一带。换言之，黄河下游流域已无大树。汉武帝率部队到河南濮阳堵黄河决口，附近竟没有木料可用。东郡人民做饭烧麦草。可是南方在西汉时代人口稀少，森林受破坏较少。夏秋降雨有一大部分被森林截留。雨后逐渐蒸散，因风吹往黄河流域以及大西北。古代的南方，从西藏东部到上海，好似绿色海洋。大西北距蓝色海洋虽远，距绿色海洋较近。气候虽然干旱，但比现在湿润。黄河流域是古代中国的政治中心，争夺全国性政权必须在黄河中下游流域进行决战。从西汉末年起，人民因逃避战乱不断向南方迁徙。南方人口增加，只有胼手胝足，刀耕火种，将原始森林改造为良田。南方森林渐少，拦蓄雨水能力降低，不但易罹水患，而且蒸散水汽减少，南风携带的水汽也随之减少。北方的大气湿度降低，降水减少。这本是长期历史趋势，短期变化看不出来。不幸的是现代人类掌握科学技术、"征服"自然的本领超越古人。伐木机械化比樵夫的斧子效率高得多。在川、滇、藏的横断山脉，原始森林迅速减少，输送到黄河上游的水汽也随之迅速减少。近年扎陵湖和鄂陵湖水位明显下降，黄河下游流量减少，以致影响水电站发电。所以，黄河下游断流，不仅因为引水灌溉太多，也因为从南方来的水汽减少。青海省曾派飞机在黄河源上空播撒碘化银促进下雨，颇为有效。青海省无法增加南来水汽，但是对于已经到达黄河源的水汽，尽可能使其成雨，而不要被风吹走。此举对整个黄河流域有益。此外，四川省的松潘草原有白、黑二河流入黄河，似乎也是航空促雨的好地方。

渭河是黄河的一大支流。在新石器时代，渭河流域已经村落星罗棋布，人口众多，西周、秦、汉、唐建都于此。古代的关中是仅次于黄河下游的发达地区。杜牧《阿房宫赋》有“阿房出，蜀山兀”之语，说明秦岭的森林经长期采伐，已不能满足秦始皇营建宫殿的需要，而要砍伐四川的森林。唐代关中已无大树，依靠胜州和岚州以及江南供应木材。关中森林减少不但导致本地水旱灾害，而且减少东南风从关中输送陇右的水汽。天水终年盛行东风，为水汽进入甘肃的孔道。而东风携带多少水汽，实决定于陕西有多少森林。陕西作为东南风输送太平洋水汽到大西北的中继站，其作用日见衰微，大西北从西南风和东南风获得的印度洋和太平洋水汽均如江河日下。

华北上空的水汽有三分之一来自东北，例如河北承德一年中有半年盛行东北风。东北地区森林愈茂盛，湿地面积愈大，上空空气愈潮湿，东北风带给华北的水汽愈多。然而近代的东北是全国的木材生产大户，又是移民垦荒的主要基地，森林和湿地迅速减少，东北上空的大气湿度渐小，输送华北的水汽随之减少。

华北上空水汽另有三分之一来自西南。在历史过程中，西藏东部和川、滇、黔、湘、鄂、豫、粤、桂诸省区的森林不断减少，支援华北的水汽日见其少。华北还有三分之一水汽来自黄海和东海。由于华北的绿色水库太行山的森林减少，蓄水能力甚小，致使这一地区一方面春旱严重，另一方面仍有低洼地区在雨季蒙受涝灾。

千古以来南方输送北方的水汽不断减少，南方河流的径流量加大。据地质学期刊《第四纪科学》1991 年报道，1500 年来长江中下游平均约升高 2 米。南方的水患愈来愈严重。

上述现象——多雨区破坏森林，以致水患频仍，并且蒸散水汽减少，下风地区干旱化，乃是适用于世界各地的普遍规律，不独中国为然。人类的活动使陆地上绿色水库缩小，地球上水的分布，海洋水增加，陆地水减少。陆地上空的水汽较少得到陆上蒸散的补充，降水减少。当然，除人类的活动外，有一些自然因素也对气候起作用。例如，从周武伐纣迄今，青藏高原可能上升了12米，秦汉以来可能上升了8米，现代比宋朝可能上升了4米。干旱地区蒸发强烈，存水减少，长年累月，干旱程度变本加厉。还有一个天文学的因素，地球公转轨道，地球自转轴对公转轨道面的倾斜度，南北极在地球上的位置，都可能变化，从而影响气候。掂量众多因素，人类的活动是一个强大的、在相对短时期见分晓的因素。人类既能破坏环境，也能改善环境。中国作出榜样，可供外国参考。

## 建设绿色水库，把更多的水留在中国

设想我们站在中老边界的澜沧江畔，如果澜沧江流域森林茂密，雨季大量蓄水，可以减轻下游湄公河的洪水灾害。雨后水分逐渐蒸散，被南风携带，沿河谷北上。中途可能再次、三次形成降雨，最后到达长江源头。反之，森林被破坏，雨水迅速流入澜沧江，进入老挝国境，加重湄公河流域水患。江水一旦出境，不再是中国的水资源。大量雨水未被植物吸收，未参加生态系统中的水循环，即匆忙离中国而去，岂不可惜。要广泛植树造林，把水资源留在中国多一些时候。

中国的要害问题是只砍不种或种树太少。美国每年生产的木材约为中国的四倍，然而森林不见减少，反而缓慢增加。美国森林的70%属于私有，西欧差不多也是这个比例。如果林主只砍不种，伐木时剃光头，不考虑再生问题，林地价值将直线下降，不符合林主的自身利益。另外，美国30%的森林是公有森林，主要是国有森林。美国林业服务局只有护林之责，而无砍树之权。该局有一次建议砍伐美国西北部的过熟林，认为有益于森林的健康成长。舆论界特别是环境保护界，以保护生物多样性为理由，坚决反对。国会终于不予批准。

我国在许多林区设有林业局，它们既采伐林木，又造林护林。周恩来总理曾谆谆教导，伐木不能剃光头，要给森林以再生机会。但这个唯一正确的方针没有被遵守。如今许多老林区已无木可伐，职工生计堪虑。黑龙江有一位退休老林业工人，计算自己一生砍了 30000 棵树，感到对不起国家。他立志种树，已种了 40000 棵树。可是笔者读了不少林业人士的文章，都把责任推到国家下拨的造林资金太少。

在过去美国或苏联的森林经营学中允许皆伐，但是伐后要种树，或在采伐时预留母树，以利再生。即使造林资金不足，伐木时留下母树总能办到。皆伐而不留母树，也不补种，既违背总理指示，又与本本不符。又据近年森林生态学研究，森林中有无数高低等生物，有时只存在于当地。皆伐将导致许多物种绝灭，作为一种森林作业方法已被否定。

## 政府可否不经营伐木企业

在 21 世纪，我国各级政府将不再经营伐木企业，而拥有许多自然保护区，森林公园。省区有森林，市县有森林。它们是财政开支的事业单位，还可能有公益性财团法人设立和维护的森林。加拿大温哥华市有一处小花园，是根据一位人士的遗嘱，用他的遗产收益维持的。在这些森林只造林、护林，而不采伐林木。如有热心人士愿意捐献基金，承包一座山的造林护林，并承诺不采伐牟利，我国政府将给予支持，表彰，在山上刻石纪念。

# 市场林业

保护生态环境或美化环境的森林不能砍伐。另有向市场提供木材的林业，可以是个体林农、合作林场、林业公司。近年来，由于林业法明确了谁种谁有的原则，又允许农民承包荒山荒地，全国涌现一批一家种树数万株的林业户。个体林业户和集体林场是我国造林主力，证实了周恩来总理关于国家造林和群众造林以群众造林为主的判断。造林包括经济林和用材林。经济林收效快，是先锋树种。有了经济基础，用材林紧紧跟上。近年来，水果增产了4000万吨，现在水果是最便宜的商品。

集体林场有两类。一类如村办林场，没有股份，村民委员会或村长代表全体村民行使所有权。现在村民委员会已实行民选，村民对村办林场至少有了间接监督权。

另一类如合作林场是有股份的集体林场。社员直接拥有林场的所有权。马克思主张社会主义要重建个人所有制，但不是传统的个体户，而是联合的个人的所有制。换句话说，是合作社。马克思在《法兰西内战中》明确说，一个由许多合作社组成的社会就是共产主义。社会主义公有制有多种形式，合作社可能是最重要的形式。

林业股份有限公司也是一种可取的组织形式。个体林业户、集体林场、合作林场、林业公司、伐木公司、木材公司、造纸厂，都是木材市场的成员。其中伐木公司以民营为佳。政府要提倡造林、护林，对伐木实行监督，自身不宜插足伐木业务。

# 河边文明

国家土地规划中已指定了林业用地，然而随着形势的发展，林业用地有可能扩大。今日因气候干燥不能种树的地方，将来因上风地区森林发展、送来水汽增多而变成可以造林的地方。

人类的文明是在河边发展起来的，两河流域、尼罗河流域和黄河流域。古人住在河边，便于饮水。而且河边森林茂密，绿草如茵。禽兽鱼介，一片生机。所以，新石器时代遗址大多在河边。为了发展农业，满足迅速增加的人口，不能不把河边的森林和草地开辟为农田，所以河边的森林最早被破坏。今天提倡植树造林，也要从河边做起。河流两岸有充足的潜水，最适合种树。这种带状森林护堤护岸，减少土壤流失，还可大量吸收水分，蒸腾水汽，输送西北方向，其生态效益甚大。美国南方格兰德河曾因水土流失严重而引种原产亚洲的灌木。由于灌木繁殖迅速，大量消耗河水，致使格兰德河流量竟减少一半。我国南方河流，如湘江、赣江、荆江、闽江、嘉陵江常有水患，如能发展带状森林，至少可以减灾。大运河疏浚后沿岸植柳，使“杨柳岸晓风残月”的诗情画意重见于今日。那么为什么不易见到带状森林？作为个人，一般不愿在不属于自己的土地上种树。沿岸的村庄也不认为河边是自己管辖的范围。在两岸造林不是个人所能考虑的事情，即使有个别热心人士在河边种树，如何善加保护，使之不受人畜破坏，也是不好办的事。我国的土地除一部分属于村有外，其余都是国有。但是国有土地如不指定具体的经营者，就会变为事实上的无主地，人人都可去樵采、牧羊、挖药草，没有人会去种树种草。近年来各地把一些无经营者的集体土地让志愿者承包经营，大大提高了土地生产率。

河边造林以长江为第一重点，干流，一级支流，二级支流，……直到最小的支流，都要种树。在最小支流河边种树，也就是小流域治理。长江及其支流河边成林后，将有巨大的生态和经济效益。降雨被森林拦蓄、吸收，径流量减少，洪水减少，潜水增加。不下雨时泉水淙淙，溪流不绝。长江干流夏季水位降低，冬季水位升高，大量水汽被输送到华北和西北，实现空中南水北调。南方减灾，北方增雨，利莫大焉。

万里长江，两岸的自然和人文景观千姿百态。或千里平川，一望无际；或山高谷深，水流湍急；岸边或变成码头，比邻闹市；或江干寂寞，阒无一人。甚至有在大堤之内建房建工厂的。或濒临城市，人口密集；或依傍高山，人迹罕至。情况千差万别，难有统一规划和方法。原则上中央政府号召和制定政策，濒河省市区政府督促，濒河县政府负责造林护林，濒河村庄具体操作，全国各界人士赞助。由于受益者不限于濒江省区，濒江省区将得到中央财政补助。同理，濒河县、村亦将得到上一级财政补助。

如何实现造林、护林任务，须因地制宜。例如西部高山地区交通不便，人烟稀少，飞机航播造林是好办法。提倡水力发电、风力发电，太阳能灶，以解决居民所需能源，减少破坏植被。在荒山荒地多的地方可以营建县有生态林、风景林。有些地方可以成立村办林场，向市场提供木材；也可由居民或居民组成的合作社承包造林或创办果园。果园的生态效益不如用材林，承包协议中规定至少种多少用材林。河边村庄每年可从政府获得一定的护林费，必须恪尽职守，保护好河边森林。

长江是建设河边森林的重点。其他大江大河也有这项任务，如黑龙江、乌苏里江、松花江、嫩江、辽河、滦河、海河、淮河、闽江、珠江、澜沧江、怒江、雅鲁藏布江等等。

## 黄河边造林问题

现在黄河下游长时间、长距离断流。若在黄河及其各级支流河边造林，黄河水被森林大量吸收，径流量将进一步减少，受益者将是河西走廊、内蒙古西部等干旱地区。然而，待长江水系、澜沧江以及东北水系濒河森林茂盛起来之后，黄河流域的气候将比目前湿润，降雨有所增加。在黄河水系河边造林，将使黄河流域及其西北的生态环境显著改善。

在南方和东北的新林未成熟之前，陕、甘、宁盆地可以打井，开发蕴藏丰富的地下水，在黄河中游干支流河边造林。

## 山区造林问题

中国为什么有大量人口住在山区？有一部分古人类本来就起源于西南山区；历代的民族战争驱使一些少数民族避居山区；无地少地农民到山区寻找生活出路；有些人逃避追捕，遁入山林；而且山区人口在自然增长。

山区一般土层薄、地势陡、水土易于流失，但在其自然状态下，将演化成为一个自适应的生态系统。各种动植物各有其生长环境，互相支持，也互相制约，共同获得最大可能的植物生长量和动物生长量。从岩石转化为土壤的过程虽然缓慢，足以补充其自然消耗；一旦有人类侵入，事情发生变化。人类到处寻找，才找到一小块相对平坦的土地。于是披荆斩棘，刀耕火种；就地取材，搭建山棚，自古曾称为棚民。日常燃料仰给于周围环境中的植被。土层瘠薄，收获很低。地力耗尽，便须迁移，称为游农。在不断破坏下，植被稀疏，水土流失，终于变为石山。第二次世界大战后，法国地理学家高罗到云南观光，见到高山上种田的奇观。他觉得山上种树种果，缓坡种草养牛，农民将更加富裕，环境保护得更好。这里面涉及两个问题。首先，要有可靠的市场，林果卖得出去，粮食买得回来。其次，孟子说过，庶民有恒产乃有恒心。农民对山地须有明确的长期的使用权。改革开放以来条件比过去好了，粮食已能自由买卖，山地已可由农民承包。要继续创造条件，使森林果园牧场上山，粮田下山。

森林占国土的多大比例为宜？似乎有个公认的标准：30%。还有一层考虑，多山的国家要多种树。我国的森林覆盖率须超过30%。与山少田多的国家比较，我国人民的衣食所需要更多地取之于森林果园。前面提到近年我国的水果年产量比过去增加4000万吨，然而我国的人均水果尚未达到世界高水平。例如，意大利年产葡萄1000多万吨，是我国的七八倍。按人口或国土面积说，我国年产葡萄1亿吨并非不可能。且不与外国比较，《诗经》反映西周时代平民以果品为主食。唐诗反映平民采橡栗磨粉作为主食。大诗人杜甫家里也不例外。一个人吃多少粮食，多少果品，没有绝对标准。消费习惯是可以改变的。多吃果品则果品销路好，果农得到物质鼓励。在果品中，板栗、枣、白果、核桃、柿子等乔木果实更要提倡，因为它们的生态效益更大。每一个消费者多消费果品及其制品；少消费粮食及其制品；多用太阳能，节约常规能源；节约木材，节约纸张，便是对生态环境作出贡献。

近年群众造林成绩巨大，我国的森林覆盖率开始缓缓上升。只是要等它们长大后，其生态效益才能充分发挥。新种的树多在近山，也就是离村较近的山，距离居民点远的远山则缺乏造林所需的劳动力。北京曾组织有志青年前往太行山造林。日本的造纸公司甚至到泰国去造林。随着铁路、公路的发展，在远山造林变为经济上可行。各地以及港台地区的造纸公司、木材公司都可投资于内地的营利性林业。如能投资于非营利的生态公益林，更加欢迎。城乡有志之士可以组成林业合作社，前往远山造林。银行应贷款支持。

## 美丽的远景

中国是著名的季风气候区，在远古时季风加上森林的中继作用构成一个机制，将太平洋和印度洋的水汽输送到大西北。进入全新世以来，人类无情地焚烧、砍伐森林，水汽西北行的机制被削弱。西北干旱化成为长期趋势。人有影响气候的能力，这已得到证明。人过去既能令气候变坏，今后也能令气候变好。悟已往之不谏，知来者之可追。在政府的号召统筹下，12 亿人民努力植树造林，有力出力、有钱出钱，以空前规模在河边种树，山上种树，西北干旱化的历史趋势将被遏止，并在一定程度上被逆转。南方水患、北方旱灾，将有所缓解。荒漠后退，沙尘暴减弱，黄土高原植被增加，黄河泥沙减少。西北和华北河流流量增大，农、牧、林业发展。

# 国富论之续编*

亚当·斯密的《国富论》从1776年出版以来，誉满全球，长盛不衰。因为它道出了发展经济的诀窍，在许多国家验证有效。不过这本书不可能总结后起的法国、德国、美国和日本的致富经验，也未过细分析穷国之所以穷的原因。今年美国哈佛大学历史和经济学教授大卫·兰德斯出版了一本书：《各国的财富和贫困》，副题是：为什么有些国家那么富而有些那么穷。该书出版后立即得到一些经济学家的好评。约翰·肯尼思·加尔布雷思说："真是奇迹。此书无疑将证明大卫·兰德斯在他的领域和时代是最显赫的。"诺贝尔经济学奖获得者罗伯特·索罗说，大卫·兰德斯写了一部关于世界史上存在的各国经济，记载了它们的成功和失败，堪称一部杰出的通鉴。他有广阔的视野以及敢于坦陈意见的勇气。另一位诺贝尔经济学奖获得者肯尼思·阿罗说："大卫·兰德斯对世界各国目前的财富和贫穷的分布的由来，所作的新的历史性研究，是一幅范围广大，见解深刻的图画。历史机遇的意识并不贬低导致欧洲经济领先的遭遇中反复出

* 原载于《读书》1999年第9期，第118页。

现的主题。难以置信的丰富学问体现在一种轻松而有力的散文中，带领读者不可抗拒地前进。”

兰德斯特别强调英国在近代经济发展中的遥遥领先地位。人们提问，为什么英国能冲决习惯和世俗知识的网罗，采用新的生产方式？为什么工业革命发生在18世纪？伊斯兰和中国的文化与技术曾经进步很快，以后停顿下来，而且把停顿制度化了。欧洲则继续积累知识。兰斯特分析欧洲的成功有三个源泉：（1）探索知识的工作渐趋独立自主。中世纪欧洲的思想文化以罗马教会的见解为准，以《圣经》为准，并受古人的智慧影响。在一个封闭世界中，新思想必然被视为大不敬或颠覆活动，伊斯兰社会就是如此。欧洲有一个优点，各国君主为了在竞争中占优势，保护有实用价值的新事物。欧洲社会养成求新求进步的风气。其他社会爱发思古之幽情，总认为今不如昔。欧洲人认为现在比过去好，将来更好。1306年乔丹诺教士在意大利比萨布道时说：“但是并非所有技术都已发现，我们将永远看不到寻求它们的工作有结束的一天……新技术正在随时被发现。”（2）方法论。在13世纪，英国的罗吉·培根说：“一切范畴依靠数量知识，数学研究它，因此逻辑的全部力量依靠数学。”观察和精确描述的结合使重复验证成为可能，进一步发展为有目的的实验。观察和测量结合促进工具仪器的发明，约在1600年发明了显微镜和望远镜。16世纪初，葡萄牙考因布拉大学天文学和数学教授发明游尺，使航海家和天文学家能测量一度的若干分之一。此后，彼埃尔·凡尼尔（1580—1637年）发明游标卡尺。加索尼于1639年、奥佐特于1666年发明千分尺，用细丝读数，用螺丝代替游标控制，可以测量一毫米的十分之一，甚至更小。天文学家和物理学家需要精确测量时间，1657年发明有摆的钟。科学家需要计算准确而迅速，那比尔发明了对数。他们需要更强大的数学分析工具，笛卡儿发明解析几何，牛顿和莱布尼兹发明微积分。（3）西方科学的第三个制度柱石是发现变成日常工作，即，发明之发明。有一大群知识分子分散在各地工作，说不同方言，但是一个共同体。一地发生的事情很快为其他所有地方知道，这是因为有一个共同的学术用语言——拉丁语。学术团体常常开会，出版期刊。最早的学术团体是罗马的林西学院（1603 年），佛罗伦萨的齐门涛学院（1653 年），伦敦皇家学会（1660 年），巴黎学院（1635 年）及其继承者法国科学院（1666 年）。在有学会以前，咖啡馆、沙龙是情报交流场所。

在欧洲国家中英国为什么走在最前面？18 世纪初，英国在乡村手工业（商人供给原料，村民在家加工，商人收购成品），使用化石燃料、纺织、炼铁、动力工业技术等方面，已经走在最前面。英国的商业化农业及运输业的效率很高。提高农业效率有许多好处，劳动力被释放出来支援工业、服务业，等等。国内有足够食物，不依赖进口。英国农业的改进始于中世纪，农奴得到解放。16 世纪在伦敦郊区发展蔬菜水果等市场园艺业，发展混合农业（粮食、牲畜、吃粮食的牲畜），改善了营养。荷兰移民带来灌溉、施肥、轮作的新技术。18 世纪的英国发生了圈地运动。过去是开放式、分散的农田，另有公共树林草山，其利用受乡规民约的限制。圈地后，农民的家庭农场是集中的四周用篱笆或绿篱围起来的土地，农场主在其中有充分的耕作自由。农业经济效益好，许多贵族和地主亲自经营农业。许多农学会是交流农业技术的场所，关于农业技术的出版物如雨后春笋。与欧洲大陆不同，英国地下矿藏属于地主，而不属于国王，地主有办企业的机会。英国有许多民建民营的收费公路和运河，其基础是满足市场需要。英国人还开了许多旅店。

兰德斯提出一个增长和发展的理想社会，它具备以下条件：

(1) 知道如何建造、操作、管理生产工具，创造、适应和掌握新技术。(2) 能将知识和技术传授青年人。(3) 按照才能和功绩用人，根据表现升黜。(4) 提供机会给个人或集体企业；鼓励首创、竞争和模仿。(5) 允许人们享受和使用其劳动和企业成果。

这些标准隐含一些推论：男女平等（使才能总量加倍）；没有歧视（种族、性别、宗教，等等）；相信科学理性而不信魔术和迷信。

这种社会还应具备有利于增长和发展的政治和社会制度。例如，(1) 稳固的私有财产权，有利于储蓄和投资。(2) 稳固的个人自由权，保护它们，抵御专制政权和民间不良秩序（罪恶和腐化）两方面的侵犯。(3) 尊重文字的和隐含的合同权利。(4) 稳定的政府，不一定是民主政府，但是它自身必须受公众知道的规则支配（法治而非人治政府）。如果是民主的，即，基于定期选举的政府，多数人胜利但不侵犯失败者的权利；同时，失败者接受失败并指望另一轮选举。(5) 提供有反应的政府，能听取不满的声音而有所补救。(6) 提供诚实的政府，使经济主体不在市场内外寻求特权。用经济学术语说，不给关系户和有地位的人以寻租的机会。(7) 提供温和的、高效的、不贪婪的政府；低税率，减少政府提取社会剩余的份额，并避免特权。

这个社会有利于地理流动和社会流动。人们出去寻找机会，因为做了或没有做什么事而起落。这个社会欣赏新鲜事物而不守旧，提携青年人而不强调经验主义，喜欢变革和风险而不强调安全。它不是平均分配的社会，因为人的才能不平等。但是它比特权和讲关系的社会，收入分配更平等。它有一个较大的中等阶级。这种较大的平等表现为各阶级之间服装较一致，关系较和谐。

兰德斯承认世界上不存在一个这样的理想社会，但是它代表我们的历史发展方向，英国最早也最接近这个社会。

兰德斯讨论了工业革命为什么不首先发生在印度或中国。这个问题在我国已讨论几十年了，且看这位西方饱学之士的说法。

中国曾发明独轮车、马镫、刚性马轭（防止窒息）、指南针、纸、印刷、火药、瓷器等。在12世纪，中国已有水力驱动的纺麻机，而500年后工业革命时的英国才知道水力机和走锭精纺机。11世纪后期，中国人已用煤和焦炭在高炉中炼铁，生产出12.5万吨生铁，700年后英国才达到此数。

令人难解的是中国的技术常常失传和退化。纺麻的技术从未用于棉纺；棉纺从未机械化；煤/焦炭炼铁技术被抛弃不用。中国技术早熟也早停滞，有的汉学家作以下局部解释：（1）没有一个自由市场和制度化的财产权。国家始终干涉私人企业，接管有利的事业，禁止其他事业，控制物价，索取贿赂，遏止私人发财。一个常被打击的目标是海外贸易。明朝（1368—1644年）企图禁止一切海外贸易。这类干涉导致走私，走私导致腐化（官吏要保护费）、没收、暴力和刑罚。坏政府遏止首创精神，增加交易费用，迫使人才脱离工商业。（2）社会价值观。一位社会历史家认为性别关系是一大障碍。妇女半锁在家里，不能在纺织厂开机器。这与欧洲或日本有很大不同。（3）匈牙利、德国、法国汉学家 Etienne Balazs 认为，中国技术停滞是极权控制的结果。他说：……如果把极权主义理解为国家及其行政机关和职能部门完全控制了社会生活的一切方面，没有例外，则中国社会是高度极权主义的……没有私人首创精神，公众生活的一切表现逃不了官方控制。从整个一系列国家垄断事业开始，包含大量消费的盐、铁、茶、酒、外贸。存在严密监护的教育垄断。实际上存在文字垄断（要我说是出版垄断）：任何未经检查非官方书写的文字没有希望到公众手中。但是莫洛克国家（莫洛克是腓尼基火神，祭奠用儿童做牺牲。莫洛克国家是残暴专制的国家）官僚集团的权力范围，跑得远得多。有服装的规定，公私建筑（房屋的尺寸）的规定；衣服的颜色、人们听的音乐、节日，都受管制，有出生和死亡的规则；天命的国家仔细监视其臣民的每一个步骤，从摇篮到坟墓。它是一个公文和骚扰的政权，无穷的公文和无穷的骚扰。

如果没有这种令人窒息的国家控制，曾对人类贡献这么多东西——丝绸、茶、瓷器、纸、印刷等等的中国人的智慧和发明才能无疑将使中国更加富庶，或许能把它带到近代工业的门槛。在中国，国家扼杀了技术进步。它不仅把反对它的利益或似乎反对它的利益的任何东西扼杀在萌芽状态，而且在风俗习惯中坚决地灌输国家利益。常规、传统、不动的气氛使任何革新、事先没有认可和命令的任何创意被怀疑，对自由探索精神不利。

总之，无人尝试。为什么尝试呢?

不论上述诸因素如何混合，结果是孤立的创意和昔斯非（昔斯非是希腊暴君，死后下地狱，被罚推石上山，推到山顶又滚下来）不连续性的古怪图画——上，上，上，然后再下——几乎好像社会被一面丝绸天花板罩在下面。

中国人自以为住在宇宙中心，其他民族在它的周围，在它的光辉照耀之下，向它进贡。中国是天国，中国的皇帝是天子。疆域之大，人口之多，在世界上首屈一指，自以为是天下第一政治实体。官员们熟读孔孟之道，自以为是。对上奴颜婢膝，对下骄傲自大。文化上的优越感和对下专制使中国不愿意改进和学习。改进会向正统观念挑战并使下级不服从上级，外来的知识和思想也是如此。愈骄傲则愈拒绝外来文化，这种自大心理其实很脆弱。有一个例子，法国人深以他们的语言为骄傲，因此害怕外来语，特别是来自英语的外来语。明末清初，耶稣会教士带来的部分科学技术如钟表、大炮、天文历算、测量绘图已比中国先进。特别是英国在鸦片战争中炫耀的武力，一向自以为是的中国，很难接受如此冷酷的事实。许多人设法贬低西方的成就，嗤之为雕虫小技。或翻阅古书，找出根据，中国早已有之，西方是从中国学去的。有这些成见，所以兰德斯说中国人不善于学习。他还说中国缺少发现和学习的制度，学校，学院，学术团体，挑战和竞争，没有进步观念。

笔者以为兰德斯分析阻碍中国进步的原因尚有疏漏，兹以先师傅筑夫先生的意见为本作一些补充。孟子说："无恒产而有恒心者惟士为能。"因为士可以投靠君主或贵族，享受俸禄或禄田。士也可下海经商，子贡范蠡是大商人。然而在传统中国经商，路途艰险。在静态的农业社会中，商业是一个变革因素，为统治者忌讳。历代都奉行抑商政策。如秦始皇三十三年，"发诸尝逋亡人，赘婿，贾人略取陆梁地，为桂林，象郡，南海，以适迁戍"。逃犯、招女婿、商人这三类人社会地位最低，有优先出征的义务。汉高帝八年春三月，令："贾人勿得衣锦绣绮縠絺纻罽，操兵，乘骑马。"孝惠、高后时，"为天下初定，复弛商贾之律，然市井之子孙亦不得仕宦为吏"。秦始皇二十六年，"徙天下豪富于咸阳十二万户"。汉兴，立都长安……"后世世徙吏二千石，高訾富人及豪桀并兼之家于诸陵，盖亦以强干弱枝，非独为奉山园也"。统治者对富人心怀猜忌，需要就近监视。直到明代还是这样。太祖徙富民万四千三百余户以实京师。成祖徙富民三千户充北京宛、大二县，"附籍京师，仍应本籍徭役，供给日久，贫乏逃窜"。富民无居住自由，被迫远迁，接近破产，资金很难积累。私营工商业在专制王朝及地方官吏的统治下，如俎上的肉，听任宰割。例如明初吴兴富商沈秀（即沈万三，至今民间说大有钱人，仍称沈万三）捐献修南京城墙的三分之一，还要犒赏军队。明太祖大怒，说："匹夫犒天子军，乱民也，宜诛。"马皇后谏曰："妾闻法者诛不法也，非以诛不祥。民富敌国，民自不祥。不祥之民，天将灾之，陛下何诛焉。"乃释秀戍云南。马后说得对，沈秀并未犯法。但是她认为富可敌国是不祥的，却是一种偏见，不利于发展经济。无论如何，沈秀还是充军到云南了。庶民无罪，怀璧其罪。他成了一名罪犯，家产必然没收，生产性资本变成国库中死物。

企业家的身家性命没有保障，读书人投靠他们绝非上策。士的主要甚至唯一出路便是读书做官。孔孟之道是后备官吏的钦赐教材。做官用不着科学技术，教材中也就没有这些内容。全民族的科学技术素养无从提高。个别人对科学技术有兴趣，自学成才，不能说没有，然而影响甚微。

人们给秦始皇记下统一中国的大功，其实秦祚短促，才12年，陈胜吴广即起义反秦。战争不断，且规模巨大，损失惨重，是中国历史的一个特色。西汉末人口5900余万，经王莽之乱，东汉初剩下2100余万。桓帝时恢复到5006万，经黄巾、董卓、三国等变乱，到曹丕受禅时剩下约1000万人。东晋十六国时期是"人类历史上罕见的人口毁灭时期"。清顺治十六年统计人口为1901万。中国人口这么少，似乎难以置信。康熙十年，四川奏地广人稀，请开招民之例；凡举贡生监招民及数者，赏给职衔。战乱之后四川这样的天府之国都变为地广人稀。战争破坏使资金不能积累，技术容易失传。

历代实行土贡制度，地方向朝廷进贡土特产，这部分生产和消费不经过市场。政府设立官手工业工场，其产品供给宫廷和官署，也不通过市场。由于政府和宫廷是最大的经济实体，国有自然经济占了国民经济的很大比重，妨碍市场扩大。

笔者认为，中国读者会从兰德斯书中找到自己感兴趣的东西，他的书涉及许多国家，有成功的经验，也有失败的教训，对经济学界以及从事实际经济工作的人士有一定的参考价值。

# 横断山区恢复植被议*

## 森林的远程作用

森林在降雨时拦蓄水分，减少洪水。在旱季林下土壤潜水补充泉水、溪流，使环境不致缺水。所以，森林调节旱涝，保一方平安。

中国位于东亚季风气候区，夏季降雨被森林拦蓄，雨后蒸腾水汽，被南风输送到北方，增加那里的湿度。不但森林、灌木和草本植物同样有蓄水和蒸腾作用。不同植被的生态作用，大致可用它的叶面积衡量。

叶面积指数因不同时间、环境及植被种类、状况而异。不列颠哥伦比亚大学的 J. P. Kimmims 所著《森林生态学》① 给出一些数据，使我们有些概念。叶面积指数达到 4 左右，阳光即得到充分利用。叶面积指数从 1 增至 5，农业收成随之增加。立木较多的森林，叶面指数在 5 以上，美国西部针叶

---

* 原载于《开发研究》2001 年第 4 期。

① Macmillan Publishing Co. , NewYork, 1987.

林的叶面积指数有高达52的。以下为叶面积对白林基部面积的比例：云杉（湿润区）为0.44（米²/厘米²，以下同），冷杉（亚湿润区）为0.32，冷杉（湿润区高山区）为0.27，松（大陆性气候）为0.15，铁杉（大陆性气候）为0.16，松（半干旱区）为0.17，松（干旱区）为0.07。由此可见，气候愈干旱则叶面积愈小。

## 殷商时代的中国北方

约在距今10000年以前人类进入新石器时代；公元前16世纪左右，商王国建立。虽然人类为了创造文明，在发明农业后的6000多年中破坏了许多森林、草原和哺乳动物，其生态环境仍然远远优于现代的华北。卜辞记载，猎虎有一次3只者，猎象有一次10只者。兕牛（可能为犀牛）多达40只，野猪40只，鹿160余只，麋700只，狐狸86头。可以想见林深草茂、生物繁盛的景象。华北湖泊众多，河北省有8个，河南省有24个，山东省有9个。周自强先生说，商朝王畿比现在温暖多雨，河湖薮泽密布。在殷墟发现亚热带动物遗迹，如竹鼠、水牛、水獐、貘。估计当时大部分时间年平均温度比现在高两度左右，年降水量比现在多200毫米以上。

为什么古代北方气候比现在好？一个重要原因是古代南方和东北森林茂密，大量拦蓄降水，蒸腾水汽，被偏南风和东北风送到华北和西北，增加北方的空气温度。而且水汽中含有潜热，水和热同时到达北方。在历史过程中森林大量减少，现在只剩下零头。

# 为什么提恢复横断山区植被

为了改善北方的生态环境，缓解旱情，须在东北和南方植树造林，栽种乔、灌、草，亦有改善环境的作用。恢复哪一类植被，须看当地环境的条件。宜林则林，宜灌则灌，则草则草。所以，提恢复植被比提植树造林全面、贴切。南方是主要的农业区，可以造林的地方少。横断山区面积辽阔，农业只占3%的土地，发展乔、灌、草的余地多。而且横断山区是印度洋水汽通向西北的捷径，在此捷径上恢复植被可谓成本低、效益大。横断山区自西到东并列着以下山脉和河流：伯舒拉岭—高黎贡山；怒江（萨尔温江）；他念他翁山—怒山；澜沧江（湄公河）；宁静山—云岭—无量山—哀牢山；金沙江—把边江（黑水河）—元江（红河）；沙鲁里山；雅砻江；大雪山—贡嘎山（大雪山）；大渡河；岷山—邛崃山—大凉山；岷江。西藏山南地区的察隅河流域、丹巴曲流域、西巴霞曲流域位于孟加拉湾水汽进入西藏的孔道，以纳入上述计划为宜。

据崔玉琴先生计算，每年从孟加拉湾方向经横断山区到达武都、玉树一线的水汽，约600亿立方米。这600亿立方米水汽的受益者是甘肃省和青海省。两省都是干旱地区，都希望南来水汽多一些。

我们无法左右印度洋输送多少水汽到中国，但是水汽沿横断山北上，途中不免损失一部分，同时又补充一部分横断山自身植被蒸腾的水汽。沿途地面植被愈茂密，上空水汽密度愈大，偏南风推动北上的水汽愈多。

横断山森林蒸腾的水汽从哪里来的？横断山森林能拦蓄降雨，渗入土壤，被植物吸收，从叶面蒸腾水汽。如果没有森林，雨水落到地面上，将迅速形成径流，随河水回归大海。这一部分降水在我国未被任何生物吸收，即匆匆离我而去。当我们站在怒江、澜沧江、元江出国的边境上，不免有感于“逝者如斯夫，昼夜不息”，而深深惋惜。如果今后我们能改变历史形成的破坏植被的旧习，以保护植被为己任，横断山的植被不断增加，被拦蓄的降水不断增加，蒸腾的水汽和到达武都、玉树一线的水汽将相应增加。如果兰州的空气相对湿度因而增加一两个百分点，生态环境的质量将有很大的改善。

抱着这个思想，作者曾请教我国冰川地理专家施雅风院士。他估计，实施恢复横断山区的计划可能需要100亿元。

## 关于实施恢复横断山区植被的几点考虑

一是横断山区涉及藏东、青南、川西、滇西约50万平方公里土地，有许多民族自治地方，如西藏自治区的那曲、昌都地区，青海省的玉树藏族自治州，云南省的迪庆藏族自治州、怒江傈僳族自治州、大理白族自治州、德宏傣族景颇族自治州、红河哈尼族彝族自治州，四川省的甘孜藏族自治州、木里藏族自治县、阿坝藏族自治州、凉山彝族自治州等。有数以百计的城市、县城，如：昌都、那曲、玉树、大理、中甸、思茅、甘孜、阿坝、康定、泸定、西昌、乐山、丽江、渡口等。恢复植被的工作，宜通过现有政府机构来做，不宜另起炉灶，成立庞大机构，包办代替。二是经费来源，或政府拨款，或广大社会捐输。假设有了100亿元经费，植被有了一定程度的恢复，以后经费用完，难以为继。所以这100亿元只能存本支息，每年利率以6%计，年度开支以6亿元为度。假设成立一个横断山区恢复植被基金会，基金会自身必须机构精简，避免将经费过多用在人头费上，而要将经费用在推动恢复植被的事业上。三是封山育林育草能产生最适合当地自然条件的生态系统。减少人类和动物破坏环境的行为，才能达到封山的目的。由于鼠类的天敌被捕猎殆尽，草地受到严重破坏。作者曾在青海湖草原住帐篷100天，睡眠时耳旁老鼠横行。深感老鼠和人类一样是生存竞争的优胜者，两者继续竞争下去，不知鹿死谁手。受害的草原，轻者成为秃斑，重者寸草不生。这样的土地吸收降雨和蒸腾水汽的能力极差。各地畜牧部门有时组织群众投施毒饵灭鼠。然而鼠类繁殖力极强，今天99%被消灭，明天又成了100%。加拿大阿尔伯塔省是无鼠省，其方法是，圈定一块地，人和家畜撤离，用高毒鼠药灭鼠，在边境投放抗凝血剂鼠药，以防老鼠从境外潜入。另一个方法是禁猎食肉动物，如狐、鼬、鹰、隼等。引进老鼠天敌，饲养繁殖，放归自然。基金会可与畜牧部门联合做建设无鼠草原的实验工作，与林业部门联合建设小型食肉动物饲养场。同时在横断山区严格管理狩猎，禁猎受保护动物，狩猎须有许可证。四是据有关研究单位1984年估计，我国农村每年烧掉1.8亿吨薪柴和2.3亿吨秸秆。西藏甚至有燃烧薪柴的工厂，牧民则用畜粪做燃料。樵采危害植被甚烈，堪称森林的大敌。燃烧秸秆和畜粪污染环境，且使植物养分不能回归大地。我们要在横断山区恢复植被，必须提供对环境无害的水力发电、风力发电、太阳能，推动新能源设计、施工、安装、试车、维护的一条龙服务。五是横断山区的土地属于国有，而由地方政府加以管理，从改善生态环境的目标出发，妥善规划土地的利用。最好的利用是设立各级自然保护区、森林公园和林场。各级政府拨款维持，是各级林业部门领导下的事业单位。除政府拨款外，它们根据林业部门的规定，有一些规费收入，如出售门票，准许人们在林间放牧和采集食用菌，药材收取的规费，出售打猎捕鱼许可证收费，野营野餐收费，滑冰滑雪收费。林业部门对这些休闲活动有详细规定，不至于破坏环境。保护区、公园、林场内的林木属于国家，这些单位无权自行伐木出售。恢复植被基金会支持这些单位扩大面积，也支持增设新的保护区、公园和林场。六是政府指定土地，允许合作社、个体林农、工商企业、人民团体植树造林。他们有权采伐、出售自己种植的林木。无论营林或伐木都须接受林业部门的指导。恢复植被基金会支持民营保护区、公园和林场。凡种树成活的个人或单位可向恢复植被基金会借款，数额为种树成本，成本的计算方法是树苗价与种树人工费之和。借款期限为 30 年，年息 2.5%。七是用农林业代替常规农业。坡地的水土容易流失，不适合农业。即使坡度在 25 度以下，也以种树为宜。农户如愿退耕还林，应予鼓励。农户自己可以退耕还林，也可以将耕地退还集体或国家，转交保护区、公园和林场。另一个出路是农林业。农林业是森林庇护下的农、牧、渔业。自治州、县、村、农户都可以安排农林业。农林业自古有之，现代农林业更是百花齐放，争奇斗胜。例如：护田林网，防风林，林中间作粮食，林下放牧，等等。农林业的另一个意思是乔、灌木林也是农业，如果园、核桃林、栗林、柿林、木本油料，木本饲料。特别值得一提的是橡栗。橡栗是栎树的果实，橡栗与现代农业、食品加工业结合起来，可能为人类作出新的、更大的贡献。八是过度放牧和草原建设。草原承载牧畜的能力有一定限度。超载放牧，使牧草没有休养生息的机会，造成草场退化，甚至沙化。特别是水源附近，容易超载。草场退化后，不仅放牧难以为继，而且拦蓄降水减少，蒸腾水汽减少，影响下风地区的生态环境。若将牧场分配给各生产队负责管理，生产队既爱护畜群，又爱护草场，可能主动控制畜群规模，不至于超载。

高寒牧区有白灾和黑灾。白灾是暴风雪，黑灾是干旱。雪原是水资源，短时间大量降雪则交通断绝，粮食草料不能运输到位，厚雪层覆盖草地，牲畜不能吃草，冻饿而死，人的生存也受到威胁。生产队平时多作准备，可减少白灾危害。如建设可以躲避风雪的场所，多备草料。水利建设可以减轻旱灾。例如打井，修建塘堰、水库。恢复植被基金会配合水利部门，支持草原牧民建设水利设施，不仅减轻黑灾，且使融雪水在草原多潴留些时候，使牧草长得更茂盛，截留降水和蒸腾水汽的能力更强。

推动上述措施，横断山区的植被将迅速恢复。从南到北，处处植被增多，拦蓄降水和蒸腾水汽的能力加强。伸入高原腹地的水汽在偏南气流引导下向北推进，进入藏北高原，被低涡北侧偏东气流向西输送。我国气象学家在卫星云图上发现孟加拉湾急流云带自西南伸向东北，从青藏高原的东南进入高原。高原上有低压中心，其周围气流循逆时针方向运动。云团有三分之一是西南风送去的，故恢复横断山区植被，不仅改善、缓解对甘肃、青海旱情，还有部分水汽被气流送到塔里木和华北。

# 植树造林是兴国之关键*

历史上的中国社会为何贫穷？综合起来有三个原因：人口太多，1850 年中国人口已达 4 亿，为当时世界人口的 40%，而国土面积不足世界的 7%，此其一。中国工业化起步约比欧洲晚 100 年，此其二。中国单位面积上的平均植物生长量仅为世界平均值的一半，此其三。人口太多既成事实，所幸举国上下已大彻大悟，改弦更张，不至于愈陷愈深。工业化太晚，现在急起直追中。植物太少问题，似不如前两个问题那样受重视。大家都知道，农业是国民经济的基础，再扩大一些，第一产业是国民经济的基础。我国现在平均每人占有的原料约为发达国家人均值的十分之一。原料如此少，单纯靠加工来提高人均产值是不够的，所以必须发展第一产业。在我国的第一产业产值中，农林牧渔产品约占四分之三，矿产品约占四分之一。在矿产中，煤炭产量已为世界第一，如再大量增产，运输和污染环境问题不易解决。虽然努力钻探石油，目前尚不能说一定能增产多少。铁矿一部分须进口。总之，矿产增产不易，而且是不可再生资源，要为后代保留

* 原载于《中国林业》1992 年第 8 期。

一些矿藏。

第一产业是国民经济的基础，其中农、林、牧、渔是国民经济的生物基础。为了加强经济的生物基础，植树造林是能带动全局的关键措施。新中国成立初，我国森林覆盖率为 8.6%，现在达 13.4%。照这样的发展速度，还要再过 148 年，森林覆盖率才能提高到 30%。30% 被认为是一个国家必须达到的确保安全的最低森林覆盖率。如果每年森林面积能增加 960 万公顷，即国土面积的 1%，17 年后，即到 2010 年前后，森林覆盖率则可达到 30%。这 960 万公顷是新增的森林面积，不包括采伐林木后更新造林的面积。《森林法》规定，采伐林木的单位或个人必须按照采伐许可证规定的面积、株数、树种，期限完成更新造林任务。1988 年，林业系统造林 132.3 万公顷，投资 19151 万元，平均每公顷投资不到 150 元。所以要达到每年提高森林覆盖率 1%，每年需投资 15 亿元。连续投资造林 17 年，共投资 255 亿元，森林覆盖率便可提高到 30%。造林投资不必完全依靠政府拨款。只要是交通运输条件便利、林产品市场销售无阻的地方，林业是可以赢利的。谁获利，谁投资。在交通困难、造林只有生态效益而不能获利的地方，才需要各级财政投资。所以，造林要两条腿走路：民办和公办。中国的地方这么大，自然和社会条件复杂，造林之后还要护林和抚育，单纯靠国营是难以使林业大发展的。周恩来总理 1966 年 2 月 23 日在全国林业工作会议上说的“国营与群众营林，重点放在群众”，是有远见卓识的。群众自己出钱造林，银行予以支持。1989 年，银行给全国乡镇企业新增贷款 133 亿元。只要银行认为扶助民办林业是不次于乡镇企业的最有效的资金运用途径，林业便有了高速发展的条件。

林种是广义的，包括果林、桑林、木本油料林、热带作物林、茶林、薪炭林、坑木林，电柱林、造纸林、建筑和工业用材林等等，有乔木，也有灌木、藤木、竹林。

意大利年产葡萄1000多万吨，我国只产80多万吨，如此悬殊是消费习惯造成的。水果和粮食都可酿酒，欧洲以果酒为主，我国以粮食酒为主。但是我国山多田少，过多依赖粮食并不符合国情。人的消费习惯可以逐渐改变，多吃果品，多喝果品制成的饮料，便可少依靠粮食和蔬菜。

由于森林所剩无几，薪柴匮乏，我们几乎忘记它是千百年来的主要燃料。直到第二次世界大战以后，矮林还是欧洲的主要燃料来源。但是现在取暖和炊事燃料市场已被天然气和石油代替。天然气和石油是不能再生的资源，维持不了多久。化石燃料燃烧后增加大气中的二氧化碳，而薪柴燃烧释放的二氧化碳可被光合作用吸收的二氧化碳抵消。薪炭林可以在各地广泛种植，就地出售，不必像煤炭那样远道运输。不要把薪柴看做是过时的、落后的东西。美国大量消耗化石燃料，但每年仍需1亿立方米薪柴。估计我国现在一年消耗薪柴1.8亿吨。许多地方无薪可采，只得以稻草麦秸代替，稻草麦秸本应用做饲料而以厩肥还田。

纸厂与农民合作投资营建造纸林，矿山投资营建矿柱林，木材公司投资营造建筑和工业用材林，已有成功的先例。工商企业投资营林，对自己、对农民、对社会都有好处。

原始森林现已不多，它们有很大的科学价值和生态价值，只能保护，不宜采伐。国家兴建的三北防护林、沿海防护林、长江中上游防护林以及地方政府兴办的防护林、水源涵养林、风景林等都只能发展，不能破坏。这就要求民间商品林迅速发展，以满足市场上木材、薪柴等的需要。全社会须支持民间林业，立法机关和政府在深化经济改革中，应为发展民间林业创造更好的环境。

用材林生产过程长，而人生苦短，故由法人来经营有优越性。

森林是固定资产，因自然生长而年年增值，不像机器厂房因折旧年年贬值。如有股份公司经营林业，股份将年年升值。任何股东随时可出售他的股份，实现他的那一份股份增值。一个股东如果死亡，自有继承人继任股东。股份的转让、继承并不影响公司的生存和发展。同样，合作社也有股份，只是在社员大会上每个社员只有一个表决权，不论他有多少股份。合作社社员即使死亡或退社，但有新社员不断补充进来，合作社依然存在。马克思在《资本论》中赞许的罗契德尔合作社，是28个工人在1844年创办的，现在仍然在营业，而且社员发展到4.5万人。合作社法和公司法是澄清企业法人内部生产关系的基本大法，亟待制定。

许多地方农民承包山地造林，承包期一般50年。这个期限对林业而言仍然偏短，能不能更长一些，或将山地无限期租给农民造林？我们要区分所有权和使用权，农民无限期使用林地并不影响集体或国家对土地的所有权。因为使用者须向所有者交纳租金，而且法律可明确规定，在某些情况下政府可以有偿收回林地另作他用。

山区坡地不宜种粮食，而宜种树种草，以减少水土流失。不过粮食和林产品须充分商品化，在市场上自由买卖，这样林业专业户才能专心务林，用林产品换回所需的粮食。

我国森林覆盖率达到30%以后，生态环境将显著改善，在中国国土上每年生长的植物至少增加50%。随之而来的是野生动物和饲养牲畜大量增加，畜牧业和加工工业振兴，农林专业户经营规模扩大，人均收入大幅度提高。北方不像现在这样干旱，冬季不像现在这样寒冷，北方农田、山地、草原的生产率提高。河湖泥沙减少，水库寿命延长，水旱灾害减轻。木材供应不像现在这样紧张，农村烧柴不犯愁。祖国山河将会更加壮丽，旅游业更加兴旺。

# 与前人讨论治理黄河的策略*

黄河和尼罗河。黄河和尼罗河同样多泥沙，善泛滥。古埃及人不认为泛滥是灾害，泥沙是坏事，尼罗河两岸都是沙漠。每年 8 月，中上游洪水开始下泄，其时沙漠经夏日曝晒，渴望来水。10 月初，洪水达到高峰。洪水带给下游流域和河口三角洲以生机，同时将富含有机质的泥沙铺在地上，作为来年耕作的肥料。古埃及人不与洪水争地，不构筑限制洪水的堤防。他们精通几何学，以便洪水过后重新丈量土地。

中国视黄河为害河，构筑堤防，限制洪水，保护家园。传说大禹的父亲鲧用堵的方法治河。大概鲧是古代筑堤大师。堤防虽能防洪于一时，却隐藏更大的危机。1975 年淮河大水灾，因为河南一些地方雨水过多，但是更重要的原因是一些水库崩塌。水库为了堵水，一旦堵不住，酿成更大的洪水。大概鲧的堤防决口，酿成奇灾大祸，鲧因此殒命。大禹改行疏导。疏导的具体有两种可能，一是排除洪水留下的内涝；二是旧河道淤塞。大禹规划了一条新河道，在历史文献中称为禹河。黄河被动决口改道，

* 本文为王宏昌先生未曾发表过的手稿（2002.1）。

损失巨大。若主动规划改道，损失可以缩小。

汴河的经验。据《宋史·河渠志》，汴河自隋大业初疏通济渠，引黄河通淮。以孟州河阴县南为汴首受黄河之口。每岁自春及冬，常于河口均调水势。止深六尺，以通行重载为准。宋哲宗元祐四年冬，御史中丞梁焘言，臣闻开汴之时，大河旷岁不决。盖汴口析其三分之水，河流常行七分也。然大河向背不常，故河口岁易。易则度地形，相水势，为口以逆之。熙宁六年夏，都水监丞侯叔献乞引汴水淤府界闲田。所以汴河既分黄河水势，又为泥沙找到一些出路。

宋太祖的疑问。传说鲧用堵塞的方法治水失败，大禹改用疏导的方法治水，获得成功。可是历代治黄，往往抛弃大禹的成功经验，以鲧为师，大行堵塞之道。宋太祖对此深表怀疑，他于开宝五年六月下诏："每阅前书，详究经渎。至若夏后所载，但言导河至海，随山浚川。未闻力制湍流，广营高岸。自战国专利，堙塞故道。小以妨大，私而害公。九河之制遂隳，历代之患弗弭。"黄河经过的每一个地方，不断加高、加厚，加固河堤。从局部看是保卫家园的善策，从全局看，在两岸高堤夹峙下河水和泥沙没有出路，泥沙只有沉淀于河床。

黄河多泥沙，下游三角洲河床不稳定，形成九河。这是黄河入海前分散水势，淤积泥沙的自然规律。若河口地区的国家加修堤防，扩大农田，黄河入海前的九河于是消失。

即使泥沙不如黄河多的一般河流的下游，日久天长，泥沙也会淤积河床，到一定时候河水便会决溢。所以，疏浚河道是一件必不可少的经常工作。例如美国大江大河由工程兵团经常疏浚。像黄河这样举世闻名的多泥沙河流，疏浚之重要，不言而喻。宋熙宁六年四月始置疏浚六河司。有李公义献铁龙抓扬泥车法。王安石很支持，以为"荀置数千杷则诸河浅淀皆非所患。岁可省开浚之费几百千万”。虽因技术不过关，未获成功，但王安石的先进思想令后代钦佩。

1955 年 7 月 18 日，国务院副总理邓子恢在第一届全国人民代表大会第二次会议上作的《关于根治黄河水害和开发黄河水利的综合规划的报告》（以下简称《规划》）认为，黄河灾害主要是水灾。夏季暴雨和泥沙堆积造成下游水灾，加上中游水土流失和全流域干旱，构成黄河三大问题。古人设法在下游送走水和泥沙，然而水和泥沙是送不完的。我们则要控制，利用水和泥沙。方法是在干支流修建一系列拦河坝和水电站，变黄河为梯河，其中最重要的是三门峡水电站。三门峡水电站坝高 90 米，拦阻河水的水位高出海平面 350 米。被拦阻的河水由陕县上溯到潼关以北临晋朝邑的黄河两岸；临潼以下的渭河两岸和大荔以下的北洛河两岸。巨大水库的容积达 360 亿立方，面积约为 2350 平方公里。

《规划》要求在甘肃、陕西、山西等地开展大规模水土保持工作。

现在距发表《规划》时已过去近半个世纪。由于三门峡水库蓄水引起土壤盐碱化以及泥沙进入水库太多，不得不修改原工程计划，缩小其规模。

王慧敏和江夏先生在《人民治黄五十年》[①] 一文中评论：

> 过去，我们曾经低估了治黄的艰难和复杂。50 年代末，人们曾天真地认为，修建了大库容的三门峡水库，黄河防洪的问题就可以基本解决了。结果水库蓄水次年便发生了严重的泥沙淤积。人们也曾乐观地认为，水土保持工作很快就能

① 王慧敏、江夏：《人民治黄五十年》（2001 年 12 月 25 日“黄河视点”网）。

见效，15年时间，就可以将黄河的泥沙减少一半。如今，几十年过去了，入黄的泥沙减少尚不足三亿吨。小浪底水利枢纽的开工，又使一些人产生了“一库定天下”的幻想。今年的洪水却明白无误地告诉我们，小浪底工程的建成，固然将大大提高黄河下游的防洪标准，却无法取代上中游的水土保持，下游的河道整治和堤防的加固。黄河需要长期的综合治理，不可能一劳永逸。

黄河水利委员会勘测规划设计研究院的《黄河的重大问题及其对策简介》（以下简称《对策》）[①] 总结了半个世纪以来的治黄成绩——

下游防洪取得连续53年伏秋大汛不决口的安澜局面。修建了三门峡、小浪底、陆浑、故县等干支流水库。先后四次加高，培厚下游大堤。进行了大规模的河道整治和河口治理。开辟了北金堤，东平湖滞洪区和南、北展宽区。初步形成上拦下排，两岸分滞的下游防洪工程体系。

干流已建在建12座水利枢纽和水电站，总库容563亿立方米，发电装机容量900万千瓦。兴建了众多支流水库和大量灌溉供水工程，灌溉面积达1.1亿亩，为流域内外50多个大中城市及中原、胜利油田供水。

进入21世纪后，小浪底水库将投入使用。可使进入下游河道的泥沙减少100亿吨，下游河道淤积量减少76亿吨。

水土流失初步治理17.1万平方公里建成治沟骨干工程1077座，淤地坝10万座，塘坝、涝池、水窖等小型蓄水保土工程300多万处，兴修基本农田8900万亩（5.93万平方公里），营造林草1.68亿亩（11.2万平方公里）。20世纪70年代以来，年

① 资料来源：黄河水利委员会勘测规划设计研究院网站，2001年12月10日。

平均减少人黄泥沙 3 亿吨。

《对策》认为当前存在以下主要问题:

下游河道主河槽淤积严重，二级悬河险象加剧。1950—1998 年，下游河道淤积 98 亿吨；河床普遍抬高 2—4 米。特别是 1986 年以来，河道主槽淤积量占 71%，滩槽高差缩小，河槽行洪能力降低；平滩流量由过去的 6000 秒立方减少到现在的 3000 秒立方。造成小洪水，高水位，大漫滩的不利局面。

堤防存在许多薄弱环节。河道整治工程不完善。

下游滩区有居民 179 万人，北金堤滞洪区有 157 万人，东平湖滞洪区有 35.8 万人。

《对策》认为，下游仍有发生大洪水的可能，悬河将长期存在；水土保持是减少入黄泥沙的根本措施，但需几代人不懈奋斗；水库拦沙有一定时限。

缺水断流严重。20 世纪 70 年代以来，下游频繁断流。1997 年，利津站断流 226 天，断流河段上溯到开封附近。断流原因有四：(1) 黄河水资源贫乏；(2) 用水量增加；(3) 用水浪费；(4) 中游调节能力不足。

水污染是新问题。黄河污染程度居七大江河第二位。

洪水威胁、缺水断流、生态环境恶化是黄河三大问题。三大问题之所以如此突出，主要是由黄河水少、沙多，地上悬河的特点所决定的。

《对策》认为，防洪靠“上拦下排，两岸分滞”，控制洪水；“拦、排、放、调、挖”处理和利用泥沙。拦靠中游水土保持和干支流水库；排是排沙入海；放是在下游两岸处理和利用泥沙；调是利用干流骨干水库，调节水沙，以利排沙；挖是挖河淤背，加固干堤，逐步形成相对地下河。70—80 年代，黄河水利委员会在黄河下游利用自制简易吸泥船进行机淤固堤工作，在 15 年内共放淤量3亿多立方米，年平均放淤2000多万立方米。

在黄土高原设水土流失重点治理区、重点监督区和重点预防保护区。以多沙粗沙来源区为重点，以小流域为单元，实行山、水、田、林（草）、路综合治理，从山顶到山坡，植树种草，加大退耕还林（草）力度；在侵蚀沟修建治沟骨干坝，淤地坝等，形成治沟坝系工程；大力开展塘、水窖、涝池、旱井等小型蓄水保土工程建设。到2010年，共新增治理水土流失面积14.5万平方公里，其中植树种草1.8亿亩（12万平方公里），基本农田建设3826万亩（2.5万平方公里），修建治沟骨干工程7200座，淤地坝49800座。

成立黄河管理委员会，提倡、奖励节水。治理污染。

本文作者的陋见。《对策》说黄河水资源贫乏，我们想说，在时间过程中，黄河缺水的程度不断加剧。李白的名句“黄河之水天上来”符合客观事实。在南水北调工程通水以前，风从四面八方送来的水汽，特别是印度洋和太平洋来的水汽是黄河水资源的主要源泉。崔玉琴先生估算，每年南来水汽通过玉树、武都一线的约有600亿立方米。然而古代南来水汽可能比现在多。夏季在雅鲁藏布江大拐弯四周有一个高湿度区，偏南风送来孟加拉湾水汽，经过这个高湿区，得到大量水汽补充，保证三江源地区有充分水汽供应。但因山南，拉萨、藏东、川滇人类活动加剧，植被稀疏，拦蓄降雨、蒸腾水汽的能力衰减，高湿区退化，输送三江源的水汽减少。黄河源头的鄂陵湖和扎陵湖水位年年下降，连接两湖的河流因水浅而断流，黄河无形中短了一截。

四川西北角的若尔盖草原属于黄河流域，东邻岷江上游，西邻大渡河上游，气候湿润，有大片沼泽。草原上的白河是黄河重要支流。明代为了修筑松潘城，砍伐岷山森林，烧炭制砖。自此一直到近年，森林连续减少，现已变成光山。大渡河林区是历代朝廷征集营建巨木之所，现在仍为重要伐木区；加上群众将沼泽疏干，辟为农田，致使自然环境退化，白河流量减少。

陇南和甘南有嘉陵江的支流西汉水、白龙江、白水江等，也有黄河支流洮河、渭河、大夏河等。虽说分属长江黄河两大水系，许多支流、流域犬牙交错，互为近邻。上空的水汽实际成为一个水汽场。不幸甘南，陇南伐木丁丁，嘉陵江中上游森林减少。不但洪灾频发，输送黄河流域的水汽也日见其少。

黄河流域上空的水汽一部分靠东南风从太平洋送来。人们在黄土高原上的葫芦河流域考古发现，今天的荒山秃岭在古代却草丰林茂。十六国时代匈奴人赫连勃勃在今陕北横山县建统万城，曾盛赞那里山川秀美。到唐代变成荒漠化土地。当地过度开发是一个原因，东晋南北朝以后南方人口激增，加紧开发，森林遭受毁灭性的打击，南方给北方输送的水汽急剧减少，可能是更重要、更普遍的原因。

黄河下游断流可以通过全流域水资源的调度解决，但是全流域水源长期衰减的趋势，对植被起抑制作用。植被日益稀疏，保持水土的能力下降。唯一的出路是恢复南方山区植被，恢复上风地区植被。我们在这里不作深论。

龙的子孙，请你解放自己的祖先。中国人是龙的子孙。龙是谁？龙就是黄河。可是中国人一直想把龙锁住，把它拘在狭窄的河床中，不得摆动。这符合自然规律吗？适合龙的本性吗？相比起来，古埃及人对尼罗河礼貌得多。他们不阻挡洪水。他们预知洪水必来，懂得趋避之道。据说，洪水来时，有些村庄好像海上的岛屿。古埃及人与尼罗河共生，共同演化，互相适应。他们的村庄是不怕洪水的。其实，中国人的祖先和黄河也是共生的，也能互相适应。例如，有一些古地名有“丘”字，如鲁庆父侵于余丘；齐桓公在葵丘召开国际会议；齐鲁等国盟于牡丘；齐率诸侯为卫筑楚丘之郛；卫迁于帝丘；宋败长狄于长丘；赤狄工攻晋，围怀及邢丘；晋宋等国盟于沟丘；宋败郑于雍丘；鲁季孙会晋幽公于楚丘；齐伐卫，取母丘；齐大夫田会以廪丘叛；魏赵韩伐楚至桑邱；赵败齐于灵丘；赵奢攻齐麦丘。虽地名无丘字，居民点设在高亢地方的恐怕更多。

在新石器时代，黄河流域的植被比现在茂盛，降雨被植被拦截较多。洪水不如后世集中，泥沙也比较少。由于政权规模小，堤防不发达，虽有洪水，不足为患。尧舜已是铜石并用时代，一方面，植被破坏较多，洪水来势较猛；另一方面，政权规模较大。鲧有可能修建较大规模的堤防。但是，道高一尺，魔高一丈。堤防愈坚固，黄河下游人民头上顶的那盆水愈多。一旦溃决，成为奇灾大祸。等待大禹去治理的洪水可能不完全是自然现象，鲧企图锁住大龙，龙一旦挣脱枷锁，暴怒的威势更加吓人。

在没有堤防的时代，季节性洪水溢出河床，将泥沙遗留在洪水经过的地方。水退之后，回归故道，乃是正常现象。华北平原就是这样慢慢冲积起来的。堤防愈高，壅水愈多；经过时间愈久，河床淤积愈厚，洪水通过能力愈小。洪水寻找薄弱环节决口，甚至改道。势所必至，理所当然。这个理便是自然规律。鲧遇见的那次洪水可能是一次决口，而且未能回归故道。洪水的去向我们无从知道。大禹没有强迫黄河回归故道，而是因势利导，承认、帮助黄河改道。人们称为禹河，尾部在今河北省境内，“播为九河”，最后入于渤海。黄河一次又一次溢流、决口、改道，不断把泥沙铺在华北大平原，又在河口不断使陆地增生，这都是正常的事情。

汉文帝时，“河决酸枣，东溃金堤，于是东郡大兴卒塞之。其后三十六岁，孝武元光中，河决于瓠子，东南注钜野，通于淮、泗”。这是黄河对强大的汉帝国和武功赫赫的汉武帝的挑战。武帝率大军亲临前线，卒塞瓠子。导河北行，复禹旧迹。而梁楚之地复宁无水灾。从此，黄河与伟大的中华民族在矛盾中共处2000多年。

历代治黄采取鲧的技术政策——筑堤堵水拦沙，在事实上抛弃了禹的疏导政策。进入黄河下游的泥沙数量很大，靠河水冲刷入海只是其中一部分，其余泥沙淤积在河床里，不能不找出路。或者有计划地在下游两岸放水排污，或者任其继续堆积在河床之内。不论如何加固堤防，终有一天打破枷锁，在人们不能准确预知的时间和地点决口，甚至改道，所受的损失要比主动放淤大得多。“今日长缨在手，何时缚住苍龙”；这是把人和龙看做敌我矛盾。可否参考《易经》，改为另外两句话：“潜龙跃渊进无咎，见龙在田德施普”。前面一句话是说主动把河水引出大堤没有害处，后一句话是说黄河水把泥沙铺在华北平原上，好像尼罗河的洪水把泥沙铺在下游和三角洲，对古埃及的农业有好处。

世界最大的挖泥兵团。任何国家的大江大河都需要经常疏浚，何况泥沙最多的黄河。黄河下游河滩比新乡地面高20米，比开封地面高13米，我们岂能听之任之。王安石梦想挖泥大业，苦于古代技术落后，未能实现。近年黄河水利委员会试制吸泥船成功，按目前规模，每年可挖泥2000万吨。若扩大规模，组成世界最大的内河挖泥兵团，每年挖泥2亿吨，黄河下游河床将根本改观，这比将泥沙拘禁在水库里岂不合理得多。

冲刷下游和河口泥沙是黄河水资源的首选用途。1990—1998年通过利津站的泥沙每年约4.14亿吨，这是黄河泥沙最重要的出路。在河口区的黄河尾段约有四个分杈，河道内水势大、流速快，排沙入海的效率高。欧阳修说过，泥沙往往先在下游壅积，上游来水来沙受阻，就会决口。希望水沙下行通畅，须有足够多的水冲淤。近年黄河下游断流，输送河口的水大减。甚至在下游断流之前，由于沿黄取水灌溉的口子增多，输送河口的水量也相应减少。近年大概是河口最缺水、排沙入海最少的时期。从全局出发，沿黄人民应当清楚地认识，保证河口排沙用水代表全流域的最大利益。

黄土高原上的农林业公司。黄土质地疏松；容易耕作，所以黄河流域成为新石器时代人口最密集的发达地区。人们对黄土高原的过度开发，致使高原植被稀疏，生态环境退化。总结经验教训，我们不得不确认黄土高原不适合旱作农业，而应支持以林业为主、在森林庇护下的农林牧副渔业综合经营，我们名之为农林业（Agroforestry）。

半个世纪以来，黄土高原水土保持的成绩巨大。但高原水土流失仍很严重。现在政府领导水土保持工作，不能不依靠地方政权和民政组织——县、乡、村。具体承担水土保持工作的基层单位，或为承包的农户（如承包小流域治理的农户）；或为乡政府、村民委员会，然后再由这两级组织率领农民去执行。这些组织形式虽有不足之处，在没有好的新组织形式之前，不能不继续这样干。我们建议按照马克思讲的自由人联合体原则，试办一种新的组织形式——农林业公司，例如红柳河农林业公司。

农林业公司是股东自愿组织起来的法人企业。凡以现金承包的土地使用权或其他财产作价入股的自然人或其他法人，均为公司的股东。每一个股东至少入一股。

股东大会互相选举董事会和监事会。监事会有权调阅一切案卷、账册、单据。监事会可直接向董事会提意见，也可向股东大会报告工作。

董事会采用集议制，少数服从多数，而拒绝一长制。董事会可以互相选举董事长或常务董事，主持日常工作。董事会或董事长可以任命总经理，他是公司的雇员，但不一定是股东。

在股东大会上，每一位股东有相同的表决权。公司净资产总额除以公司股份总数，其商为每股代表的公司净资产。股东的红利按股分配。因改善环境、扩大土地、树木长大、经营获利，每股的价值升高。换言之，水土保持工作者将获得物质利益。股份能否转让，服从公司章程。

公司以改善生态环境为第一目标；以增加净资产总额为第二目标；以增加股东红利为第三目标；以改善公司职工福利为第四目标。公司的业务范围：利用淤地坝等技术扩大土地；封山育林、育灌、育草，或造林、种果、种草；开发地下水（据报道，陕甘宁盆地有巨大的深层地下水蕴藏）；经营供水业、渔业；经营奶牛饲养、乳品加工；果品加工和运销；风力发电；沼气；运输；在护林护草的前提下适当经营农牧业；保持水土的工程措施；对外工程承包；商业、餐饮、旅游、消闲；学校、医院、信息；向政府、社会、金融业筹措资金；其他有利可图而无害于生态环境的事业。

# 恢复空中南水北调的自然通道*

重构先生于2000年10月1日在《人民网》上发表《空中南水北调的科学原理和战略意义》文章，主张在巴颜喀拉山开辟人造峡谷，以增加长江上游向黄河上游输送的水汽。以后还可陆续开辟澜沧江上游至长江上游，怒江上游至澜沧江上游以及雅鲁藏布江上游向北输送水汽的通道。霍有光先生于2000年11月27日在《创论》上发表《关于空中南水北调工程的可行性探讨》一文，对人造峡谷工程是否可行表示怀疑。笔者的管见，中国南涝北旱似乎已成定局，为了改善全国人民的生计，许多有识之士出谋划策，希望以人力重新安排水资源的地理分布。其志可嘉。不过自然界对祖国的山川自有安排，人为的改变常常得不偿失。我不是主张做自然的奴隶，但是许多经验教训（例如1977年淮河大水灾）证明，按目前人类的科技水平，尚不足以“征服自然”，而只能认识自然、适应自然。其实，认识自然并不容易。例如，水资源在南北之间分配不均是事实，但是分配不均的程度，何以日趋严重？历史上湖南的水患何以与时俱进？北

---

* 本文为王宏昌先生未曾发表过的手稿（2002.9）。

方的古湖泊何以一个接一个萎缩，消失？精绝古国何以成为废墟？商代河南省的气候何以比现在温暖？这些疑问不易获得一致满意的答案。

大西北距离海洋遥远，这是我国的不可改变的地理条件，但是古代植被普遍比现在茂盛，它们对径流有阻滞作用，不论雨水或冰雪融水能较多地渗入土壤，小雨在有林地或茂草中几乎不形成径流。自从新石器时代以来，自然植被渐被破坏，土壤存水逐渐减少，地表的植被也就进一步逐渐稀疏。土壤存水少则通过地下管道补给河湖的来水少，成为河湖萎缩的原因。

夏季风来自太平洋和印度洋，携带的水汽来自海水蒸发。季风一旦登陆，陆地蒸发的水汽补充到从海洋来的水汽之中。而土壤存水愈多，植被愈茂盛，则蒸腾水汽愈多。一个国家疆域愈广，其上空水汽中、陆地蒸腾水汽的比重愈大。

我们把雅鲁藏布江从源头至大拐弯处称为上游，大拐弯至国境称为中游，下游是位于印度阿萨密地区的布拉马普特拉河。由于上、中、下游流域植被被不断破坏，降雨和喜马拉雅山的冰雪融水不能很好地保存在环境中，雨季在阿萨密形成洪灾，而上游流域属于半干旱地区，每感水资源不足。

雅鲁藏布江离开我国国境后先经印度的阿论那查地区，然后流到阿萨密。阿论那查和阿萨密雨水充沛，年均降雨量约 3000 毫米，气候温暖，在被人类破坏之前无疑是森林茂密、动植物繁盛的乐园。现在阿萨密的森林覆盖率只剩下 21%，截留降雨和蒸腾水汽的能力大不如前。西南季风从孟加拉湾北向吹到中印边境的东段，必须经过阿论那查和阿萨密，所携带的水汽得到阿论那查和阿萨密植被蒸腾的水汽的补充。现在这项补充比以前大为减少，进入西藏的水汽也随之减少。如果中印缅三国在联合国有关机构的组织和支持下，制定并实施一项环孟加拉湾造林计划，印度东北部的水患可望缓解，而进入西藏的水汽可望增加。

孟加拉湾水汽循雅鲁藏布江中游北进，在雅鲁藏布江大拐弯处上空形成一个高湿度场，直径距离以千公里计。往北能到鄂尔多斯高原，向西可及阿富汗，这是大自然的大手笔。人们设想在巴颜喀拉山开辟一个人造峡谷，以增加长江上游输送黄河上游的水汽，与伟大的自然水汽通道比较，只能称做小儿科。

不仅环孟加拉湾，而且整个雅鲁藏布江上游、长江上游、怒江和澜沧江流域，也需要恢复植被。说恢复植被比说植树造林好，可以因地制宜。宜草则草，宜灌则灌，宜经济林则经济林，宜用材林则用材林。

青藏高原在夏季是一个热中心，也是一个低压中心。气流围绕低压中心作逆时针方向运行。先从南到北，逐渐改为从东到西。故在可可西里和柴达木一带，夏季有从东到西的气流，把水汽带到中昆仑山，甚至到西昆仑山和喀喇昆仑山。发源于昆仑山的尼雅河在汉代能灌溉古精绝国绿洲，以后这条从西藏东部到尼雅河的水汽通道因沿途植被萎缩，西去水汽渐少，以致古精绝国成为废墟。今后若恢复沿途植被，重建古水汽通道，包括精绝绿洲在内的古丝绸南道复兴有望。

美国前总统克林顿签署法案在美国各河流两岸栽种林带。河边一般应有生命力旺盛、生物多样化的生态系统。我国黄河水利委员会计划在黄河两岸种植护岸林带，取得经验可以推广到其他河流。黄河林带建成后，将有更多水汽输送到山东、山西，更多水汽输送到秦岭北坡。

黄河自孟津以上，进入中游。中条山在北，崤山在南，河岸造林，发展为两岸山区造林。黄河至风陵渡附近，渭河来会。渭河沿华山、秦岭北麓西行。秦岭是黄河与长江的分水岭，也是南北气候、生物的分界线，在中国自然地理中非常重要。南坡接受西南季风的降雨，北坡接受东南季风的恩惠，水源丰富，气候温暖，生物繁茂。古代的秦岭，巨木参天，拦蓄降雨的能力极强，整个秦岭就是一座巨大的水库。秦岭南北是最适合人类居住的福地，也是先民最先开发的发达地区，西周、秦、汉、隋、唐先后在此建都。森林被采伐而减少，乃势所必至。公元前742年，秦文公伐秦岭山中大梓树丰大特。那是人民尊敬的神树，仍不免于斧斤。到唐代中叶，关中已无大树，营建宫室，须到今山西和鄂尔多斯高原采伐。时至今日，秦岭山中已难发现大树，以致拦蓄降雨能力极差。2002年夏季山洪暴发，在秦岭南麓佛坪酿成巨灾，在北麓铁路大桥被冲垮。秦岭既不能蓄水，也就不能蒸腾水汽，给陕甘两省造成旱灾。

应在黄河、渭河两岸种树，并且向两旁延伸到中条山、崤山、华山、秦岭、陇山、六盘山、鸟鼠山、马衔山造林，恢复从河口至兰州的黄河、渭河两岸固有的林带，恢复一条东西向的水汽输送大道。

# 从黄河流域干旱想到绿化祖国*

黄河流域已连续三年干旱少雨，上中下游干支流全线流量减少，特别是山东省连年大旱，微山湖等北四湖几乎干涸见底，正在盼望小浪底水库调水救济。黄河流域干旱化不是短期现象，而是千百年来的一贯趋势。《开发研究》载有甘肃省在历史时期旱灾发生频率与时俱增的报告。黄河流域干旱化只是北方干旱化的一部分。海河滦河常常断流，没有多少水可以入海。天津盼望黄河来水和山东一样迫切。据甘肃省国土整治农业规划研究所牛叔文先生了解，2000 年石羊河水资源总量为 13.991 亿立方米，比 1956—1997 年平均值少了 11.3%。表明祁连山这个绿色大水库已今非昔比。

南方的形势与北方正相反。《自然灾害学报》报道，湖南省发生水灾的频率在历史上呈渐增趋势。《第四纪科学》于 1991 年报道，在过去的 1500 年中，长江中下游的水位有显著上升。现在北旱南涝的长期形势已被许多人习惯地接受。为什么北旱南涝？古代南方森林茂密，降雨被大量拦蓄，雨后陆续蒸发和蒸

---

* 本文为王宏昌先生未曾发表过的手稿（2002.11）。

腾，在空中聚集大量水汽，被南风、东南风、西南风送往华北和西北。在东北地区，夏季风也能向内蒙古和华北输送水汽。后世南方森林渐少，输送北方的水汽随之减少，这大概是北旱南涝的原因之一。

近年江河源地区发生雨水减少、草原沙化、湖泊萎缩等干旱化现象，原因可能是雅鲁藏布江流域（包括印度东北地区在内），澜沧江和怒江流域（包括缅甸在内），金沙江、雅砻江、大渡河、岷江流域，植被破坏，拦蓄降雨和蒸发蒸腾能力衰退，输送江河源的水汽大不如前。空气湿度降低后不易成雨，有限的水汽随西风离开江河源东去。

据我国科学家估算，西南季风携带的水汽越过玉树—武都一线北上的约有600亿立方米。青海省气象局在江河源地区进行人工降雨实验，非常成功，每年可增加黄河上游径流量13亿立方米。换句话说，减少西风带走水汽的损失达13亿立方米。

由于北方干旱化，人们寄托希望于东、中、西三条南水北调路线。其实古代也有南水北调，只不过是气态水，不是液态水。但是古代南汽北调的规模很大，非目前南水北调的规模所能比拟。而且没有什么费用和副作用。南水北调主要解决点和线上的缺水问题。恢复植被，恢复南汽北调机制，可在面上缓解广大北方的干旱现象。

新中国成立以来，经数十年努力，我国森林覆盖率才达到16.55%，而且其中生态效益大的成熟林只占一部分。我们的造林效率能否提高一些？近年世界上出现了一个造林先进国——韩国。韩国的森林在日本占领时期饱受摧残，在朝鲜战争中再受损失。韩国年平均温度为3—16摄氏度，平均年降雨量为600—1600毫米，1998年韩国的有林地约640万公顷，占该国陆地面积的65%。每公顷平均林木蓄积量约57立方米，而1953年朝鲜战争结束时每公顷平均只有10立方米。国际组织如世界粮农组织和世界资源研究所评价韩国是全世界造林最成功的国家。不过韩国的森林多半树龄不足30年，生产率和生态效益不可能很高。韩国的成功告诉我们，只要努力，造林可以加速。

我国的气候条件除内蒙古、新疆、青海、宁夏、甘肃、藏北、阿里等地区比较干旱外，其他大多数地区能与韩国相比，森林覆盖率同样能达到65%。以下列出各省、市、自治区（因数据缺乏未列台湾省）林业用地中尚未成林的面积：

| 地区 | 未成林面积（公顷） | 地区 | 未成林面积（公顷） |
|---|---|---|---|
| 北京 | 7000 | 天津 | 600 |
| 上海 | 9 | 广西 | 70000 |
| 海南 | 7000 | 四川 | 150000 |
| 贵州 | 47000 | 云南 | 150000 |
| 西藏 | 45000 | 安徽 | 21000 |
| 浙江 | 18000 | 福建 | 28000 |
| 黑龙江 | 58000 | 内蒙古 | 181000 |
| 河北 | 32000 | 山西 | 53000 |
| 辽宁 | 15000 | 吉林 | 18000 |
| 江西 | 37000 | 河南 | 21000 |
| 湖北 | 34000 | 湖南 | 46000 |
| 广东 | 35000 | 江苏 | 2000 |
| 甘肃 | 52000 | 陕西 | 70000 |
| 青海 | 22000 | 宁夏 | 9000 |

内蒙古、四川和云南是三个最大的有待造林的省区。川滇两省气候温暖湿润，树苗易于成活，易于生长。成林后可供拦蓄的

雨水多，向北方输送的水汽多。湖南多水灾，造林可以兼收缓解长江水患和向北输送水汽之利。在湖北、江西造林，也有类似效果。在大别山造林可以缓解淮河流域旱涝灾害，多在西藏东部和东南部造林可以直接增加输送江河源的水汽。在陕西秦岭造林可以增加输送陕北和甘肃的水汽。在东北造林可以增加华北上空的水汽。优先在多雨的南方造林，容易成活，容易生长，增加输送北方的水汽，使在北方造林的自然条件更好。

印度人口为世界第二，森林覆盖率只有22%。居民做饭、烤火靠薪柴，对有限的森林构成极大威胁。印度政府提出社会林业的口号。意思是人民参与，大家种树。见缝插针，到处种树。农家种树、地头种树、路旁种树、河边种树、村镇空地种树。我国也提倡四旁种树，农田林网，绿色通道（路边河边造林）。

在韩国的森林中，中央政府管理的国有森林占21%，地方政府所有的占8%，其余为私有林。美国全国有16亿英亩的森林和草原，其中1.399亿英亩为森林署管理的联邦林地，非联邦业主和经理管理4.875亿英亩林地，县市管理1050万英亩林地。美国约有1000万人是3.53亿英亩非工业林地的主人。私有林的业主从自己的利益出发，必然有造林护林的积极性，林政机关代表国家给予私有林业主适当物质奖励和技术指导。我国土地国有或村有，但是使用权可以承包、租赁、转让、继承。在有些地方，使用权的归属极其复杂。

随着旅游事业的发展和人们环保意识的提高，我国涌现了一大批森林公园和自然保护区，对风景名胜区的管理水平也不断提高。它们接待游客，同时造林护林，美化环境，这是主流。但也出现一些不健康现象。有些机关占据风景名胜、牺牲绿地建造招待所、修养所，享受特权。要知道，风景名胜乃全民财产，供全民观光，岂少数人所能私之?！还有一些人承包景点建设，与地方政府订立合同，几十年内门票收入全归承包人。门票、缆车票、电梯票，价格昂贵，依然门庭若市。老百姓说那些承包人好似有印钞机，大把钞票不断进入私囊。风景名胜乃国家财产，风景区的土地极其名贵，有如上海南京路、北京王府井，不可廉价出租。建议征收土地使用权增值税，以充绿化祖国费用。

美国林业局和内政部公园管理局出售全国公园通用年票，其收入供政府统筹造林护林之用。我国也可以出售全国公园通用年票，作为林业局和建设部的收入。

美国提倡纪念林。例如“9·11”事件后，民众迫切希望有一种方式寄托哀思。林业局发起栽种纪念林，每人至少捐献10美元，每10美元可种10棵树，多多益善。林业局会给捐款人发证书，证明你捐款了，纪念林有你的贡献。各个纪念日、纪念事件、纪念亲属朋友，均可捐款种纪念树。不要求你亲自动手。美国除国有森林、州有森林、市有森林、私有森林外，还有一些空地需要种树，林业局在公元2000年号召人民捐钱，种了2000万棵拾遗补缺性质的树。前南斯拉夫波斯尼亚萨拉热窝市战时被长期围困，所有树木被当做燃料烧光。美国人捐款替该市种树，还有一位获得奥林匹克金牌的运动员亲自跑到那个城市种树。各国都有些著名的运动员、明星、作家、科学家，他们在群众中威信高，带头参加社会公益事业，建议我国的社会名流运用他们的名望，为林业多多募集经费。

号召学生、公民种树，是一种良好的公民教育和环境教育。但普通公民缺乏林业知识和专门训练，造林不能完全依靠他们。美国的办法是请公民捐款，现场种树另有专人。美国和加拿大都有许多私营造林护林公司，按照合同替业主造林护林。他们有许多训练有素的职工，还有许多随叫随到的预约工。公司与预约工预先约定，在种树季节（一般为5—8月），一旦传唤，必须立即到指定地点劳动。

我国广大群众年年上山种树，但效率不高。有人说，假定几十年来种的树都活了，中国现在已遍地是树。群众性义务植树，不需要林业部门出钱。但是各单位及广大群众为此支付的钱不少，若加起来计算，社会群众植树总成本不在少数。今后，作为公民教育特别是青少年教育，在讲求实效的基础上，上山种树的活动仍不可少。但是绿化祖国主要靠号召人民捐款，林业局另行组织专业人员到现场造林，根据合同验收。各地似可组织若干民营造林护林公司或合作社，允许其在省内外互相竞争、参加投标，承接任务。这也是增加就业的一个途径。

按我国国情，造林护林任务及预算经费分配到每一个县市。林业局在县市长的领导下，组织造林护林公司、林场、公园、保护区、风景名胜区及广大群众、机关、部队、企事业单位、人民团体协力同心、奋斗完成。其中经费问题，十分关键。1992 年广州市的森林覆盖率是 29.5%，到 2000 年已提升到 41.5%。据 1994—1995 年调查，北京市林木覆盖率达 36.26%。

筹措造林经费的办法之一是建设纪念林。例如梁红玉是我国历史上伟大的民族女英雄，其功勋类似法国的贞德。我们过去对她的尊敬和纪念很不够，建议中国妇联带头筹建梁红玉纪念林，连同塑像、纪念碑亭。地址在镇江与南京之间的江畔。建成后，可以成为一处新风景名胜，也是对炎黄子孙进行爱国主义教育的场所。

张自忠将军是第二次世界大战中同盟国方面阵亡的最高级别军官，曾在喜峰口、台儿庄等地给予日寇重创，后来在湖北身负八处创伤而牺牲。建议在他的家乡和立功处——山东和喜峰口建设纪念林。那些不忘抗日战争的军人和人民都会踊跃捐建。

在抗日民族英雄杨靖宇将军的家乡河南和献身的地点吉林筹

建杨靖宇将军纪念林。

在民族英雄岳飞的出生地河南汤阴及战胜敌人的郾城等地建纪念林。

陕西可建炎黄纪念林，山西可建尧舜纪念林。

抗战八年，我国人民被日军屠杀数千万人，早就应建死难同胞纪念林。南京大屠杀首先不能忘记。山西大同有七处万人坑，岂能不追悼?! 其实，遭到日军烧杀的城市村镇遍布全国。笔者家乡在镇江东郊，距南京已远，一位堂伯无辜被日军用枪托击额而亡。现在知道这件事的人愈来愈少。笔者建议在每一个日军杀过人的村镇都造林纪念。

建议用投标的方式将宜林荒山荒地让个人或公司承包种树，即引进民间资金于造林事业。按目前的规定，承包期为 50 年，50 年的树已经成材，但不能成大材。建议考虑延长承包期。

建议允许省级财政及县级财政可以发行债券，发展林业。中央规定限额，例如县级财政可以发行 1 亿元债券，省级财政可以发行 10 亿元债券等等。

韩国造林成绩突出，在国际林业界颇著声誉。各国都愿意和韩国展开林业合作。例如韩国人到印度尼西亚种树、伐木，把木材运回韩国。韩国可以减少国内伐木，利于林木生长。建议我国与缅甸展开类似的合作。中国的林业公司替缅甸植树造林，伐木。缅甸森林茂盛，可以蒸腾水汽，在南风推动下，向我国云南、藏东输送水汽。我国在大湄公河计划的框架下，为老挝、泰国种树，可以发挥类似作用。建议在国际组织支持下，我国与印度、孟加拉国共同规划雅鲁藏布江—布拉玛普特拉河流域的开发，植树造林，减轻下游洪灾，增加输送西藏的水汽。

# 美国国家森林公园如何出售门票*

近年我国旅游事业蓬勃发展，同时人们的生态环境保护意识和风景名胜保护意识显著提高，涌现出许多森林公园和新发现的风景名胜区。可以说形势大好。不过也产生一些问题。有些地方财政困难，无力建设旅游设施，把一些景点包给商人投资，若干年中门票收入全入商人私囊；有些单位在风景名胜区牺牲绿地建造招待所、休养所。风景名胜乃国家财产，岂能为少数人、个别人而私之?！有的景点门票售费昂贵，老百姓说好似印钞机，大量钞票滚滚进入私人腰包。

美国社会主义思想家亨利·乔治认为，随着经济发展，地价上涨。这是广大社会之力，非地主一人之功。他主张征收土地增值税。我国土地公有，承包商人只有土地使用权，没有所有权。但是使用权也在增值，可以征收土地使用权增值税。如何确定使用权增值多少？当商人出售土地使用权时，便知涨价程度。即使没有出售行为，从商人的赢利率可以估算土地使用权现在的价值。至于各单位租赁建修养所的土地，也要征收土地使用权增值税。

---

* 本文为王宏昌先生未曾发表过的手稿（2002.11）。

因为他们干这件事不是国家行为，而是私人集团行为。孙中山很赞成亨利·乔治的办法。我们现在亦可加入赞成这种办法的行列。

美国虽然历史不长，其黄石国家公园成立于1872年3月1日，已有130年历史。他们如何出售公园门票？简单介绍如下，或有参考价值。

美国大多数国有森林是开放的，不必买票即可进入。而有些联邦休闲地方、国家公园、国家纪念地，需要买票。入门费可以在每次游览一处公园或草原时支付，或购买一种入门卡，如金鹰卡、黄金时代卡、黄金入门卡。如果游客打算在森林中使用专门设施，如露营、停车、行船、游泳、滑梯、步行、进洞等，必须付使用费。

金鹰卡是进入联邦收取入门费的土地如国家公园、动植物保护区、休闲地、历史纪念地的年票。每张票价65美元。这些地方是由公园管理局、美国鱼类和野生动物管理局、土地管理局及美国森林局管理的。金鹰卡允许一辆私人汽车中持卡人与同车人进入。在国家森林及国家公园的办公室均能买到金鹰卡，并可邮购或电话购买。在指定的12条河流上行船或筏，须有许可证。游览森林的荒野须有许可证。

黄金入门卡发给盲人及终生残疾人。

黄金时代卡发给62岁及以上的在美国永久居住的人终生使用，并在使用很多设施时享受半价优待（发卡时只收10美元工本费）。

我国林业局管理森林和生态保护区，建设部管理风景名胜区，亦可出售全国通用的入门卡。其收入，除一部分返回代售基层点外，其余应按照国务院规定的比例，分配给林业局和建设部，补充基层的绿化造林费用。

# 我的希望*

我们中国人活在这个世上不易。过去的历史多灾多难，展望未来困难也不少。有些困难须待人际关系改善，还有一些困难则因人与自然之间的关系需要改善。我今谈谈后面一类的问题。所知有限，只是由于关心，说出来供参考。这些意见的目的是改善中国人的处境。哪怕稍有一点用处，便觉得莫大欣慰。

生物与生物之间，生物与环境之间的关系是生态学研究的对象。人口问题其实也是生态学的一部分内容。不过，在本文中先不涉及。

## 水资源

根据卢金凯等编著的《中国水资源》（地质出版社，1991年），以世界总计水储量为100，则海水为96.5；冰川与永久雪盖为1.74；地下水为1.7；土壤水为0.001；永冻土底冰为

* 本文为王宏昌先生未曾发表过的手稿（2003.12）。

0.022；沼泽水为0.0008；湖泊水为0.013；河网水为0.0002；生物水为0.0001；大气水为0.001。

在历史过程中储存在我国境内的水似乎在逐渐减少，古代许多湖泊和沼泽现已干涸或萎缩，黄河干支流水量减少；土壤水和地下水也因打井开采过多而今不如昔。这一切为什么？

森林是绿色水库，森林被破坏则绿色水库丧失；森林也是洁净水的生产厂，我们缺水，更缺洁净水。

中国的水资源在空间和时间上分布很不均匀。幸亏夏天多雨季节南风盛行，将空中水汽向北方输送，使华北和西北的干旱区和亚干旱区的雨水略多一些，空气湿度略大一些。在输送过程中，森林蒸发和蒸腾的水汽补充到海上来的水汽之中。

从塔里木盆地到河西走廊发现不少沙漠废墟，最有代表性的可能是尼雅遗址。遗址在民丰县城之北约130公里，那里可能是汉代精绝国所在。因尼雅河水减少，沦为废墟。安迪尔河也因河水减少，唐兰城没入沙漠。克里雅河终端喀拉墩古城现在距绿洲已很远。发源于昆仑山的河流水源匮乏，原因在于昆仑山区干旱化。昆仑山南面是藏北高原。藏北的水汽为何减少？有两种可能，一种可能是喜马拉雅山日渐上升，进一步阻挡印度洋水汽进入西藏；另一种可能是人类活动加剧，例如破坏森林和草原，使西藏环境储水能力降低。森林和草原能拴住水汽，一旦拴不住，水汽便成了自由大气中的一员，由于中国上空多行偏西风，水汽脱离西藏而东去。

青藏高原是东亚众水之源，是东亚的水塔。有一个建议能促使高原加强向中国和印度、孟加拉国供水的功能。这里先谈一谈。

# 中印孟三国联手治理雅鲁藏布江—布拉玛普特拉河的设想

雅鲁藏布江的中游在印度阿萨姆邦，称布拉玛普特拉河；下游在孟加拉国，称亚姆纳河（在本文中将把这三段河流合称雅—布—亚河）。它的全长约3000公里，其中雅鲁藏布江长2057公里，平均流量每秒4425立方米，全流域面积94万平方公里。布河在印度阿萨姆邦境内，长725公里，中下游有1290公里可以航行。

由于喜马拉雅山南坡和北坡森林被破坏，水土流失，阿萨姆邦常罹水患。1962年最大洪峰达每秒72460立方米。而1968年枯水期布河流量只有每秒3280立方米。我们不妨将布河与黄河比较。黄河1958年遭遇大洪水，花园口洪峰只有每秒22300立方米，黄河千年一遇的洪峰也只有每秒42100立方米。

孟加拉国更是世界上著名的多水灾地区。大小700条河流组成五大水系：布拉玛普特拉—亚姆纳水系；帕德玛—恒河水系；修玛—梅格纳水系；帕德玛—梅格纳水系；卡那富里水系。每年季风季节，孟加拉国各水系共有每秒14万立方米流量；到了干季，流量减少为每秒7000立方米。孟加拉国是世界上雨量最多的国家之一，加上地势低洼、台风频仍、海潮汹涌，水灾常常造成严重生命财产损失，为国际组织所关注。

水灾是天灾，但是人类破坏森林，以致不能拦蓄降雨，削减洪峰，也是重要原因。据估计，由于人类在喜马拉雅山区破坏森林，开荒种地，流入印度洋的泥沙达30亿吨，为黄河排沙的两倍。对此，山南山北的国家都有责任。

雅鲁藏布江进入印度阿萨姆邦后称布河。不过江水进入阿萨姆之前先经过阿仑那恰尔山区。布河在山区称为香河，山区面积8.4万平方公里，山脚为亚热带气候，山上为温带气候。年降水约2000—4000毫米。有86.5万人口。天赋森林虽多，许多地方至今仍实行刀耕火种。今日之森林乃是历史上长期破坏的“孑遗”。

破坏阿仑那恰尔山区的森林对居于上游的西藏和居于下游的阿萨姆都很不利。森林蒸腾的水汽减少，则西南季风输送西藏的水汽减少；山区土壤侵蚀则卸入布河的泥沙增多。

阿萨姆面积为7.8438万平方公里，人口2200多万。气候温暖，8月29度，1月16度。阿萨姆是世界上雨量最多的地区之一，西部年降雨量约1778毫米，东部约3048毫米。6—9月常发生水灾。阿萨姆动植物极其繁盛。动物有象、犀、虎、豹、熊等；多热带密集竹林，高山有常绿乔木。阿萨姆盛产茶叶。

在遭到长期破坏之后，现在阿萨姆的森林覆盖率只有20%。像阿萨姆这样温暖潮湿的地区，古代的森林覆盖率不会少于60%。现在森林减少了三分之二，既减少蒸腾水汽，间接减少输送西藏的水汽；又增多土壤流失，使流入孟加拉国的河水更加浑浊。

孟加拉国地势低洼，雨量丰沛，多数地方年降雨量在2000毫米以上，东北部甚至多达3280—4780毫米。加上台风海潮，洪灾频仍。1988年，全国64个区中三分之二的区受灾，几百万人无家可归。1991年的一次台风，死亡13.9万人。近年地球气候变暖，海水上升，人们都为孟加拉国担心，“社会主义”网站为此曾向全世界发出呼吁。

孟加拉国的水灾问题需要综合治理。现在该国森林覆盖率只有16%，在未来的治理方案中，植树造林必然要占一个重要地位。

西南季风给青藏高原送来的印度洋水汽是中国西部最重要的水源。虽有喜马拉雅山的阻隔，水汽可以爬越高山，穿越山口山谷，进入西藏。其中雅鲁藏布江出境处的宽阔山口，尤为重要。夏季大量水汽涌入高原东南部，形成一个高湿区。试用比湿为8.0克/千克的等比湿线围成一个内圈，再绘制比湿为7.0克/千克，6.0克/千克，……等外圈，则：6.0克圈通过黄河源和长江源；5.0克圈通过青海湖南沿；4.0克圈通过鄂尔多斯高原。可以想象，古代孟加拉国、阿萨姆、阿仑那恰尔山区的森林繁茂，蒸腾强烈，西南季风输送西藏的水汽比现在多，高原上的高湿区比现在大，等比湿圈向西向北推移。换言之，中国西部气候比现在湿润。

南亚森林被破坏，西藏森林也同样遭难。西藏昌都地区和拉萨北面的曲贡发现新石器时代遗址，说明此地四五千年前已有农业。唐代的吐蕃是亚洲内陆的强大国家，与唐朝平起平坐，在中亚称雄一时。当人类加强活动的时候自然植被不免受到破坏。

现在西藏80%的森林在林芝地区，森林覆盖率达46%。山南和拉萨地区的农业发展很早，剩余森林不多。即使林芝地区，也是久经破坏之余。想象古代林芝的森林覆盖率可能在60%以上。就整个西藏而言，历史上的森林可能一半以上损失了。雅鲁藏布江下游地区地势急剧下降。降雨若没有森林拦蓄，容易迅速流出国境。全国各省、自治区中西藏降水总量最大，可是不少降水在没有被我国生态环境利用之前已匆匆离去。

建议在有关国际组织的关怀、支持下，中国、印度、孟加拉国等协力治理雅—布—亚河流域，争取达到以下目标：（1）增加中国西部的水资源；（2）减轻阿萨姆邦和孟加拉国的水患；（3）促进全流域的可持续发展。治理方法是：（1）在全流域植树造林；（2）有选择地在一些支流上建造水电站、水库。

以上方案可统称喜马拉雅行动；统筹这项行动的国际组织可称联合国喜马拉雅行动委员会。委员会由联合国有关机构、世界银行、亚洲开发银行，有关各国政府、学术团体、绿色团体的代表组成。委员会统筹规划，各国政府组织推动，基层政府、民间组织包括公司企业、人民团体、热心人士具体进行。

## 缅甸另案处理

缅甸不属雅鲁藏布江流域，不便加入上述喜马拉雅行动。但是缅甸萨尔温江的上游是怒江；伊洛瓦底江的上游独龙江发源于西藏察隅地区。西南季风能将孟加拉湾水汽输送怒江流域和西藏察隅地区。目前缅甸的森林覆盖率约 49%。看起来缅甸森林茂盛，实际上与古代比较，森林受损已多。缅甸缺乏能源，农村主要靠烧柴。人口增加，烧柴的需求随之增加，而且许多木材走私到泰国。我国可与缅甸双边合作，订立促进萨尔温江—伊洛瓦底江流域可持续发展协议。我国可帮助缅甸建设水电站，以解决能源问题，并且帮助在高山飞播造林。随着缅甸的自然植被恢复，森林蒸腾水汽增多，夏季西南风将输送更多水汽到我国怒江中上游。

水资源在时间上分布不均，可以依靠自然界和人造的许多储水机制加以缓解。从池塘到湖泊、水库、土壤、森林，都有储水能力。

有人在印度尼西亚加里曼丹中部门塔亚河上游观察 12 个月，结果显示，1 公顷热带雨林地和 1 公顷采伐迹地比较，雨水被截留的部分，林地上是 11%，迹地上是 6%。换言之，林地的保水能力较强。

据 Wim Klaassen 等人的论文《降雨截留量的储水和蒸发两

个成分》[①] 研究，下雨时或下雨后截留的雨水可能蒸发，降雨截留量通常用林外降雨量和林内降雨量的差额来度量。中国科学院刘昌明和曾燕著《植被变化对产水量影响的研究》归纳了美国的大量研究，证明森林采伐增加径流量，反之，植树造林则减少径流量。陈开伍著《杉木毛竹混交林水源涵养功能的研究》[②] 认为，与纯林比较，杉木密度为 1800 株/$hm^{-2}$的混交林营养空间利用充分，具有较高的生产力和较好的水源涵养功能。俄国 Molchanov（1960）给出以下年降雨截留率：云杉 34%—46%；松 24%—27%；桦 24%；栎 22%。

美国德州中南部爱德华高原有雪松，其树冠拦截大量雨水。

森林截留降水，使迅速变成径流的山洪少一些，水灾轻微一些。给林中的水一个时间，慢慢渗入土壤，使土壤多蓄水。如果到处森林茂密，土壤水比现在增加，山泉溪涧流水淙淙，旱灾当远离人类。森林截留降水，雨后逐渐蒸发蒸腾，水汽被输送到西北干旱地区；反之，森林减少，土壤存水减少。这样的无林地多起来，广大范围内土壤贫水，华北西北必然干旱化。

集水工程是把雨水收集在水窖中，以备生产或生活不时之需，减少蒸发损失。

许多地区人工降雨获得成功，如青海、宁波、攀枝花、梅州、江西、山西、广西、云南武定、河南，美国科罗拉多河流域每年靠人工降雨多得 23—25 亿立方米水资源。朱寿勤先生建议在四川若尔盖唐克黄河第一弯，红原、阿坝县以火箭人工降雨，过去黄河总径流量中 8% 来自若尔盖地区。

---

① 参见《水文学杂志》（*Elsevier Science*）1998 年第 212、213 卷。

② 参见《福建林学院学报》［2000 年 20（3）］。

## 建设水库保持水土

我们先讨论保水。建设水库不是能保水吗？水库是水利工程，但是水库有时带来巨大危险。

1975年8月，河南西南部山区，驻马店、南阳、许昌等地大雨，7月23日汝河板桥水库溃坝失事，6小时内向下游倾泻洪水7.01亿立方米。洪水冲至遂平附近，水面扩展至10公里。洪河上游石漫滩水库由溃坝到水库泄空的5个半小时内倾泻洪水1.67亿立方米，下游田岗水库随之漫决，京广路被冲毁102公里，房屋倒塌560万间，淹死若干万人。

三门峡水库建造时未考虑排沙问题。中国方面向苏联专家提出的技术任务书中说，到1967年来沙减少到50%，而到水利枢纽运用50年后的末期，可减少100%。殊不知黄土高原面积广大，黄土堆积深厚，黄河中下游的泥沙来源无穷无尽。在人类发明农业之前，黄土高原已经大量排泄黄土，形成黄河冲积平原。据估计，自第四纪中期以来，黄土高原土壤侵蚀每年达10亿吨。

三门峡水库于1960年蓄水，1962年2月已淤积泥沙15亿吨，到1964年11月总计已淤积50亿吨。黄河回水将逼近西安。渭河河床不断抬升。1964、1967年两次改建，1974年起采取蓄清排浑技术。三门峡非汛期时段高水位蓄水造成渭河下游泥沙淤积。2003年，渭南市十多万人无家可归。水利部副部长索丽生承认，渭河变成悬河，主要责任在三门峡水库。曾任三门峡工程技术负责人的张光斗直言不讳，建三门峡水库是一个错误，应放弃发电，停止蓄水。前水利部长钱正英也曾呼吁停止发电蓄水。

意大利凡翁大坝高260米，是当时世界最高水坝。位于意大利东北部阿尔卑斯山皮阿夫河的一条深窄支流的入口，建坝的目的是拦水发电。1960年蓄水后，上游南边（与大坝为邻）有一处古老的滑坡，开始缓慢移动。当时认为是地下水无法进入水库底部，使岩石下面一层黏土饱和，在大雨时山坡积水明显。然而人们对大雨与滑坡移动之间的关系并未察觉，也不知道基岩中有一层不透水的黏土。人们假设滑坡移动是由于湖面之下岩石被水局部饱和，地点在滑坡足部，而不认为整个山坡积累水压。人们提议降低湖水平面，调节滑坡移动，使之达到新的均衡。滑坡足部不再饱和，移动停止。水库再次进水。大雨10天之后，10月8日，大坝工程师们为了制止山体移动，再次排水。滑坡足部立即失去湖水重量平衡力，而山上的水被下面黏土层阻挡，不能立即排掉。打算稳定局势反而更不稳定。10月9日移动加速。晚上，2.4亿立方米岩石崩塌，在30秒内坠入水库。库里的水被排出一半。70米高的巨浪横扫龙噶陇镇，死亡2600人。

植被是自然界利用光能和保水保土保温的主要机制。

植被在生态系统中至少有四项功能：利用光能、保水、保土和保温。由于过去10000年中植被逐渐减少，四大功能也随之逐渐退化。各国植被减少的程度不同，生态系统退化的程度也有差异。

植物能进行光合过程，制造植物物质，称为初级生产。动物吃植物，制造动物物质，称为次级生产。人类消费生物物质，居于食物宝塔的顶端，同时利用环境提供的生物和非生物物质及能量进行自己需要的经济生产。

据加拿大的中国环境专家Vaclav Smil估算，在中国，单位面积上植物平均产量只有世界平均的一半。换言之，入射中国大地的日光的利用效率只有世界平均的一半。因为中国荒漠高山多，而且在过去10000年中破坏环境较烈，初级生产少，人口却为世界第一，提高人均生活水平的困难自不待言。

地面接受的太阳辐射能一部分被反射到天空，例如白雪的反射能力就很强。绿色的植被反射日光少而吸收太阳能多。古代植被茂盛，吸收太阳能多，气候温暖。现代植被稀疏，吸收太阳能少，故气候寒冷。南方森林蒸腾大量水汽，水汽含有潜热。南风把水汽输送到北方，同时把大量潜热带到北方。一旦水汽凝结为雨水，潜热被释放出来。所以南方森林繁茂，能提高北方气温。今日冬季中国北方气候寒冷，至少一部分与南方森林减少有关。

植被有保水功能。同样一块地，植被茂盛则保持水资源多，荒山秃岭则水少。秦岭自古森林繁茂。公元前742年，秦文公伐秦岭著名大梓树，名丰大特，载入史册。杜牧《阿房宫赋》讲“蜀山兀，阿房出”，记录了秦始皇大规模破坏秦岭和大巴山脉森林。以后汉唐在今西安建都，莫不仰仗秦岭的木材。据西北林学院雷瑞德先生了解，秦巴山区的森林边缘较新中国成立初后退了10—20公里，森林下限上升了300—500米。据陕西林学会邹年根先生了解，由于森林减少，秦岭中的黑河20世纪70年代的年均径流量比50年代减少了32.5%，石头河则减少了23.6%。

据美国《科学》杂志2001年报道，考斯塔里加砍伐海滨森林，以致几十公里外山上森林因干旱长不好。同理，横断山脉砍伐森林导致江河源干旱化，东北及南方破坏森林，促使华北干旱，也就不奇怪了。

## 黄土问题

中国、美国、欧洲，都有黄土。欧美的黄土系最后冰期中寒冷干旱的气候作用的遗迹，到了冰后期气候恢复温湿，黄土不再增加。中国的黄土起源非常古老。而且蒙古和新疆的气候一直干旱，直至今日，干旱地区的沙尘暴仍然经常侵袭东南，甚至朝鲜、日本、美国。

黄土松软，适合原始工具耕作，曾帮助我们的祖先创造了伟大的华夏文明。但是黄土也给中国带来严重问题和灾害。

黄土易被水和风侵蚀，堵塞河道、湖泊、水库。黄河问题主要是泥沙问题，而且长江也有严重的泥沙问题。据黄河水利科学研究院焦恩泽著《实现“河床不抬高”的基本措施是多途径处理泥沙》[①] 载，黄河年沙量约 13—15 亿吨。兰州以上来沙靠龙羊峡、刘家峡水库控制。兰州至河口镇有祖厉河、清水河两条多沙河流，年沙量约 0.4—0.5 亿吨。可以修建拦沙坝、淤地坝、梯田，退耕还林还草。内蒙古河段南岸有 10 条粗沙支流，在支流上可以修建拦沙堰。中游年沙量 8 亿吨，其中皇甫川、窟野河、秃尾河、无定河和泾河北洛河上游为粗泥沙来源区，可以修建多级拦沙堰。延河、清涧河、无定河赵石窑以下、泾河北洛河中下游为细泥沙来源区，可以修建淤地坝和梯田。古代泾河清而渭河浊。现在反过来，渭河清而泾河浊。泾河年径流量仅占渭河的五分之一，年输沙量约 2.7 亿吨，为渭河的四分之三。黄河小北干流河道宽浅面积大，可放淤 50 亿立方米。渭河的葫芦河、散渡河以修建淤地坝和梯田为主。临潼以下适当放淤；黄河下游河道宽阔滩区面大，适合放淤。

植物的根株是自然界唯一能够固结黄土，使之就范的利器。可是人类对植被重视不够，保护不够，相反却在生产和生活中破坏植被，无所不用其极。植被是人类的忠实盟友，可是我们老是与它为敌，破坏它，甚至消灭它。

悟以往之不谏，知来者之可追。我们应当大彻大悟，改造自己的思想，立志做植物的朋友和卫士。我们要与破坏植被的思想

① http：//www.hwcc.com.cn，2002 年 1 月 16 日。（黄河网）

和行为作斗争，建议从以下方面做起。

（1）减少以薪柴和秸秆为燃料。重要的是提倡水力发电、风力发电、太阳能发电，开发、利用沼气以及天然气。煤炭虽然污染环境，为了保护植被，提供农村做燃料，也比砍柴好。作者曾参观苏南一处农村，过去上山拾柴，现在烧液化气。山上高草丛生，看不见泥地。一盆水泼在地里，不见流水。植被如此茂盛的土地，再无水土流失。

（2）限制畜群规模，提倡圈养，以免放牧影响植被生长。

（3）我国规定25度以上的坡耕地应退耕还林草，或改为梯田。在黄土高原，特别是输沙量大的黄河支流流域要提高标准。

（4）减少破坏环境因素，是恢复植被的首选措施。

（5）在封山育林育草的前提下植树造林。首先是在河滨造林。新石器时代的人类首先在河流附近活动，初期的农业活动也离河流不远，为了发展农业而破坏自然植被的场所也在河滨地区。河滨地势最低，但是低处森林蒸腾的水汽能影响高坡的植被。例如汾河河谷森林减少在先，两岸高山接受的水汽减少在后。山西的干旱化可能从低到高，从谷地到山地，从晋南到晋北。要恢复植被也要从南到北，从低到高。

美国前总统提倡设立河滨自然保护区，并规定如果是有鱼的河流，保护区的边界离河边约两棵树高的距离；无鱼的河流，保护区边界距河边为一棵树高之遥。

河滨保护区是陆地生态系统和河流生态系统的界面，是不同生物之间接触频繁，生命过程最为旺盛的场合，保护区的一切生物一概受到保护。人类首先从自然界夺取河滨，加以开发。现在要调节人与自然的关系，也需要从河滨做起。

我国人口众多，河滨植被稀疏。笔者童年在大运河乘船，不见两岸有树。前几年与镇江朋友讨论发展旅游，笔者建议在运河两岸种树，取“杨柳岸晓风残月”之义。1946 年，笔者从武汉乘船到南京，遥望两岸，似未见到什么森林。不过这是将近 60 年前的事，现在说不定有变化。

（6）建议全国人大立法设立大江大河的河滨自然保护区。长江、黄河、珠江、淮河、海河、滦河、辽河、黑龙江、嫩江、松花江、鸭绿江、乌苏里江、雅鲁藏布江、怒江、澜沧江、元江、伊犁河、额尔齐斯河等及其重要支流建设国家级河滨保护区。有关省、区、市的人民代表大会也可制定地方法规，设立自己的河滨保护区。设立全国河滨自然保护区协调委员会，由各省、市、区人民代表大会各推选一位专家组成，互相推选一位主任和一位副主任。协调委员会是各级政府以及人民群众的咨询机构。

（7）保护区内的土地、森林、水域、动植物属保护区所有。区内原有的生产生活单位及居民的权益，由地方政府按照法律法规与有关单位及个人协商，逐步处理。

（8）建立河滨自然保护区是一种回归自然的号召，建筑在人民志愿基础上的运动。在各流域之间、各地之间，不强求统一。

山东省计划用四艘大挖泥船每天在黄河河底挖 12000 立方米河泥，用虹吸管送到大堤背后，构筑宽 100 米、长 800 公里的加固带，在上面植树造林。这也是河边保护区的一部分。

## 恢复植被

排除环境破坏因素后的荒山、荒地、退耕地，将发挥自然界的自修理、自组织功能，萌发适当的植物。恢复植被比植树造林更加科学而全面。宜草则草、宜灌则灌、宜乔则乔。要在有水源的地方种树，才能种活，有水，植物才能生长迅速而茂盛。河滨自然条件优越，造林容易成活和生长，其生态效益也最好，是植树造林的首选地点。

各级政府保护的天然林、森林公园、风景名胜保护区，包括河滨保护区在内的各类自然保护区是我国保护生态环境的骨干和基石。木材市场为广大木材需要者、经营者、提供者服务。提供者包括个体、集体、国有企业以及林业户和农业户。

## 宋太祖质疑传统的治黄方针

传说鲧用堵塞的方法治水失败，大禹改用疏导的方法治水，获得成功。可是历代治黄，往往抛弃大禹的成功经验，以鲧为师，大行堵塞之道。宋太祖对此深表怀疑，他于开宝五年六月下诏："每阅前书，详究经渎。至若夏后所载，但言导河至海，随山浚川。未闻力制湍流，广营高岸。自战国专利，堙塞故道。小以妨大，私而害公。九河之制遂隳，历代之患弗弭。"当时，黄河经过的每一个国家，不断加高、加厚、加固河堤。从局部看是保卫家园的善策；从全局看，在两岸高堤夹峙下河水和泥沙没有出路，泥沙只有沉淀于河床。

现在黄河河床每年平均抬高 10 厘米，下游大堤临背悬差一般 5—6 米，滩面比新乡市地面高 20 米，比开封高 13 米，比济南高 5 米。黄河下游成为地上河、悬河。

因为人类建筑大堤，把泥沙堵塞在堤内，不许泥沙排出堤外。堤外是黄河冲积平原，而黄河冲积平原本来就是泥沙堆积而成的。人们设想，古代曾有一次地震，在河北省产生一个与太行山平行、从南到北的地堑，所以大禹时的黄河下游在今河北省。据《史记·河渠志》，古黄河流到河北钜鹿附近，"播为九河"。黄河下游多泥沙，河床不稳定，常常改道。黄河常常摆动、泛滥，堆积而成黄河冲积平原。据说最早黄河通过泰山南面今淮河流域入海。郑州发现商代早期都城亳的遗址。后期殷都迁至洹水南岸的安阳。可能黄河在郑州曾有决口事件，安阳距黄河较远，适合建都。现代黄河口在山东省东营市，尾段流路多次变迁，两岸筑有大堤。

黄河泥沙堆积成为冲积平原是自然规律。后代不许黄河自然发展，构建大堤，将泥沙堵在堤内。不许进入华北平原，而华北平原本是黄河泥沙的自然归宿。泥沙垫高河床，人类加高大堤。然而道高一尺，魔高一丈，终于成为悬河。违背自然规律的事终难持久，一旦决口或改道，给河滨人民造成极大损失和痛苦。自西汉至1949年的2155年中，黄河决口1500余次，改道26次。

据新华社消息，黄河在河南三处决口，一处宽200米，其他两处各宽100米。洪水波及东面山东低地东明县，127个村庄、8.6万居民生命受威胁。三条道路被洪水切断，人员撤离困难。在被水围困的人中只救出5593名老弱病残。在邻县有亲可投的用船送走，其余的人避难高地，甚至房顶。旱灾频仍的陕西省黄河支流渭河洪灾，二十几万人无家可归。这些灾情在黄河灾害史上不过九牛一毛。

## 治理黄河泥沙小议

黄河沙多水少。关于水少问题，与北方干旱化问题合并另行讨论。在此谈谈泥沙的出路。首先要在黄土高原恢复植被，植树造林，依靠植物根株，固结土壤。在丘陵地带，提倡淤地坝建设，化零为整，减少接触水和风的面积，然后植树造林。水土保持以中游为主，上游也不宜忽视。

湟水谷地两岸山岭夹峙，高山当地称为脑山，雨水较多。河滨称为川水地，水资源也比较富裕。中山称为浅山，最为干旱。而在新石器时代浅山都是原始森林。夏季太平洋季风从东南方进入湟水谷地，雨水充沛。雨后山涧林泉，流水淙淙。在历史时期，山上森林被全部砍伐。40余年前，笔者曾在那里见到个别山头上有孑遗的孤树，深感诧异。现在湟水谷地保存的水大不如前。青海省计划将大通河水调来，从湟水谷地西行，进入青海湖地区，沿黄河谷地西行，进入黄河源区。也有干旱化问题。整个黄河上游都需要恢复植被，保水保土，战胜干旱。而且黄河上游多水电站，植被茂盛则入库泥沙少，水库寿命延长。

黄河济南段现有四台挖泥船，每天从河床挖起1.2万立方米泥沙，通过虹吸管输送到大堤背面，加固堤防。今后10年中将在800公里河堤外淤起100米宽的加固带，并在上面植树造林。

黄河工程技术开发公司代表国家招标进行放淤工程，计有郑州邙金局放淤固堤工程；开封郊区放淤固堤工程；新乡长垣放淤固堤工程；濮阳范县放淤固堤工程；濮阳台前放淤固堤工程；东明放淤固堤工程；鄄城放淤固堤工程；滨城放淤固堤工程；槐荫放淤固堤工程；天桥放淤固堤工程；山东历城放淤固堤工程。

陕西省三门峡库区管理局招标在渭河华县防护大堤进行淤背堤防工程。

菏泽市黄河河务局与清华大学和泰安乾洋疏浚有限公司在简易泥浆船的基础上研发电泵平台并联式疏浚系统。平台浮在河水中，平台上安装牵引、卷扬机及控制柜，利用卷扬机将抽沙泵潜入水下，泵底部安装搅拌叶轮，叶轮靠近泥沙搅动，直接吸取泥沙。

黄河水利委员会设计院温善章教授主张在河口三角洲设几条流路，每条流路再设几条汊流，轮流改道改汊，使河口段河道保持较短河长，较大比降，畅通无阻。温教授主张在壶口附近建造巨大水库以容纳粗沙。我不敢说他没有道理，但是我非常害怕巨大工程可能带来的不测后果，而且这是鲧的思想的复活。中国的黄土太多，永远不能接受鲧的思想。

黄河下游河南、山东滩区有15个地、市，43个县区，面积3956平方公里，耕地375.5万亩，2052个村庄，人口179.05万。黄河下游河道上宽下窄，最宽处24公里（山东菏泽一带），最窄处275米。滩区是带状滞洪区，现在又变成农业区。为了保证农村安全，新建了一些所谓生产堤。为了不影响滞洪的主要任务，生产堤可能需要拆除。内蒙古在洪灾中深受生产堤之害，现已决心拆除，可供参考。

2002年7月，小浪底水库利用26亿吨黄河水将6640吨泥沙送到渤海；9月6日至18日，1.207亿吨泥沙送到渤海。小浪底水库是排沙入海的主力。

免耕法对保持水土有利，美国有17%耕地实行免耕法。我国果园每有实行免耕法的。据《经济日报》4月2日王文化报道，京津周围将用四年时间建设60个免耕法示范区，这是治理沙尘暴的好方法。

# 恢复和保护怒江生态环境初议

## ——提供“水电工程的经济、社会、生态影响”研讨会参加单位和邵震先生参考*

有幸拜读邵震先生近作《怒江》，获益匪浅。邵文有两个内容，第一部分追述怒江流域国土丧失的经过。对我这样孤陋寡闻的人而言，实出意外。而且年老多病，无力查询此事，请允许我默不做声。仅就怒江保护问题谈些看法。

我不愿谈怒江开发，只谈保护。开发与英语“development”对译，有发展、改进之义。然而对祖国山河缺乏爱心的人，把开发误解为掠夺、榨取，早年开发新疆、开发东北、开发北大荒，继而开发雅砻江、金沙江，开发香格里拉。数以百计的林场的树木被“开发”到山体裸露、无树可砍的地步。

怒江的下游是缅甸和泰国的萨尔温江。据国际报业网（IPS）2003年12月22日在曼谷报道，“中国计划在东南亚第二

* 本文为王宏昌先生未曾发表过的手稿（2004.1）。

大河上筑坝，受到本地区环境人士批评。他们说北京再一次表现不考虑下游国家对不利影响的担心。为了制止中国在萨尔温江上建13座大坝的计划，许多非政府组织揭示了这个开发计划的缺点”。位于泰国北部城市的东南亚河流网中心主任钱那龙·斯来特巴筹说：“中国政府在江上筑坝之前应当不仅在国内而且在下游国家进行环境影响评估。”可是我们没有在泰国和缅甸做这件事。据曼谷邮报在12月18日说，泰国水资源部政策和计划办公室主任苏兰波·巴丹尼告诉媒体，他不知道中国的计划。第二天，泰国总理他信·西那瓦说：“我信任中国，作为一个大国会小心从事，以免被别人批评占小国便宜。”上星期，80多个反对萨江建坝的团体向曼谷的中国大使递交了抗议信。其中包括来自泰国和缅甸的积极分子，他们要求北京让受到影响的人民参与决策过程。

邵震先生提出他对怒江筑坝影响生态环境的担心：对保护生物多样性有碍；地质灾害多、植被受破坏；工程移民影响少数民族生活和文化；在新址开荒使水土流失、泥沙淤积，地质灾害将缩短水库寿命。

据2003年11月25日《科学人》网站报道，怒江州计委一位负责人说：“水电开发方案已经定下来了，顺利的话，13级水电站中规模最小的六库电站将于今年底开工。”2003年，国家环保总局在京召开会议，云南大学何大明教授在会上提出六点质疑：（1）三江并流已被联合国列为世界自然遗产，应加保护；（2）怒江大峡谷需要保护；（3）淡水鱼和龟需要保护；（4）水土流失、地震、地质灾害将使水库寿命短；（5）生态移民；（6）导致贫困诸多因素，依靠大水电未必能够脱贫。

赞成建坝的人士也有理由。那曲地区已有小水电，外国也可能开发；保护生物，也要给人一条出路；开发与自然遗产不矛盾；水电能有效扶贫等等。

拙见以为，怒江是西藏的一部分，中国的一部分，也是东南亚洲的一部分。我们首先要分析局部在整体中的作用，这个作用在过去时期有无变化。人类应当引导它在未来如何更加完善，以便在整体中起更大更好的作用。

# 中国生态环境的恢复问题*

美国艺术科学院与加拿大多伦多大学共同发起一个课题：环境稀缺、国家能力、公民暴力。主事者担心发展中国家的耕地、森林、水和其他可再生资源如发生稀缺，国家解决问题的能力不足，可能影响社会秩序。研究对象是中国、印度，印度尼西亚三个人口大国。中国这部分有茅于轼、宁大同、夏光、王宏昌和加拿大 Vaclav Smil 教授参加，提出几篇报告。笔者担任编写森林部分。题目《中国森林减少和干旱化的初步研究》（*Deforestation and Dessication in China: A Preliminary Study*）。这个题目反映了笔者对中国生态环境的粗浅看法——东南半壁森林减少，使西北半壁干旱化。

近年留意大森林蒸腾水汽被风力输送下风地区的生态效应的人士渐多。美国地球政策研究所布朗先生（Lester R. Brown）和美国退休林业工作者培根先生（Tim Bacon）援引拙文的论点，以助解释波及朝鲜、日本和美国的沙尘暴。

培根写作《减少森林即减少降雨》，收入马里兰绿色通道同

* 本文为王宏昌先生未曾发表过的手稿（2004.3）。

盟的文集中。他提到2001年10月19日出版的美国《科学》杂志报道，哥斯达黎加濒海森林被破坏，数十英里外山地森林因环境干旱而生长不良。20世纪50年代起开发平原，陆地蒸发减少。山上的云减少，云中的水汽减少一半。而且植被减少则地温提高，山云底部上升，比以前高四分之一英里，几乎不下雨而越过山峰。

培根还提到，夏威夷有两个岛，其间有云如桥。现在因植被被毁，云桥已不存在。森林蒸腾水汽，风力运送水汽，对下风地区的气候有影响。但是水汽无形，其运动过程不易被观察到。培根举的两个例子，给我们深刻而具体的印象。

波多黎谷有热带雨林。市场上出售的三维世界地图有波多黎谷热带雨林的身影，笔者有幸看到。雨林植被茂密，看不见一寸隙地。森林的叶面总面积与森林占地面积之间的比例称为叶面积指数（LAI），热带雨林的LAI高于温带森林。

中国科学院植物研究所与德国马克斯·普朗克生物化学研究所合作研究中国森林生态问题。在中国地图上每隔半个经度和半个纬度画线，成为1248个小格。每一格的LAI和森林的生物量与经纬度没有明显的关系，但是森林的净初级生产率则与经纬度有显著的关系。纬度愈高则生产率愈低，经度愈大则生产率愈大。中国森林的高程变化范围很大（10—4240米，平均1540米）；树龄3—350年，平均63年。平均生物量为7173克C/平方米，变程913.5—70645.5克C/平方米。每年平均初级净生产率为567克C/平方米，变程为每年103.5—1813.5克C/平方米。容易理解，纬度愈高，则温度愈低，生产率也低；经度愈大、距海愈近、水资源愈富，生产率愈高。LAI和森林生物量何以与经纬度无关，则需要我们思索。森林的存量其实取决于政府政策，与自然条件无关。20世纪50年代大量采伐东北森林，支援全国。90年代则大量采伐金沙江、雅砻江及大渡河西岸森林以供全国，并不取决于林区的经纬度。

经过考古学家多年探索，现在知道新石器时代文化遗址遍布全国。特别是黄河流域，包括洮、渭、汾、伊、洛、沁河等支流流域，气候和土壤条件优越，是最早开发的林区。

我们且以黄河流域的一个局部——山西省为例，追溯其生态环境的古今变化。考古学家曾在汾河边发现丁村人及其遗址。那时汾河水量很大，青鱼、鲤鱼约1米长，蚌壳大如脸盆。公元前647年晋国灾荒，秦穆公发动泛舟之役，船50艘，粟3000斛，从秦国的雍，经渭河、汾河，送到晋国的绛。当时渭河和汾河比现在水大，汉武帝曾从太原乘楼船巡视晋南。新中国成立初期，汾河两岸村子里仍有不少人以船为业。唐代诗人王之涣的《登鹳雀楼》诗曰：

白日依山尽，黄河入海流。
欲穷千里目，更上一层楼。

宋代沈括《梦溪笔谈》说："河中府鹳雀楼三层，前瞻中条，下瞰大河。"鹳雀楼在运城，汾河汇入黄河的交界处。鹳是大型涉禽，20世纪60年代末还能见到三两鹳鸟沿河鼓翼而飞。现在的汾河下游变成几步即可跨越的水沟，沟内有煤灰和泡沫，散发怪味。两岸是坚固的河堤，堤内是龟裂的河床。[①] 唐代和今日所见汾河河口的生态环境有多不同！

现在山西省在汾河上建两个水库，而且要把黄河水引来。汾河的水环境将显著改善。不过黄河从源头玛多县开始就苦于干旱，经过青海、甘肃、内蒙古、陕西各省也缺水。将黄河水调给

① 参见李存葆、祖槐文，载《十月》1999年第5期。

西北任何旱区莫不受欢迎，但是改变不了黄河缺水的大局。现在大家的眼光指望南水北调西线。

上古时山西森林广布，有五台山、管涔山、关帝山、太行山、太岳山、吕梁山、中条山、黑茶山八大林区。据山西省林业部门估计，夏商以前森林覆盖率在70%以上，西周至战国在50%—70%之间，秦汉魏晋南北朝在40%—50%之间，唐宋辽金元在30%—40%之间，明初30%，明中叶降至15%，明末清初降至10%，新中国成立初仅为2.4%。

森林能拦蓄降水，山西森林逐渐减少，拦蓄降水的能力随之降低，雨后愈有可能发生洪灾。天空若久不下雨，如果森林蓄水丰富，溪涧继续流水，至少人畜饮水可以无虞。否则旱魃施虐，成为奇灾大祸。

破坏森林，不能固土保墒。土壤被风力水力侵蚀，泥沙俱下，阻塞河道湖泊及水库，破坏水利工程。据汉代记载，在今河南滑县西南，黄河已成为悬河，上中游各省，包括山西在内，都向黄河贡献泥沙。

破坏森林即破坏动植物生境，破坏物种资源，破坏生物多样化。

据“中国山西网”报道，山西是全国乃至全世界水资源奇缺的地区之一。人均水资源为全国平均水平的17%、世界平均水平的4%。缺水的原因实际在于从河南、河北方向来的水汽减少和山西省内陆地蒸发蒸腾削弱。夏季偏南风给山西送来的水汽并非全部来自太平洋，而有很大一部分来自中国东部的陆地蒸发。特别是居于上风地位的河北河南的陆地蒸发。黄河下游是古代的经济发达地区，森林破坏最早。战国时墨子已说“宋无长木”。汉武帝曾亲临堵塞黄河决口的工地，工程需要木料，而当地没有树木，百姓以谷草为燃料。今商丘一带已看不见大树。东南季风在吹向山西的途中，由于地面没有森林，得不到水汽的补充。

山西省内部的陆地蒸发因森林减少而削弱。试想山西的森林覆盖率从70%以上减少到10%，蒸腾的水汽也将成几倍减少。而且水汽太少则湿度降低，即使夜间也难达到饱和，不易形成降水。我国高空有行星西风，下不了雨的水汽可能被西风捕捉，移向太平洋上空。

人类破坏森林已有上万年历史。悟以往之不谏，知来者之可追。许多国家先后从迷梦中觉醒。我国从1998年开始，停止砍伐宝贵的天然林，又在许多地方实行退耕还林，停止放牧等保护环境的措施。生态环境新生有望。目前我国的森林覆盖率是16.55%，预计2010年将达到20.3%。2050年将达到并稳定在26%以上。我们的芳邻韩国是世界上著名的造林先进国家。在日本占领期过度采伐和朝鲜战争森林受损之后，全民奋起造林，林业进展神速。1989年韩国的森林覆盖率已达66.6%。中国有许多荒漠冻土，不能和韩国的自然条件比拟，但是有一些地方气候优良，森林覆盖率大有提高的潜力。例如福建省的森林覆盖率为60.52%，广东省为56.8%，贵州省为33%，云南省为44.3%，湖北省为45.79%。其中贵州省的潜力最大。抗日战争期间笔者即拜访过贵州，抗战胜利后又去一次，新中国成立后去过三次。笔者深信，贵州造林的自然条件不比福建、广东、云南、湖北差。而且认为贵州的同胞会同意笔者的判断。贵州缺的可能是投资。笔者呼吁，海内外贵州乡亲以及热心祖国绿化大业的社会贤达，帮贵州林业一把。

按照林业统计规定，郁闭度在0.2以上就能算森林。幼林和疏林的生态作用很有限。叶面积表征森林吸收太阳辐射、进行光合过程，蒸腾水汽的能力。可以认为叶面积指数是森林质量的一个指针。

我们在什么地方能找到自然？自然恐怕不在城市里，也不在经过人类长期改造的农村里，自然在天然林里。天然林的树冠有多层结构。林下有枯枝落叶层，林中有草本植物、苔藓植物、攀缘植物、乔木和灌木、真菌和细菌、微生物，有脊椎动物、无脊椎动物，地下有植物根系和动物活动的场所。天然林是复杂的系统，其各个部分、各个元素之间存在着千丝万缕、直接间接的关系。造林不能简单地理解为挖坑种树，而是创造一个新的生态系统。这个系统的生成是逐步的、需要很长时间的。造林之前需要调查其环境和当地的适生树种，通盘考虑其互相支持的组分。例如单一树种可能存活能力不足，例如宁夏大规模种植杨树，遭虫害全部灭亡。播种之后需要继续关心，幼林需要抚育；干旱需要补水；病虫鼠害需要防除。

一个国家有许多分散在各地的森林、公园、保护区，种群愈分散，愈不易存活。我国正在努力在几个熊猫保护区之间开辟走廊。美国新泽西州有一个民间团体，在本州及邻近地区的公园及保护区之间开辟绿色通道。我国各级政府批准设立的森林公园和自然保护区已经很多，其中或许有距离较近的，在它们之间开辟绿色通道是否能产生生态效益？愿林业部门加以考虑。

# 林业、生态与就业*

人类的活动既创造了文明，也破坏了生态。大西北到处是荒山秃岭，高山雪线上升，内陆湖泊干涸，河道断流。华北正在步西北后尘。甚至南方的生态情况也在恶化。例如，历史上的贵州“天无三日晴”，但近年因森林砍伐过度，不能涵蓄水分，以致天气有晴朗化的趋势。生态破坏严重的地区渐渐不适合人类生活栖息，更谈不到进行生产活动。根据考古发掘，今日一些沙漠地区，古代曾是小桥流水的农村和熙熙攘攘的城市。耕地日趋减少，就业问题极其严重。这些情况综合起来可以称为“中华民族的忧愁”。如任其发展，情况只有愈来愈严重，而不会自动扭转。特别是土壤，是亿万年自然力量创造出来的，流失之后人类没有办法使之再生，而没有土壤则农业、林业都不能立足。

现代人有一种探索精神，弄清自然机制和社会经济机制，以便加以利用或改进。例如美国明尼苏达大学经济系以研究经济机制和设计经济机制著称。其他大学经济系也有响应的，形成一个新的学派，共同探讨许多具体经济机制的改进问题。我们也可以

---

* 本文为王宏昌先生未曾发表过的手稿（2004.8）。

分析造成森林缩小、生态恶化的机制，并探讨有无改进可能。

古代森林遍地，毒蛇猛兽出没，成为人类生活和生产的障碍，不得不加以清除。《孟子》说尧时“草木畅茂，禽兽繁殖，五谷不登，禽兽逼人，兽蹄鸟迹之道交于中国。尧独忧之，举舜而敷治焉。舜使益掌火，益烈山泽而焚之，禽兽逃匿”。到汉武帝时，黄河流域已感到木材的稀缺性。黄河在濮阳决口，武帝亲临现场，命令群臣负薪塞口，可是当地薪柴少，人民平时烧草，只好用竹子塞口，没有成功。以后历代英主以及有见识的官吏往往提倡种树，特别在明太祖时种树最多。不过提倡种树并不能扭转森林覆盖面积减少、生态恶化的历史趋势。在 1992 年创建林中人学会的著名林学家贝克（Richard St Barbe Baker）说，一个国家的国土上有 30% 面积为森林是最低安全界限。而我国 1987 年森林只覆盖国土的 12%，实际上处于危险状态。

21 世纪初，美国经济地理学家斯密（J. RusselL Smith）访问地中海的科西嘉岛，那是一个山多地少的地方，有大量栗树和栗园。多少世纪来居民和牲畜靠吃栗子为生，而栗林保护土地不会流失。他又访问中国西部，发现山坡都已开垦，不见有树，以前的肥沃土壤永远消失。斯密问自己，为什么华西山坡毁坏，而科西嘉山坡成为持久的乐园？答案很清楚，中国因掠夺森林而遭到破坏，而科西嘉因实行树林农业而得救。人们知道角豆树、美洲皂荚、胡桃、桑、山核桃、柿、栗、儿茶、杏、山毛榉、巴西果、面包果、槚如树、椰树、欧洲榛、橡树、松、阿月浑子、昆士兰果、枣等等，能生产食品和饲料。粮食亩产通常不过 500 斤，苹果树亩产至少 1200 斤，豆科树如美洲皂荚亩产达 2500—3000 斤，都按折合粮食计算。斯密认为通过培育可以得到高质量的品种，可以将树林纳入农业，称为农林业或林农业，希望看到将来有 100 万座山，密布着绿色的生产食品的树林，有 100 万个精致的农舍散布其间。用树林农场代替贫困的草场、沟谷及荒山。林间有草，饲养牲畜，成为两层楼的农业。他在 1929 年出版了一本书：《树木作物——永久性农业》。此后不久，日本的香川读到这本书，进行了许多实验。他号召多种胡桃，用来喂猪，卖猪得到收入。胡桃长成后又种用材林，使农场不断有收入。第二次世界大战后，联合国教科文组织支持在南非进行树林农业试验。其设计是立体农业，包括三大项：第一是树，作为木材来源，水土保持者，气候改善因素；第二是树的产品，饲养牲口；第三是牲畜在林间活动，吃树的产品，提供肉、奶、黄油、酪、蛋，还有次生的产出如皮革、毛、蜜、树胶、木材、木炭、干草及青贮饲料。

现在全世界的土地只有 8%—10% 生产食物。农业学家和科学家曾在条件极恶劣的地方种树成功，如岩石山坡和年降雨量只有 2—4 英寸（50.8—101.6 毫米）的沙漠。据估计，地球表面土地至少有四分之三可以种树，提供人类需要的衣、食、燃料、房屋等等。同时保存了野生动物，减少了污染，增加许多风景，带来道德的、精神的和文化的效益。

千古以来存在一种有利于伐木而不利于种树的社会经济机制。伐木的利益是现实的、确定的、代价很小的，种树对社会虽有莫大利益，而种树人的利益则是将来的、不确定的、风险很大的。我国于 1984 年公布《森林法》，种树人的利益有了法律保障。但是防止人畜破坏幼林、防盗、防火、防病虫害等护林工作非种树人独自所能胜任，如果林地离家较远更感到鞭长莫及。走社会主义道路，组织合作社是最好的办法。邓小平同志于 1957 年在西安干部会上指出："就是农村办合作社，也要扩大民主，实行民主办社。"现在西欧、北美的农业合作化运动兴旺发达，我国是社会主义国家，理应把合作社办得更好，而关键就在能否贯彻民主办社的原则。大量的林业合作社因林地距村庄不远，不需要社员人人脱产专营，可以不离开其承包的常规农业参加林业合作社兼营。当然，一部分专营林业合作社也是需要的。

林业的另一困难是短期内无收入。解决的办法：一方面，在建社之初可先种能较早提供收入的果树；另一方面，农业银行宜用信贷支持。例如法国于1946年创建国家森林基金，凡木材交易均纳税4.7%作为基金的收入。基金向种树人免费提供树苗，并对种树劳动以及种树后三年的维护劳动付给40%工资，但树木属于种树人所有。种树人如有其他费用可向基金申请贷款，年息0.25%，20年至30年偿还，视树种而异。如种树人还感觉资金不足，可在预期未来收入的50%范围内向基金借款，年息1.5%。森林基金彻底解决了生产周期长、短期无收入的问题，使种树成为切实可行的赢利性事业。至于种树带来的社会收益，据苏联及芬兰的估计，约为种树人利益的四倍。不论法国或美国私营森林的数量都大于政府经营的森林，说明林业本来是可以赢利的事业，只是过去没有森林法，没有林业合作社，没有林业信贷，人们对种树可以赢利的信心不足。我国人均工资水平低，林业贷款标准可相应从低，而林业产品在市场上的价值以及保持水土、治理环境的作用与法国或美国没有什么不同。所以我国的合作林场的赢利率当高于那些发达国家。

合作林场在我国将发挥以下作用：

（1）我国人口众多而可利用的土地不足，提倡树林农业将使我国可以利用的土地大量增加。

（2）有助于解决农村人口过多的问题。

（3）树林农业以及为之服务的农产品加工业、商业将成为国民总产值的新来源。

（4）有助于解决扶贫问题。因为贫困地区往往有较多土地，因山多或干旱不能很好利用，但发展树林农业是有条件的。

（5）有助于缓解水土流失及北方旱化问题。

（6）有助于保护野生动物。

（7）有助于缓解空气污染和改善气候。

（8）全国各地均有强烈的发展经济的愿望，过去集中力量于传统工业，重复建设，效益低下是必然结果。发展树林农业，既增加产值、就业和财政收入，又不怕重复，给广大干部和群众开辟一个广阔的发展天地。

（9）大地园林化，美化祖国，有助于发展旅游业。

我国南方包括滇、黔、川、湘、鄂、粤、桂、赣、苏、闽、浙、沪、台、海南等省、市、区的草山草坡，占上述省、市、区土地总面积的四分之一。这些土地资源的水、热条件极好，蕴藏着巨大的生产潜力。山地切不可开垦种庄稼，造成水土流失。最好的利用办法是种树，树下种草，林间畜牧。森林从三个层次吸收太阳能，并转化为人类可以作为衣、食、住、燃料之用的生物物质及生物能，而种庄稼只能从两个因次吸收太阳能。森林是多层系统。树有高矮，还有灌木、小植物及真菌丛生其间。地下也是多层的，树愈高扎根愈深，可以利用不同层次的矿物质及水分。以贵州为例。贵州降雨充足、气候温暖，人均土地多而人均收入居全国之末。其原因是山多地少，有效面积不足；不少山地需要修路，显然超过个体农民的能力。若农民自愿组成林业合作社，实行民主管理，农业银行再予贷款支持，使之可上山经营树林农业，人均收入可大大提高。

贵州现有耕地占全省总面积的10.7%，森林占12.6%，可以种树的面积非常大。用材林如杉木、乌尾松、阔叶树及其他针叶树，经济林如油桐、油茶、乌柏、漆树、核桃等，果树如柑橘、枇杷、杨梅、梨、苹果、菠萝、龙眼等，皆可种植。例如贵州柑橘质量优良，就是太少，1989 年初法国电力公司总代表安德里奥先生访问贵州，谈到柑橘时说，要像西班牙那样大面积种植才有前途。现在橘汁是全世界的主要饮料，从发展橘林到加工为橘汁，在国内国际市场有远大前途。

西北冬季漫长而寒冷，牛羊过冬不易。而贵州气候温暖，四季常青，结合植树造林，发展畜牧业，其条件实比西北优越。贵州曾有个体户乘飞机到香港卖牛肉的新闻。若个体户组织为合作社，具有更强大的生产、加工、运输能力，前途无可限量。

我国有 18 片贫困地区：努鲁儿虎山、太行山、吕梁山、陕北、甘肃中部、宁夏西海固、秦岭大巴山、武陵山、乌蒙山、横断山、滇东南、桂西北、十万大山、大别山、井冈山、闽西、沂蒙山、西藏。它们的共同特点是耕地少，山地多，有的高寒，有的干旱，交通不便，经济文化落后。如在这些地区强调粮食自给，则毁林开荒，后果严重。似应将粮食自给扩大为食物自给的口号，栽种铁杆庄稼，发展木本粮油。西北干旱区种树很难成活，很多荒山甚至不长草。然而即使在这样严酷条件下，未必没有一线生机。有些树的根能下伸几百尺寻找地下水。现在地球表面将近三分之一是沙漠，其中的城市废墟、干涸的井和池塘、岩鱼以及古代文献证明它们曾经是富庶的地方。今后人类的任务是回收其中一大部分，使之再度支持人们生活。我国以及北非、以色列、美国西南部对此有不少成功经验。种树是回收沙漠的尖兵，它比一年生作物对水的依赖要少。重要的是选择抗旱的乔木及灌木品种，它们将稳定土壤，吸引地下水，吸收降雨，阻滞蒸腾，对其他敏感的经济作物提供保护。合金欢属有许多抗旱品种，杏和阿月浑子、沙柳、杨、桦、榆、柏、柿、枣也比较适合。

发展树林农业能同时解决生态、经济增长及就业问题。林业合作社则是实现社会主义民主的一种尝试。从客观需要看它已是十分迫切的任务，但在具体步骤上要经过谨慎的试验。不经试验，贸然推广，用群众运动的方式发展经济曾给国家造成很大损失，不能重蹈覆辙。尽管是好事，如无充分准备，配套措施，往往事与愿违。例如四川有的地方发动群众种玫瑰，因无人收购使农民蒙受损失；又如民权县种葡萄太多，酒厂消化不了，只得忍痛拔除。这类教训太多了。

树林农业涉及农林科研和推广、农林畜产加工、交通运输、商业、农业银行、合作化运动等各方面，是一项复杂的系统工程。

（1）过去农林科研与推广工作主要放在大田作物上，今后须适当增强对铁杆庄稼的研究，培养优良品种，引进适合我国的国外品种。推广先进的栽培、管理方法。

（2）树林农业发展后有大量干果和水果需要加工，使之成为人们的部分主食。加工技术需要研究，农民自愿组织的农产品加工合作社将有很大发展。

（3）每一个林业合作社的规划与交通运输及商业条件不可分割。条件好的以商品生产为主，条件不好的以自生产自消费的产品生产为主。同时积极创造条件，如组织农产品推销合作社，运输合作社，修筑从合作社通向公路的乡村道路等。

（4）一个县发展树林农业的进度，一方面决定于水土资源，另一方面决定于该县农业银行能筹集多少树林农业发展基金。可以模仿法国经验，通过立法将木材买卖的税金作为基金的收入；各级财政资助一些，社会各界捐献一些，共同筹集发展树林农业的基金。属于兼营的林业合作社需要贷款少，专营的需要贷款多。量力而行，逐步发展。

（5）过去苏联的农业集体化和我国的农业合作化都不很成

功，其原因在于未坚持自愿入社和民主管理的原则。今后兴办林业合作社不能再蹈前人覆辙，一定要自愿入社，民主办社。花大力气培养典型，以实例说服各地干部和农民。

作为第一个步骤，国家可指定几个地方，如大别山区、井冈山区、闽西、乌蒙山等几个贫困地区进行试验。并建议由中国经济系统分析研究会邀请上述地区的政府人士以及财政部、农业银行、林业部、农业部、农科院、轻工业部、商业部、交通部、城乡建设部的代表进行论证并提出较详细的方案。

# 作者其他主要著述

## 专　著

1. **《中国西部气候—生态演替》**，经济管理出版社，2001 年。

## 译　著

1. **兰格：《社会主义经济理论》**，中国社会科学出版社，1981 年。

2. **兰格：《政治经济学》**，中国社会科学出版社，1987 年。

3. **《诺贝尔经济学奖获得者讲演集》**增订本（与林少宫合译），中国社会科学出版社，1988 年。

4. **拉兹洛：《第三个一千年》**（与王裕棣合译），社会科学文献出版社，2001 年。

## 编　译

1. **《诺贝尔经济学奖获得者讲演集（1969—1981）》**，中国社会科学出版社，1986 年。

2. **《经济系统分析文选》**（与刘景义共同主编），能源出版社，1986 年。

3. **《经济计量学讲义》**（王宏昌等整理编译），航空出版社，1990 年。

4. **《集体企业参考手册》**，

1991 年（未发表）。

5.**《诺贝尔经济学奖获得者讲演集(1987—1992)》**，中国社会科学出版社，1994 年。

## 论 文

1.**《马克思主义的发展》**，载《育材纪念刊》，1938 年。

2.**《物价的趋势》**，载《现代知识》，1948 年。

3.**《加工成本会计制度》**，载《进步日报》，1949 年。

4.**《经济计量学会的创建人——雷格纳·弗瑞希》**，载《世界经济》1981 年第 12 期。

5.**《兰格》**，载《经济学动态》1981 年第 11 期。

6.**《沿海与内地经济合作发展战略问题——在“上海经济发展战略战役研讨会”上的发言》**，载《发展战略研究通讯》1984 年第 2 期。

7.**《社会经济系统的分解和协调》**，载《数量经济技术经济研究》1984 年第 8 期。

8.**《充分发挥沈阳的人才优势》**，沈阳市经济发展战略研究中心，1984 年 10 月。

9.**《马歇尔》**，载《外国历史名人传》，中国社会科学出版社，1985 年。

10.**《仪器仪表与经济》**，载《科学器材导报》1985 年第 3、4 期。

11.**《系统论、控制论、信息论在经济管理中的应用》**，载《数量经济技术经济资料》1985 年第 5 期。

12.**《关于经济系统论和经济系统分析》**，载《数量经济技术经济资料》1985 年第 1 期。

13.**《关于物价管理体制改革》**（与他人合作），载《系统工程》1986 年第 1 期。

14.**《信息论及其在国民经济管理中的应用》**，载《经济新论》1986 年第 1 期。

15.**《关于技术进步及产业结构》**，载《技术经济与管理研究》1986 年第 3 期。

16.**《苏联科学院与数量经济学》**，载《数量经济技术经济资料》1986 年第 4 期。

17.**《大中型工业企业技术开发成本效益系统分析工作提纲》**，载《数量经济技术经济资料》1986

年第5期。

18. **《计划调节与市场调节》**，载《数量经济技术经济研究》1986年第9期。

19. **《产业最优计划在中国》**，中国科学技术协会年会学术论文，1988年。

20. **《企业的研究与开发工作》**，载《动态》1987年8月20日。

21. **《中国重点钢铁企业系统的结构决策规划模型》**（与他人合作），中法经济学家讨论会，1987年，巴黎。

22. **《解决生态危机的一条可行出路》**，载《中国统计信息报》1990年8月27日第2版。

23. **《论宏观经济的间接控制》**，载《经济文献信息》1990年第8期。

24. **《植树时节话营林》**，载《中国统计信息报》1992年4月20日第2版。

25. **《经济民主是企业改革的重要内容》**，载《探索与研究》1993年第1期。

26. **《学习邓小平同志的经济民主思想》**，载《管理理论与实践》1993年第4期。

27. **《发展教育也能增加就业》**，载《管理理论与实践》1998年第3期。

28. **《大禹治水》**（1998年5月，手稿）。

29. **《蒙古今昔》**（2000年12月，手稿）。

30. "Deforestation and Desiccation in China", Smil and Mao, ed., *The Economic Costs of China's Environmental Degradation*, American Academy of Arts and Sciences, 1998.

31. **《低效投资的宏观效应》**，载《宏观中国》1999年第24期。

32. **《中国，印度，孟加拉国联合开发雅鲁藏布江—布拉玛普特拉河流域议》**（2002年3月，手稿）。

33. **甘肃农业的今昔**（2002年6月，手稿）。

（第一集）农业和生态环境

（第二集）恢复植被，充分发挥太阳辐射的潜力

（第三集）农林业

（第四集）水是生命的液体

（第五集）市场促进甘肃农业发展

（第六集）甘肃农民的富裕道路

34. **《中原生态环境今昔》**(2003 年 1 月，手稿)。

35. **《克服中国的生态危机在于保水》**（2003 年 6 月，手稿)。

36. **《贝卡利亚论放逐》**（2003 年 12 月，手稿)。

37. "To Restore the Ecological Environment of China", *China - Review*, *September* , 2003.

38. A Program for the Sustainable Development of South Asia And Tibet（2004. 2）

39. **《文化参考信息》**发刊词（手稿，时间不详)。

40. **《昆仑山的故事》**（手稿，时间不详)。

41. **《橡栗与古人类的生活》**（手稿，时间不详)。

42. **《生态机制和气候变化》**（手稿，时间不详)。

43. **《佃农制时代和专制时代》**（手稿，时间不详)。

44. **《封建思想之一斑》**（手稿，时间不详)。

# 作者年表

**1923 年**

3 月 14 日生于江苏镇江。童年在上海度过。

**1939 年**

本年起，先后在上海商学院、厦门大学就读会计专业。

**1943 年**

大学毕业。先后任中学教师，以及政府机关、银行、工厂的职员。

**1947 年**

考取南开大学经济研究所研究生。

**1949 年**

8 月，在天津纸浆造纸公司参加工作。

**1949 年**

秋，调到华北人民政府公营企业部、重工业部。

**1952 年**

冬，到第一机械工业部销售局工作，历任副科长、科长。

**1956 年**

被评为全国机械工业系统先进工作者。

**1957 年**

被错划为右派（1960 年摘帽，1978 年改正）。

**1958 年**

调离北京，先后在青海工业厅、机械局、重工业局工作。

**1970 年**

到青海省化工研究所工作。

**1979 年**

到青海省社会科学院情报室任副主任。

**1981 年**

5 月，调入中国社会科学院经济研究所数量经济研究室（该室 1982 年并入中国社会科学院数量经济与技术经济研究所）。

**1983 年**

5 月，任副研究员。

**1984 年**

担任中国社会科学院数量经济与技术经济研究所经济系统分析研究室主任。

**1985 年**

5 月，加入中国共产党。

**1988 年**

8 月，任研究员。

**1989 年**

1 月，离休。

**2004 年**

7 月 12 日因病在北京去世。

# 后　记

为了更好地反映王先生的思想轨迹，本文集按照写作的年代顺序编辑。由于篇幅所限，文集中仅收录了1978年至王先生2004年去世之前的各类文章50篇。其他著述（包括一些未发表的手稿）见附录。另外，王先生还曾整理过大量资料，付出了辛勤的劳动。

王宏昌先生的女儿王裕棣为我们提供了王先生著述的全部文本；朱长虹同志对所有文稿进行了编辑加工；李晓光同志参加了电子文本制作工作；还有很多同志在本文集编辑过程中给予了热情关心和大力支持，在此一并表示感谢。

郑玉歆